본드 킹

본드 킹

THE
BOND
KING

채권시장을 뒤흔든 혁명가
빌 그로스와 핌코 이야기

메리 차일즈 지음 | 이은주 옮김

이레미디어

2013년 11월 나는 어이없는 큰 실수를 저질렀다.

나는 세계 최대 자산운용사 중 하나이자 대규모 베팅으로 막대한 수익을 낸 핌코Pimco, Pacific Investment Management Company에 관한 이야기를 듣기 위해 몇 주간 공을 들였다. 나는 정보원을 부추겨 여전히 불확실한 신용부도스와프credit-default swap 시장 거래와 관련한 이야기를 해달라고 하고는 얻은 정보를 표로 만들어 정리한 후에 사실 검증 작업에 강박적으로 매달렸다. 핌코 측 홍보 담당자는 내가 던지는 질문에 사실 여부를 확인해주느라 피곤한 기색이 역력했다. 그 일이 있기 전날 밤, 사실 확인 작업이 드디어 끝났고, 편집자는 기사가 출고되기를 밤새 기다렸다.

당일 아침, 동료 코넬로부터 느낌표만 잔뜩 찍은 이상한 이메일을 받았다. 이게 무슨 뜻일까? 무슨 일인지 알아보니 전설적인 투자자이자 사실상의 핌코 창업자인 빌 그로스Bill Gross가 블룸버그 라디오에 출연해 내가 한 이야기에 틀린 부분이 있다고 말했다는 것이다. 전 세계인이 청취하는 라디오 프로그램에서 그로스는 내 이름을 거명하며 이렇게 말했다.

"저자는 자신이 한 말에 책임을 져야 합니다. 그리고 당연히 사실을 바로잡을 필요가 있습니다." 그로스는 라디오 방송이 끝나면 '몇 분 내로' 나와 이야기를 나눌 것이라는 말을 덧붙였다.

토할 것 같았다. 나는 그로스가 관리하는 가장 크고 중요한 펀드의 성과 부분에서 실수를 저지른 것이었다. 투자자에게 이보다 중요한 부분은 없을 텐데 말이다. 나는 기사의 서른네 번째 단락에서 이 펀드 수익률이 약 3% 하락했다고 썼는데 인용한 수치는 총수익total return이 아닌 가격 수익price return이었던 것이다.

방송에서 그로스는 해당 펀드의 실제 수익률을 언급했다. "우리 펀드는 시장 수익률을 75bpbasis point(100분의 1%-역주) 앞서고 있습니다."

이제라도 실수한 부분을 고쳐 써야 했다. 나는 블룸버그 단말기bloomberg Terminal(고성능 소프트웨어 단말기-역주) 앞에 앉아 그로스가 방송에서 말한 수익률 0.75%가 맞는지 확인하려고 애를 썼다. 이 수치가 맞다면 내가 계산해도 그 수치가 금방 나와야 한다. 그러나 아무리 계산해도 0.75%가 나오지 않았다. 계속해서 −1%가 나왔다. 시계時界를 달리 적용해봤다. 펀드 이름도 다시 입력했다. 그래도 여전히 계산이 맞지 않았다.

약속대로 그로스는 방송이 끝난 후 바로 내게 전화를 했다. 그러나 걱정했던 것보다 심하게 말하지 않아서 내심 놀랐다. 아마도 방송에서 이미 공개적으로 나를 비난했기 때문이 아닐까. 잡담을 좀 나눈 후 나는 문제가 된 부분을 수정하는 중이라고 말했다. 그가 말한 펀드 성과 수치를 산출하려고 애를 썼지만 그 수치가 나오지 않았다고 했다. 대체 어디가 잘못됐을까?

"뭐, 좋아요." 그로스는 약간 웃음기를 띠며 말했다. "당신은 당신이 구한 수치를 말해야 하고 나는 내 수치를 말하는 거지요. 각자 구한 수치를 말이요."

우리가 실제로 접촉한 것은 이때가 처음이었다. 지금으로부터 8년 전의 일이다. 그 후로 꽤 오랜 시간 교류하며 그로스의 회사, 경력과 거래, 실수, 밀레니얼 세대에 대한 생각, 인간관계의 본질, 유산의 의미 등에 관해 많은 이야기를 나눴다. 그리고 그의 특별한 자부심과 불안정한 심리 상태, 수치에 대한 생각, 사실 혹은 진실을 대하는 방식에 대해서도 많이 알게 됐다.

소탈하고 겸손한 인간성, 기발한 구호, 수십억 달러에 달하는 개인 자산과 수조 달러에 달하는 핌코 고객 자산 등으로 인해 금융계 사람 중에서 빌 그로스만큼 꾸준한 관심을 받는 사람도 드물었다. 그로스 제국의 태양이 막 떠올랐던 1980년대부터 수십 년 동안 그는 금융계를 주름잡던 유명 인사였다.

그로스 제국이 설립되고 불과 몇 년 지나지 않아 대출과 차입이 전례 없이 폭발적으로 증가했다. 생산적인 활동에 막대한 자금이 투입됐다. 다소 무질서한 자유시장이 과도하게 커지면서 우량 기업과 혁신적 기술, 스타트업이 생겨났다. 이 위대한 '실험'은 발전 동력을 제공하고 저비용 도구를 개발해 수십억 명에 달하는 사람들의 삶을 개선하는 데 도움을 줬다.

그로스는 이런 흐름의 최전선에 선 인물이었다. 전 세계 기업에 계속해서 자금을 조달하는 '채권시장'을 조성하는 데 중요한 역할을 했다. 요컨대 그로스처럼 더 많은 투자로 더 많은 돈을 벌고자 하는 사람들에게 성공의 의지와 동기를 북돋워준 셈이다.

이러한 노력과 활약에도 불구하고 그로스의 명성은 금융계 밖으로 거의 미치지 않았다. 대다수 사람은 '채권' 이야기를 별로 하고 싶어 하지 않았다. 사람들은 채권이 너무 복잡하고 까다로운 금융 상품이라고 생각했고, 그래서 채권보다는 주식 이야기를 나누려 했다. 주식도 기업 자산에 대한 지분 혹은 청구권이라 일종의 채권이라 할 수 있었는데 말이다. 심지어 주식은 채권보다 위험 수준이 높고 변동성도 더 크다.

주식은 기업 자산에 대한 지분 소유권이 표시된 '종잇조각'으로, 평범한 사람들이 기업 자산 일부를 매수할 수 있는 도구다. 따라서 해당 기업이 번창하면 주식을 보유한 주주의 이익이 늘어난다. 반대로 기업이 파산하면 주식 형태로 투자한 자금의 일부 또는 전부를 잃는다. 이것은 우리 모두가 동의한 게임이다.

그런데 우리 같은 사람들이 감히 범접하지 못하는 훨씬 더 크고 흥미로우며 영향력 있는 세계가 있다. 바로 채권시장이다. 채권은 주로 '큰손'에 해당하는 기관 투자자가 매수한다. 통상적 거래 단위가 수백억 달러에 이르며 소규모로는 거래가 이뤄지지 않는다.

채권과 대출이 무엇인지 이해하기는 그리 어렵지 않다. 비싼 물건을 사거나 큰 건물을 짓고자 할 때는 큰돈이 들어간다. 개인이 그렇듯이 기업이나 국가도 마찬가지다. 채권 발행은 미래에 결제할 것을 현재 결제 사항으로 바꾸는 일이다. 우리도 금융 즉, 대출을 활용해 주택이나 자동차 혹은 의료비 지출을 해봤을 텐데 그것이 바로 채권 발행자의 역할이다. 대출자는 차입자가 지급하는 이자로 이익을 얻는다. 개인처럼 기업도 돈을 빌리고 빌린 돈에 대한 이자를 지급한다. 이것이 채권이다.

채권과 대출은 사실 구조와 특성이 다르다. 일부 대출은 차입자가 상환을 하지 못할 때 판매할 수 있는 유형 담보물을 잡아두어 상환을 보장하고, 또 일부는 신의성실의 원칙과 사법 체계가 보증하는 서면 계약서로만 보장한다.

400여 년 전에 처음 회사채가 발행된 이후로 미묘한 차이와 복잡성을 지닌 수많은 변종 채권이 양산되며 발전해왔다. 특히 지난 반세기 동안 성장이 두드러졌다. 새로운 금융상품 구조화 기법과 함께 신종 채권이 등장했다. 여러분이 이 글을 읽을 때쯤이면 그간 없었던 신종 상품이 또 나와 있을 터다.

어떤 사람은 이런 새로움을 좋아한다. 나비 표본을 만드는 연구자처럼 다양한 변종을 찾아내 매번 그 새로운 특성을 확인하고 소중히 간직하려 한다. 이들 가운데 독보적인 존재가 바로 그로스였다. 그로스는 우연히 초기 시장에 발을 들였다가 채권 매수로 이익을 내는 새로운 방법을 고안했고, 시장 발달을 가속화하는 데 일조했다. 그로스의 손에서 황금기의 종말이 시작된 것은 아니지만 황금기의 마침표를 찍는 데는 큰 역할을 했다.

2008년 금융위기 때 기업 차입금 만기가 도래하자 차입자가 아닌 정부가 대신 돈을 갚았다. 기업과 금융기관이 입은 손실을 정부 그리고 어떤 측면에서는 우리 같은 평범한 사람이 대신 보전해야 했다.

이런 현상은 주택 모기지_{담보 대출} 부문에서 가장 두드러졌다. 그리고 이 결정적 순간의 주역은 그로스와 핌코였다. 미국 모기지시장은 꽤 오랫동안 반쯤 사회주의적인 속성을 유지해왔다(우리는 절대로 '사회주의'라는 표현을 쓰지 않지만). 정부는 위기가 발생하면 바로 시장에 개입해 모기지 상환을 '보증'하겠다는 식의 약속을 하곤 했다. 그리고 그로스와 핌코는 어떤 식으로든 정부를 위협해 이런 보증을 명시화했다. 정부는 모기지상품을 최종 구매한 투자자가 손실을 입지 않게 하려고 애썼다. 투자자는 '금융'이라는 섬 안에서 안전하게 보호받는다. 401-K와 뮤추얼펀드, 헤지펀드 투자자도 이 보호 대상자에 포함된다. 그런데도 아직 모기지 대출금을 갚지 못하고 있다. 즉, 지금은 대출금이 주택의 실제 가치를 넘어서는 상태다. 말하자면 빚을 갚지도 못하면서 헛돈을 내고 있는 셈이다.

거의 무제한적인 자유경쟁시장을 지향하는 사회에서, 정부가 나서서 모기지시장을 보호하는 행위는 이례적인 상황일지도 모른다. 어쨌든 그 이후로 정부 보증이 더 확대됐다. 묵시적이든 명시적이든 현 금융시장 대부분이 '충분한 신뢰와 신용 의무full faith and credit' 조항에 따라 미국 정부의 보호를 받고 있다. 이전까지는 대출기관이 대출을 해주지 않겠다고 하면 기업은 별수 없이 돌아서야 했지만, 금융위기가 발생한 뒤로는 연준이 개입하고 있다. 금융 생태계의 건전성 확보라는 목적 아래 파산할 곳은 파산하도록 내버려두는, 이른바 '창조적 파괴'가 지금은 파괴적인 행위처럼 보인다. 말만 자본주의일 뿐, 다치면 달려와주는 샌드박스sandbox(보호 구역 혹은 보호 장치-역주)의 역할을 하고 있는 것이다.

이 책을 통해 여러분은 남부 캘리포니아에서 발생한 자산 관리상의 위기 장면을 들여다보고, 현 금융 체계의 토대가 어떻게 구축됐는지 확인할 수 있다.

1970년대 금융 체계는 완벽하지 않았다. 금융계 전체가 아니라 일부만을 보는 사람들이 구축한 체계였기 때문이다. 당기 이익, 당해 연도, 상환 속도 등의 수치로 이 세계를 설명하면서 흥미나 수익성이 떨어지는 부분은 거의 배제했다. 마치 차별 정책을 시행하듯 경제적 행위자(개체)를 왜곡하고 가격 책정에 영향력을 행사하거나 환경 가격을 책정하기도 했다. 예컨대 식수는 비용이 0달러인데 오염 비용이 별도로 존재하는 것이다.

복리 효과 때문에 시간이 갈수록 작은 흠결이 쌓여 결국 눈덩이처럼 커졌다. 그런데 이익에도 복리 법칙은 적용된다. 따라서 시장에 투자한 자금 규모 또한 복리 효과 덕분에 시간이 갈수록 크게 불어났다.

이것이 그로스가 1971년에 시장에 발을 들이고 시작한 게임이었다. 그로스와 핌코는 이후 50년 동안 이 게임을 더 발전시키는 데 주도적 역할을 하며, 아주 능숙한 솜씨로 자신과 고객에게 수십억 달러를 안겼다. 그로스도 자신들이 너무 큰돈을 벌고 있다는 사실을 깨달았는지, 자선단체 혹은 그럴 만한 가치가 있다고 생각되는 사람들에게 무려 10억 달러에 달하는 돈을 기부했다. 그럼에도 그는 게임만은 멈출 생각이 없었고, 실제로 멈추지 않았다.

핌코 파트너들은 중간에 멈추거나 질적인 하락을 경험하는 일 없이 오로지 즐기기 위해 게임을 이어갔다. 이런 체계는 우리 경제와 사회로 흘러드는 힘과 돈의 지류를 창조하는 데 도움이 됐다. 이들은 이런 지류를 보호하는 데 도움을 주는 사람들이 정치적 경력을 쌓도록 필요한 자금을 지원했고, 주변 환경이 변하지 않도록 주택 정책과 관련하여 적극적인 로비를 했다. 또한, 합법적인 뇌물을 이용해 자녀를 명문 대학에 보냈다.

2014년 봄에 핌코—그리고 다른 자산운용사—를 취재했을 때 나는 4년간 상근 전문기자로서 회사채에 관한 기사를 쓴 경험 덕분에 이쪽 세계를 어느 정도 이해하고 있었다. 이때 나는 핌코의 견해, 핌코를 다룬 TV와 라디오 인터뷰, 백서, 로비 활동 등에 대한 글을 썼다. 핌코 사옥 안에서 홍보부가 허용하는 사람은 가리지 않고 이야기를 나눴다. 내가 메시지를 전한 사람은 누구든 그 말을 곧바로 홍보부에 전달했다. 이 사람들은 내가 아무하고나 말하려 한다며 비웃고 조롱했다. 나는 이런 반응에 자극받아 오히려 내가 하려던 일을 상기하며 스스로를 채근했다.

나는 핌코의 창립 파트너와 최초 고객 그리고 1970년대에 함께 일했던 컨설턴트, 지난주까지 핌코에서 일했던 사람들, 지금도 일하는 사람 등과 두루 이야기를 나눴다. 그로스의 아내와 친구들, 경쟁자와 적, 고등학교 때 친구, 심지어 복화술사와도 이야기를 했다.

누구의 말이든 다 들었다. 이 책은 핌코에 관한 직접적인 정보를 알고 있거나 핌코를 경험한 적 있는 200여 명과 수백 시간에 걸쳐 인터뷰한 내용을 바탕으로 한다. 공시 자료, 재판 기록, 소송 자료, 증거 및 증언 내용도 열심히 조사했다. 그리고 블룸버그 뉴스와 〈파이낸셜타임스〉, 〈배런즈〉, 〈월스트리트저널〉, 〈로이터〉, 〈뉴욕타임스〉, 경제 전문 매체 CNBC, 〈오렌지카운티비즈니스저널〉, 〈딜브레이커〉, 〈로스앤젤레스타임스〉, 〈배너티페어〉, 〈애틀랜틱〉, 〈본드바이어〉, 로360, 뎁와이어, 기타 매체 소속 기자가 작성한 수많은 뉴스 기사도 참고했다.

금융업계에서는 비밀 유지 계약이 일반적이고 핌코는 걸핏하면 소송에 휘말리는 곳으로 유명하기 때문에 이 책을 쓸 때 활용한 인터뷰 대다수가 '비밀' 정보였다. 따라서 인터뷰에 응한 사람들의 이름이나 기타 신원 정보는 공개할 수 없다. 대체로 불완전한 기억에 의존해 오래전 사건들을 떠올리는 형태로 대화가 이뤄졌다. 나는 같은 사건을 다른 사람의 관점에서도 바라보며 사실 대조를 했다. 오로지 한 사람의 기억에만 의존해야 하는 경우에는 그런 사실을 명확히 밝혔다. 관련된 모든 사람과 이야기를 나눌 수는 없었다. 세상을 떠났거나 수십 번이나 건 전화에 답신을 하지 않았거나 추적이 불가능했다거나 하는 이유 때문이었다. 내가 누구와 이야기를 나누었느냐가 필연적으로 이 책에 영향을 미친다. 이런 빈틈을 메우고자 나는 최선을 다했다. 생존해 있는 유명 인사들에게도 이 책에 소개한 사실에 대해 비평하거나 수정할 기회도 충분히 제공했다. 다만, 수년간 인터뷰 요청을 계속 거절했던 모하메드 엘 에리언_{Mohamed El-Erian}은 출간 전에 이 책의 사본을 입수했고, 에리언의 변호사는 특정 구절에 이의를 제기하는 내용을 상세하게 편지에 적어 보내왔다. 그래서 그쪽에서 이의 제기한 부분을 본문에 적절히 설명했다.

각종 자투리 정보, 과거 신문 스크랩, 보고서, 학술 논문, 인터뷰 내용 등을 수집한 다음 정리한 결과물이 바로 이 책이다. 이 책을 통해 핌코가 오랫동안 승승장구하다가 갑자기 붕괴하는 순간 그 안에서 어떤 일이 벌어졌는지, 그들이 무엇을 취했는지 그리고 우리에게 무엇을 남겼는지 등을 사실에 가장 가깝게 알 수 있을 것이다.

제1장

주택시장 조사

2005년 8월, 댄 이바신Dan Ivascyn은 모기지 중개인의 자동차 조수석에 올라타 안전띠를 맸다. 맑고 화창한 여름날 아침이었다. 이날 이바신은 이 중개인과 함께 차를 타고 돌아다니며 부동산을 살펴봤다. 두 사람은 모기지 업체인 컨트리와이드의 보스턴 지역 신규 지점 중 한 곳에 들렀다가 기중기와 불도저, 투습 방지제로 포장한 골조 공사 현장을 지나치며 교외를 둘러보기 시작했다. 현장 표지판에는 유명한 광고 문구가 쓰여 있었다. '여기 살았으면 지금 집 안에 있을 텐데.'IF YOU LIVED, YOU'D BE HOME NOW.'(주택 건설이 호황을 누릴 때 교외에 건설 중인 주택 단지를 광고하던 문구. 복잡한 도시에서 살지 말고 교외로 오라는 의미-역주)

두 사람은 시장 상황에 대해 이야기를 나눴다. 시장 거품에 관한 부분은 이바신에게 그리 새로운 소식이 아니었다. 가격 상승 속도가 조금 느려지기는 했지만, 아이들 학교가 개학하고 날씨가 나빠지는 이 시기에는 늘 있는 현상이었다.

중개인은 이바신이 흥미를 보일 만한 지역 두 곳을 보여주겠다고 했다. 한 개발 지역으로 가던 중 중개인은 이 지역 사람들은 대부분 변동금리 대출을 받았다, 여기서 길을 따라 쭉 내려가면 '가격이 적당한' 주택을 많이 짓는 곳이 나오는데 외곽으로 갈수록 주택 가격이 더 높다, 사람들이 보스턴 지역이 아닌 곳에서 값을 매길 때는 보스턴 근교 우스터Worcester 시장만 가격이 반등한다, 같은 지역의 소식을 상세히 전했다.

모기지 및 모기지 관련 금융상품을 사고파는 부서에서 분석가로 일하는 이바신은 친절하고 매력적이며 사람들을 안심시키는 데 능했다. 이바신은 중개인이 하는 말을 참을성 있게 들으며 꼼꼼히 메모했다.

이바신은 시간을 내어 직접 현장을 둘러봐야 한다는 사실에 화내지 않았다. 그는 번거로운 작업이기는 하지만 이렇게 직접 돌아다니며 조사하면 고객에게 더 자세히 설명해 줄 수 있다고 생각했다. 핌코 또한 자료를 맹신하기보다는 이런 식으로 직접 현장에 나가 조사하고 검증하기를 원했다.

그로스는 이렇게 주장했다. "우리는 대중의 정서를 알아야 한다." 일부 경제학자는 주택 거품에 대해 경고하기 시작했지만, 돈에는 다른 잡음을 잠재우는 위력이 있어서 대다수 사람은 그런 경고 따위에는 아랑곳하지 않은 채 돈 냄새만 좇았다. 2004년 10월 앨런 그린스펀Alan Greenspan 연준 의장이 "거품이 약간 끼었다"고 언급했음에도 가격 상승세는 여전했다. 핌코 분석가는 평소와 같은 집중적인 조사와 블룸버그 단말기가 뽑아낸 연간 2만 달러짜리 자료만 있으면 상황이 어떻게 통제 불능 상태가 되는지를 잘 알 수 있다고 생각했다. 그러나 그로스는 자신의 모기지 트레이더가 이미 결론을 내린 것 이상의 정보인 '진짜' 자료를 원했다. 그리고 이바신은 이를 거절할 입장이 아니었다.

민첩하고 활달한 핌코의 수장인 그로스는 1971년 핌코를 공동 창업했다. 그리고 실적이 부진했던 생명보험회사의 한 사업부였던 핌코를 세계 최대의 채권 운용사로 키워냈다. 2002년에 〈포춘Fortune〉 지가 그로스를 '채권왕'이라 칭한 이후로 이것이 업계에서 그로스의 별칭이 되었다.

길고 깡마른 몸을 거꾸로 하여 날개를 활짝 편 공작 자세를 취하던 그로스의 머릿속에 기발한 생각이 떠올랐다. 핌코에는 아이비엠IBM과 제너럴모터스General Motors: GM 같은 거대 기업을 담당하는 신용 분석가가 40명이나 있었다. 이 중 10명 정도는 현장에 나가 실사를 해도 되지 않을까? 'IBM 회계 담당자를 만나러 뉴욕 아몽크Armonk가 아닌 디트로이트나 마이애미 혹은 라스베이거스 같은 곳으로 보내자.' 신용 분석가들은 현장에 나가서 주택을 매입하려는 사람인 척 위장했고, 부동산 중개인들과 다니면서 시장 정보를 수집했다.

이런 그로스와의 아이디어 덕분에 지금 이바신의 동료들은 각각 디트로이트, 마이애미, 라스베이거스에 가 있었다. 이바신의 상관이자 모기지 사업부 책임자인 스콧 사이먼Scott Simon은 댈러스로 갔다. 물론 이들은 실제로 집을 살 생각도, 사려는 척도 하지 않았다. 사이먼과 팀원들은 주택 구매자인 척하고 돌아다니며 시장 정보를 입수하라는 지시에 즉각 반대 의사를 표했다. 타당하지도 않고 반드시 필요하지도 않은 일이라는 주장이었다. 이들은 핌코가 수백만 달러 규모의 모기지를 사들였던 여러 모기지 제공사에 연락을 취해 지역 부동산 중개인 및 지점 담당자와 함께 이 작업을 할 수 있도록 요청했다. 덕분에 다소 수상쩍어 보이는 이 시장 조사를 계속할 수 있었다. 모기지 제공사는 핌코가 왜 이런 요청을 하는지, 또 무엇을 하려 하는

지 의아해했지만 부동산 업체에게 핌코는 큰 고객이었기 때문에 리맥스RE/MAX 같은 부동산 회사를 통해 조사 작업을 진행할 수 있었다.

물론 그로스 본인은 이 작업에 나서지 않았다. 그로스는 여행도 출장도 싫어했고, 언제나 뉴포트비치Newport Beach에 있는 핌코 본사 사무실에 틀어박혀 있었다. 등 뒤로 태양과 하늘, 바다가 어우러진 눈부신 경치가 펼쳐져 있는데도 창밖 풍경에는 눈길 한 번 주지 않았다. 그저 쥐구멍 앞에서 먹잇감을 노려보는 매처럼 블룸버그 단말기에서 눈을 떼지 않았다. 채권 가격은 물론이고 뉴스 피드, 블룸버그 단말기 이메일까지 샅샅이 살펴봤다.

이 주택시장 조사 프로젝트는 어떤 회사에서든 존경받았을 이바신과 그의 상관 스콧 사이먼 같은 불평분자에게는 좋은 먹잇감이었다. 그런데 사이먼은 별다른 반대 없이 이 프로젝트에 응했다. 사이먼은 외부 평판이 좋았고 수익을 확실히 만드는 능력이 있는 데다 뛰어난 거래 실적까지 갖춘 인물이었다. 따라서 그로스의 무례함과 옹졸함, 외골수 따위에는 신경 쓰지 않았고, 핌코 사람들이 기본적으로 느끼던 굴욕감에서 자유로울 수 있는 몇 안 되는 사람이었다.

사이먼은 이 주택시장 조사 프로젝트가 상당히 성가신 일이라고 생각했다. 일단 전국적으로 모기지 팀을 배치하고, 자신들의 업무가 무엇인지 확인하는 데에는 시간이 걸린다. 그렇다, 이들에게 부족한 것은 바로 시간이다. 그러나 사이먼은 일 자체에는 가치가 있다고 생각했다.

이바신은 동승한 중개인과 함께 하루 종일 여러 동네를 다녔다. 22만 5,000달러짜리 주택을 봤고 36만 달러짜리 주택도 봤다. 직전 판매가보다 80% 상승한 가격에 팔린 주택도 있었고, 매도 호가보다 30%나 가격이 높은 신축 주택도 있었다. 대출 구조는 그다지 창의적이지 않았다. 처음에는 상환액 규모가 작지만 몇 년이 지나면 월 상환액이 불어나는 변동금리 대출이 대부분이었다. 다만 이런 상황은 일반적이었으므로 이 중개인은 보스턴의 상황이 유별나다고 생각하지는 않았다.

두 사람은 출발지였던 사무실로 돌아왔다. 이바신은 중개인에게 감사를 표하고 악수를 했다. 두 사람은 계속 연락을 주고받기로 했다. 이후 이바신은 매달 말에 전화를 걸어 지역 분위기가 어떤지에 관해 15분 정도 이야기를 나눴다.

이바신은 현장 조사 작업의 긍정적인 측면을 보고자 했다. 그는 보스턴에 있는 중개인, 모기지 은행가와 관계를 맺음으로써 이들의 생생한 자료에 접근할 수 있었는데, 다른 회사들은 입수하지 못하는 자료들이었다. 게다가 현장 조사를 통해 주택시장에 이미 문제가 생겼고, 시장이 너무나도 과열되어 있다는 사실을 직접 확인할 수 있었다.

그로스는 2011년 〈비즈니스위크〉에 이렇게 말했다. "최대한 좋게 표현해서, '부정 대출'의 규모가 충격적일 정도였다."

모든 분석가가 현장 조사를 마치고 뉴포트비치의 본사로 복귀한 후 조사 결과를 정리했다. 핌코는 2006년 5월 '주택시장 조사 프로젝트'의 결과를 발표하면서 지금은 모두가 알고 있는 2000년대 초 주택 경기 호황에 관해 설명했다. 저금리 때문에 월 불입금(상환액)이 줄었고 덕분에 주택 구매자는 동일한 월 상환액으로 더 크고 비싼 주택을 장만할 수 있었다. 주택 가격은 계속 상승했다. 시장 유동성을 확보하고자 대출 제공사는 일정 기간 이자만 내는, 이른바 거치식 대출과 상환 유예 상품을 개발했다. 그런데 이런 대출 유형은 차입자에게 부채 상환 시간만 벌어줄 뿐 부채는 계속 쌓이는 구조였다. 여기서 벗어날 유일한 탈출구는 더 높은 가격으로 그 주택을 사줄 구매자를 찾는 일뿐이다. 그러나 더 높은 가격에 주택을 구매할 사람을 찾아내야 하는 이 구조는 언젠가 작동을 멈출 것이고, 결국 차입자들은 대출금을 상환하지 못하게 된다. 핌코 보고서는 시장에서 발생하는 이런 내재적 압박감에 눌려 성장이 둔화할 시점이 온다고 했다. 실제로 당시 이미 주택 판매 건수가 감소했고 매물 수는 증가하고 있었다.

핌코의 기업신용 책임자는 한 걸음 더 나아가 2006년 6월, 경제가 진행하는 방향과 기업 차입자에 대한 전망을 바로 주택시장이 결정한다고 예측했다. 주택시장이 냉각되면 소비자가 지출을 줄이고 따라서 경제 전반이 냉각되어 대출 기준이 더 엄격해진다고도 했다. 자산 가격 상승세가 둔화되는 상황에서 채무불이행이 증가하면서 거래는 실종되고 금융시장의 가격 변동세는 더 극심해진다는 것이다. '그 시점에 매물은 이웃집 마당에 세워 놓은 표지판일 뿐만 아니라 투자자가 위험 자산에 붙이는 딱지일 수도 있습니다.' 그로스의 책상 위에 계속 쌓이는 조사 자료 더미에 기업신용 책임자의 메모가 추가됐다. 주택 경기 호황이 조만간 끝나고 훨씬 나쁜 상황이 시작된다고 판단한 핌코 사단에 기업신용 책임자도 이름을 올렸다. 이들은 자신들이 내린 결론이 향후 자사 사업에 어떤 영향을 미치는지 숙고했다. 주택 가격 상승세가 멈춘다면 핌코는 자산유동화증권ABS이나 모기지유동화증권MBS처럼 주택 시장과 관련이 깊은 상품을 과도하게 구매하거나 과열된 시장 상황에 부화뇌동한 월가 금융공학자가 대량으로 만들어 내놓은 고위험 파생상품을 계약하는 일은 피해야 한다.

한편으로 이런 베팅은 핌코에 어울리기도 했다. 그동안 핌코는 금융계가 '안정적 불균형' 상태에 있으며 곧 좋은 시절은 가고 고난의 시기가 다가온다고 주장해왔다. 비관주의는 핌코 조직에 내재한 자연스러운 성향이었고 어찌 보면 채권 투자자의 숙명과도 같은 일이었다. 채권 투자자는 좋은 분위기에 찬물을 끼얹는 존재로 유명하다. 채권은 이자와 함께 원금을 상환하겠다고 약속하는 일종의 부채다. 채권 투자에서 최선의 시나리오는 약정한 대로 이자를 받다가 만기 때 원금을 되돌려 받는 것이다. 그런데 이제는 그로스를 비롯한 동료들 덕분에 적절한 채권에 투자해 별도의 수익을 얻을 수도 있다. 그러나 그런 가격도, 채권 투자자가 긁어모은 퍼센트포인트%p를 더 잘게 쪼갠 '베이시스포인트bp' 단위로 움직였다. 최악의 시나리오는 차입을 한 회사가 파산했을 때다. 그러나 이때도 채권 투자자는 파산 후 잔여 자산을 잘 추려내 무언가를 회수할 수 있다. 채권 투자자가 된다는 것은 측정가능한 확실성과 안전성을 추구한다는 의미다. 반면, 주식 투자자는 파산 기업의 자산에 대한 청구권이 전혀 없으며 미래 성장 잠재력과 대박이 나리라는 기대 혹은 희망에 투자하는 낙관주의자라 할 수 있다. 주식 투자자의 이익 규모는 이론상 무한하지만 한편으론 제로가 될 수도 있다. 이들은 채권 서류상의 약속, 즉 가능한 한 차입자가 어리석은 선택을 하지 못하게 하는 계약 조항 대신 기업 경영상의 장점을 보고 베팅한다.

그로스가 채권 사업을 시작했을 때만 해도 채권 투자자는 대체로 기업이 파산할 때 이익을 얻었다. 그로스는 상사를 설득해 혁신적인 시도인 채권 거래를 했고, 이 일이 엄청난 이익으로 되돌아왔다.

지금은 주택시장 전체가 곤경에 빠진 듯 전망이 매우 암울해보이지만, 수십 년간 모기지유동화증권을 매수해온 핌코 입장에서는 전략상 전환점일 수도 있었다. 금리가 하락하면 주택 구매자는 더 낮은 금리로 차환借換하거나 대출금을 상환했는데, 다른 투자자는 이런 행위의 정도를 과대평가했다. 반면 핌코는 다른 투자자가 기피하는 위험상품에 기꺼이 투자하는 쪽이었다. 따라서 모기지유동화증권도 주저하지 않고 사들였다. 핌코가 위험상품에 대한 과감한 투자로 월등한 실적을 올리는 모습을 수십 년 동안 지켜본 후 다른 투자자 역시 모기지 투자에 손을 대기 시작했다. 계속된 수요에 힘입어 시장은 성장을 계속했다. 이른바 역투자 전략은 획기적이지만 매우 위험한 전략이었다.

그로스에게 위험을 경고하는 사람도 있었다. 버지니아 산악 지대 출신다운 투박한 말투와 은퇴한 마술사한테서 얻은 드워프 토끼를 애완동물로 기르는 폴 맥컬리Paul McCulley도 결코 평범한 인물은 아니었다. 맥컬리는 회계 담당자였지만 경제학자이자 위대한 사상가에 가까웠다. 그는 2006년, 골드만삭스Goldman Sachs부터 보험회사와 핌코에 이르는 방대한 조직을 하나로 묶는 작업을 담당했다. 그는 '그림자 금융 체계'의 실체를 이미 파악한 사람이었다. 거대 금융 시스템의 각 조직은 상호 계약을 맺으며 채권과 스와프, 파생상품 등을 거래했는데, 이때 실제로 누가 무엇을 소유하고 누가 누구에게 부채를 지고 있는지는 철저히 가려졌다. 그림자 체계 밖에서는 아무도 그 실체를 파악할 수 없었지만, 맥컬리는 복잡하게 얽혀 있는 부채와 차입레버리지의 썩은 뿌리를 볼 수 있는 사람이었다. 맥컬리는 또한 1960년대부터 1980년대까지 조용하고 안정적으로 불안정의 씨앗이 뿌려지고 있다고 경고한 경제학자 하이먼 민스키Hyman Minsky의 제자였다. 경제가 호황을 누릴 때면 사람들은 불황기를 잊는다. 그렇게 합당한 수준을 넘어 분에 넘치는 부채를 진다. 맥컬리는 2002년에 일찌감치 그로스에게 이런 주장을 담은 논문을 읽어보라고 권했다. 당시 맥컬리는 경제가 시장 혼란기로 넘어가는 이른바 티핑 포인트tipping point(극적인 변화의 순간-역주), 즉 '민스키 모멘트Minsky moment'(경제 호황기가 끝나고 누적된 부채가 임계점을 지나면서 자산가치 붕괴와 경제위기가 발생하는 순간-역주)가 가까워지고 있다고 말했다.

언제든 말다툼으로 바뀌기 일쑤였던 핌코 투자위원회 회의에서 맥컬리는 느리고 투박한 어투로 '그림자 금융 체계'의 위험성을 강조하곤 했다. 모두 연결되어 있어서 전부 날아갈 수도 있다는 경고였다.

위기를 예견한 곳이 핌코만은 아니었다. 혼란스러운 모기지시장 한구석에서 엑셀 스프레드시트와 블룸버그 단말기를 들여다보면서 불안감에 손톱을 물어뜯는 현명한 사람들이 꽤 있었다. 그러나 어려운 상황이 다가온다는 사실을 단지 '아는' 것이 아니라 그 어려운 와중에도 '이익'을 내야 한다는 사실이 중요하다. 자산관리자는 현금을 보유한 채 호시절이 오기를 기다리기만 해서는 돈을 벌지 못한다. 시장 상황이 좋든 나쁘든 투자를 해야 살아남는다. 상황이 나쁘다고 해서 현금을 들고 투자 기회를 기다리기만 하면 이들에게 자금을 맡긴 고객은 바로 투자금을 회수하고 수수료를 지급하지 않을 것이다. 그로스와 그 팀이 향후 시장 전망이 좋지 않으리라는 예감에 따라 예견된 상황이 전개될 때까지 기다리겠다고 판단했다면 남은 기간에는 어떤 행동을 했을까?

그로스는 이바신과 사이먼, 맥컬리가 주장하는 말을 믿기로 했다. 즉, 핌코는 시장과 반대 방향으로 가기로 정했다.

전 핌코 파트너 벤 트로스키Ben Trosky는 이렇게 회상한다. "빌은 기본적으로 추세 추종자였지만, 추세와 반대로 가야 할 때가 언제인지를 아는 탁월한 능력이 있었다. 모든 사람이 몹시 불안해할 때에도 빌은 태연하게 나아갔다."

그로스는 역투자자로 유명했고 베팅이 성공할 때가 꽤 있었다.

1990년대 초 저축대부조합s&L 위기로 은행이 휘청거릴 때 연준은 단기 금리는 낮은 상태를 유지하고 장기 금리는 인상하면서 금리를 연준에 유리하게 활용했다. 이때 그로스는 재무부 채권을 매도했다. 이 판단은 옳았고 이익을 냈다.

그리고 이제는 경쟁자들이 고위험 상품과 파생상품, 부외 거래 상품을 계속해서 사들이는 상황에서 핌코 트레이더는 반대로 고위험 채권 매수를 줄였다. 그로스는 세상을 향해 목소리를 낼 준비를 하고 있었다.

2006년 7월 7일에 드디어 신호탄을 쏘아 올렸다. 그로스는 블룸버그 TV와 로이터 통신을 통해 금리가 최고점에 도달했다고 말했다. 금융계에서는 자신의 의견을 설득력 있게 전달해 대중을 자신의 편으로 만들고, 이렇게 대중화된 의견이 시장을 움직이는 힘으로 작용한다는 사실을 그로스는 너무도 잘 알고 있었다. 이는 핌코의 전문 영역이기도 했다. 핌코가 '세계 중앙은행 집중 연구'Global Central Bank Focus'를 비롯해 관련 논문을 계속 발표하고 TV에 자주 출연하며 인터뷰도 적극적으로 하는 이유 또한 여기에 있었다. 그로스가 〈투자 전망 Investment Outlook〉이라는 소식지를 계속 발표하는 것도 같은 이유에서다. 그로스는 지금은 전설이 된 이 소식지를 1978년부터 고객은 물론이고 받아보고 싶어 하는 사람 누구에게나 보냈다. 그로스는 당시 핌코의 모기업에서 고객 관련 사항을 업데이트하는 일을 맡았다. 처음에는 전임자의 방식을 그대로 따라 했으나 고만고만한 채권 투자자 수준을 넘어 이들을 선도하는 입장이 되려면 색다르고 흥미로운 무언가를 제공해야 한다고 생각했다. 그래서 형식적이고 의례적이었던 짤막한 자료가, 격의 없는 일상사와 사적인 실패담을 담은 장문의 소식지로 변모했다. 소식지에 실린 이야기 중에는 오하이오 고향 마을에서 보낸 어린 시절, 다섯 살 아들의 굴욕적인 야구 타율, 대학 때 농구를 하며 실수했던 후일담도 포함되어 있었다. 로버트 프로스트 Robert Frost 스타일의 투자에 관해 쓴 시詩로 글을 시작하기도 했다. 끔찍한 크리스마스 파티 이야기로 시작할 때도 있었고 래퍼 복장을 한 램프의 요정 지니와 수다를 떠는 공상으로 시작할 때도 있었다. (그는 소식지에 썼던 이야기를 약간 변형해서 1997년에 발표한 책《투자에 관해 떠도는 이야기 전부가 거짓말이다Everything You've Heard About Investing Is Wrong! How to Profit in the Coming Post-Bull Markets》에 담았다.)

그로스의 기묘하고 사색적인 성향은 다소 괴이하면서도 매력적이었으며, 금융 관련 TV 프로그램에서 보여준 모습과도 일맥상통하는 측면이 있었다. 만났을 때 놀랍게도 그는 온순하며 예상외로 목소리가 가늘고 연약하다는 인상을 줬다.

그로스를 직접 겪은 사람이라면 이런 겉모습과 실제 성향이 전혀 일치하지 않는다는 것을 잘 안다. 그로스는 상당히 엄격하고 타협을 모르며 절대 물러서지 않는 완고한 사람이었다. 핌코에도 그로스의 이미지가 그대로 반영됐다 해도 과언이 아니다. 거래장이나 은행, 혹은 TV에 출연하거나 다른 자산관리자와 만날 때는 고함을 치기도 하고 거친 농담을 하거나 토론에 열을 올리기도 하지만, 핌코 내에서는 딴판이었다.

바닥에 두꺼운 카펫이 깔린 탓인지 발소리가 나지 않았고, 실내는 자판 두드리는 소리밖에 나지 않아 도서관처럼 조용했다. 트레이더가 은행에 전화해 채권 주문을 할 때는 전화기에 입을 바짝 대고 속삭이듯 조용히 말해야 했다. 가끔 수화기 맞은편에 있는 월가 사람에게 우리가 그 빌어먹을 놈의 핌코니까 좀 더 해주겠다면서 약간 허세를 떨 때도 있지만 이는 어디까지나 긴급 상황일 때만 선택하는 비상조치였다. 핌코는 거의 항상 이메일을 이용했다. 심지어 이메일 수신자가 1미터 남짓 떨어져 있을 때도 그랬다.

그로스는 출근 후 넥타이를 풀고 양복 상의는 벗어 옷걸이에 걸어 놓은 다음 책상 앞에 앉았다. 보통 오전 6시부터 10시 30분이 조금 넘을 때까지 일하고, 그다음에 요가를 했다. 요가가 끝나면 다시 책상 앞에 앉아 오후 늦게까지 일했다. 매일 아침 그로스가 출근하기 전에 기술 담당자가 그로스의 컴퓨터와 운영 체계, 로이터와 블룸버그 단말기, 프린터를 점검한다. 그로스가 도착하면 바로 블룸버그 단말기 화면이 뜨도록 사전 작업을 해놓아야 했다. 그 외 다른 사람은 대부분 지문으로 자신의 블룸버그 단말기에 접속했다. 그로스의 단말기에는 생체 인식 접속 장치가 없었다. 비밀번호를 사용하는 것이다. 자판 위에는 그로스나 담당 기술자가 비밀번호를 잊을 때를 대비한 비밀번호가 붙어 있었다.

그로스는 일주일에 네 번, 정오부터 오후 2시경까지 투자위원회 회의에 참석했다. 다른 긴급한 회의가 있을 때도 빠지지 않았다. 가급적 회의가 없기를 바랐지만 일단 회의가 열리면 그로스는 회의를 주재하고 싶어 했다.

그로스는 잡담을 싫어했고, 복도를 오갈 때 서로 눈이 마주치거나 인사 나누는 일조차 피했다. 그러나 핌코 직원들은 눈 마주침보다 압박감이 훨씬 더 큰 상호 작용을 해야 할 위험을 종종 마주하곤 했다. 화면에서 잠시 눈을 뗄 고개를 들다 우연히 그로스와 눈을 마주친 날이면 그날은 엉망이 되곤 했다. 몇 초 후 이런 이메일이 오기 때문이었다.

당신 포트폴리오에서 상위 5개 종목이 무엇이며 그 종목을 택한

이유는 무엇인가?

쓸 만한 거래 아이디어 세 가지를 알려 달라.

이메일을 받은 트레이더의 그날 일정은 다 사라진다.

이 공포는 하향 구조 흐름을 타고 포트폴리오 관리자에서 그 밑의 분석가로, 다시 회사의 생각을 시장에서 실행하는 트레이더로 번져 내려갔다. 고객을 상대하는 포트폴리오 스페셜리스트, 고객이 구매할 새로운 상품을 고안하는 상품 관리자, 모든 일을 합법적으로 처리하려는 회계 감사 및 규정 준수 담당자에게로 두려움이 퍼져 나갔다. 아무리 잘해도 충분치 않았다. '더' 잘해야 했다. 그래서 항상 위태로웠다.

그로스는 직원들을 끊임없이 시험했다. 천천히 걸어가다가 눈이 마주친 직원에게 업무와의 관련성이 명확하지 않은 종목의 가격을 소수점 이하까지 물어보거나 고위급 포트폴리오 관리자 대여섯 명에게 블룸버그 단말기를 이용하면 쉽게 답이 나오는 문제를 직접 계산해보라고도 했다. 그로스는 채권을 사고팔 때 사용하는 매매 전표에다 휘갈겨 쓴 메모를 책상 위에 남기곤 했다. 채권 거래 아이디어를 칭찬하는 내용일 때도 가끔 있었지만 대부분 특정 채권을 그렇게나 많이 보유한 이유를 묻는 내용이었다. 포지션 크기가 얼마나 작은지는 중요하지 않았다. 전임자한테서 해당 채권 포지션을 인계받았는지 여부도 중요하지 않았다. 중요한 것은 그 위험을 '보유'한다는, 아니 '감수'한다는 사실이었다. 이제 그 위험은 본인이 감당할 위험이었다. 그러니 방어하라. 새로운 데이터 포인트와 가격 자료를 바탕으로 어떤 생각을 했는가? 그렇게 생각한 근거는 무엇인가?

게다가 지리적 위치 때문에 긴장이 훨씬 고조됐다. 핌코 본사는 월가가 있는 뉴욕시와 반대편 끝인 캘리포니아 뉴포트비치에 있었다. 뉴욕이라면 금융계 일자리를 구하기가 어렵지 않다. 선택한 직장이 별로라고 해도 다른 경쟁사가 입사 제의를 해오기에 아쉬울 일이 없었다. 그런데 핌코가 있는 지역에서는 마땅히 갈 곳이 없었다. 가장 가까이에 있는 경쟁사는 자동차로 2시간 거리에 있는 로스앤젤레스에 있었다.

그래서 자산관리자와 분석가, 트레이더, 준법 감시인 등 모든 직원은 절벽으로 둘러싸인 사막 안에 갇힌 형국이었다. 호화로운 저택 밑으로는 사나운 바다가 포효하고 있었다. 특별한 계획이나 목적이 있었다기보다는 우연히 이런 위치에 자리 잡은 것이었다. 핌코의 모기업인 퍼시픽뮤추얼 생명보험사Pacific Mutual Life Insurance Company가 LA 중심가보다 값이 싸다는 이유로 그곳에 자리 잡았기 때문이다.

수십 년이 지난 지금, 핌코는 왕복 4차선 도로인 뉴포트 센터 드라이브에 있는 하얗게 반짝이는 건물 안에 자리하고 있다. 해가 잘 드는 양지바른 위치 또한 핌코가 인재를 끌어모으려 할 때 꺼내는 자랑거리이기도 하다. 경치가 빼어나게 좋아서 엽서에 나올 법한 풍광이었고 날씨는 항상 맑고 화창했다. 또 이렇게 변방에 있으면 금융계 특유의 자기강화적 사고의 거품을 피할 수 있다. 그리고 서부에서는 '매일 똑같은 점심 식사 자리에서 똑같은 동료와 똑같은 주제로 대화'한다. 매번 새로운 사람과 새로운 주제로 열띤 대화를 이어가는 동부 대도시 상황과는 다르다. 그래서 그로스가 언급한 적이 있듯이 '아주 소란스럽고 정신 사나운 분위기'에서 벗어날 수 있었다. 그로스는 이런 의도적인 고립 상태를 '고요한 평온의 오아시스'라고 표현했다.

그로스 자신은 평온함을 누렸을지 몰라도 그 모난 성격 때문에 다른 사람들은 평화를 누리지 못했다. 그는 누군가 자신을 따라잡을

지 모른다는, 또 누군가 핌코의 우월적 지위를 위협할지 모른다는 병적인 불안감으로 가득했다. 그래서 한순간도 허비하지 않았고 단 한 푼도 허투루 보지 않았다. 이는 거래장에서부터 내려온 지배적인 문화였다. 핌코 직원들은 잠을 자면서 이를 갈았고 비명을 지르며 잠에서 깼다. 결혼 생활은 물론이고 일상에서도 문제가 생겼다. 다른 기업에서 근무하는 사람들의 수준을 훨씬 뛰어넘는 강박적인 행동이 나타나곤 했다. 그러나 그런 강박적 행동 때문에 상황이 훨씬 좋아진 측면도 있다. 마케팅 자료에 무엇이라고 홍보하든 간에 경쟁사는 핌코 직원처럼 하지 못했다. 결함을 찾아내면 유리하게 이용한다. 이것이야말로 그로스와 그의 직원들이 가장 잘하는 일이었다.

실패는 용납되지 않았다. 핌코는 누군가의 약점을 아주 잘 찾아냈다.

2006년 7월 7일에 그로스가 했던 발언에 대해 시장은 전혀 반응하지 않았다. 너무 성급한 발언이었는지도 모른다. 2주 후 〈투자 전망〉에 실은 '역사의 종말과 마지막 채권 강세장The end of history and the last bond bull market'이라는 제목의 글에서 그는 '경솔하고 다소 무모하게' 다음과 같이 말했다. "긴장되고 잠 못 이룬 밤이 너무나 많았다. 장세 전환에는 일정한 패턴이 있으며 이번에도 예외는 아니었다."

이 글은 핌코 모든 직원에게 영향을 미쳤다. 핌코의 대표 상품이라 할 '토털리턴펀드Total Return Fund'의 실적이 저조했다. 이럴 때는 빌 그로스를 피해 다녀야 한다. 그로스를 사내에서 마주치기라도 하는 날이면 큰일이 날 수 있기 때문이다. 평소보다 훨씬 더 조심해야 한다는 뜻이다. 1987년에 탄생한 토털리턴펀드는 그로스가 직접 관리할 정도로 자식처럼 소중하게 여긴 상품이었다. 토털리턴은 빌 그로스가 만든 필생의 역작이었다. 채권은 그저 금고에 보관하는 증서일 뿐이라 소유권이 이전되는 일이 거의 없던 1970년대에 채권 거래가 활발히 이뤄지게 하는 데 선구적인 역할을 한 펀드였다. 그로스와 동료는 회사채 소유권을 거래하고, 유망해보이는 기업의 채권을 매수하고, 반대로 전망이 좋지 않은 기업의 채권은 매도하는 식으로 채권 거래 부문에서 혁신을 이뤘다. 그 결과물이 토털리턴이었다. 전통적인 저위험 채권 관리 방식을 거부하고 세심하게 구축한 고유한 관리 방식의 완성, 시장에서 어렵게 얻은 발명품과 혁신물, 소름 끼치도록 정확했던 시장 예측, 예리한 직관력과 기술, 저평가된 채권이나 유망한 파생상품을 찾아 시장을 샅샅이 뒤지는 등의 모든 작업이 하나로 집결된 결과물이었다.

수십 년을 유지해온 내구성 덕분에 빌 그로스는 전설적인 인물이 됐고 계속해서 명성을 이어갔다. 펀드의 엄청난 실적 덕분에 그로스는 '채권왕'이라는 칭호를 얻었다. 펀드의 실적은 그로스의 자존감을 나타내는 척도였고, 근 20년 동안 '채권왕'이라는 최고 수위의 자존감을 유지해왔다. 토털리턴은 핌코에서 가장 큰 펀드였다. 토털리턴의 자산 규모가 핌코가 관리하는 자산의 절반을 넘을 때도 있었다. 물론 반대의 경우도 있었는데, 토털리턴이 동종 펀드보다 실적이 저조할 때면 그로스는 괴물로 변했다. 이때는 그로스도 사람들을 피했다. 사람들을 볼 때마다 쓰라린 패배의 고통과 저조한 실적에서 오는 굴욕감을 느꼈기 때문이다. 라구나비치의 자택에는 토털리턴의 실적이 저조할 때 아내 수가 남편과 따로 자려고 마련한 침실이 있다는 말까지 나돌았다(이 소문은 사실이 아니었음).

"악평에 시달리느니 익명성에 기대고 싶다." 그로스는 2001년에 상당히 개방적이며 비전통적인 방식의 시장 논평을 하면서 이렇게 말했다. "온종일 울적한 상태로 고개를 수그리고 아무 이유 없이 아내에게 험담을 쏟아내며 새벽 3시에 일어나서는 승강기를 타지 않고 계단을 이용해 사무실로 들어간다. 마치 생리 전 증후군 같다. 정확히는 '실적 실종 증후군Performance Missing Syndrome'이다. '내게 말 걸지 마, 잘해주려고 하지도 마. 나 좀 내버려 둬!' 이런 심정이 된다."

핌코의 트레이더에게는 하루하루가 지뢰밭이었는데 토털리턴의 실적이 안 좋을 때는 밭 전체가 지뢰로 뒤덮인 것이나 다름없었다. 그로스의 시선을 피하고 조용히 하라. 실적이 향상되기를 기도하라. 주여, 장세가 전환되게 해주소서. 우리를 안전한 곳으로 인도하소서. 부디 모기지 상황을 연기해주소서.

이번에는 실적 저조가 그다지 중요하지 않았다. 핌코는 대다수 사람과 달리 '수익률 목표치' 도달이 아니라 장세가 나빠지기를 기다리며 안전한 베팅에 몰두하고 있었다. 조만간 장세 변화가 일어나야 했고 실제로 장세가 전환되면 그런 행동이 인정받는다. 핌코 직원 전부가 이성적으로 이 사실을 알고 있었다.

폴 맥컬리의 사무실 책상 뒤 벽면에는 케인즈John Maynard Keynes의 초상화가 걸려 있다. 금융계에는 이 위대한 경제학자가 말했다고 하는 격언이 떠돈다. "시장은 여러분이 견딜 수 있는 기간보다 더 오랫동안 비합리적인 상태가 유지될 수 있다." 자금이 먼저 바닥나면 예측이 맞아떨어졌더라도 별로 도움이 되지 않는다.

핌코의 지급 능력에는 문제가 없었다. 연기금과 소액 투자자를 대상으로 관리 수수료를 창출하는 자산만 6천억 달러가 넘었기 때문이다. 말하자면 핌코에는 급할 때 잡을 수 있는 '생명줄'이 있었다. 자금이 정말 필요할 때면 모기업이자 2000년에 핌코 지배 지분을 확보한 독일 보험사 알리안츠Allianz가 자금줄 역할을 할 수 있었다. 그리고 지금까지 실적이 나쁘지는 않았다. 누구나 저조한 실적을 낼 때가 있다. 다만 실적이 저조한 기간이 길어질수록 고객은 더 조바심이 나고 확신과 자신감은 점점 떨어진다. 고객이 조바심을 낼수록 핌코에 맡겼던 자금을 다른 곳으로 뺄 가능성이 커진다. 고객이 자금을 회수하기 시작하면 사태가 급속도로 악화될 수 있다.

핌코에서 이런 일은 일어나지 않았지만, 미국 경제 더 나아가 세계 경제가 위태롭다는 데 베팅한 핌코로서는 어떻게든 살아남아야 했다. 핌코는 의지를 꺾고 베팅 방향을 바꾸거나 시류에 굴할 생각이 없었다. 그러니 기다려야만 했다.

시장에는 낙관론이 계속 유지됐다. 판매 부진이나 연체 발생 같은 문제가 잘 억제되고 있다고 다들 생각했다. 그럼에도 연준은 불안해했다. 그래서 과열된 주택 경기를 진정시키려고 금리를 계속 인상했다. 맥컬리가 말했듯이 '말을 잘 듣지 않고 굼뜬 노새는 실제로는 굼뜬 것이 아니라 채찍이 필요할 뿐'이라는 주장대로 말이다.

핌코는 주택시장 거품이 꺼질 때 어떤 일이 발생할지 알고 있었기 때문에 연준이 금리를 인하하면 이득이 생기는 채권을 선매수했다. 그리고 현금을 비축하고, 가장 안전한 수준까지 자산유동화증권의 규모를 줄였다. 핌코는 위험 수준이 높은 기업이 발행한 신규 채권은 피했다. 머지않아 경제 상황이 나빠질 것이 확실했기 때문에 이익 가능성이 커도 위험도가 높은 채권은 되도록 피했다. 그러나 이런 기업에 대한 시장의 반응은 여전히 뜨거웠다. 이들 기업은 파산하는 대신 쉽게 차환할 수 있었다. 따라서 파산하는 곳이 거의 없었고 기업 채무불이행 비율도 25년 이래 최저치를 기록했다. 핌코는 고위험·고수익 채권 가격이 계속 상승하는 상황을 지켜봐야 했다. 다우존스 산업평균지수는 계속해서 신고가를 경신했다.

2006년은 토털리턴이 10여 년 만에 처음으로 경쟁사에 밀린 해로 기록됐다. 그로스는 2006년 12월 〈투자 전망〉을 "현실은 섬세하고 연약한 체계"라는 말로 시작했다. "확실한 정보이자 엄연한 사실임에도 사람들은 자기기만에 의지해 그 귀한 '환상'을 보호한다."

그리고 나중에 이렇게 말했다. "타이밍이 가장 중요하다. 내부에서 수많은 의문 제기와 토의가 이뤄졌다. 우리도 다른 사람들과 함께 물속으로 뛰어들어야 할지 모른다. 모든 투자자에게는 자명종이 있다. 매일 아침 6시에 일어나더라도 모든 일에서 시간을 제대로 맞출 수 있었으면 한다. 나는 매일 새벽 4시 30분에 일어난다. 여기서 1시간 30분의 시간 비용이 발생한다. 시간 비용이 발생하더라도 너무 늦게 일어나는 것보다는 낫다."

금융계에는 '일찍은 틀림과 같다'는 말이 있다. 시장에서 정확한 시점을 찾는 일은 헛수고라는 말도 있다. 그 불가능한 영역에서 그로스가 올린 실적은 늘 보통을 넘어서는 수준이었다. 핌코는 남들보다 '조금 일찍' 준비했고, 다른 사람들이 큰 위험을 감수해 높은 이익을 내는 모습을 지켜보면서도 참았기에 살아남을 수 있었다. 이들은 결국 자신들의 선택이 옳았음이 증명되리라 생각했다. 시장 혼란이 그리 빨리 닥치지는 않을 것이다. 그러니 기다리자.

제2장

시작

2007년 1월에는 미국 경제가 위기에 처했다고 생각하는 사람이 아무도 없었다. 스티브 잡스는 599달러에 아이폰을 출시했다. 조지 부시 대통령은 노조에 대한 연설을 통해 2012년까지 연방 예산이 균형을 맞추리라 예측했다. '서브프라임' 모기지 차입자들은 대출금을 상환하지 못했다. 그럼에도 투자자들은 보상 수준이 낮아지는 한이 있더라도 고위험 채권 매수에 따른 혜택을 누리겠다며 서로 다투었다. 주식시장은 상승세를 이어갔다.

마치 비이성적인 신흥 종교가 무섭게 치고 올라오는 듯했다. 시장에 있는 사람 전부가 빚을 내서 사기만 하면 이익을 볼 수 있다고 생각하는 듯했다. 물론 그로스는 그것이 말도 안 되는 헛소리임을 잘 알고 있었다. 핌코는 어리석음이 만들어내는 이익에 여전히 발을 걸치지 않고 있었다. 그러면서 핌코가 경쟁에서 한참 밀려나는 상황이 계속되자 당황스러워했다.

그로스는 겉으로는 자신감을 드러냈다. 자기 고백적 특성이 강한 월간 소식지 〈투자 전망〉을 매체로 활용했다. 사람들은 그로스가 말하는 '투자 전망'을 좋아했다. 투자업계 사람이라면 누구나 그로스가 어떤 생각을 하는지 잘 알았고 웹사이트에 글이 올라오면 몇 분 내에 그 내용을 소화하느라 바빴다. 신문에 이 내용이 실릴 때도 있었다. 이는 자기 생각을 거리낌 없이 공유하려는 개방적 태도와 별스러운 성향이 잘 먹히고 있다는 반증이었다.

그로스는 2007년 1월자 〈투자 전망〉에서 이렇게 경고했다. "시장 상황이 좋지 않다." 그러면서도 자신이 놓친 부분이 없는지 살펴보려 했다. 더 큰 변화의 징후를 감지하지 못했던 것은 아닐까 하며 약간 조바심을 냈다. 만약 이런 예측의 전제가 그저 잘나가던 시절의 경험에서 나왔을 뿐이라면 어떻게 해야 할까? 자신을 '전설'이라 칭한 행위 자체가 너무 성급했던 것은 아닐까? 감을 잃은 것은 아닐까?

2006년 9월에 셋째이자 막내인 닉이 대학에 가면서 집을 떠났다. 저택은 아이들 소리로 떠들썩하던 공간에서 쥐 죽은 듯 고요한 공간으로 변했고, 비쩍 마른 중년 두 사람만 덩그러니 남았다. 부모로서 아이 키우는 일은 다 끝났다.

몇 달 후 그로스는 콧수염을 깎아버렸다. 젊어 보이고 싶어서라고 했다. 나이가 드니 수염도 머리카락도 희끗희끗해졌다. 염색을 하려 했으나 아내 수는 염료가 몸에 해롭다고 말렸다. 그래서 그냥 밀어버렸다. 어쩌면 미신일 수도 있는데, 외모에 변화를 주면 계속된 흐름을 끊는 데 도움이 될지 모른다. 어쩌면 이제 시장이 안정될지 모를 일이다.

그로스는 대단한 사람이 되려고 수십 년 동안 공들였다 해도 과언이 아니며 이제는 비범해지고 싶은 욕구와 강박적 충동 그리고 두려움 같은 심리적 부분을 잘 제어할 수 있다고 느꼈다. 듀크 대학에서 딴 심리학 학사 학위가 금융시장에 대한 인간의 기대 수준을 감지하는 데 도움이 됐다고 생각했다. 그러나 한편으로는 금융계 종사자에게는 보편적이지 않은 성격적 특성, 즉 내성적 경향이 반영된 측면도 있다. 수년 전 그로스는 달리기를 하다 멈추는 일이 왜 그렇게 두려웠는지를 알게 됐다. 중간에 멈추고 싶은 욕구를 떨쳐내지 못하면 멈추고 또다시 멈추는 일을 반복하다 결국은 달리는 능력을 잃고 끝내 자기 자신을 잃어버리는 지경까지 갈지 모른다. 그래서 계속 달려야 했다.

1993년 〈투자 전망〉에 그는 이렇게 썼다. "내 인생 계획은 항상 남보다 더 오래 버텨 끝까지 살아남는 것이었다. 두 발로 땅을 디딘 채 멈추지 않고 계속 달려 끝까지 살아남자." 그는 48세였던 그때보다 자신의 몸과 마음이 느려지고 있다고 느꼈다. 그 현상이 지극히 정상이라는 것은 알고 있었다. "누구에게나 전성기라 할 시간은 영원하지 않다. 꽃이 활짝 핀 절정의 순간은 그리 오래가지 않는다. 인간 본연의 나약함이나 노화 때문이든 단순한 기력 소진 때문이든 간에 기운이든 활력이든 시간이 갈수록 점점 약해질 뿐 강해지는 법은 없다. 정상에 오래 머무는 사람은 거의 없다." 이후 14년이 지난 시점에서도 이와 관련한 불안감은 수그러들지 않았다.

빌 그로스와 핌코는 소박하게 출발했다. 그로스는 경영대학원 졸업 후 열심히 일자리를 찾아다닌 끝에 역사가 오랜 보험회사 퍼시픽뮤추얼에 입사했고 고정수익 증권채권이 대표적 부서에서 대출 담당자 겸 증권분석가로 근무하게 됐다. 생명보험 사업을 하려면 매년 사망하는 고객 수가 몇 명이나 되는지, 보험사가 지급해야 할 보험료는 얼마인지, 언제 지급하는지 등을 알아야 한다. 생명보험업은 단기적인 사업이 아니다. 그래서 퍼시픽뮤추얼은 고객이 내는 생명보험료를 받아서 만기 시까지 꾸준히 이자를 지급하는 채권에 투자했다. 안전한 투자 상품으로 생각해볼 만한 것이 재무부 장기 채권이었다. 생명보험 계약 후로 30년은 더 생존할 가능성이 있는 고객의 월 보험료로 30년 만기 재무부 채권을 매수해 이자 수입을 얻으려 한 것이다.

그로스는 그저 전환사채에 관한 논문을 썼다는 이유로 채권 부서에 배치됐다. 주가가 특정 가격에 이르렀을 때 채권이 주식으로 전환될 수 있기 때문에 '전환'사채라는 명칭이 붙었다. 면접 담당자는 이 부분이 꽤 인상적이었다고 생각했다.

채권 부서의 업무는 그다지 흥미롭지도 자극적이지도 않았다. 채권이 보관된 퍼시픽뮤추얼 금고에서 채권 이자표를 오려내고 회사채 하단에 붙은 표 조각을 뜯어내 이자 지급용으로 우송하는 것이 전부였다. 처음 몇 년 동안은 주식 담당 부서로 옮기고 싶어 안달이 날 지경이었던 그로스는 1970년대 초에 당시로서는 혁신적 개념이었던 채권 거래를 실무에 적용해보자며 상관을 설득했다.

지역 브로커 하워드 레이코프Howard Raykoff가 그로스의 상관과 점심 식사를 하던 중 채권 거래로 돈을 벌 수 있다는 말을 한 것이 시초였다. 레이코프는 우연히 채권 거래에 관해 알게 됐는데 그 이후 마치 노랫말처럼 이 개념이 머릿속에 계속 맴돌았다고 한다. 은행에서 한 기업이 채무 관리용으로 발행한 신규 회사채를 매수하면서 채권 거래가 시작됐다. 두께가 10센티미터는 족히 돼보이는 채권 수익률 표에는 채권, 가격, 수익률, 이표 관련 정보가 들어 있었다. 그는 이 수익률 표를 집에 가져가서 열심히 들여다봤고, 드디어 표에 나온 모든 숫자를 이해할 수 있게 됐다.

레이코프는 이렇게 말했다. "채권의 가격 변화를 베이시스 포인트bp 단위, 즉 1bp 혹은 5~10bp 단위로 가격 변동 폭을 암기했고 이런 변화가 채권 가격에 어떤 영향을 미치는지도 눈여겨봤습니다." 레이코프는 이런 수치 간의 관계가 눈에 들어왔으며 대부분 예측 가능한 특정 방향으로 가격이 움직인다는 느낌을 받았다. "각 채권은 이표, 만기, 계약 사항 등에 따라 각기 다른 특성이 있더군요." 환경이 변화함에 따라 수익률도 같이 변화하는 상황을 지켜본 레이코프에게 시장은 살아 숨 쉬는 생물과 같았다. "수익률 표가 많은 정보를 줍니다. 여기에는 '변동성'이라는 매우 중요한 이야기가 담겨 있습니다."

금리가 오르고 있었다. 금리와 가격은 마치 천칭 저울처럼 반대로 움직여서 기업이 신규 채권을 투자자에게 팔 때마다 채권 가격이 즉시 하락한다. 신규 채권을 매수하는 사람이면 화가 날 수밖에 없는 상황이다.

레이코프는 수지 타산이 맞지 않는 채권을 팔고 더 나은 채권을 사고 싶었지만, 레이코프의 고용주인 은행은 이와 다른 입장이었다. 이 은행은 채권 만기, 즉 채권 상환과 관련해 좀 더 신뢰할 만한 일정이 나올 수 있도록 만기가 각기 다른 채권을 매수하기를 바랐다. 이를 레이코프는 기회를 완전히 놓치는 어리석은 발상이라고 봤다. 그래서 원래 생각한 대로 자신이 원하던 일을 했다. 각 거래와 그 결과를 세부 스프레드시트에 기록했다. 그다음, 이 스프레드시트를 갈색 서류철에 끼웠다. 그리고 귀를 열어 들어볼 의향이 있는 사람들에게 이 서류철을 보여주면서 채권 거래를 하는 이유와 그 방법에 관한 세부 계획을 설명했다.

얼마 지나지 않아 레이코프는 한 중개업소에서 새 일자리를 얻었고, 채권 거래 업무를 다시 설명해야 했다. 브로커는 거래할 대상이 있어야 하기 때문에, 레이코프는 채권 거래라는 신흥 종교를 전파할 전도사가 되어야 했다.

"기업마다 돌아다니며 '포트폴리오 개선 방법을 소개하겠다. 채권 수익률이 8%이면 포트폴리오 전체 수익률이 1% 상승하고 9년이 아니라 8년 만에 투자금이 두 배로 늘어날 수 있다. 이것이 바로 복리의 힘이다!'라고 말하고 다녔습니다."

그러나 별다른 반응이 없었다. 대다수가 레이코프의 고용주인 은행과 비슷한 입장이라서 예측 가능한 시점에 원금을 회수할 수 있도록 만기가 다른 다양한 채권을 보유해 자신들의 포트폴리오를 '개선'하는 데만 관심이 있었다. 레이코프가 제안한 대로 하면 손실이 발생할 수도 있다고 생각한 것이다. "아무도 내 말을 듣지 않았습니다. 채권을 팔기가 정말 어렵더군요."

레이코프는 언제 어디서든 채권 거래가 이뤄지는 장면을 볼 수 있었다. 더 정확하게 말하자면 채권 거래 상황에 대입해 세상을 바라보는 습관이 생긴 것이다. 퇴근 후 집으로 돌아갈 때는 로스앤젤레스 고속도로에서 교통정체가 생기기도 한다. 그런데 다른 차로車路는 정체가 심하지 않아서 좀 더 빨리 달릴 수 있다. "이럴 때면 덜 붐비는 차로로 달렸죠. 그리고 이렇게 말하곤 했습니다. '이게 바로 채권 거래야! 이 채권을 이익이 좀 더 나는 채권으로 갈아타는 거야. 계속 이렇게 한다면 결국 이 거래를 멈추지 않게 되겠지.'"

그때까지 채권 거래를 한 사람이 두 명 있었다. 밸리내셔널뱅크 오브애리조나Valley National Bank of Arizona에 한 사람이 있었고 스커더 스티븐스 앤드 클라크Scudder, Stevens and Clark에 또 한 사람이 있었다. 여전히 그로스의 상관은 설명은 고마우나 채권 거래는 할 수 없다고 레이코프에게 말했다. 흥미로운 제안이었는데 그 상관은 왜 포트폴리오 분석가에게 이에 관해 말하지 않았을까?

레이코프는 이렇게 말했다. "그 정도 반응으로도 충분합니다. 앞으로도 저는 누구에게든 채권의 수학적 변동성에 관해 말할 생각이니까요."

그래서 레이코프는 갈색 서류철을 들고 그랜드가와 올리브가 사이 6번가에 있는 퍼시픽뮤추얼 사무실로 갔다. 그리고 젊은 포트폴리오 분석가 레스 웨이트Les Waite와 빌 그로스 앞에서 자신의 생각을 밝혔다. 세 사람은 발표가 끝나고 악수를 나눴다. 아무런 약속도 하지 않았고 시간 말고는 딱히 잃은 것도 없었다. 레이코프는 아무런 기대감 없이 그 자리를 떠났다.

그런데 그로스는 여기서 기회를 포착했다. 그는 자신의 상관에게 물었다. "우리가 한번 해보면 어떨까요? 금고에서 잠자고 있는 채권 가운데 몇몇을 판매할 수 있다면?" 가만히 놔둬도 인플레이션 때문에 가치가 떨어지고 있었다. 채권 거래를 한다고 해서 달리 잃을 것이 무엇인가? 퍼시픽뮤추얼 자금으로 소액 계정을 만들어 채권 거래를 해본다면 어떨까? 이를 출발점으로 하여 실적을 낼 수도 있다. 그리고 만족스러운 실적이 나온다면 외부 고객에게 채권 거래로 얼마나 이익을 냈는지 보여줄 수 있다.

그로스의 말은 설득력이 있었다. 상관은 그로스보다 나이는 많았지만 이것이 '좋은 생각'이라는 점을 알아볼 정도로 정신 연령은 젊었다. 상관은 "좋은 생각이야, 한번 해보자!"라고 말했다.

퍼시픽뮤추얼은 채권 거래용 종잣돈으로 500만 달러를 그로스에게 내줬다. 손실이 나도 좋다고 했지만, 거래 실험 자체는 매우 급진적인 성격을 띠었다. 이에 관해 레이코프는 나중에 이렇게 말했다. "보험회사가 채권 거래용 테스트 포트폴리오를 구성한다는 자체가 상당히 전위적인 시도였습니다." 그로스는 10개 채권에 각각 50만 달러를 할당하고 거래 후 성과를 제시하기로 했다. 웨이트와 그로스가 이 소규모 포트폴리오를 번갈아 관리했다. 그로스는 이 거래를 마음에 들어 했지만, 웨이트는 손을 뗐다.

레이코프와 그로스는 채권 거래를 통해 유대감이 형성되면서 우정이 싹텄다. 두 사람은 '새롭게' 시작한다는 측면에서도 공통점이 있었다. 둘 다 새 일자리를 찾은 지 얼마 안 되는 새내기 직장인이었고 아이가 태어난 지도 얼마 되지 않았으며 가격대가 거의 같은 주택을 마련한 것도 비슷했다. 레이코프는 그로스를 '빌리'라고 불렀다. '빌리 앳 더 비치Billie at the Beach: 해변의 빌리'라 부를 때도 있었다. 퍼시픽뮤추얼이 뉴포트비치로 이주했기 때문이다. 그로스는 레이코프를 '하위'라고 불렀다.

채권 거래에 대한 그로스의 열정과 관심에 레이코프마저도 감명을 받았다. 레이코프는 그로스가 아내 팸과 하와이에서 휴가를 보내던 중에 자신에게 전화한 적이 있다고 말했다. 그로스는 휴가를 보내는 중에도 몇몇 채권을 거래하고 싶어 했다. "그 정도로 채권 거래에 관심이 많았습니다." 레이코프는 이 부분을 강조했다.

이 소규모 팀에 새내기가 한 명 더 합류했다. 증권회사에서 근무하다 그로스보다 몇 개월 뒤에 입사한 짐 머지Jim Muzzy였다. 머지는 호감 가는 얼굴에다 귀가 뾰족해서 요정 같은 분위기가 나고 항상 웃는 모습이었다. 이곳에 지원한 이유는 머지가 뉴포트비치에 살았고 퍼시픽뮤추얼이 조만간 그곳으로 이전한다는 말을 들었는데 그러면 출퇴근에 왕복 2시간을 허비하지 않아도 되기 때문이었다. 머지와 그로스는 같은 일을 했다. 기업을 조사하고 대출 승인을 지원했다. 또 때가 되면 채권이 보관된 금고로 내려가 이표에 서명한 후 차입자한테서 이자를 받았다.

퍼시픽뮤추얼은 10억 달러 미만 신용 포트폴리오를 운용하는 소규모 지역 업체에 불과했다. 이 시기에 퍼시픽뮤추얼은 경영 컨설팅업체 매킨지McKinsey를 통해 성장 방법에 관한 조언을 들었다. 매킨지가 제시하는 성장 전략의 핵심은 바로 '투자'였다. 그로스의 상관들은 이 조언을 받아들여 퍼시픽에쿼티매니지먼트컴퍼니Pacific Equity Management Company라는 특수목적법인을 설립했다. 이 법인은 오래지 않아 퍼시픽인베스트먼트매지니먼트컴퍼니Pacific Investment Management Company, 즉 핌코가 됐다.

퍼시픽뮤추얼은 농담 삼아 '뒷방 투자 사업부'라고 불렀던 이 '내밀한 작은 실험 부서'를 관리할 적임자를 배치했다. 1966년에 신용분석가로 합류한 빌 포들리치Bill Podlich였다. 포들리치는 투자 운용에 관한 전략 및 계획을 담당하는 고위급 직원을 관리·감독했으며 떠오르는 인재로 인정받았다.

이들은 500만 달러와 신설 특수목적법인을 도구 삼아 활력이라고는 없었던 보험사 내부에서 은밀한 시범 프로젝트를 실행하기에 이르렀다. 세 사람이 맡은 역할은 각기 달랐다. 머지는 투자 및 포트폴리오 관리 업무를 좋아하지 않았다. 그러나 본성이 따뜻하고 친절한 사람이었고 마케팅과 관련한 참신한 아이디어도 종종 내놓았다. 그로스는 여행을 싫어했고 사람들과 이야기 나누는 일도 좋아하지 않았다. 포들리치는 사업 전략에 능한 지략가였다. 그렇게 그로스는 채권 거래, 머지는 고객 서비스, 포들리치는 사업 전략을 각각 담당했다. 이렇게 세 사람이 균형을 이루며 마치 삼발이 탁자 같은 역할을 했다.

이 시범 프로젝트로 채권 거래를 통해 이익을 낼 수 있다는 점이 증명됐다. 그래서 이들은 널리 고객을 유치하고 퍼시픽뮤추얼을 넘어 다른 기업의 자금까지 관리할 방법을 모색했다. 각 기업은 자사의 미래 연금 수령인을 위해 자금을 투자하고 싶어 했고, 대다수는 외부 자산운용사가 자사를 위해 그런 투자를 해주기 바랐다. 핌코는 채권 거래에 관한 전문 지식과 500만 달러 규모 포트폴리오의 실적을 바탕으로 그런 작업을 하는 데 머뭇거림이 없었다.

그 결과, 그래서 핌코는 1970년대 초부터 1980년대 중반까지 큰 성장을 이뤘다. 날이 갈수록 성장했고, 서던캘리포니아에디슨Southern California Edison에서 식품 체인 앨버트슨즈Albertsons에 이르기까지 핌코 고객 명부에 내로라하는 대기업이 이름을 올렸다. 핌코는 1974년에 제정한 근로자 퇴직소득보장법Employee Retirement Income Security Act: ERISA 덕분에 도약의 기회를 잡았다. 이 법을 통해 기업 퇴직계좌의 표준을 마련하고 자산 운용·관리 사업을 하나의 산업으로 공식화했다. 그리고 1977년에는 에이티앤드티AT&T라는 대어를 통해 다시 한 번 도약할 수 있었다.

이듬해에 알제이레이놀즈토바코컴퍼니R.J. Reynolds Tobacco Company: RJR 연금 관리자가 핌코 본사를 찾았다. "자그마치 천만 달러라는 거액을 투자할지 말지를 판단하는 자리였습니다. 천만 달러는 우리에게나 핌코에게나 엄청나게 큰돈이지요. 그런데 이 자리에 나온 친구들은 너무도 어려 보였습니다"라고 그는 회상했다. "원숙해 보이지는 않았지만 그래도 열심히 한다는 생각이 들었습니다. 전도유망한 인재처럼 보이기도 했고요." 핌코가 제시하는 관리 수수료 수준은 RJR이 고려하던 자산운용사 중 가장 낮았다. 결국 RJR은 투자 계약서에 서명했다. "핌코는 천만 달러짜리 투자 계좌를 운용하고, 자사 고객 명부에 RJR을 올리는 일이 어떤 의미를 가지는지를 잘 알고 있었습니다."

핌코의 이 프로젝트는 처음에는 그다지 큰 성과를 내지 못했다. 1970년대에는 아무도 포트폴리오 관리자가 되고 싶어 하지 않았다. 이와 관련해 그로스는 이렇게 회고한다. "모든 돈은 판매 부문의 몫이었습니다." 포트폴리오 관리자가 연간 1만 5천 달러를 벌었다면 판매인은 10만 달러 이상을 벌었다. 그리고 이 시범 프로젝트는 몇 년 동안 이익을 내지 못했다. 퍼시픽뮤추얼 임원진이 불필요해 보이는 위험 감수 행위에 여러 차례 진저리를 친 덕분에 폐지될 뻔도 했다.

그러나 1970년대를 강타한 인플레이션이 이 프로젝트를 계속 유지하는 데 큰 도움이 됐다. 끝없이 치솟는 인플레이션이 채권 거래 활성화의 단초를 제공한 것이다. 금고에 보관된 채권은 가만히 있어도 가치가 점점 하락했다. 이렇게 되자 시원찮은 채권은 팔아서 이익을 낸다는 말을 그로스의 상관도 수긍하게 됐다. 인플레이션 때문에 채권 가치가 하락하는 일이 벌어지지 않았다면 퍼시픽뮤추얼이 순순히 거래 자금을 대주지 않았을지도 모른다.

1970년대에 몇 차례 시장이 하락하는 일이 발생했고, 이때마다 위험을 감수한 포지션에서 이익이 생겼다. 1971년, 금본위제에 기초한 고정 환율 체계에서 벗어나 시작된 신용 창출 붐으로, 위험 감수, 차입_{레버리지} 추가, 몇 차례의 하락장 회피 행위가 거래 이익을 더 증가시켰다.

세 사람의 작업은 첫해에는 큰 성과는커녕 손실을 냈다. 연말 즈음 이들은 채권 거래에 전념하기로 했다. 큰 가격 반등을 기대하며 좀 더 공격적으로 투자하기로 한 것이다. 이들의 판단은 옳았다. 그리고 거래 시점도 정확했다. 1975년과 1976년에 그로스의 포트폴리오는 눈부신 거래 실적을 보이며 큰 이익을 냈다.

이들은 1970년대를 무사히 견뎌냈고 그로스는 1981년에 발생한 소규모 경기 침체와 1983년 경기 침체가 끝나는 시점을 정확히 예측했다. 이후 수십 년 동안 채권시장 상승세가 이어졌다. 1980년대에 그로스는 루 루키저_{Lou Rukeyser}가 진행하는 PBS 프로그램 〈월스트리트위크_{Wall Street Week}〉에 출연해 정확한 시장 예측으로 큰 반향을 일으키며 갈채를 받았다. 당시 이 프로그램은 업계의 유명 인사를 배출하는 통로 역할을 했다.

1980년에 빌 그로스는 시카고 대학 경영대학원을 갓 졸업한 크리스 다이얼리나스_{Chris Dialynas}를 채용했다. 검은 머리에 까무잡잡한 얼굴을 한 이 괴짜는 입사하자마자 그로스의 판박이라는 평을 받으며 거래장의 소공자 역할을 톡톡히 했다. 그로스 역시 다이얼리나스의 밑도 끝도 없는 호언장담과 고비 때마다 불순한 공모의 근원을 색출하는 능력에 대해 코웃음을 치기는 했지만, 이 신출내기가 매우 똑똑하다고 생각했다. 다이얼리나스와 그로스는 공통점이 많았다. 세부적인 면에 치중하는 성향이라든가 복잡성과 새로움에 대한 열정과 관심 등이 그러했다. 오히려 앞으로 다가올 수 있는 온갖 재난 상황을 예견하는 능력은 다이얼리나스가 한 수 위였다. 책상 위에는 연구 보고서와 메모, 채권 서류 등이 산더미처럼 쌓여 있었다. 두께가 무려 1미터에 육박하는 수준이라 무겁고 견고하게 책상을 짓누르는 모양새였다. 나중에 사무실을 옮길 때 보니 바닥에 깔린 서류에 책상 위에 바른 광택제가 붙어 있을 정도였다.

이들 집단은 좀 별났다. 공식적인 모든 일에 포들리치의 침착한 성향과 형식을 중시하는 엄격한 태도가 반영됐다. 머지는 상냥하고 싹싹한 태도가 인상적이었다. 그런 태도가 이 작은 집단 구성원들이 유대감을 형성하는 데 한몫을 했다. 머지는 조직 문화를 구축하고 수호하는 파수꾼이었다. 일을 잘 해낸 직원에게는 금전으로 보상해주고, 새 고객을 유치했을 때는 다들 모여 담배를 피우는 전통을 만들었다. 직원들은 5층에 모였고 좋은 소식과 함께 담배 연기가 피어올랐다. 그러나 이 전통은 오래가지 못했다. 그로스가 담배 연기도 흡연도 싫어했기 때문이다. 이후로는 담배 대신 현금으로 보상했다.

1976년에 입사해 비영리 부문 전체를 담당했던 팻 피셔_{Pat Fisher}는 시범 프로젝트팀이 새 계좌를 틀 때마다 신규 거래를 전부 기록하고 처리해야 했기 때문에 직원들의 일이 더 늘어났다고 지적했다. 그래서 피셔는 직원들이 신나게 일하고 싶은 마음이 들게 하는 새로운 보상책이 필요하다고 생각했다.

계단 근처 비서의 책상 위에는 작은 종이가 하나 놓여 있었는데, 어느 날 피셔는 이 종을 울려 사람들을 계단 주위로 불러 모았다. 그리고 신규 계좌 이름과 포트폴리오 유형, 자금 규모 등을 알렸다. 그런 다음 피셔는 주머니에서 100달러짜리 지폐 뭉치를 꺼내서 다발째 흔들었다. 피셔는 후선 업무 담당 직원에게 상여금이라며 신규 계좌 100만 달러당 1달러를 나눠줬다. 이 방식은 사기를 높이는 데는 좋았으나 시간이 너무 많이 걸렸다. 그래서 봉투에 현금을 넣어 나눠주는 방법으로 바꿨다.

그로스 팀의 채권 거래 담당 조수는 이렇게 회고했다. "소액이라도 이렇게 받는 부수적인 수입이 큰 동기부여가 됐습니다. 저는 상여금을 모아 가재도구를 장만했기 때문에 상여금 봉투를 받아들 때마다 '와우, 램프값 벌었네' 등의 말을 하곤 했습니다."

피셔는 실질적인 운영팀 수장으로서 인사와 급여, 기술 부문을 담당했으며 투자처가 정해지지 않은 약간의 여유 자금으로 초단기 투자에도 손을 대 하루아침에 20%의 수익률을 기록하기도 했다. 그는 사무실 이전 작업도 진두지휘했다. 이 과정에서 직원들이 매매 현장에 가서 스트레스를 받지 않도록 거래장부터 지원 부서까지 기송관_{氣送管}(공기압을 이용해 물체를 운반하는 장치-역주)을 추가로 설치했다. 지원 부서의 주 업무는 매매 과정에서 실수나 오류, 숫자가 뒤바뀌거나 매매 전표 분실 같은 사고가 일어나지 않았는지 확인하는 일이었다. 피셔는 1980년대에 이미 각종 수치와 업무의 정확성을 높이고자 채권 및 각종 증서를 보관하는 모든 수탁은행에 팩시밀리 사용을 권유했다. 그리고 한발 더 나아가 핌코 사업 수주를 노리는 업체 간에 경쟁을 유도하여 비효율적인 은행 업무 체계를 핌코에 적합한 유형으로 개선했다.

거래량이 폭발적으로 증가하자 이런 업무의 중요성이 점점 더 커졌다. 특히 1980년대에 뮤추얼 펀드와 연기금의 자금 규모가 폭증하면서 핌코에 투자 자금이 몰려들기 시작했다. 1975년만 해도 뮤추얼 펀드 500개의 자산이 500억 달러에 약간 못 미쳤다. 1980년대 중반이 되자 뮤추얼 펀드는 소액 개인투자자가 주로 찾는 인기 상품이 됐고, 1985년 말에는 2천억 달러가 넘는 자금을 관리하게 됐다. 핌코는 더 빨리 성장하고자 뮤추얼 펀드보다는 대형 연기금 고객에게 초점을 맞췄다. 1987년에 핌코가 관리한 뮤추얼 펀드의 규모는 약 150억 달러였다.

그로스가 거둔 성공에 힘입어 '토털리턴$_{총수익}$' 개념이 새로운 투자 전략 유형이자 투자 방식의 하나로 자리 잡았다. 다시 말해 채권 자체가 이자 소득 외의 수익 창출이 가능한 상품이 된 것이다. 토털리턴은 이자 소득과 자본 가치 상승이라는 두 가지 요소의 조합으로 탄생했다. 이렇게 그로스가 만들어낸 채권 거래 시장은 성장했고 또 번성했다.

토털리턴의 성공은 요행이 아니었다. 채권시장이 번성하면서 수십 년 사이에 채권 거래 전문가 수천 명이 생겼다. 새 공장, 새로운 프로젝트, 새로운 사업 등에 필요한 자금을 조달하려는 기업에게 자금을 대주는 일을 업으로 삼은 전문가 입장에서 볼 때 채권시장이 활성화

됐다는 사실은 더 싼 가격으로 더 풍부한 자본 풀에 접근할 수 있게 됐다는 의미다. 이런 전문가, 즉 채권 트레이더는 이렇게 말한다. "우리는 시장을 더 효율적으로 만들고 있습니다. 우리가 기업의 자본 비용을 낮추고 있는 거죠. 더 낮은 비용으로 이런 일을 가능하게 했습니다." 고객과 자기 자신을 위해 더 많은 이익을 내려는 이 단순한 게임에서 경쟁을 통해 훨씬 더 나은 삶을 누리게 됐다.

스스로 금융업에 뛰어든 사람에게는 공통점이 있다. 이들은 숫자 다루는 일을 좋아하고 현재 사건에서부터 라크로스(하키와 비슷한 스포츠-역주) 경기에 이르기까지 모든 일이 경제에 미치는 영향을 예측하고 즐긴다. 핌코는 더욱 그러했다. 핌코라는 조직의 환경이 특별한 기질이나 성향을 지닌 사람을 끌어들이는 것 같았다. 남녀 불문하고 괴팍하고 집착적이며 편집증적 성향이 강한 사람이 핌코에서 성공했다. 1990년대에 핌코에서 고수익 사업 기반을 구축했던 벤 트로스키 Ben Trosky 는 신규 채용자 면접 때 두 가지를 물었다고 했다. 하나는 "어릴 때 학대를 받았는가?"이고 또 하나는 "그것을 좋아했는가?"이다.

초창기 핌코 직원들은 마치 거래장에서 서로 물어뜯으며 괴롭히기를 즐기는 사람들 같았다. 돌아가면서 맞붙었지만 마지막에는 같은 사람이 표적이 되곤 했다. 1990년대에는 포트폴리오 관리자이자 기술 전문가 프랭크 라비노비치 Frank Rabinovitch 가 표적이 됐다. 그는 선량한 통계 전문가였으나 분노만 가득 안은 채 핌코를 떠났다. 사람들은 라비노비치한테서 악취가 난다며 살충제를 뿌려댔다. 비싼 새 넥타이를 매고 출근하면 가위로 싹둑 잘랐다. 그러면서 이렇게 말했다. "이상한 넥타이군. 우리가 도와줄게." 한 파트너는 당시 상황을 이렇게 회고했다. "사람들은 달려들어 그를 깔아뭉갰습니다. 핌코 사람들의 사고방식이 원래 그래요. 이기려면 공격적으로 논쟁을 해야만 했죠."

핌코 사람들은 그저 재미있는 놀이라고 했지만, 파리 날개를 뜯어내며 좋아하는 고약한 아이들이나 다를 바 없었다. 핌코에서는 학대 행위를 통해 힘을 과시했고, 그 표적이 된 사람은 자신이 살아남을 가치가 있는 사람임을 증명해야 했다. 이 과정에서 사람들은 단련됐고, 어떤 '경기'든 나가서 뛸 수 있게 됐다. 1990년대에 그로스가 외친 구호는 다음과 같았다. "성장하지 못하면 죽는다, 성장 아니면 죽음!"

이 구호는 삼발이 탁자의 '다리 하나'(빌 포들리치)와 상당한 관련이 있다. 빌 포들리치와 팻 피셔는 1985년에 결혼했다. 빌 포들리치는 책상 서랍에 위장약을 가득 채워둘 정도로 심각한 건강 염려증 환자였다. 그리고 피셔는 유능하지도 않으면서 늘 자신을 얕보는 사람들과 함께 일하는 데서 좌절감을 느끼고 업무에서 점점 손을 떼기 시작했다.

빌 포들리치와 팻 피셔 부부는 '침실에서는 일 애기를 하지 않는다'라는 원칙을 정했다. 그러나 피셔는 1990년 어느 날 새벽 5시 30분에 출근 준비를 하다가 자신도 모르게 딘 메일링Dean Meiling으로부터 어떤 지원도 받지 못하고 있다며 불평하기 시작했다. 빌 포들리치는 별 반응 없이 팻을 바라봤다. 출근길에 팻은 자신이 부부의 규칙을 어겼을 뿐만 아니라 업무에 안달복달할 가치가 없다는 사실도 깨달았다. 당시 팻은 메일링이 파트너가 되면서 자연스럽게 컨설턴트로 밀려난 상태였다. 팻은 이제 이곳을 떠날 때가 됐음을 느꼈다.

몇 년 후 빌 포들리치도 같은 경험을 했다. 도무지 잠을 잘 수 없었고 겨우 잠이 들면 이를 갈았다. 스트레스가 너무 심했다. 떠날 시간이었다. 이제 전국을 누비며 마음껏 돈을 쓰고 즐길 일만 남았다. 그럴 수 없다면 이 모든 일을 그동안 무엇 때문에 했단 말인가?

포들리치를 대체할 사람을 찾기는 쉽지 않았다. 무엇보다 그로스의 예민하고 뾰족한 성격을 참아줄 사람이 별로 없었다. 몇 차례의 전화통화와 인터뷰를 거쳐 1993년에 빌 톰슨Bill Thompson이 합류했다.

톰슨은 그간 새로 들어왔던 다른 동료와는 달리 '날개가 뜯긴 파리'는 아니었다. 상당히 긍정적이고 예의 바르며 높게 치솟은 반달 모양 눈썹이 상대방으로 하여금 웃음을 짓게 하는 사람이었다. 유머감각은 긴장감을 누그러뜨리는 데 도움이 됐다. 그는 동료의 아이들 이름을 죄다 기억해 안부를 묻곤 했다. 누가 야구를 좋아하는지, 어떤 팀을 좋아하는지도 기억했다. 톰슨과 그로스는 성장 배경이 비슷했다. 둘 다 중서부 지역에서 벼락부자가 된 중산층 가정 출신이었다. 톰슨은 기행에 가까운 그로스의 유별난 성향과 심한 감정 기복을 잘 받아냈다. 다소 이상한 그로스의 유머 감각도 높이 평가했으며 그로스의 기분에 맞게 언제 행동해야 하는지도 능숙하게 예측했다. 그로스의 불안을 다스리는 해법도 제공했고 정신적인 문제 그리고 그런 상태가 만들어낸 문화적 차원의 문제에 대한 치유책도 내놓았다.

톰슨은 핌코의 문화를 보존하는 데 신경을 쓰면서도 균형을 맞추려고 노력했다. 핌코 직원들 자체가 다루기 힘든 야생 동물로 보이지만 실제는 자칭 순수주의자 집단이라는 사실을 깨달았다. 언젠가 프랭크 라비노비치Frank Rabinovitch가 톰슨에게 의자를 집어던진 적이 있다. 이때 톰슨은 자신과 자신의 능력에 대한 사람들의 확신이 부족하다고 생각해 팀원 단합에 도움이 되는 조치를 취해야겠다고 결심했다. '신뢰 게임trust fall(상대방이 받아 주리라 믿고 뒤로 넘어지는 게임-역주)'까지는 아니었지만, 어느 정도 위험이 따르는 '도박' 같은 결정이기는 했다.

1994년 초 새로운 파트너가 선임됐을 때 톰슨은 기존 이사와 신임 이사 전부를 초대해 성대한 만찬을 마련했다. 긴장을 풀 기회였다. 당시 핌코의 핵심 인사는 대부분 젊었고 필요에 따라 가끔씩 사교적으로 행동하는 사람들이었다. 술자리는 활력이 넘치는 빌 파워즈Bill Powers가 주도했다. 그로스는 이런 술자리에 아주 가끔만 참석했다. 초창기, 심지어 1990년대 초까지도 이따금 참석했다. 파트너 전원이 라스베이거스로 몰려갈 때 그로스도 함께 가곤 했지만 항상 술자리에서는 일찍 빠져나왔다.

그로스는 톰슨이 마련한 자리에 모습을 드러냈다. 행사는 사무실에서 몇 미터 떨어지지 않은 퍼시픽 클럽 회의실에서 고급 스테이크와 적포도주를 곁들인 저녁 식사로 시작했다. 분위기가 무르익었다 싶을 때 톰슨이 자리에서 일어났다. 그리고 사진 뭉치를 꺼내 들었다. 오늘 모인 이사들의 얼굴이 담긴 사진이었다. 톰슨은 함께 연습을 하나 하자고 말했다. 그러고는 사진 하나를 집었다. 햇볕에 잘 태운 존 헤이그John Hague의 사진이었다. 숱이 많은 눈썹에다 영화배우 같은 미소가 아주 매력적이었다. 사람들은 헤이그를 '마무리 투수'라고 불렀다. 신규 고객 계좌를 끝장내버리는 어이없는 실적 때문이었다. 톰슨은 뒤에 있는 벽에 그의 사진을 붙였다.

그렇게 사진을 하나씩 붙이면서 이렇게 말했다. "우리가 이 사진 주인공을 실제로 어떻게 생각하는지 그에게 말해줄 생각입니다. 자, 시작하지요. 속마음을 솔직하게 말하자고요. 어때요, '멍청이'라고 부를까요?"

사람들은 좀 불편한 마음으로 서로 어색하게 바라봤다.

톰슨은 사람들에게 재촉했다. "시작하라니까요!"

뒤쪽에 있던 한 사람이 마지못해 입을 열었다. "저 사람은 머머…

멍청이야!"

"멍청이!" 또 한 사람이 가세했다.

톰슨이 또 다른 사람의 사진을 집어 들었다. 크리스 다이얼리나스였다. 웃는 인상에 항상 입을 벌리고 있었다. 이번에는 좀 더 자연스러운 반응이 나왔다. "멍청이!"

그다음은 어니 슈마이더 Ernie Schmider였다. 사내에서는 대놓고 말할 수 없지만, 실제로 멋진 사람이었다. 그런 사람도 결국은 "멍청이!" 소리를 들어야 했다.

다음은 순해보이면서도 깐깐한 딘 메일링 사진이었다. 역시 "멍청이!"가 들렸다.

카타르시스가 느껴지고 꽤 재미있었다.

이 만찬에 대해 전 파트너 한 명은 이렇게 말했다. "저도 탁자에 앉아 속으로 '멍청이'라고 생각하는 사람들을 바라보고 있었어요. 그런데 그때는 생각만이 아니라 입 밖으로 그 말을 내뱉어야 했죠. '맞아, 저 사람은 멍청이야!' 대상이 되는 사람이 탁자 앞에 있어도 '멍청이'라고 말할 때는 사진 속의 그 사람을 보고 말하는 거예요."

톰슨의 이런 책략은 핌코의 성향과 아주 잘 맞았다. 그로스는 이날을 이렇게 평가했다. "사람들이 좋아했습니다. 자기 자신을 그 집단에 알리고, 결국 그 무리의 지도자가 되는 방식을 선보인 겁니다."

그렇게 빌 톰슨은 집단의 지도자로 받아들여졌다. 핌코 내에서 사랑과 존경을 받는다는 거의 불가능에 가까운 성과를 톰슨은 결국 얻어냈다. 톰슨은 그로스를 포함해 다루기 힘든 조직 내 파벌의 알력이나 다툼을 진정시키는 방법을 터득했고, 핌코의 폭발적 성장을 이끌어냈다. 이들의 공격성을 좀 더 건설적인 방향으로 이용한 것이다. 시장 변동성과 채권 문서상의 허점을 파악하는 데 사용하고, 은행과 경쟁사를 위협하며, 규정과 행위에 법적 및 사회적 한계를 지우는 등등의 작업에 집중하도록 만들었다. 이 모두가 경쟁사보다 고객의 이익을 더 많이 챙기려는 목적에서였다.

위험 감수를 두려워하지 않는 열정으로 승리를 향한 아슬아슬한 줄타기를 기꺼이 하려는 핌코의 의지와 헌신적 노력은 계속됐다. 내부 분위기도 똑같았다. 조직 내에서 섬세한 긴장 상태를 유지함으로써 계속해서 초과 성과를 냈다.

2007년 5월 말, 핌코 이사진이 퍼시픽 클럽 회의실에 모였다. 미래를 이야기할 때였다.

주택시장 침체가 결국 시장 하락으로 이어졌다. 정상 상태였다면 도저히 매입할 수 없었을 주택을 대출을 받아 구입한 사람들이 대출금을 갚을 수 없다는 사실을 깨닫게 되면서 '서브프라임'이라는 말이 도처에서 들려왔다. 그러나 벤 버냉키 연준 의장이 말했듯 혼란이 파국에 이를 정도까지는 아니었다. 암울했지만 수습 가능한 수준이었다. 그러는 동안 핌코는 큰 성장을 이뤄내지 못했고 경쟁사에 뒤처졌다.

톰슨은 핌코를 떠날 계획이 없었고 그로스는 거래장에서 죽겠다는 각오였다. 그러나 이름이 똑같이 '빌'인 두 사람은 자신들과 핌코의 미래를 생각해야만 했다. 그로스는 4월에 63세가 되고, 톰슨도 비슷한 나이였다. 이들의 가장 중요한 업무는 두 사람이 떠나더라도 안정적으로 핌코가 계속 굴러가게 하는 일이었다. 수년 전부터 고객들은 핌코를 이끌 '핵심 인물', 즉 그로스가 떠난 이후의 계획을 설명해 달라고 계속 요청했다. 한 사람에게 의존하는 기업은 여러 면에서 너무 취약하다. 고객 관점에서 진정한 기업은 핵심 인물에게 의존하지 않고도 성장할 수 있어야 했다.

게다가 짐 머지는 은퇴를 고려하고 있었다. 그로스를 포함한 고위 경영진은 핌코라는 조직과 문화의 장점을 극대화해줄, 추가로 그로스의 괴팍한 성격이 조직에 미치는 부정적인 영향을 최대한 줄이고 억제해줄 사람을 필요로 했다.

한편, 핌코 전 직원의 보상과 관련된 시급한 문제도 있었다. 핌코 직원들은 고객은 물론이고 자기 자신을 위해 더 많은 이익을 내려고 새벽 5시 전부터 일하곤 했다. 그런데 2000년 알리안츠가 인수한 이후에 핌코에 들어온 사람들에겐 큰돈을 벌 기회가 없었다. 큰돈을 번 사람은 알리안츠가 핌코를 인수할 때 중개 역할을 했던 그로스를 비롯한 핌코 협상단이었다. 핌코 경영진은 그 성공의 이유가 직원을 소유주로 만드는 적절한 유인책인센티브 덕분이라고 여겼다. 이제는 유능한 차세대 인재를 끌어들여 조직에 오래도록 묶어두는 데 필요한 유인책을 수립해야 했다. 밖에서 벌어지는 치열한 '인재 영입 전쟁' 때문에 제대로 된 유인책을 수립해야 한다는 압박감이 더 강해졌다. 핌코가 계속 성장하려면, 그리고 1990년대부터 외쳐왔던 '성장이 아니면 죽음!'이라는 구호를 계속 들을 수 있으려면 제대로 된 유인 및 보상 계획을 수립해야 한다.

핌코 파트너 30여 명이 커다란 탁자에 둘러앉아 물과 커피를 마시면서 모기지 거래 책임자 빌 파워즈가 인재 관리 현황을 발표하는 모습을 지켜봤다. 파워즈는 그로스가 좋아하는 중개인 중 한 명으로 살집이 있고 콧수염을 길렀다. 파워즈는 바깥 세상은 호황이라고 말했다. 모기지시장에 대한 핌코의 최종 진단이 있었음에도 월가에서는 모기지 기반 금융 상품이 부리는 마법 덕분에 JP모건, 시티그룹, 도이체방크 그리고 헤지펀드 트레이더가 여전히 막대한 자금을 굴리고 있었다.

인재 유치 경쟁에는 비용이 많이 들었다. 조만간 파산 기업이 늘면 많은 인재가 낮은 몸값에 시장에 나오리라는 점을 알고는 있었다. 그러나 그 일이 일어날 때까지는 여전히 많은 돈을 인재 영입에 들여야 했고, 로스앤젤레스부터 홍콩에 이르기까지 시장은 이미 부풀대로 부푼 몸값을 계속해서 올리는 상황에 너무 익숙해져 있었다. 핌코도 의지만 있으면 높은 몸값을 부를 수 있었지만, 그런 방식에 동참하고 싶지 않았다.

또한, 핌코는 고객에게 선보일 신제품을 구상해야 했다. 시장은 이미 포화 상태나 다름없었다. 대형 투자자 전부가 이미 핌코 채권 펀드 고객이었다. 큰손 가운데 핌코가 영업 대상으로 삼을 만한 투자자가 더는 남아 있지 않았다. 그렇다면 다음 성장 동력을 어디에서 찾아야 하는가? 살 사람은 이미 다 샀다면 누가 사겠는가? 핌코는 광고를 계속했다. 주로 활용했던 가장 효과적인 광고물은 TV나 〈월스트리트저널〉에 등장하는 빌 그로스 본인이었다. 소매 투자자 대상 증권회사에 상품을 판매하는 영업망과 연금, 보험사, 컨설턴트 등을 표적 대상으로 삼은 판매망을 바탕으로 기업의 핵심 인물이 언론에 노출되는 것만큼 효과적인 홍보 수단이 또 어디 있겠는가! 핌코는 싱가포르나 중국 혹은 사우디아라비아, 아랍에미리트UAE 등의 대규모 국부 펀드에 더 집중할 수 있었다. 혹은 순자산 보유액이 높은 이른바 큰손 투자자에 더 집중할 수도 있었다. 그러나 어느 쪽이든 간에 뛰어난 상품을 갖춰 놓아야 판매 행위가 수월해진다.

헤지펀드가 그런 뛰어난 상품에 해당한다. 헤지펀드는 닷컴 붕괴 이후 폭발적 성장을 이룬 고수익 금융 상품으로서 2007년 즈음에는 거의 1분에 하나씩 생긴다 싶을 정도로 시장이 폭발적으로 성장했다. 핌코는 충성도 높은 기관 고객을 대상으로 이런 상품을 내놓았지만, 외부에서는 이런 사실을 잘 몰랐다. 이 상품 운용을 계속해야 할까, 아니면 주식시장에서 채권시장으로 영역을 넓히고 있는 '상장지수펀드ETF'에 눈을 돌려야 할까? 상장지수펀드는 수수료 수준이 낮아서 고객들이 선호했다 아니면 주식에 초점을 맞춰야 할까? 핌코는 주식시장에서는 항상 힘을 쓰지 못했다. 그들은 채권이 전문이었고, 비관적이고 의심이 많아 주식 전문가들이 하는 이야기나 성공담 따위를 믿지 않았다. 수십 년 동안 핌코도 몇 차례 주식 거래를 시도했지만 그때마다 채권이 답이라는 결론에 이를 뿐이었다. 이제 다시 주식에 눈을 돌릴 때가 됐다. 그러나 본래 핌코 스타일과는 다르므로 기존 펀드 관리자를 활용할 수는 없었다. 기존 인사를 활용할 경우 이중으로 돈이 들어간다. 전열 정비 비용, 불가피한 인원 교체 비용으로 말이다.

파트너들은 토론을 통해 주요 사안을 결정하기로 했다. 늘 그렇듯 다분히 관료주의적인 결론이 나오겠지만 그로스는 항상 이 방식에 따랐다. 이들에게 의사결정권을 쥐어준 것이 그로스 본인이었기 때문이다. 그로스는 처음 핌코에 입사했을 때 주름 하나 없이 어린아이 같은 얼굴로 자신을 우러러보던 신참내기 시절의 인물들이 지금은 고위 경영자랍시고 이러쿵저러쿵 떠들어대는 소리를 잠자코 듣고 있기가 힘들었다. 남의 말은 듣지도 않으면서 자기 하고 싶은 말만 하고 공헌한 바를 자랑하기 바쁜 위원회의 몸집이 커봐야 좋을 것이 없었다. 일치와 합의를 지향하는 사고는 성장 속도를 늦추거나 최악의 경우 평범한 수준으로 나가떨어진다는 사실을 그로스는 잘 알고 있었다. 하지만 어쨌든 이들이 조직을 이끌게 해야 했다.

2007년 5월 어느 토요일 아침, 그로스와 톰슨은 라구나 해변에 자리한 고급 호텔 몽타주의 입구로 걸어갔다.

그로스는 골프 티셔츠 차림의 편안한 주말 복장으로 조용히 톰슨과 인사를 주고받았다. 톰슨은 숫기 없는 그로스의 태도에 익숙했다. 근 14년을 만나는 사이였음에도 그는 늘 이랬다. 그로스는 성깔 있는 말에게 다가가듯 사회적 접촉을 할 때마다 늘 조심스러웠다. 톰슨은 점잖은 농담을 하며 그로스를 안심시켰다. 이제 그로스도 톰슨을 신뢰하기 때문에 긴장이 풀어지는 데 시간이 그렇게 많이 걸리지 않았다. 이번 조찬은 정말 중요했다. 따라서 그로스는 최대한 유연하고 마음이 편한 상태여야 했다. 그렇다고 긴장을 너무 풀어서도 안 된다. 세계에서 가장 예의와 격식을 따지는 투자 전문가와 만나는 자리이기 때문이다.

호텔 안으로 들어가니 모하메드 엘 에리언이 이미 와 있었다.

이집트 외교관의 아들인 엘 에리언은 핌코에서 근무했던 1999년부터 2006년까지 핌코의 '떠오르는 별'이었다. 물론 지금은 '별' 그 자체가 됐다. 엘 에리언은 핌코에서 신흥시장을 맡아 인도네시아나 콜롬비아 같은 개발도상국이 발행한 채권을 매매해 상당한 이익을 냈고, 연이은 성공을 바탕으로 핌코 내에서 우월적 지위를 확보했다. 엘 에리언이 핌코 안팎에서 유명해진 이유는 아르헨티나와 관련한 거래 때문이었다. 1990년대 말부터 2000년대 초까지 아르헨티나 채권 투자가 유행이었다. 그래서 아르헨티나가 파산 지경에 몰렸는데도 이를 제때 눈치채지 못했다. 그러나 엘 에리언은 달랐다. 그는 아르헨티나 채권 투자에서 발을 빼야 한다고 주장했다. 소문나지 않게 아르헨티나 현지 브로커에게 채권을 조금씩 팔았고, 이들 브로커는 주로 아르헨티나 연기금에 이 채권을 팔았다. 2001년에 결국 아르헨티나가 디폴트_{채무불이행}를 선언했을 때 연금 수령인과 신흥시장 투자자 대다수가 손해를 봤지만, 엘 에리언이 관리하는 펀드는 27.6% 수익률을 기록했다.

명성을 얻은 그는 2006년 핌코를 떠나 하버드에서 260억 달러 규모의 대학 기부 기금을 운용했다. 엘 에리언은 분기에 한 번씩 뉴포트비치로 돌아와 처가를 방문하고 친구들을 만났다. 오렌지카운티에 집과 차도 있었다. 그러나 매사추세츠주에서 보내야 하는 긴 겨울을 생각한다면 캘리포니아 해변에 있는 아름다운 집을 포기할 이유가 없었다.

새파란 하늘 사이로 야자나무 잎이 흔들리는 경치를 배경으로 몽타주 호텔에서 아침 식사를 같이하며 엘 에리언에게 하버드 대학 기부 기금 운용사의 문화에 대해 물었다. 핌코와는 많이 다른가? 사람들 사이에 경쟁이 심한가 아니면 여유로운 편인가?

엘 에리언은 자신이 하버드로 갔을 때는 지도력 공백 상태였다고 설명했다. 전임자가 자신의 헤지펀드를 시작하려고 그곳을 떠날 때 유능한 동료를 많이 뽑아갔기 때문이었다. 전임자는 비전통적인 투자 방식에 대한 염증과 높은 급료에 대한 열망 때문에 나갔다고 했다. 인적 공백이 많이 생겼지만 그래도 괜찮았다. 엘 에리언이 새로운 인재를 영입하면서 사기가 회복됐고 성과도 좋았다. 이런 사업에서는 무엇보다 성과가 중요했다. 엘 에리언이 시장 하락 직전에 기금의 5%에 해당하는 주식을 팔았다는 기사가 〈뉴욕타임스〉에 실리기도 했다.

그로스는 이렇게 뛰어난 사람이 다른 곳에서 좋은 성과를 낸다는 사실이 견딜 수 없었다. 그래서 모두가 엘 에리언에게 묻고 싶어 했던 말을 꺼냈다. "핌코로 다시 돌아올 생각은 없는가?"

엘 에리언의 덥수룩한 눈썹이 움찔거렸다. 그러고는 의자 앞쪽으로 고쳐 앉았다.

그로스가 굳이 설명하지 않아도 다들 이 부분을 궁금해 한다는 사실을 엘 에리언도 알고 있었다. 그로스의 뒤를 이을 적임자를 찾는 일이야말로 핌코와 그로스의 오랜 염원이었다. 그 답을 엘 에리언한테서 찾을 수 있다는 생각이 그로스의 마음에 뿌리내리기 시작했다.

그로스는 거래 현장을 떠날 계획을 세웠지만, 톰슨은 그래도 일이 어떻게 전개되는지는 알아야 한다고 했고 그로스도 여기에 동의했다. 핌코가 자사 사업 관리와 그 미래에 관해 진지하게 접근하고 있다는 사실을 고객에게 보여줄 필요가 있었다. 그로스가 핌코에 있을 시간은 얼마 남지 않았다. 그로스는 핌코의 공식 얼굴이었고 수많은 계좌에 여전히 그로스 이름이 박혀 있었다. 핌코에서 아직은 그로스가 완전히 사라지지 않았다 해도 언젠가는 그렇게 될 일이었다. 그리고 숱한 관리 업무를 그는 좋아하지 않았다. 그래서 포럼 운영 지원, 원거리 출장, 형편이 좋지 않은 고객 지원 등 성가신 일을 다른 사람에게 맡겼다. 누군가 그로스가 자유롭게 거래하고 업무를 수행할 수 있도록 해준다면, 그것만으로도 개선된 것일지도 모른다. 이와 관련해 누구도 그로스의 역할과 의도를 혼동하지 않는다면 말이다.

이런 관점에서 볼 때 엘 에리언은 필요한 특성 일부를 가진 검증된 투자자였다. 옥스퍼드와 케임브리지에서 학위를 따는 등 정통 방식으로 훈련을 받은 경제학자로서 큰 사고, 즉 그로스가 좋아했던

---

* 2006년 6월까지 12개월 동안 하버드 대학 기부 기금은 수익률 16.7%를 기록했다. 2007년 회계연도에는 이보다 훨씬 더 나은 성과를 냈다. 6월 말에 수익률이 23%를 기록 중이었으니 말이다. 엘 에리언이 그로스보다 더 나은 성과를 냈다는 뜻이다. 같은 해 상반기에 그로스의 토털리턴은 수익률에 변동이 없었으나 기준 채권 지수는 약 1% 상승했다.

'하향식' 경제 분석을 수행할 수 있었다. 엘 에리언은 하버드에서 채권을 넘어 사모펀드에 대한 장기 투자 혹은 다양한 자산을 포괄하는 고위험 헤지펀드 같은 '대안 상품'으로 영역을 넓혀가는 전략을 관리·감독했다. 특히 미국 경제에 대해 암울한 예측이 나올 때 핌코는 그런 분야를 더욱 진지하게 살펴봐야 한다. 엘 에리언은 하버드 대학에서, 그리고 1990년대에는 국제통화기금IMF에서 인력을 관리했다. 특히 IMF는 국제 무역과 개발도상국에 대한 경제 원조에 초점을 맞춘 조직으로써 관료적 특성이 매우 강하다. 경제학자이자 투자자인 엘 에리언은 꽤 사교적인 사람으로서 전에 없던 방식으로 핌코에서 단절된 부분을 이어주는 역할을 할 수 있을 것이다. 이것은 조직의 안정성으로 비칠 것이다.

세 사람은 허심탄회한 대화를 나눴다. 그로스와 톰슨은 엘 에리언이 돌아오면 더 나은 성과를 낼 좋은 기회가 있으리라는 사실을 분명히 했다. 엘 에리언은 적절한 시기에 등장한, 그야말로 적절한 대안이었다.

엘 에리언도 핌코 복귀에 관심이 있었다. 생각할 일이 그리 많지는 않았을 것이다. 물론 생각해야 할 사항이 있는 것도 사실이다. 우선, 저열하고 선동적인 트레이더와 언쟁해야 하는 성가신 일도 해야 하고 그런 사람들을 이끌기도 해야 한다. 그러나 보상이 될 만한 사항도 많았다. 뛰어난 전문가로서 금융 관련 TV 방송에 출연할 수 있다. 또 모든 산업 회의, 특히 금융계를 넘어 전 세계 주요 정치인과 재계 인물이 참석하는 초대형 회의에서 연설할 기회가 생긴다. 연봉이 좀 깎이기는 하겠지만 말이다. 하버드는 학계 최고였지만 핌코의 영향력과 이름값이 더 대단했다. 핌코는 그로스가 구축한 전설적인 지위와 수십 년에 걸쳐 형성된 '친근한 채권 권위자'라는 이미지 덕분에 자산 규모는 하버드 기금의 20배 이상이고 영향력은 훨씬 더 강했다.

엘 에리언이 핌코로 돌아왔을 때 발생 가능한 최악의 시나리오는 몇 년 못 가 저조한 성과를 내며 회사 이익을 깎아 먹는 일이다. 한편으로는 핌코보다 더 큰 기업의 CEO나 연준 의장으로도 갈 수 있지 않을까 하는 욕심도 있었다. 그러나 상황이 자신에게 극히 불리하게 돌아가더라도 수익이 꽤 많이 나는 컨설팅 일을 할 수 있고 신문 칼럼니스트로도 활약할 수 있다. 아무도 확실한 제의를 하지 않았지만 이들은 그 방향으로 의견을 모아가는 듯했다.

엘 에리언은 매사추세츠로 돌아가는 비행기에 올랐다. 즉 하버드 기부 기금 관리 업무로 일단 돌아갔다. 그리고 벤 버냉키는 서브프라임 모기지에 대한 연설을 다시 했다. S&P 500은 네 차례 개장에서 세 번이나 신고가를 수립했다. 그로스는 짧은 휴가를 보냈다.

제3장

장세 전환

2007년 6월 첫 번째 목요일에 빌과 수 그로스는 오렌지카운티에서 자동차로 약 2시간 거리인 사막도시 팜스프링스Palm Springs 인근 인디언 웰스Indian Wells에 있는 집에 머물고 있었다. 날씨가 무척 더웠다. 화씨 105도, 그러니까 섭씨 40도는 넘었을 터였다. 그래서 수는 집에서 시원한 에어컨 바람을 쐬며 레모네이드나 마시고 싶었다. 반면 빌은 골프를 치고 싶었다. 골프를 치는 동안에는 시장에서 맛본 도취감에 온통 사로잡힌 머리를 잠시나마 식힐 수 있을지 모른다. 골프를 치면서 시장에서 맛본 좌절감과 강렬한 열망을 그 작은 공에다 쏟아부을 수 있다. 그렇게 투영된 좌절과 집념 가운데 일부는 골프장을 떠날 때도 여전히 그 공에 남아 있을 것이다.

그로스가 골프 연습을 해야 하는 또 다른 이유가 있었다. 농담처럼 말하지만, 사실은 진담인 '이유' 말이다. 그로스 부부가 사는 인디언 웰스 집 가족실에는 책장이 하나 있는데 그 책장 위에 15센티미터쯤 되는 트로피가 놓여 있었다. 흑단 좌대 위에 연녹색 공이 올라간 트로피에는 이런 문구가 새겨져 있었다. 홀인원, 1990년 3월 15일, 사막 코스 14번 홀, 155야드. 그리고 이 문구 위에 이름이 쓰여 있었다. 수 그로스.

그로스는 몇 년 후 소식지 〈투자 전망〉에서 이렇게 썼다. "정말 굉장한 샷이었다. 그러나 내 샷은 아니었다. 내가 계속 샷을 날리는 이유가 여기에 있지 않을까."

그로스는 골프복을 차려입고 혼자서 아이젠하워 산기슭에 자리한 마운틴 코스로 갔다. 파3 17번 홀에서 공을 아주 제대로 쳤다. 잘 맞아 날아간 공은 하늘에서 완벽한 호를 그리며 깃발 근처에 떨어지더니 작은 구멍 안으로 들어갔다. 139야드짜리 홀인원이었다.

홀인원!

그런데 혼자 코스를 돌았기 때문에 이 역사적인 장면을 지켜본 사람이 아무도 없었다.

맙소사! 그래도 기록에 넣어야 하나?

암, 물론이지, 넣어야 하고말고. 그로스는 그렇게 마음을 먹었다. 그 빌어먹은 공이 분명히 구멍에 들어갔다고!

그날 늦게 수에게 그 일을 이야기하자 수 역시 기록에 넣어야 한다는 데 동의했다. 물론 수의 눈빛에서 뭔가 미심쩍어 하는 기미를 느끼기는 했지만 말이다. 남편의 말을 곧이곧대로 믿어야 할지 모르겠다는 망설임의 의미가 아니었을까. 그로스는 골프에서 홀인원이 얼마나 중요한지 아내는 잘 모른다고 생각했다.

그런데 아내 외에는 아무도 자신의 홀인원을 인정해주지 않았다.

혼자만 알고 혼자만 봤지만, 그래도 홀인원이면 평생의 성과 아닌가! 어쩌면 행운의 징조일지도 모른다. 음울한 쥐구멍에 햇볕처럼 찾아든 기회일지도 모른다. 그 한 가지만이 쥐구멍 속 같은 이 암울한 기분을 떨쳐낼 수 있었고 그날 이후로 하루가 다르게 가까이 다가오는 듯했다.

마침내 시장에서 변화가 일어나기 시작했다. 모기지 연체가 계속 늘어났다. 시장에는 서브프라임과 더불어 부채담보부증권collateralized debt obligation: CDO이라는 신조어가 등장했다. CDO는 모기지를 기반으로 한 대출 채권 묶음이라고 이해하면 된다. 이 채권 묶음은 위험 수준에 따라 최고로 안전한 상품에서부터 최고로 위험한 상품으로 구분해 '트랑쉐tranche'라는 소단위로 분할된다. 이렇게 묶인 채권에 문제가 생기면 후순위 트랑쉐가 제일 먼저 영향을 받는다. 반면에 선순위 트랑쉐는 채무불이행 사태가 연이어 터지지 않는 한 큰 손해를 볼 일이 없다. 채권 등급을 매기면서 수년간 선순위 트랑쉐를 'AAA'로 평가했던 무디스Moody's와 스탠더드앤드푸어스S&P 같은 신용평가회사에 따르면 이런 일이 발생할 확률은 제로에 가깝다고 한다. 누구든 투자에 관한 판단을 내릴 때 신용평가회사의 등급 평정을 참고한다.

그런데 선순위 트랑쉐의 모기지 연체율이 급증하고 채무불이행이 늘면서 'AAA'라는 라벨이 벗겨지고 있었다. CDO의 구조를 고려하면 모기지 연체 증가는 상당한 문제를 불러일으킨다. 위에서 아래로 흐르는 물처럼 돈 또한 위에서 아래로 내려가 결국 마지막 트랑쉐에 이르게 된다. 돈이 맨 아래까지 도달하기 전에 동이 난다면 구조상 마지막 트랑쉐가 가장 위험한 상태에 놓인다. 그런데 그 손실이 신용평가회사가 산출한 수준을 훨씬 넘어서고, 생각보다 훨씬 상층부에서 그리고 생각보다 훨씬 빨리 돈이 증발해버린다는 점이 분명해졌다. 이쯤 되자 무디스와 S&P는 자사가 내렸던 신용등급을 대폭 강등하기 시작했다.

투자은행 베어스턴스Bear Stearns는 서브프라임 모기지 기반 CDO에 투자한 자사 헤지펀드 두 곳에 문제가 생겼고, 이 문제가 갈수록 심각해지고 있음을 감지했다. 모기지시장 하락이 이들 펀드에 커다란 구멍을 내고 있었다. 6월에 베어스턴스는 이 구멍을 메우기 위해 무려 32억 달러를 쏟아부었다.

상황은 점점 끔찍해졌다. 핌코가 고대하던 바로 그 상황이 마침내 펼쳐지고 있었다.

그로스는 이런 상황에 대해 기뻐서 어쩔 줄 몰라 하면서 그런 마음을 〈투자 전망〉에서 노골적으로 드러냈다. 그로스는 이제 정크 본드ᴊᵤₙₖ bond: 고수익·고위험 채권보다도 못하다고 판명된 신종 상품에 신용평가 회사가 최고 등급을 매겼다면서 그동안 완전히 속았다고 썼다.

그로스는 신랄한 어투로 이렇게 말했다. "AAA 등급? 짙은 화장과 15센티미터나 되는 하이힐, 다리에 새긴 문신으로 '무디스 씨'와 '푸어 씨'의 정신을 쏙 빼놓은 모양이다. 그러나 화장발로 예쁘게 보이는 여성처럼 그렇게 겉만 치장한 상품치고 제값을 하는 경우를 보질 못했다."

그런데도 주식시장은 계속 상승했다. 6월 말에 사모펀드계의 최강자 블랙스톤ᴮˡᵃᶜᵏˢᵗᵒⁿᵉ은 이들이 주도한 차입 매수세 확산으로 5년 만에 최대 규모의 공개 공모로 기업을 상장했다. 마치 서로 모른다는 듯이 시장은 분열했다. 주식시장은 끝 모를 낙관주의에 취해 계속 돌진한 반면 주식시장과는 운명을 같이하지 않겠다는 듯 신용시장은 맥없이 무너졌다.

정책 입안자와 규제 당국은 시류에 뒤처지지 않으려 애를 썼다. 연준이 시행하는 연중 정밀 조사에서 버냉키 의장은 압류 증가로 인해 수많은 주택 소유자와 지역 사회가 개인적, 경제적, 사회적 고통을 받고 있다는 사실을 의회에 전했다. 이는 명현 현상처럼 상황이 호전

되기 전에 일단은 더 나빠지는 것으로 이해해야 한다고도 덧붙였다. 앞으로 더 나빠져도 결국은 호전될 문제라고 봤다는 뜻이다. 버냉키의 견해와는 별개로 공급 과잉으로 인해 팔리지 않고 남은 주택이 시장을 더욱 압박했다.

버냉키의 의회 증언이 있은 다음 날, 사상 최초로 다우지수가 14,000을 넘기며 장을 마감했다. 트레이더들이 버냉키가 말한 '악화 후 호전'을 향후 주택 수요가 안정화된다는 의미로 받아들인 것이다. 한편 신용시장의 반응은 좀 달랐다. 버냉키의 발언에서 서브프라임 시장에 문제가 있음을 포착한 사람들은 이에 따른 불안 심리를 누그러뜨리지 못했다. 썩은 뿌리가 시장과 전체 경제를 포함한 모든 영역으로 퍼져나간다는 폴 맥컬리의 암울한 미래 비전이 명확해지기 시작했다.

2007년 7월에 베어스턴스는 곤경에 빠진 자사 헤지펀드가 '실효 가치가 없다'는 사실을 고객에게 알렸다. 투자자가 재무부 채권처럼 비교적 안전한 자산 대신 고수익 회사채를 보유할 때 통상적으로 요구하는 초과 수익이 6월에 사상 최저치를 기록한 후 상승 곡선을 타기 시작했다. 한 번에 0.01%씩 움직이는 재무부 채권 대비 '가산 금리$_{spread}$'가 거의 1% 포인트씩 움직이면서 8월 1일에는 무려 4.3%로 급등했다.

8월이 시작됐을 때 빌 그로스는 중요한 결정을 내려야 했다. 그는 아내와 함께 파나마 운하를 경유하는 유람선 여행을 떠날 계획이었다. 유람선 여행은 휴식이 필요할 때 그로스가 즐겨 택하는 여행 방식이었다. 그는 휴가를 아주 중요하게 여겼다. 신성한, 귀한 시간이라고 생각했다. 뉴욕이나 베이징으로 간다고 하면 다들 이렇게 말할 것이다. "빌, 뉴욕에 가면 메릴린치에 들러서 이러저러한 고객을 꼭 만나게나." 물론 그로스는 이 말대로 하지는 않았다. 어쨌든 유람선을 타면 바다 한가운데에 있는 셈이라 물리적으로 세상과 완전한 단절이 가능했다. 방문할 사람도 없고 귀찮게 할 직원이나 고객도 없다.

그러나 2007년 8월은 유람선 여행을 떠나 세상과 단절할 때가 아니라는 점이 분명해졌다. CNBC 짐 크레이머 Jim Cramer 는 TV에 출연해 자신과 이야기를 나눈 사람 전부가 얼마나 행복한 망상에 빠져 있는지 모르겠고, 또 '아무것도 모르는' 연준이 이 중요한 변화를 눈치채지 못하고 있다면서 팔을 이리저리 휘저으며 열변을 토하고 있었다. 마침내 시장이 핌코 토털리턴 펀드가 뻗어나갈 기회를 제공하고 있었다. 핌코는 연준이 금리를 인하해야 할 때에 대비했고 시장 하락기에 채무불이행 가능성이 있는 고위험 회사채를 피하거나 매도하는 등 상황에 맞게 반응했다. 이런 중차대한 일이 벌어지는 시기에 휴가를 즐길 수는 없었다.

훗날 그로스는 이렇게 말했다. "지금은 돈을 까먹을 때가 아니라 돈을 벌 때였다." 결국 그로스 부부는 유람선 여행을 12월로 연기했다.

곤경에 빠진 베어스턴스 펀드는 파산 신청을 했다. 핌코는 기회를 놓치지 않고 해당 펀드와 채권자가 경매에 부친 일부 보유 자산에 입찰했다.

8월 9일에 프랑스 최대 은행인 BNP 파리바 BNP Paribas 는 시장 혼란을 유발할 수 있다는 이유를 들어 세 개 펀드의 자산을 동결한다고 발표했다. 그러자 공황에 빠진 투자자가 일시에 몰려들었고, BNP 파리바는 결국 환매 중단을 결정해야 했다. BNP는 가격 변동이 너무 심해서 보유 자산의 가치가 얼마나 되는지 파악할 수 없었다. 투자자에게 얼마를 돌려줘야 하는지 계산하는 것도 불가능했다. 2주 전만 해도 보유 자산의 누적 가치가 21억 유로로 평가됐는데 지금은 15억 9천만 유로에 불과했다. BNP는 이렇게 말했다. "미국 자산유동화증권 시장의 특정 부문에서 유동성이 완전히 증발하면서 신용등급이나 자산 품질과 관계없이 특정 자산의 가치를 평가하는 자체가 불가능했다."

이것이 바로 맥컬리가 말한 '민스키 모먼트'였다. 무분별한 위험 감수 현상은 결국 자산 가격 거품 붕괴로 이어졌다. 훗날 맥컬리는 이렇게 말했다. "나는 이날을 내 아들 생일처럼 똑똑히 기억한다. 다 끝났다."

서브프라임 문제가 확산되면서 수개월 동안 흔들리던 주식 및 채권시장이 일제히 무너지기 시작했다. 시장 동향과 무관하게 이른바 '정량적' 전략을 구사하는 헤지펀드는 기본적으로 수학적 모형에 따라 투자하므로 이런 혼란과는 별 상관이 없어야 정상이다. 그런데 갑자기 헤지펀드마저 서브프라임과 관계가 없는 주식에서 큰 손실을 냈다. 서브프라임 문제로 사실상 다 오염된 것이었다.

상황이 이쯤 되자 연준은 부랴부랴 은행 대출 비용을 삭감했다. 그리고 유럽중앙은행European Central Bank 및 일본은행Bank of Japan과 더불어 시장 불안을 완화하고 질서를 유지하기 위해 시장에 현금을 쏟아부었다. 일본 경제부 장관은 기자에게 "미국 서브프라임 대출 사태가 전 세계 금융시장에 영향을 미치고 있습니다."라고 말했다.

그러나 연준의 조치는 시장 참여자를 안심시키기는커녕 시장에 대한 불안과 공포 심리만 더 증폭시켰다. 8월 중순이 되자 S&P, 다우지수, 나스닥지수 등이 연중 최고치 기준 약 10%나 하락했다.

폴 맥컬리가 와이오밍주 그랜드티턴국립공원에서 열린 캔자스시티 연방준비은행 연례 심포지엄에서 여러 질문을 받은 배경에는 이 같은 암울한 상황이 자리하고 있었다. 주최 측이 '주택, 주택 금융 그리고 통화 정책'을 당해 심포지엄의 주제로 선정했을 때만 해도 일부 초청객은 너무 따분하고 전혀 중요하지도 않으며 관련성도 떨어지는 주제라고 불만을 토로했다. 그러나 이제는 전혀 따분한 주제가 아니게 됐다. 2007년 8월 말에 중앙은행 총재, 재무장관, 교수들 그리고 시장 참여자들이 잭슨 레이크 로지Jackson Lake Lodge에 투숙했다. 로비에 있는 거대한 창으로는 지평선을 따라 늘어선 티턴 산맥이 보였다.

로버트 실러Robert Shiller 예일 대학 경제학 교수가 회상한 내용과 같이 매일 저녁 '코요테의 울부짖음과 엘크의 울음소리'를 들으며 규제 담당자와 경제학자는 현재의 주택 경기 후퇴가 얼마나 심각한지 파악하려 애를 썼다. 전형적인 뱅크런예금 대량인출 사태으로 보였지만, 정도가 훨씬 심각하고 끔찍했다. 정말로 시장 조정일 뿐일까? 거품이 붕괴하는 상황이 아닐까? 연준이 나서야 하나? 뭔가를 해야 하나? 그렇다면 대체 무엇을?

연준은 은행을 중심으로 한 금융 체계만 통제할 수 있다는 점도 문제였다. 그러나 당시 수많은 문제가 은행과는 무관한, 이른바 비은행권을 뒤흔들고 있었다. 팔자 콧수염에다 앞머리가 희끗희끗한 갈색 머리를 깔끔하게 정돈한 모습에서 '전문 교수다운' 면모가 보이는 맥컬리가 무테안경을 고쳐 쓰고 목을 가다듬었다.

다른 사람들의 견해와는 달리 이 사태는 은행에서 비롯된 문제가 아니었다. 굳이 따지자면 규제받지 않는 금융기관과 유령 회사가 복잡하게 얽힌 숨겨진 연결망, 즉 맥컬리의 표현대로라면 '일반 대중은 이해하기 대단히 어려운 비금융권 투자 도관 및 구조'인 그림자 금융 체계가 문제의 근원이었다.

'그림자'가 아닌 '실제' 은행은 고객이 예치한 예금에 대해 지급 보증을 해줘야 연준이 제공하는 초저가 금융 장치인 '할인 창구'를 이용할 수 있다. 그러나 그림자 은행은 초단기 기업 금융시장, 이른바 신종 기업어음과 같은 다른 차입 수단을 이용했다. 금융기관이 단기 어음을 신규 어음으로 바꿔야 하는데 갑자기 투자자가 자금을 않으면 자금 융통은 물 건너가버리는 것이다.

시장에서 바로 이런 현상이 벌어졌다. 맥컬리는 자산 담보부 기업 어음 시장 규모가 이미 2천억 달러나 축소됐다고 했다. 그 많은 자산이 완전히 증발해버렸다. 그림자 금융 체계는 이제 사라져 없어질 처지에 놓인 자산을 1조 3천억 달러나 보유하고 있었다. 따라서 그림자 금융계로서는 실제 은행에서 자금을 융통하거나 아니면 보유한 자산을 헐값에 처분해야 하는 상황이었다.

맥컬리는 이 개념을 아주 오랫동안 생각해왔기에 잭슨 홀에서 말문을 열었을 때 '그림자 금융'이라는 단어로 간단명료하게 이 상황을 설명할 수 있었다. 그 입에서 그림자 금융이라는 단어가 나오자마자 이 개념은 금융계 전체로 퍼져나갔다. 모두가 어렴풋하게 느꼈으나 전체적으로는 감을 잡을 수 없었던 그 '무언가'를 맥컬리는 아주 명료하게 '말'로 표현한 셈이었다. 몇 주 전까지 새로운 신용과 새로운 금융 상품 그리고 수익이 나는 새로운 무언가에 대한 광포한 수요로 시장이 정신없이 요동치던 배경에는 바로 이 그림자 금융이 있었다. 기대든 희망 사항이든 간에 가능하다 싶으면 모두 '트랑쉐' 단위로 분할됐고, 부지런한 움직임이라기에는 너무도 빠른 속도로 이런 조각 상품을 게걸스럽게 사들였다. 몇 년 동안 많은 채권이 빨리 소진된 이유가 여기에 있었다.

가을이 되자 미국 정부는 이 사태를 해결하려 고군분투했다. 부시 행정부는 주택 소유자를 지원하는 새로운 정책을 내놓으려 했다.

9월에 연준은 금리를 0.5% 포인트 인하했고 10월에 다시 0.25% 포인트 인하했다. 서브프라임 대출기관은 연이어 파산했다. 고용시장도 위축되기 시작했다. 영국의 주요 모기지 은행 노던록Northern Rock에서 대규모 예금 인출 사태, 즉 뱅크런이 발생했다. 미국 은행들은 앞다투어 연준의 '할인 창구'에 손을 내밀었다. 메릴린치는 55억 달러 손실이 났다고 발표했으나 실제로는 손실 규모가 무려 84억 달러였다.

미 재무부는 JP모건, 시티그룹, 뱅크오브아메리카Bank of America: BOA 등 주요 은행 몇 곳을 움직여 1천억 달러 규모의 '슈퍼 펀드'를 조성하려 했다. 정부의 지원 의지를 시장에 보여주기 위해서였다. 대표단을 소집해 구체적인 방법을 논의하려 했으나 아무도 그 계획에 동참하려 하지 않았다. 크리스마스 즈음에 주요 은행이 모인 이 단체는 해체됐다.

최악의 시장 상황에 모두가 비명을 지르는 와중에도 남다른 투자 포지션을 잡았던 핌코는 마침내 성과를 내기 시작했다. 경쟁사가 그간 올렸던 투자 이익 대부분을 손실로 다 날려버릴 때 핌코는 이익을 냈다.

그해 연말 핌코 토털리턴 펀드는 9.1% 수익률을 기록했다. 펀드 성과를 평가하는 모닝스타Morningstar는 토털리턴이 경쟁 펀드를 압도하는 실적을 냈으며 기준 지수를 2% 가까이 상회했다고 밝혔다. 당시 채권업계에서는 상상하기 어려울 정도로 엄청난 성과였다. 시장이 고공 행진을 펼칠 때도 핌코가 결코 물지 않았던 고위험·고수익 채권은 2%에 못 미치는 수익률로 근근이 버텼다.

몇 년 후 그로스는 이렇게 말했다. "험프티 덤프티달걀가 깨진 그때 우리는 탁월한 성과를 냈습니다." 아무도 감지하지 못했던 그 위기를 예견한 채권업계 현자의 말에 드디어 세상 사람들이 귀 기울이기 시작했다. 빌 그로스에 관한 전설 같은 일화가 업계에 널리 퍼졌다. 그로스를 거론하는 언론이 늘어났고, 경제 및 금융 관련 보도에서 그로스는 당연히 언급해야 하는 인물이 됐다. 리먼브라더스가 파산했던 그 주에 〈파이낸셜타임즈〉는 그로스를 "상상도 못했던 우주의 주인"이라 칭하며 '금주의 뉴스 속 인물'로 선정했다. 〈워싱턴포스트〉는 '채권왕은 정말로 자신의 머릿속을 들여다볼 수 있다'라는 제목으로 그로스가 어떻게 예견을 적중시키는 경지에 올랐는지를 집중 조명했다. 〈타임〉은 그로스를 "특히 차입 및 대출과 관련한 모든 환경 기반이 무너지는 듯할 때 누구보다 그 의견을 듣고 싶은 사람"이라고 평했다.

그로스는 이렇게 회고했다. "우리가 잘해왔기 때문에 그 시점부터 1조 달러가 2조 달러로 불어났고 핌코에 대한 신뢰도 또한 두 배로 높아졌습니다." 그리고 이렇게 덧붙였다. "우리는 우리 자신을 아주 오래전부터 증명해왔습니다. 이번에 그 증명에 쐐기를 박은 셈이죠."

핌코 고객은 그로스를 믿고 실행한 투자가 옳았다는 사실을 다시 한번 입증받았다. 고객 사이에서는 시장 상황이 나쁠 때도 핌코는 시장 평균을 웃도는 수익률로 우리 돈을 지켜주리라는 믿음이 생겨났다.

그로스는 12월에 아내 수와 함께 파나마로 갔다. 햇빛 아래 하얗게 반짝이는 유람선을 타고 평온한 바다를 유유히 달렸다.

제4장

위기

2008년 초 금융계가 난국을 타개하려 애를 쓰는 와중에 핌코는 큰 축복을 받았다. 모닝스타가 빌 그로스를 2007년도 '올해의 고정수익펀드 관리자'로 선정했다. 벌써 세 번째였다. 그로스는 어깨가 으쓱해졌다.

그가 그토록 바라던 삶이었다. 그로스는 핌코 입사 면접 때 이런 질문을 자주 던졌다. "가장 갖고 싶은 게 무엇인가? 돈? 권력? 아니면 명성?" 이 질문을 받은 지원자 대다수는 안절부절못했다. 그로스가 원하지 '않는' 대답이 무엇일지 몰라서. 이에 대해 그로스는 이렇게 말했다. "상당히 민감한 질문입니다. 어떤 대답을 하든 자신의 약점이나 부족한 부분이 드러나기 때문이죠." 질문을 받은 지원자는 대부분 난처해하면서도 가장 원하는 것이 돈이나 권력이라고 답한다. 그러면 그로스도 기꺼이 그런 대답에 동조하는 반응을 보인다. "나는 이 일을 시작할 때 내가 원하는 것에 집착했지."

이 업계에서는 자신의 장점 혹은 가장 잘할 수 있는, 말하자면 비교 우위에 있는 특질을 찾아내는 일이 가장 중요하다. 그로스는 비교적 이른 나이에 남을 압도할 수 있는 자신만의 우월한 자질을 찾아 냈다. 듀크대 신입생 때 이미 그로스는 자신을 파악했다. 키는 컸지만 농구 선수로 대성하기는 어렵다는 사실을 깨달은 것이다.

농구에 재능이 없다는 사실은 그의 자존심에 큰 상처를 입혔다. 그는 이후 수십 년간 무너진 자존심을 일으켜 세우려 애를 써야 했다. 그 결과, 그는 농구 코트가 아닌 곳에서 더 큰 활약을 하게 됐다. 농구 경기 입장권을 암표로 팔아 짭짤한 수입을 챙긴 것이다. 그로스는 듀크대 농구팀이 준결승까지 올라가기를 바라며 입장권 10~15매를 구입하곤 했다. 듀크대에 다닌 4년 동안 세 번이나 이 일을 했다. "운 좋게도 이 사업은 언제나 남는 장사였습니다."

그러나 이런 '행운'은 장점이 될 수 없다. 예견하기 어렵기 때문에 믿을 수가 없다.

그로스는 자신이 위험을 감수하는 데 능하다는 사실도 알게 됐다. 대학 4학년 때 끔찍한 교통사고를 당하는 바람에 암표팔이보다 더 믿을 만한 성공 기제를 찾아냈기 때문이다.

1966년 어느 토요일 밤이었다. 남학생 사교 클럽 '파이 카파 사이' 동료들이 그로스에게 도넛을 사오라고 시켰다. "도넛을 사오는 일 말고는 믿고 맡길 만큼의 신뢰감을 주지는 못했던 모양이에요." 그는 내쉬 램블러_{아메리칸모터스의 소형 자동차}를 몰고 가다 속도를 너무 내는 바람에 통제력을 잃고 마주 오는 자동차와 정면충돌하고 말았다. 이 사고로 그로스는 앞 유리를 뚫고 튕겨 나갔고, 두개골이 4분의 3이나 잘려 나갔다.

그는 바로 병원으로 이송됐다. 사고 현장에서 경찰이 도로에 떨어진 두개골 파편을 발견해 곧바로 응급실로 보내 두개골 봉합 수술이 진행됐다. 이 사고로 그로스는 평생 두부_{頭部}에 대한 불안과 걱정을 달고 살았다. 체력 단련과 건강에 더욱 강박적으로 집착하면서 평생을 매일 한 시간 동안 요가와 실내자전거를 탔다.

그는 대학 4학년의 대부분을 병원 침대에서 보내야 했다. 폐가 다 망가졌고 피부 이식 수술도 여러 차례 받았다. 이 시기에 그로스는 병원 생활이 너무 따분했던 나머지 이전 해 봄방학에 샀던 책 한 권을 집어 들었다. 에드워드 소프Ed Thorp가 쓴《딜러를 이겨라》였다. 이런 책이 과연 효과가 있을지 의심스러웠지만, 그래도 한번 읽고 싶었다.

꼼꼼히 다 읽었다. 그리고 카드 한 벌을 가져다 병원 침대 위에서 소프가 말한 전략을 시험해보기 시작했다. 그로스는 이렇게 회고했다. "믿을 수가 없었기 때문에 증명을 해봐야 했습니다. 달리 할 일도 없었지만요."

그는 수천 번 연습했다. 그사이 빡빡 밀었던 머리의 상처 부위에도 딱지가 앉았다. 이제 결전의 날이 왔다는 생각이 들었다.

1966년 10월에는 해군에 훈련 보고를 해야 했다. 베트남 파병까지 남은 몇 달 동안 소프 이론을 시험해보기로 했다. 그로스가 자신의 계획을 말하자 부모님은 코웃음을 쳤다. "아마 반나절이면 다 털리고 돌아올 거다." 그로스는 모아뒀던 200달러를 가지고 라스베이거스로 갔다.

일일 숙박비가 6달러인 치프 코트 호텔Chief Court Hotel에 방을 잡았다. TV를 보고 싶어도 방이 너무 더러워서 엉덩이를 대고 앉을 수가 없었다. 불법적인 만남이 수시로 이뤄지던 장소, 즉 윤락 여성이 상주하던 곳이 아닐까 생각했다. 여러 가지로 개운치 않았지만, 카지노에서 여섯 블록밖에 떨어져 있지 않아서 블랙잭을 하다 한두 시간 잠만 자고 가기에는 괜찮은 곳이었다. 게다가 이 호텔은 투숙객에게 95센트짜리 카지노 화폐를 무상으로 제공했다.

아직 몸에는 멍이 든 상태였고 피투성이처럼 보이는 머리는 벙거지로 가렸다. 다른 사람에게 혐오감을 주고 싶지 않았고, 한편으로는 외모에 변화를 주고도 싶었다. 카지노 보안 요원이 가까이 따라붙지 않게 하는 효과도 노렸다. 게다가 모자를 눌러 쓰니 가난뱅이로 보이는 의외의 이점까지 있었다. 카지노 관리자 눈에 돈 잘 쓰는 만만한 손님으로 보이기는 싫었다.

그로스는 수백 개나 되는 슬롯머신과 케노 게임Keno game(빙고 게임과 비슷한 도박-역주) 그리고 녹색 반원형 블랙잭 테이블 주변에서 와글대며 게임을 즐기는 사람들을 지켜봤다. 정장을 말쑥하게 차려입은 남성과 점잖은 옷차림의 여성이 줄지어 선 채 아무 생각 없이 게임기 손잡이를 잡아당기고 있었다. 그들이 불쌍해보이는지 아니면 역겨운 느낌인지 확실치는 않았다. 사람들은 그동안 모은 돈을 게임기에 쏟아붓고 있었으나 그저 로봇처럼 손잡이를 당길 뿐이었다. 그러니 이길 가능성이 희박하다. 시작도 하기 전에 이미 돈을 잃은 것이나 다름없다는 사실을 저 사람들은 알고 있을까? 이런 생각을 하니 서글퍼졌다. 이들의 모습 자체가 강박적이고 부정적인 인간 본성에 대한 증거라는 생각 때문이었다.

그로스는 이렇게 생각했다. 저 사람들은 돈을 따지 못할 테니 재미나게 즐기기라도 했으면 좋겠다. 한 달 월급을 몽땅 날린다거나 이 게임에 져서 아이들이 굶게 되는 상황만 아니라면 말이다.

시끄럽게 떠들고 음료수를 홀짝거리며 블랙잭을 하는 패거리를 보니 승리 전략이라고는 전혀 없이 마구 돈을 걸고 있음이 분명했다. 너나 할 것 없이 잘 속아 넘어가는 얼간이들뿐이었다. 그로스는 '나는 승자고 당신들은 패자야'라고 생각했다. 1달러짜리 흰색 칩 몇 개를 움켜쥐고 있자니 100달러짜리 검은색 칩에 시선이 갔다.

우리는 같은 게임을 하고 있다. 단 하나, 칩 색깔만 다를 뿐이다.

이렇게 아무 생각 없이 게임에 임하는 '멍청한' 사람들과 함께 경쟁할 수 있는 '행운'이 또 있을까 싶었다. 그로스에게는 게임 전략이 있었다. 무더운 여름 내내 일주일에 7일, 그러니까 매일 아침 7시부터 밤까지 하루 15시간에서 16시간을 시원한 카지노 안 블랙잭 테이블 앞에 허리를 꼿꼿이 세우고 앉아 카드 패를 계산한다. 그의 전략은 판돈을 다 잃지 않고 계속 남아 게임하는 것이다. 카지노에서 돈을 잃는 사람들에게 고마운 마음이 들 때가 있다. 그들을 보면서 많이 배우기 때문이다. 돈을 잃는 사람들이 저지른 실수에서 배운 사실을 자신의 전략을 수립하는 데 활용할 수 있다. 돈을 잃는 사람들을 보면 특징이 있다. 계속 이겨서 돈을 따면 그다음부터는 무조건 베팅한다. 그렇게 제동 장치 없는 자동차처럼 질주하다 결국은 다 털리고 빈털터리가 된다.

사람들은 게임 테이블의 치명적 열기를 감지하지 못했다. 이들은 항상 손 털고 물러나야 할 때 오히려 크게 베팅했다. 그로스는 딜러의 행동을 '탐색'하려고 상황을 봐가며 조금씩 베팅했다. 그는 수중에 있는 칩의 2%를 넘는 베팅은 하지 않았다. 그리고 자신에게 확실히 유리하다 싶을 때만 크게 베팅했다.

블랙잭은 처음에 카드 두 장으로 시작한다. 카드 숫자 총합이 21 혹은 21에 가장 가까운 값이 나오기를 기대하면서 게임을 한다. 그렇다고 21이 넘으면 안 된다. 카드 패는 무작위로 섞여서 숫자 합 21을 만들기도 하고 또 깨기도 한다. 이미 나온 카드가 무엇인지 일일이 다 기억하고 있지 않은 한 딜러가 다음에 어떤 패를 낼지 알 수 없다.

게임 참가자는 일단 높은 숫자 카드가 나올 때는 1을 더하고 낮은 숫자 카드가 나올 때는 1을 빼는 식의 간단한 방법으로 '얼굴' 카드(조커, 퀸, 킹)나 높은 숫자 카드, 낮은 숫자 카드가 몇 장 나왔는지 그리고 그 비율이 얼마나 되는지 계산할 수 있다. 카드 카운터card counter(카드 수를 세서 남은 카드가 무엇인지 알아내려는 사람-역주)는 자신이 낸 카드 숫자를 기억하려 하고 수학자는 다음에 높은 숫자 카드 혹은 낮은 숫자 카드가 나올 확률까지 계산할 수 있다.

꽤 오랫동안 이 확률이 그로스에게 불리하게 나왔다. 그럴 때 완전히 망하지 않으려면 수중에 쥔 칩을 지켜야 한다. 칩이 아직 남아 있다면 적어도 다음날 게임을 다시 시작할 수 있다.

카드 숫자를 세다 보면 직관력이 향상된다. 무엇보다 위험을 감지하는 법을 배우게 된다. 자신에게 유리한 확률일 때는 더 과감하게 베팅하고 불리한 확률일 때는 다음 기회를 노린다. 판세와 확률을 봐가며 적게 베팅하거나 아예 물러서라. 크게 베팅할 때라면 과감하게 돈을 두 배로 걸어라. 수동 변속 장치로 운전하는 상황과 비슷하다고 보면 된다.

그로스는 2010년에 〈파이낸셜타임즈〉에 이렇게 말했다. "그 당시 상황에 어울리지 않는 묘한 위기감을 느꼈다. 1970년대에는 정량적 위험 모형이 충분치 않았으므로 그런 모형을 바탕으로 한 위험 예측은 아직 불가능했다." 그때만 해도 컴퓨터가 아직 수학적으로 확실한 대답을 내놓지 못했기 때문에 자신의 머리나 직관 혹은 본능에 의지해야만 했다.

카지노를 전전할 때 위험한 상황은 누군가 자신의 어깨에 가만히 손을 얹었을 때다. 돌아보면 정장 차림의 덩치가 큰 남자가 이렇게 말한다. "카지노 관리자가 여기서 나가달랍니다." 이런 일이 벌어져도 그로스는 전혀 놀라거나 낙담하지 않았다. 언제든 벌어질 일이었다. 카지노는 이른바 '카드 카운터'를 좋아하지 않는다. 언제 일어나도 이

상하지 않을 일이므로 카지노 측이 그를 쫓아낼 때마다 묘한 안도감을 느꼈다. 게다가 이상한 자부심마저 생겼다. 이렇게 쫓겨난다는 자체가 자신의 책략이 들어맞았다는 반증이자 에드워드 소프가 말한 이론을 제대로 따랐다는 의미이기 때문이다.

카드 카운팅은 불법이 아니지만, 카지노는 고객보다 조금이라도 나은 통계적 이점을 최대한 활용하려고 한다. 만약 카지노 고객이 이 게임의 무작위성을 파괴한다면 이는 승리 모형을 파괴하는 일과 다를 바 없다. 카지노는 누구에게든 서비스 제공을 거부할 수 있으며 이 약간의 수학적 이점을 고객이 이용하려 하는 상황을 좋아할 리가 없다. 어쨌든 이는 고객이 아닌 카지노의 게임이기 때문이다.

그로스의 위장술은 그 정도 효과를 낼 뿐이었다. 카운팅 자체를 숨기기는 어렵다. 점증적 베팅 전략을 구사했지만, 아는 사람이 볼 때는 그저 뻔한 술책에 불과했다. 카드 카운팅을 한다고 해봤자 1달러짜리 칩으로 베팅해 기껏해야 25달러를 따는 정도이므로 금전적으로만 보면 그로스가 그렇게 신경 쓰이는 인물은 아니었을 것이다. 문제는 돈이 아니라 게임 체계였다. 그로스는 자신이 쓰는 책략이 카지노 측 게임 체계에 위협이 될 수 있다는 점을 알고 있었다. 조작된 체계에서는 그 자체가 불공정한 일일 수 있었다. 사실 마음속으로는 불공정한 일이라는 생각이 들었다.

한 카지노에서 쫓겨날 때마다 프리몬트가Fremont Street로 나간 다음 몇 블록 떨어진 다른 카지노까지 걸어갔다. 그리고 그곳에서 다시 게임을 시작했다. 그렇게 프리몬트가와 카지노 호텔 포 퀸즈Four Queens 사이를 왔다 갔다 했고 민트Mint나 골든 너겟Golden Nugget까지 갈 때도 있었다.

그로스가 쓴 책략은 천천히, 그러나 확실하게 효과를 냈다. 처음에는 얼마 안 되던 돈이 꽤 많이 불어났다. 그러면서 패턴을 읽는 능력에도 자신감이 붙었다. 긴가민가했던 부분, 즉 자신이 남다른 점이 있다는 사실에 확신이 생겼다. 그로스는 남들은 보지 못하는 부분까지 꿰뚫어 보는 능력이 있었고 상황 판단력도 좋았다. 평정심을 유지하면서 자신만의 책략을 통해, 다른 사람들을 속아 넘긴 '기계'보다 한 수 위의 실력을 보여줬다.

소프가 제안한 체계에서는 가능한 한 게임을 오래해야 무작위 시행 확률이 아닌 '순승률$_{true\ odds}$'을 얻을 수 있다. 그로스는 이 원칙을 지켰고, 흐름을 깨지 않는 편이 가장 낫다고 생각했다. 처음에는 중간에 휴식을 취했는데, 그러자 리듬이 깨졌다. 그래서 중간에 휴식을 취하지 않기로 했다. 게임하는 시간을 점점 더 늘렸고 그러다 보니 하루에 16시간을 계속해도 괜찮았다.

그해 여름이 지나고 그로스는 베트남으로 가서 해군에 복무했다. 1969년에 고국으로 돌아왔고 라스베이거스에서 딴 1만 달러를 경영대학원 학비로 썼다.

1967년에 에드워드 소프가 책을 또 하나 냈다. 전환사채와 주식 그리고 신주인수권증권$_{warrant}$ 등의 차익 거래를 다룬 《시장을 이겨라 Beat the Market: A Scientific Stock Market System》였다. 그로스는 경영대학원에 가서 그 책을 집어 들었다. 그 책이 다룬 주제는 UCLA에서 가르치는 신주인수권증권과 옵션 같은 신종 파생상품 분야와 맥을 같이했다. 그로스에게는 이런 주제가 낯설지 않았다.

그로스는 이렇게 말했다. "블랙잭 같았습니다. 유동성이 없기 때문에 완전한 초보 시장 수준이었지만, 실제로는 그래서 더 좋았습니다."

이렇게 소프에게서 다시 영감을 받은 그로스는 석사 학위 논문 주제로 전환사채를 택했다. 전환사채는 말 그대로 특정 조건에서 주식으로 전환이 가능한 채권을 의미한다. 이후 그로스는 퍼시픽뮤추얼에 입사했다.

카지노에서 블랙잭을 하던 경험담은 늘 고객을 사로잡았다. 그래서인지 그로스는 지치지도 않고 그때 이야기를 늘어놓곤 했다. 그로스는 1992년에 〈오렌지카운티레지스터The Orange County Register〉와의 인터뷰에서 이렇게 말했다. "도박 본능이 있어야 한다. 제대로만 한다면 이 사업이 도박은 아니다. 그러나 도박꾼 정신은 어느 정도 필요하다."

2002년에 〈포춘〉지와의 인터뷰에서는 이렇게 말했다. "아무도 생각하지 못한 기발한 아이디어, 근면함 그리고 대다수가 단조롭게만 보는 일상적인 과업을 묵묵히 수행하는 능력, 이 세 가지만 있으면 라스베이거스 카지노판의 게임 체계를 이길 수 있다는 사실을 배웠다. 다른 사람 눈에는 지루하고 단조롭게 보이겠지만, 내게는 이 세상에서 가장 신나는 일이다!"

몇 년 후 그로스는 자사 고문 변호사가 마련한 점심 식사 자리에서 에드워드 소프를 만났다. 장소는 단골 식당인 리츠Ritz였다. 당시 소프는 인근 지역에 살고 있었다. 그때 캘리포니아 대학 어바인 캠퍼스에서 줄기세포 연구소의 기부자를 찾는 일에 관여했는데 소프에게 그로스는 가장 탐나는 기부 후보자였다. 그로스는 핌코에서 30여 미터 떨어진 식당까지 걸어가서는 소프를 보자마자 한 시간밖에 시간이 없다고 말했다. 그리고 이야기를 나누기 시작했는데 30분쯤 후 전화벨이 울렸다. 비서였는데 빨리 돌아와야 한다고 성화였다. 그로스는 지금은 갈 수 없으니 30분만 더 있다 가겠다고 말했다. 그렇게 30분이 지났는데 이번에도 또 30분 후에 가겠다고 했다.

그때 상황을 소프는 이렇게 이야기한다. "우리는 결국 두 시간 반 동안 이야기를 했습니다."

이 일을 계기로 숫자에 광적으로 집착하는 두 괴짜는 가끔 만나 점심 식사를 같이 나누며 우정을 쌓는 친구가 됐다. 언젠가 그로스는 소프에게 핌코 지원자에게 질문했던 내용을 들려주며 자신이 왜 세 가지 가운데 '명성'을 택했는지 설명한 적이 있었다. 소프는 이렇게 말한다. "빌은 유명한 사람이 되어 성공한 인생을 살고 싶어 합니다. 다른 무엇보다 명성을 중요시하죠. 이것이 바로 그를 움직이는 동기 요소입니다."

그로스에게 명성은 성공했는지를 가늠하는 가장 중요한 척도였다. 자신에게 여러 번 영감을 준 사람의 존경을 받고 그런 사람과 우정을 나누는 일만큼 그로스에게 확실한 성공의 징표는 또 없었다. 그는 지역사회의 여러 기관이나 단체가 그로스에게 기부를 부탁하며 달려들 정도로 돈도 많이 벌었다. 수십 년 동안 자신의 목표를 향해 달리면서 자신의 본질적 특성과 경험 가운데 어떤 측면이 가장 좋은 반응을 얻는지 지켜보며 관찰하고 시험하면서 좋은 특질을 더욱 키워나가려 노력했다. 반응이 좋았던 행동이나 특질을 반복해 키웠고, 가장 좋고 또 가장 성공적인 특성을 추가해나갔다. 사람들은 교통사고를 당해 두개골이 다 망가지다시피 했던 이야기와 농구 선수가 되지 못한 이야기를 좋아했지만, 가장 반응이 좋았던 이야기는 역시 라스베이거스 카지노 경험담이었다.

2007년 9월 11일에 중요한 발표가 나왔다. 모하메드 엘 에리언이 하버드 대학 기부 기금으로 떠난 지 20개월 만에 공동 CIO 겸 공동 CEO로 핌코에 복귀한다는 내용이었다. 톰슨은 보도자료를 통해 이렇게 밝혔다. "검증된 지도자이자 뛰어난 투자자이며 세상에서 가장 존경받는 인물인 에리언의 '귀환'을 환영하는 바이다." 그리고 다음과 같은 말도 덧붙였다. "현재로서는 나도 빌 그로스도 사임할 계획이 없다."

핌코 파트너들이 공식적으로 엘 에리언을 선택했다. 경영진은 정해진 절차대로 파트너들에게 신임 지도자 선임에 대한 투표 진행을 부탁했다. 투표는 무기명이 원칙이었지만, 핌코라는 '압력솥' 안에서 무슨 일이 벌어질지 모르니 안심할 상황은 절대 아니었다.

내부 상황을 잘 아는 소식통에 따르면 11시간에 걸쳐 협의하는 중에 엘 에리언이 공동 CIO 외에 공동 CEO까지 요구했다고 한다. 톰슨은 한 사람이 두 가지 업무를 맡는 겸직 관행은 바람직하지 않다고 봤다. 이는 초창기에 그로스와 머지, 포들리치로 시작한 3인, 그 다음에는 그로스, 머지, 톰슨으로 이어진 핌코만의 삼발이형 업무 분담 체계에도 어긋나는 일이었다. 그러나 그때는 흐름을 바꾸기에는 너무 늦었다. 그로스 또한 새로운 시도를 환영하는 입장은 아니었지만, 어떻게든 앞으로 나아가기를 원했다. 추후 엘 에리언은 변호사를 통해 공동 CEO 겸임은 후계 구도를 고민 중인 그로스의 생각이었다고 전했다.

엘 에리언은 최소한 빌 톰슨이 보여준 '사교성'만큼은 부족함 없이 재현해줄 듯했다. 친근한 태도와 인사성, 상대를 기분 좋게 해주는 붙임성은 그야말로 견줄 자가 없었다. "오늘도 즐거운 하루!", "좋은 일만 가득하세요!", "핼러윈 때 사진 정말 멋지던데요?", "우와, TV 출연 축하해요. 정말 잘 봤어요." 눈만 마주쳐도 온갖 인사말이 쏟아져 나왔다.

파트너 투표는 두 차례로 나누어 진행됐다. 두 번째는 핌코 복귀를 환영한다는 의미로 만장일치였다. 이로써 49세의 엘 에리언이 핌코 사상 최초로 공동 CIO와 CEO를 겸임하며 자사 포트폴리오 전체를 관리·감독하는 한편 새로운 상품 체계로 전환하는 작업을 시작으로, 궁극적으로는 핌코 경영 체계 개편 작업을 지원하게 됐다.

핌코가 대비했던 최악의 시나리오가 뉴욕과 런던, 홍콩에서 펼쳐지고 있었다. 해결해야만 했다. 모닝스타에서 '올해의 고정수익증권 관리자'로 선정되어 한껏 고무된 그로스는 밝은 빨간색 모자를 쓰고 CNBC에 출연했다. 진행자 에린 버넷Erin Burnett이 물었다. "멋진 모자네요. 빌, 그 글자는 '핌코를 생각해!'라고 쓴 건가요?"

"네, '핌코를 생각해!' 맞아요. 우린 지금 파티 분위기죠, 에린."

버넷은 미국 경제가 후퇴 국면으로 가고 있느냐고 물었다. 그로스는 그즈음에는 이미 아는 사람은 다 알게 된 상황을 바탕으로 자신의 견해를 과감하게 피력했다. 그림자 금융을 강조하면서 정부가 금융계에 자금을 쏟아부어야 한다고 주장했다. "기회가 오고 있어요. 핌코는 이 기회를 최대한 활용할 수 있으리라 보고요. 그러나 위험 자산은 여전히 위험에 노출된 상황입니다."

그로스가 옳았다. 투자은행 베어스턴스가 모기지 투자 부진으로 어려움을 겪다가 결국 CEO가 사임하는 사태까지 갔다. 베어스턴스 파산이 임박했다는 소문이 돌면서 상황이 더 나빠졌다. 겁을 먹은 투자자는 투자금을 회수하기 바빴다. 이런 순환적 악재가 겹치며 파산이라는 자기충족적 예언이 실현되는 결과를 낳았다. 3월에 JP모건이 주당 겨우 10달러에 베어스턴스를 인수하며 상황은 일단락됐다. 이 거래를 성사시키려고 베어스턴스 자산 가운데 위험도가 가장 높은 자산은 연준이 사들여야만 했다.

핌코는 이제야말로 가장 암울한 예측을 내놓을 때라고 생각했다. 1년 후 엘 에리언은 〈포춘〉지에 이렇게 말했다. "전혀 있을 법하지 않던 일이 있을 법한 일이 될 수 있는 매우 중차대한 시점이라고 생각했다. 전 직원이 당해 휴가를 반납하거나 취소하기까지 했다."

그로스도 이렇게 말했다. "새벽 2시 45분에 자명종 시각을 맞춰놓는 일이 익숙하지 않지만, 워낙 특별한 상황이고 때가 때이니만큼 어쩔 수가 없었습니다."

평직원은 새벽 5시에서 3시 30분으로 기상 시간을 앞당기고 퇴근 시간도 6시로 하는 등 전체 업무 일정을 조정하기 시작했다. 이후 몇 개월 동안 주차장에 차를 세우고 그 안에서 자는 사람도 있었다. 회의실은 '전시 작전 상황실'로 바뀌었다. 그로스는 〈뉴욕타임스〉와의 인터뷰에서 베어스턴스 사태 이후 최고위급 자산관리자와 트레이더는 언제든 연락을 취해 수시로 만날 수 있도록 휴대폰을 손에서 놓지 않았고, '핌코호'에도 혹시 새는 부분이 없는지 확인하느라 블라인드로 햇빛을 가린 '작전' 회의실에서 그해 여름 내내 매일 만나다시피 했다고 말했다.

전시 작전 상황실 화이트보드에는 '비상시 발생 가능한 사항'을 다양한 측면에서 정리한 작전 계획이 쓰여 있었다. 첫째, 사람들이 감수해야 할 위험 수위가 갑자기 높아진 부분에 대해 더 많은 보상을 요구한다. 스프레드(금리 격차)가 커진다. 둘째, 안심해도 될 만큼 현금을 충분히 모았다 싶을 때까지 공황 매도panic-sell에 열을 올린다. 셋째, 이제 자금을 얼마나 조달할 수 있느냐 여부는 깔끔한 새 재무 상태표와 '난세'를 평정할 영웅이 등장하느냐에 달렸다. 그렇지 않으면 시장 하락세를 막을 길이 없다.

핌코는 수많은 은행 및 기타 기업과 거래했다. 시장 전체로 번진 불안과 공포로 거래 상대가 위험에 직면했다. 거래를 할 때는 당연히 상대방의 지급 능력을 전제로 한다. 평상시라면 그렇다. 그런데 모건스탠리나 골드만삭스 혹은 리먼브라더스 같은 거물 기업에 현금이 없다는 상상할 수 없던 일이 일어났다. 누가 알 수 있었겠는가? 베어스턴스는 JP모건과 연준의 도움이 있을 때 지급할 수 있다. 핌코와 거래하는 상대방도 마찬가지였다. 아무도 믿을 수 없는 상황이었다. 전에는 당연히 서로 믿고 거래했던 당사자들이 이제는 먼저 현금을 준비해 달라고 요구했다. 그래서 핌코는 거래 상대방이 현금을 요구하는 상황에 대비해 500억 달러를 비축했다. "베어스턴스가 상황을 참 어렵게 만들었습니다."라고 그로스가 말했다.

이 같은 시장 혼란 상황이 마침내 핌코의 거래 책략에도 영향을 미쳤다. 수십 년 동안 동종업계에서 우위를 점하게 해준 핌코만의 마법 같은 거래 전략이 있었다. 벤 트로스키는 영향력 있는 컨설턴트 중에도, 이런 마법이 만들어내는 일명 '그로스 캐시Gross cash'를 아직도 이해하지 못하는 사람을 한두 명 알고 있었다. 어쨌거나 이런 전략도 시장이 제 기능을 다해야 한다는 전제를 깔고 있었다. 즉 불안과 공포가 시장을 잔뜩 옥죄는 상황에서는 마법 같은 전략도 힘을 쓰기 어려워진다. 한때 성행했던 '람다 캐시Lambda Cash'도 있다. 명칭은 다소 어렵게 느껴지지만 생각보다 복잡한 개념은 아니다. 펀드에서 핌코가 사용할 수 있는 '레버리지' 한도를 정해 놓았는데 말하자면 이 규정을 피하는 방법을 알아낸 것이다.

이 책략은 핌코가 과하게 열성적으로 파생상품을 끌어안기 시작한 1980년대에 고안했다. 파생상품은 금융위기의 원흉으로 지목된 전통적인 금융 도구로 채권이나 주식 같은 실물 자산과 연계되어 있지만, 실물 자산 그 자체는 아니다. 선물 계약, 옵션, 스와프 등이 파생상품에 속한다. 선물 계약은 향후 정해진 날에 정해진 가격으로 채권 등을 매수하기로 하는 약정을 말한다. 옵션은 특정한 미래에 정

해진 가격으로 매수하거나 매도할 권리를 부여하지만 의무는 발생
시키지 않는 금융상품이다. 스왑은 특정 현금 흐름을 다른 현금 흐
름과 교환하는 금융상품을 말한다. 이처럼 파생상품은 기초 자산을
당장 매수하지는 않기 때문에 현금 선지급 부담이 훨씬 덜하다. 핌
코는 이런 파생상품 거래를 이용해 당장 현금을 지급하지 않고도 원
하던 채권 포지션을 확보할 수 있었다. 더불어 계약 실행 시점까지에
해당하는 기간에는 남은 현금을 다른 곳에 투자해 추가 이익까지 얻
을 수 있었다. 경쟁사가 손 놓고 있을 때 핌코는 기회를 놓치지 않고
한 푼이라도 더 벌려고 했다.

그로스는 복잡하고 번거롭더라도 기회가 많은 거래를 선호하기
때문에 파생상품에 열성적이고 적극적으로 손을 댔다. 핌코는 1990
년대 초에 이런 책략에 공식 명칭을 달아주는 동시에 '관리 채권_{Bonds}
_{Under Management}' 혹은 'BUM 보고서_{BUM report}'라고 하는 보유 자산 추적
회계 시스템을 완성했다. 인플레이션 상품을 선호했던 트레이더 존
브린욜프슨_{John Brynjolfsson}이 선물 계약에 대한 회계 처리 부분을 담당하
고 있었다. 특정 일자에 채권을 200만 달러에 매수하는 선물 계약이
있다고 하자. 이때 계약자는 실물 채권은 보유하지 않으며 이 계약의
시장 가치는 '0'에 가깝다. 그러나 채권 가치가 올라갈수록 이 선물
계약의 가치도 올라간다. 그리고 약정한 기일에 채권을 매수하려면
200만 달러가 있어야 한다.

핌코는 미래에 지급할 용도로 떼어둔 현금을 선물 포지션의 일부
로 계산할 수 있다는 사실을 알았다. 선물 계약이 만료될 때까지는
현금 전액이 필요하지는 않다. 계약상 200만 달러 상당의 채권을 매
수할 수 있지만, 현금은 100만 달러만 보유한다. '브린요'로 알려진 브
린욜프슨은 이렇게 말한다. "선물 계약에서 얻는 첫 번째 기회는 바

로 이 레버리지를 통한 현금 활용입니다. 100만 달러로 200만 달러어치를 살 수 있다면 그것이 바로 레버리지 효과죠."

관리자가 현금을 보유해야 하는 상황에서 핌코는 신뢰할만하고 유동성도 있기 때문에 기본적으로 현금으로 간주하는 단기금융상품 같은 '현금 등가물'과 실제 현금 간의 차액을 활용할 수 있다는 사실을 알았다. 만기가 임박한 초단기 회사채처럼 현금 등가물_{단기금융상품}은 현금과 비슷한 가치가 있지만, 현금과 달리 여기에는 약간의 수익률이 발생한다. 잠자고 있는 현금보다 불과 몇 베이시스포인트_{bp}밖에 높지 않은 수준이지만, 그래도 그 소소한 수익률이 발생하는 단기 회사채를 매수하면 현금을 묶어두기만 한 다른 경쟁사보다 조금이라도 나은 현금 흐름을 누릴 수 있다.

1990년대 초에 브린요는 거래장에 앉아 투자위원회 위원에게 이 회계 시스템을 설명했다.

"그러니까, 우리는 이것을 그냥 레버리지라고 부를 겁니다." 브린요가 이렇게 결론 내렸다.

이 말에 사람들 얼굴이 하나같이 하얗게 질렸다. 그중 한 사람이 물었다. "별로 좋은 생각 같지 않네요."

그러자 브린요가 되물었다. "그럼 공식을 바꾸란 말씀인가요?"

"아니요, 그게 아니라 공식은 좋아요. 명칭이 문제지."

"그래요? 그럼 뭐라고 할까요?"

'레버리지'를 활용하면 투자를 더 할 수 있기 때문에 이익이 크게 불어날 수 있다. 경기가 좋을 때는 물론 괜찮은 전략이다. 그러나 레버리지는 판을 키우기만 할 뿐이다. 따라서 감당 못할 수준으로 포지션 규모가 커지다 결국 공중분해될 위험이 있다. 즉 레버리지로 재미를 볼 수도 있지만, 달콤한 레버리지를 사용한 대가가 '실제로 지급

가능한' 수준을 넘어설지도 모를 일이다. 전 재산을 다 잃어서는 절대로 안 되는 연금 수급자를 대상으로 한 연기금에서 레버리지 사용을 제한하는 이유가 여기에 있다. 이런 배경 때문에 레버리지라는 단어를 사용하기만 해도 뮤추얼 펀드나 연기금을 담당하는 보수적인 관리자는 신경이 예민해진다.

이런 의견을 들은 브린요는 머리를 계속 굴려봤다. 금융계는 그리스 문자를 좋아한다. "그럼 '람다 캐시'는 어떨까요?" 람다_{lambda}도 레버리지처럼 'L'자로 시작한다. 다행히 투자위원회가 '람다 캐시'라는 명칭을 받아들였다.

람다 캐시는 레버리지를 0.25%, 즉 연간 0.4%를 추가할 수 있다. 고정수익증권에서 이 정도면 더 바랄 것이 없다. 그리고 핌코는 중단 없이 계속 간다. 어떤 자산이든 간에 장기전으로 가는 사람을 당할 재간은 없다. 어이없는 실수나 판단 착오로 전 재산을 다 날리는 일만 없다면 그리고 게임을 이어갈 수만 있다면 장기적으로는 결국 1등을 하게 된다. 정크본드 관리자 벤 트로스키는 이를 '전략적 평범함'이라고 표현했다. 튀지 않아도 오래가는 전략의 우수함 말이다. 말하자면 트로스키의 야심찬 계획은 '주어진 해에 1위도 하지 않지만, 그렇다고 투자금을 다 날리지도 않는' 것이었다. 게임을 오래 계속하는 자가 결국 승자가 된다. 고객도 오랫동안 좋은 실적을 올리는 것을 원했다.

게임을 계속한다는 자체가 무의미할 때도 있다. 설사 그렇다 해도 기준 지수를 상회하는 성과를 꾸준히 내는 관리자가 있다면 고객으로서는 무엇을 더 바라겠는가? 성과가 난다면 무엇이든 대수겠는가?

문제가 딱 하나 있었다. 파생상품을 이용하고, 람다 캐시를 긁어오고, 결제를 미루는 등 핌코가 활용하는 책략은 단기 자산에 현금을 투자할 시간을 만들어 줬다. 이 과정은 소소한 가외 이익을 발생시켰지만 한편으로는 그림자 금융계가 성장하는 배경이 됐다. 핌코가 꾸린 단기 자산 포트폴리오에 문제가 생기면—한 예로 그림자 금융계에서 뱅크런이라도 발생하면—심각해지는 것이다. 2008년에도 비슷한 일이 발생했을 때 핌코 그림자 은행 역시 참혹한 시장 붕괴의 여파를 고스란히 겪어야 했다. 피해 수준이 그나마 다른 곳보다는 나았지만 말이다. 일찍이 그림자 금융이나 주택시장 상황을 다소 비관적으로 예견한 덕분에 최악의 상황을 피할 수 있었던 것이다.

대외적으로 핌코는 여전히 잘나가는 곳이었다. 2008년 7월에 찰리 로즈Charlie Rose는 모하메드 엘 에리언을 인터뷰하며, 어떻게 핌코는 주택시장 위기를 예견할 수 있었는지를 물으며 몸을 엘 에리언 쪽으로 바싹 들이밀었다.

엘 에리언은 "간단하다."라고 답했다. 주식과 채권은 완전히 달랐다. 예를 들어 2005년, 2006년, 2007년까지 채권시장은 이렇게 말하고 있었다. '대혼란기가 다가온다. 조심하라.' 반면에 주식시장은 이렇게 말했다. '골디락스Goldilocks(이상적인 경제 상태-역주)다. 모든 것이 완벽하다. 대안정기이니 아무 걱정할 필요가 없다.'

"시장은 계속해서 중대한 변화가 일어나고 있다는 것을 알려 줬지만 지금의 체계는 이에 대한 대비가 되어 있지 않았습니다."

엘 에리언은 로즈에게 '상상도 할 수 없었던' 일이 어느새 '상상할 수 있는' 일이 되어버렸다고 말했다.

그다음 주에는 맥컬리가 핌코 자문역을 맡고 있는 앨런 그린스펀 전 연준 의장과 함께 CNBC에 출연했다. 마리아 바르티로모Maria Bartiromo 앵커가 진행하는 〈클로징벨Closing Bell〉에서 점점 심각해지는 이 중대한 문제와 관련해 연준이 해야 할 일이 무엇인지에 관한 이야기를 나눴다. 그 가운데 하나가 '정부가 후원 혹은 보증하는 기업government-sponsored enterprises: GSE'이었다.

GSE에 속하는 패니메이Fannie Mae와 프레디맥Freddie Mac은 소비자에게 직접 대출을 해준 기관으로부터 모기지를 사들였다. 2008년 가을에 이 두 곳이 보유하거나 보증한 모기지채권 규모는 무려 5조 달러가 넘었고 대부분이 악성 채권이었다. 이들은 필요한 자금을 채권을 발행해 충당했다. 시장에서는 이 채권을 국채인 미 재무부 채권만큼이나 안전한 유가증권으로 취급했다. 정작 미국 정부는 정부 보증 기업이라는 패니메이와 프레디맥을 구체적으로 어떻게 지원하고 보증하는지 명확히 밝히지 않았다. 이제 이 부분에 대한 답이 절실해졌다.

그로스와 핌코는 상황이 더 심각해지거나 패니메이와 프레디맥이 곤경에서 빠져나오지 못하는 사태가 계속 이어지면 결국은 정부가 나서리라는 사실을 알고 있었다. 두 조직은 규모가 너무 크고 또 너무 중요하기 때문에 파산하게 내버려둘 수 없었기 때문이다. 패니메이나 프레디맥은 말하자면 대마불사大馬不死였다. 이런 전제에 따라 그로스는 토털리턴 자산의 60%를 GSE 채권에 투자했다. 2007년 수준인 20%에서 대폭 증액한 것이었다. 문제는 이 채권이 매우 위험해 보인다는 점이었다. 실제로 해당 채권에서 손실이 발생하고 있었고 핌코는 이 위험한 채권을 대량 보유하고 있었다. 이제 공적 영역에서 힘을 보태줘야 할 시점이었다.

CNBC에 출연한 그린스펀과 맥컬리는 패니메이와 프레디맥은 본래 구조적으로 불안정하다고 진단하면서 연준과 재무부가 공적 자금을 투입해야 한다고 주장했다. 이후 그로스도 9월 〈투자 전망〉에서 똑같은 말을 했다. 즉 공황 매도로 인해 악성 모기지가 너무 많이 나오는 바람에 GSE가 보증한 채권 가격이 하락했다. 가격이 하락할수록 거래 상대방은 더 많은 현금을 요구했고 그러다 보니 현금을 마련해야 하는 거래 당사자는 계속해서 보유 자산을 낮은 가격에라도 처분해야 했다. 그로스는 적절한 통제가 이뤄지지 않으면 "모닥불이 산불이 될 수 있고 경미한 자산 약세장이 치명적인 금융 대란으로 비화할 수 있다."고 경고했다.

매물을 소화할 매수자가 등장하기 전까지 공황은 멈추지 않는다. 누군가 나서야 해결의 실마리가 보인다. 공익에 관심이 더 많은 누군가가 나타나야 한다. "상식적으로는 한 가지 결론 외에는 없다. 사상 최대 수준에 버금가는 규모로 자산 및 부채 청산이 계속되는 상황을 막으려면 미 재무부의 손을 빌리는 수밖에 없다."

그로스는 단호한 어조로 미국 정부가 매수자로 나서야 한다고 주장했다. 패니메이와 프레디맥은 2천 250억 달러 규모의 단기 채권을 신규 채권으로 차환하는 시점을 몇 주 앞두고 있었다. 그런데 그로스는 이 시장이 형성되지 않을지도 모른다고 경고했다.

그로스는 CNBC에 출연해 핌코를 비롯한 기타 시장 참여자는 '관망하는' 자세를 견지하며 '새로운 큰손 매수자'가 등장하기만을 고대하고 있다고 설명했다. 자신들 말고 다른 누군가가 나서기를 말이다. 누군가 나서기 전까지 아무도 패니메이와 프레디맥 채권을 사지 않을 것이다.

그로스의 주장에 대해 누구나 수긍하지는 않았다. 증권 분석 전문 사이트 시킹알파Seeking Alpha에서 블로거로 활동하는 아마추어 투자자 마이클 스타인버그Michael Steinberg는 '구제금융을 받으려고 정치 공작을 펼치는 빌 그로스'라는 제목의 칼럼을 통해 "그로스는 공익을 명분 삼아 재무부에 자기 자산을 지켜달라고 호소하는 중이다."라고 했다. 또 다른 투자자 피터 코핸Peter Cohan은 〈포춘〉과의 인터뷰에서 정부가 이 경제적 난국을 타개하려면 핌코처럼 큰돈을 굴리는 기업의 도움이 절실하다고 말했다. 핌코가 그 채권을 사줘야 하기 때문에 무시하고 내버려둘 상황이 아니라는 것이다.

"말하자면 거대 매도인과 거대 매수인이 양립하는 쌍방 독점 체계라 하겠다. 유명한 도박사이기도 한 그로스는 '이런 시장에서 이긴다는 것은 정부로서는 반드시 팔아야 하는 상황일 때 매수자가 사지 않겠다고 으름장을 놓는 것'이라는 점을 잘 알고 있다. 이런 매매 협상에서는 정부가 '을'이고 그로스가 '갑'이라는 의미다."

그로스가 CNBC에 출연해 〈투자 전망〉에서 주장한 내용을 다시 강조하고, 얼마 지나지 않아 〈월스트리트저널〉에서 기사가 나왔다. 패니메이와 프레디맥 지원에 대한 재무부 최종 결정이 임박했다는 내용이었다. 빌 그로스가 원했던, 그래서 정부 측에 요청했던 것을 정부가 그대로 들어준 셈이었다. 그의 도박이 성공할 모양이었다.

그로스가 CNBC에 출연한 3일 후인 9월 7일에 행크 폴슨Henry Hank Paulson: '헨리 폴슨'이라고도 함 재무장관이 정부가 패니메이와 프레디맥을 관리 대상으로 지정하는 한편 재무부가 수십억 달러를 투입해 손실을 메우겠다고 발표했다. 결과적으로, 핌코의 투자 노선을 따르지 않은 투자자 대다수가 거의 거덜이 났다. 반면에 토털리턴은 '이보다 더 좋을 수 없는' 나날이었다. 이 펀드는 1.3% 폭등하면서 단 하루 만에 17억 달러나 이익이 났다.

금융계와 투자자의 분노가 극에 달했다. 9월 8일 〈워싱턴포스트〉에 한 독자의 글이 실렸다. "언론인들은 모두 나서서 '다들 꺼리는 GSE 채권을 빌 그로스와 핌코가 어떻게 그렇게 많이 매수했는지' 조사해야 한다. 골칫덩이 악성 채권이 결과적으로 재무부 채권과 거의 동급이 되리라는 사실을 어떻게 알고 그런 정치적 도박을 걸었는지 진상을 알고 싶다. 핌코가 물량 공세와 미사여구로 떼돈을 버는 행태를 더는 허용해서는 안 된다." 독자는 이렇게 불만을 토로했다.

상상할 수도 없던 더욱 심각한 일이 벌어지고 있었다. 베어스턴스처럼 공격적이었던 투자은행 리먼브라더스 또한 모기지와 부동산 관련 자산에 투자를 많이 했다. 그러다 9월 10일 수요일에 큰 손실을 냈다. 주가는 급락했고 시장은 공황 상태가 됐다. 리먼 경영진은 살길을 찾아 동분서주했다.

훗날 엘 에리언은 〈포춘〉에 이렇게 말했다. "핌코는 아주 오랫동안 이런 금융 대란에 대비해왔지만, 그럼에도 불안감이 없지 않았다. 상황이 급박하게 돌아갔고 일이 너무 빠르게 진행됐다."

이 상황도 일요일 오후에 끝이 났다. 리먼은 결국 매수자를 찾지 못했다. 그래서 다음날인 월요일, 파산법 제11장에 따른 파산 보호 신청을 했다. 이날 다우지수는 500포인트 넘게 하락했다.

모든 사람이 단번에 시장 전환점을 느끼는 일은 극히 드물다. 그러나 리먼브라더스의 사례는 의문의 여지가 전혀 없는 너무도 명백한 현실이었다. 불과 일주일 전만 해도, 적어도 미국 시장에 밝은 사람치고 이 정도 시장 하락을 두고 경기 침체를 걱정하는 사람은 없었다. 경제가 곤경에 처하기는 했지만 그렇다고 벼랑에서 곧 추락할 상황은 아니라고 봤다. 전례가 없었고, 그런 경험을 한 사람도 없었다. 그리고 누군가 이 난국을 타개할 무언가를 반드시 하리라고 믿었다. 얼마 전 당국이 베어스턴스를 구제하는 일에 힘을 썼듯이, 또 패니메이와 프레디맥을 도와줬듯이 말이다.

그러나 당국은 리먼브라더스 파산을 막지 않았다. 이제는 그 무엇도 안전하지 않았다. 안전한 거래도 없고 안전한 상대도 없었다. 모두가 의심과 불신의 대상이었다. 미국 금융기관이 무너지고 있었다.

시장은 이 사태를 막을 수 없을지 모른다는 사실을 깨달았다.

이런 깨달음과 함께 모든 일이 숨 가쁘게 진행되기 시작했다. 투기성 자금인 일명 '스마트 머니Smart money' 중심의 헤지펀드는 치명적 손실로 신음하면서 고객의 자금 회수를 막고 있었다. 모든 거래 당사자가 서로 믿지 못하는 상황이 되자 무조건 담보를 더 요구했고, 그러면서 현금에 대한 수요가 폭발적으로 증가했다. 수십억 달러에 달하는 자금이 공중에 붕 뜬 상태라 관련자는 모두 피가 마르는 심정이었다. 핌코 트레이더는 24시간 교대 근무를 하며 리먼에 물린 자금이 많지 않은 거래 당사자를 찾아내느라 혈안이 됐다. 사람들은 모두 불안에 떨었다.

리먼이 파산하고 2, 3일이 지난 후 엘 에리언은 아내에게 현금자동인출기에서 가능한 한 현금을 많이 찾아오라고 했다.

아내가 물었다. "왜?"

에리언은 이렇게 대답했다. "은행이 문을 안 열지도 몰라서 그래."

리먼의 전철을 밟을 우려가 컸던 또 하나의 기업은 거대 보험사인 아메리칸인터내셔널그룹American International Group: AIG이었다. 그러나 리먼 파산의 여파가 얼마나 파괴적인지를 지켜봤던 정부는 이번에는 손 놓고 있을 수 없었다. 그래서 9월 16일, 연준이 회사 소유 지분 79.9%를 받는 조건으로 85억 달러를 제공하며 AIG를 구제했다.

그럼에도 공포와 불확실성이 가시지 않으면서 모든 시장과 자산군이 불안의 소용돌이에 빠졌다. 월가 사람들의 눈은 전부 충혈됐다. 트레이더들은 다이어트 콜라를 수시로 홀짝이며 깜빡이는 블룸버그 단말기 앞에 붙어 있다시피 했다. 주변에는 빈 과자 봉지와 배달 음식용 포장 용기가 잔뜩 쌓여 있었다. 그때 월가에 우스운 소문이 돌았다. 체육관 러닝머신 위에서 열심히 달리던 리먼브라더스 CEO 딕 풀드Dick Fuld의 얼굴에 누군가 주먹을 세게 날렸다는 이야기였다. 사실은 아니었으나 이런 이야기가 돌 정도로 투자자들은 분노하고 있었다.

그 시기의 어느 일요일 밤, 그로스는 집에서 아내와 함께 축구 경기를 보고 있었다. 맥주를 하나 따서 마시고 있는데 아내의 전화벨이 울렸다. 수는 통화를 하더니 잠시 후 빌을 돌아보며 말했다. "가이트너라고 하는데? 받아볼래요?"

숨이 턱 막혔다. 뉴욕 연준은행 총재인 팀 가이트너가 어떻게 아내의 전화번호를 알았을까? 그로스가 전화를 받지 않을 때 아내에게 전화하면 통화할 수 있다고 누가 알려준 모양이었다. 그로스는 이야기를 나눌 준비가 되어 있지 않았지만 받지 않는 것도 이상했다. 그래서 일단 전화를 받았다.

가이트너는 경제 상황에 대해 그로스가 어떻게 생각하는지 알고 싶어 했다. 그로스는 가이트너가 레버리지라든가 그림자 금융에 대해서는 잘 모르리라 생각했다. 연준 사람들은 대체로 레버리지나 그림자 금융에 대해 생각해보지 않았고 이에 관한 경험도 별로 없었다. 그로스가 판단하기에 '유감스럽게도' 이들은 같은 공장에서 찍어낸 '상품'처럼 배경도 의식도 경험도 모두 같은 부류라서 다들 논쟁과 숙고와 토론을 통한 합의형 의사 결정 모형에 익숙해 있었기 때문이다. 핌코처럼 파격적인 제안도 가능하고 때로는 좋은 아이디어라도 기각할 수 있는 최종 결정자가 존재하지 않았다.

좀 더 정확히 말하자면, 연준은 많은 대형 투자자에게 시장 동향은 물론이고 시장 참여자의 기분을 비롯한 전반적 시장 분위기를 계속 알려달라고 요청했다. 이와 관련한 위원회도 있었다. 그로스가 자기 자신과 핌코를 위해 열심히 일해서 얻어낸 명성이 새로이 빛을 발하고 있었다.

이 혼란상은 이제 주식시장이나 금융계의 영역을 훌쩍 넘어섰다. 리먼 파산 사태의 여파가 1조 9천 700억 달러 규모의 기업어음 commercial paper 시장에까지 미쳤다. 다시 말해, 리먼 사태가 미국 기업의 자금 수요를 충족시켰던 기업어음 시장의 숨통을 조이고 있었다. 기업어음은 만기가 보통 3개월이고 길어야 9개월이다. 따라서 안전도가 상당히 높은 유가증권으로 간주된다. 고작 3개월 안에 얼마나 큰 악재가 발생하겠는가? 델Dell이나 코닥Kodak이 파산을 하더라도 파산 공지 기간만 3개월이 넘는다. 이렇듯 다들 안전한 자산으로 인식하기 때문에 수익률은 미국 국채보다 약간 높은 수준이었다.

그러나 리먼이 화근이었다. 대형 머니마켓펀드MMF인 '리저브 프라이머리 펀드Reserve Primary Fund'가 리먼으로부터 약 8억 달러 상당의 기업어음을 매수했다. 그런데 리먼이 파산하면서 이 어음은 휴지 조각이 되고 말았다. 어느 펀드에게든 최악의 상황이겠지만, 이것이 'MMF'에 벌어진 일임을 생각하면 그야말로 역사에 남을 만한 기이한 사건이라 할 수 있다. 3조 4천 500억 달러 규모의 MMF 시장에서 '1달러는 항상 1달러'라는 원칙이 자연법칙처럼 통용된다. 1달러를 넣은 고객은 언제든 1달러를 회수할 수 있어야 하고, 또 늘 그래왔다. 그런데 리먼이 파산했을 때 리저브 펀드의 가치가 1좌당 0.97달러로 떨어졌다. 사상 두 번째 '브레이크 더 벅'이 발생한 것이었다. (펀드 자산의 가치가 1좌당 1달러 밑으로 떨어질 때 1달러 기준선이 깨진다는 의미에서 이를 '브레이크 더 벅break the buck'이라고 한다.) MMF 투자자는 앞다투어 투자금 회수에 나섰다. 결국 단 며칠 만에 약 2천억 달러가 증발했다.

MMF 시장의 공황을 막겠다며 정부가 나서서 관련 펀드의 환매 보증을 약속했다. 그러면 펀드 1좌 가치가 다시 1달러를 회복하게 된다. 다행히 정부 개입이 효과가 있었다. 환매 속도는 더뎌졌고, 주가는 상승했으며, 금융시장으로부터 자금이 쏟아졌다. 정부는 10월에 다시 과감한 구제책을 내놓았다. 부시 행정부와 행크 폴슨 재무장관이 미국 주택 소유자와 은행을 지원하고자 부실자산구제계획 Troubled Asset Relief Program: TARP 을 도입했다. TARP를 통해 은행과 부외거래로 악성 모기지 혹은 우선주를 매수할 수 있었다.

폴슨에게는 이 계획을 맡아 추진해줄 새로운 인물이 필요했다. 2006년에 폴슨이 재무장관에 임명됐을 때 당시 골드만삭스 기술 영역 담당 닐 카시카리 Neel Kashkari 가 전화를 걸어 함께 일하고 싶다는 뜻을 전했다. 카시카리는 정부가 어떻게 움직이는지, 또 어떤 식으로 일이 진행되는지 등을 배우고 싶었다. 10일 후에 카시카리는 폴슨의 보좌관이 됐다. 재무장관을 보좌하는 일을 하면서 비상 계획 초안 작성 작업에 참여했다. 세계 경제가 붕괴하는 중차대한 위기 상황에 대처하기 위한 '비상 계획: 은행 자본 재구성 계획 Break the Glass: Bank Recapitalization Plan'이라는 제목의 10쪽짜리 계획안을 마련했다. 그로부터 2년이 지난 지금 이 '비상 계획안'이 사실상 TARP의 기본 틀이 되었고, 겨우 35세였던 카시카리는 구제금융의 '황제'로 등극했다. 상황이 워낙 급박하다 보니 카시카리는 주말 동안 7개에 이르는 팀을 구성하고 전체 계획도 다 짜야 했다.

이 과정에 약간의 문제가 있었다. 이들이 전체 계획을 다 수립해야 했다는 점이다. 카시카리는 이렇게 말했다. "7천억 달러는 확실한 수학적 근거를 바탕으로 나온 수치가 아니었습니다. 여기에는 정치적인 셈법이 작용했죠. 저는 이렇게 말했습니다. '얼마가 충분한지 우리도 모릅니다. 솔직히 많을수록 좋아요. 의회에서 예산을 가능한 한 많이 받아내야지요. 1조 달러면 어떨까요?' 이 말에 행크는 당치도 않다는 듯이 고개를 저었습니다. '안 될 말이지. 절대 안 돼!' 그래서 다시 말했죠. '좋아요, 그럼 7천억 달러면 되겠어요?' 사실 이런 조치가 효과가 있을지 우리도 알 수 없었습니다. 그래도 세상을 향해 자신감을 내보일 필요는 있었어요. 우리가 지금 얼마나 두려워하는지, 상황이 얼마나 불확실한지에 대해 인정하고 같이 낙담할 수는 없으니까요."

납세자 눈에는 TARP가 처음부터 미심쩍었고 그런 만큼 이 계획을 주도하는 카시카리에게 온갖 비난과 조롱이 쏟아졌다. 저널리스트 로라 블루멘펠트Laura Blumenfeld 는 〈워싱턴포스트〉에 이렇게 썼다. "비평가들이 폴슨을 영화 〈오스틴 파워〉에 나오는 악당 닥터 이블Dr. Evil로 묘사했다. 폴슨이 온갖 감언이설로 의회를 세뇌해 유례가 없는 엄청난 금융 권한을 얻은 다음 닮은 꼴인 카시카리를 통해 막대한 권한을 다시 월가 친구들에게 나눠주려고 했다."

〈거커Gawker〉의 블로거 해밀턴 놀란Hamilton Nolan은 카시카리를 꼼꼼하게 비평한 게시 글에서 "자기중심적인 얼간이"라는 표현을 써가며 "우리가 좋아하는 멍청한 은행가"라고 했다. 또 열중하는 모습이 보기 좋다고 할 수도 있으련만 놀란은 카시카리의 뚫어져라 쳐다보는 시선마저 못마땅해 하면서 "레이저를 쏘는 듯한 그 눈빛만으로도 납세자 이마에 구멍을 내고도 남겠다."라며 비아냥댔다.

그나마 카시카리에 대한 비난 수위를 조금 낮춘 표현이 이랬다. "사실 카시카리는 행크 폴슨이 내린 결정, 그 앞에 있는 탐욕스러운 100만 월가 트레이더가 저지른 실책의 후폭풍을 선봉에서 온몸으로 막아내는 '얼굴마담'일 뿐이다. 솔직히 와튼 스쿨 출신의 공화당 인사들치고는 그나마 나은 인물이다. 페라리를 몰고 스키나 타러 다니는 자만심에 가득 찬 다른 인사를 보면 카시카리에게 약간의 동정심이 느껴지기도 한다."

한편, 기업어음 시장이 여전히 혼란을 겪고 있는 가운데 정부가 기업어음을 직접 매수하겠다고 발표했다. 10월의 일이었다. 이듬해 1월이면 정부가 전체 기업어음의 5분의 1을 보유하게 된다. 뉴욕 연준은 기업어음 시장 활성화를 위해 7천 380억 달러 규모의 시장 회생 계획을 총괄하는 기업어음매수기구Commercial Paper Funding Facility: CPFF를 설립했다.

그리고 이 일을 핌코에게 맡겼다.

엘 에리언은 2009년 초 CNBC에 출연해 핌코가 기업어음 부문에서 이룬 성과를 홍보했다. 그러면서 "시장은 현재 '계속해서 치유되는 과정'에 있으며 '기능 장애가 서서히 풀리면서 시장 체계가 다시 작동'하기 시작했다."고 말했다. 핌코는 공식적으로 뉴욕 연준을 대신해 기업어음 매수 업무를 수행했다. 기업어음을 사들여 단기 자금 시장을 안정화 및 활성화함으로써 기업이 다시 제 기능을 수행하도록 하기 위해서였다. 핌코는 이 같은 매수 대행 업무의 대가로 분기당 수수료 300만 달러를 받고, 추가로 이번 계획에 포함된 자산의 0.0025% 포인트를 역시 분기별로 받았다.

이 계획은 너무 복잡해서 크게 주목받지 못했다. 따라서 엘 에리언은 CNBC에 출연하여 일말의 낙관론이 시중에 퍼지는 효과를 주고자 했다. 엘 에리언은 기업어음 시장, 환매조건부채권Repurchase Agreement, Repo 시장, 단기 자금 시장 등 전부가 회복 기미를 보이고 있다고 말했다. "이들 시장이야말로 금융계를 살리는 혈관 같은 존재입니다. 이 '혈관'이 막혀 있으면 어느 부분도 회생하지 못합니다." 그러면서 그다음 주에 정부 기구가 가동하면 회생 절차에 속도가 붙으리라 기대했다.

자산관리자 대다수가 관리 중인 포트폴리오에 난 구멍을 메우느라 고군분투 중이었다. 은행은 은행대로 자사 재무상태표에 붙은 불을 끄려고 애를 썼다. 헤지펀드는 그저 살아남는 데 급급한 처지였다. 그로스와 핌코는 시장 대혼란 속에서도 큰 상처를 입지 않아 마음 놓고 다음에 할 일을 구상하는 몇 안 되는 속 편한 부류였다.

그러니까 정부가 뭘 하든 상관없었다.

그로스는 〈포브스〉를 통해 이렇게 말했다. "자신이 가입한 401-k 연금 절반을 잃으면 수익률이 아니라 원금 회수를 더 걱정하게 된다. 수익률보다 그 돈을 돌려받을 수 있을지 없을지가 더 큰 문제로 다가온다는 의미다. 동물적 근성과 정기가 부족하면 미래 투자에 부정적인 영향이 미친다. 어쨌거나 정부가 '최종 위험 감수자' 역할을 해야만 한다."

핌코는 내부적으로 이를 '우산'이라고 불렀다. 패니메이, 프레디맥, AIG, 대형 은행 전부가 미국 정부라는 안전한 우산 아래에서 비에 젖지 않을 수 있었다. 정부가 손실을 복구할 방법을 찾을 테고, 핌코는 정부가 운전하는 자동차에 올라 그냥 묻어가면 됐다.

〈포춘〉을 통해 엘 에리언은 이렇게 말했다. "어떤 면에서 우리는 정부와 협력 관계에 있었다."

엘 에리언이 말한 정부와의 관계는 핌코와 연준 간에 이뤄지는 통상적인 협력 관계를 훨씬 넘어서는 수준이었다. "우리는 정부가 보유하거나 지급 보증을 해줘야 하는 자산이라고 생각되는 자산을 찾고 있었다." 정부가 시장 안정화에 필수적이라고 생각하는 자산을 찾아서 누구보다 먼저 이 자산을 산 다음에 이를 정부에 판다는 전략이었다.

그런데 매수가 꼭 필요한 자산이든 아니든 관계없이 갑자기 정부가 모든 자산을 다 매수하려 했기 때문에 일이 더 쉬워졌다. 2008년

11월 25일에 정부는 경제 활성화 종합 계획을 발표했다. 이 가운데 학자금 대출부터 자동차 대출에 이르는 모든 대출 채권을 기초로 한 신규 유가증권 지원을 위해 최대 2천억 달러를 대출한다는 계획도 있었다. 또한 패니메이와 프레디맥 채권을 최대 1천억 달러어치, 패니와 프레디가 보증한 유가증권은 최대 5천억 달러어치 매수한다는 계획도 있었다.

2001년에 자국 금융계에 현금을 투입하고 여신 관계를 완화하려는 목적에서 국채를 매수한 일본 중앙은행 혁신안에서 영감을 얻은 이 계획을 '양적 완화'라고 한다. (실제로 QE1, 즉 1차 양적 완화가 더 진행될 예정이므로 이 조치로 금융계가 안정되기까지는 수년이 걸렸다.)

연준이 매수하려 한 패니와 프레디 채권은 무려 5천억 달러 규모였다. 이렇게 엄청난 규모로 채권 매수가 이뤄진 역사가 없었다. 이 일을 진행하기 위해 자체적으로 팀을 구성할 수도 있고 외주를 줄 수도 있었는데 연준은 후자를 택했다. 골드만삭스, 블랙록BlackRock, 웰링턴Wellington, 핌코Pimco 등 자산운용사 네 곳이 이 계획을 진행하는 협력사로 선정됐다. 적지 않은 수수료 수입이나 정부 협력사라는 명예를 생각하면 분명히 득이 되는 일이었지만, 얼마 지나지 않아 연준이 고분고분한 상대가 아니라는 점이 분명해졌다. 먼저 연준은 협력사를 향해 자기 거래나 내부 거래를 금지한다는 제한부터 걸었다. 이들 자산운용사는 기밀 정보 유출을 방지하고자 연준과의 협력 업무와 통상적 자사 업무를 철저히 분리해 진행해야 했다. 물리적 및 공간적 분리도 해야 했다. 각 기업은 이 같은 내용을 서면으로 인증하고 외부·내부 감사까지 받아야 했다. 그로스는 이렇게 말했다. "업무 분리를 어찌나 철저히 했는지 모하메드와 제가 트레이더들에게 크리스마스 인사를 전하기 위해 그 팀에 들어가려 했을 때 변호사 두 명을 대동해야 했습니다."

2009년 1월에 모기지유동화증권 거래가 시작됐다. 뉴욕 연준과 4개 자산운용사는 매일 전화로 언제 어떤 종목을 매수할지를 의논했다. 핌코는 연준이 하려는 일이 무엇인지 감을 잡았다. 연준은 가치가 있는 곳을 골라 이른바 '부채 탕감 카드'를 제공하려는 것이었다. 정부가 매수하는 채권은 결과적으로 재무부 채권과 동급 자산이 된다. 핌코는 다른 경쟁사보다 정부의 의도와 목적을 정확히 간파하고 있었다. 재무부가 GSE를 보증할지를 두고 진땀을 빼며 고민하던 것이 무색할 정도로 불과 몇 개월 만에 애초에 생각했던 수준보다 훨씬 과감한 지원에 들어갔다. 연준이 패니와 프레디가 보증한 채권을 매수하려 하면 핌코가 먼저 가서 그 채권을 매수한 다음 연준에 매도했다.

공황 상태에서 모두들 재무부 채권과 고등급 채권을 사들이는 데 혈안이 됐지만, 핌코는 그렇게 하지 않았다. 비용이 너무 많이 든다고 생각했다. 대신 그로스는 패니와 프레디가 보증한 채권을 더 사들였다. 그로스는 〈포춘〉지와의 인터뷰에서 이렇게 말했다. "우리는 정부보다 한발 앞서 행동하고자 했다. 앞으로 정부가 매수해야 할 것 같은 자산은 우리가 먼저 선점하려 했다."

그로스와 핌코는 파산 위기에 몰린 기업 중에서도 미국 경제에 매우 중요해서 절대로 파산하게 내버려 둘 수 없는, 이른바 대마불사에 해당하는 곳을 가려냈다. 이렇게 찾아낸 곳이 제너럴모터스GM의 금융 자회사 제너럴모터스억셉턴스코퍼레이션General Motors Acceptance Corporation: GMAC이었다. 자동차 제조사는 너무 중요했고 지금은 특히 더 그랬다. 그러므로 정부가 이 중요한 기업이 파산하도록 내버려 둘 리 없었다. 핌코는 이 기업 채권을 사들이기 시작했다.

핌코는 가만히 앉아 정부가 이런 기업을 인수하게 놔두지도 않았다. GMAC는 자본이 필요했다. 이곳이 은행 지주회사로 전환된다면 재정난에 빠진 투자은행처럼 연방 기금을 이용할 수 있다. 그러나 규제 당국은 지주회사로 전환하려면 GMAC 스스로 자금을 마련해야 한다고 주장했다. 그러자면 채권 보유자는 보유 채권을 주식과 교환해야 한다. 전체 채권 보유자의 75%가 여기에 동의해야 했지만 시간이 촉박했다.

핌코는 GMAC 채권을 대량 보유하고 있었다. GMAC 측은 1달러당 60센트를 제시했다. 정상가에 못 미치지만, 이곳이 파산할 경우 채권 보유자가 받을 금액보다는 높은 수준이었다. 핌코는 사측과 죽이 잘 맞는 듯 보였지만, 60센트로는 충분치 않았다. 그래서 사측 제의를 거절했다. 이로써 75%가 동의해야 한다는 요건을 충족시키지 못했고, 파산이 임박해보였다.

이때 다시 정부가 나섰다. 요건이 충족되지 않았는데도 GMAC의 지주회사 전환을 승인해줬다. 배짱 있게 사측 제안을 거절한 핌코가 승자였다. GMAC 채권 가치는 상승했고 핌코는 이익을 냈다.

이외에도 그로스는 몇 안 되는 다른 매수자와 함께 엄청난 수익률을 기록 중인 금융회사의 선순위 채권과 우선주를 대량 보유했다. 정부는 이미 TARP를 통해 이들 금융회사를 구제했고 덕분에 해당 채권 가치는 두 배로 뛰었다. 그로스는 와코비아Wachovia, BOA, 시티그룹의 채권을 1천억 달러어치나 매수했다. 그로스는 〈포브스〉에 이렇게 밝혔다. "일단 시작했으면 끝을 봐야 한다."

은행 유가증권은 땅바닥에 떨어진 20달러짜리 지폐나 다름없었다. 20달러 지폐가 진짜라면 누구나 줍겠지만 진짜 돈이 땅에 떨어져 있을 리 없다고 생각하기 때문에 다들 그냥 지나간다. 하지만 그로스의 눈에는 은행 채권이 땅에 떨어져 뒹구는 진짜 돈으로 보였다. 그로스는 이렇게 말했다. "제 눈에는 여태껏 가장 가치 있는 자산으로 보였습니다."

AIG도 마찬가지였다. 그로스가 보기에 AIG 채권은 땅에 떨어진 진짜 '돈'이었다. 정부는 AIG에 이미 수천억 달러를 쏟아부었다 내버려 뒀으면 파산 수순을 밟았겠지만, 정부는 그동안 들인 자금을 날리고 싶지는 않을 터였다. 이렇게 판단한 그로스는 AIG 금융 상품 사업부 채권을 하루에 1천만 달러 혹은 2천만 달러어치씩 매수했다. 개중에는 수익률이 40%에 달하는 채권도 있었다.

그로스는 〈투자 전망〉에 이렇게 썼다. "핌코의 생각은 단순하다. '정부와 손잡자!' 이뿐이다." 미국 경제는 '폰지 모형'에서 완전히 자유롭지는 않으며 지금은 또 '구제금융 국가'가 됐다. 문제가 있음은 분명하다. 그러나 이런 걱정은 나중에 하라. 그로스는 "2009년, 아니 그 이후에도 잠재 구매력 수준에서 정부를 따라올 조직이 없다는 점을 인정하고 정부를 파트너로 삼아라. 예측을 잘해서 정부가 매수하려는 종목을 매수하라. 반드시 먼저 매수해야 한다."라고 말했다.

하우스_{카지노 업주}가 항상 이긴다면 하우스 편에 서라.

정부가 손댄 종목은 무엇이든 '금'이 되고 있었다. 그래서 정부가 무엇을 사려고 하는지를 제대로 짚어야 했다. 정부가 매수하면 자산 가격은 올라갈 테니까. 정부가 거래하기 전에 먼저 움직여서 시세 차익을 챙기면 미국 납세자는 손해를 보겠지만 핌코 고객에게는 이득이다. 그리고 핌코 고객에게 이득이면 직원에게도 이득이다. 게다가 이 일은 완전히 합법적이었다.

그러나 미래 전망이 불투명할 때는 그로스도 조심하며 몸을 사렸다. 그로스가 보기에 주식시장은 안전하지 않았다. 그래서 2008년 말에 개인적으로 보유한 주식을 전부 팔았다. 그로스는 〈포브스〉에 이렇게 말했다. "이제 주식으로는 돈을 벌지 못한다. '운 좋으면' 1930 년대와 1940년대처럼 다시 수익률 제조기가 되어서 6% 혹은 7%에 달하는 연간 수익률을 내줄지도 모르지만."

2008년 말 시점이라면 누구든 그로스의 말을 귀담아듣지 않을 이유가 없었다. 그 해에 토털리턴 펀드는 1천억 달러가 넘는 자산에서 2.5%의 수익률을 내면서 동종 펀드 중 상위 18%에 해당하는 성과를 냈다. 불안과 공포에 사로잡힌 대다수 투자자와 달리 핌코 고객은 안전할 수 있었고 혼란을 유리하게 활용할 수 있는 선택받은 극소수였다.

그로스는 이렇게 말했다. "큰 기회다. 자산운용사에게는 '슈퍼볼'이나 다름없는 장이다." 그리고 핌코보다 더 확실한 기회의 장은 없었다. 핌코는 위기 속에 빛난 최후 승자였고 모두가 이 장면을 지켜봤다. 그로스는 마침내 자신이 원하던 곳에 도달했다.

제5장

건설적 편집증

2009년 5월 28일에 열린 21차 모닝스타 연례 투자 회의에서 그로스가 기조연설을 했다. 연단에 오르자 예상치 못한 시장 혼란으로 사면초가에 몰린 금융 자문가와 브로커, 투자자들이 눈에 들어왔다. 평소답지 않게 넥타이를 맨 그로스는 자신감에 가득 차 있었다. 시카고 맥코믹플레이스 컨벤션 센터 안 서늘하고 널찍한 대회의장에는 개인투자자의 세계로 들어서려는 사람들이 수백 명은 되어보였다. 대회의장 밖 넓은 공간에는 영업사원이 부스에서 자신들의 플랫폼이나 기술 혹은 펀드를 선전하면서 판촉물을 나눠주고 있었다. 경기가 좋을 때는 봉제 인형이나 머그컵을 나눠줬고, 경기가 안 좋을 때는 펜이나 책갈피가 고작이었다. 유감스럽게도 이번 해에는 '펜'이었다. 800달러에 달하는 거금을 참가비로 내고 참석한 사람들은 혹시 시간 낭비가 아닐까 하는 생각에 신경이 곤두서 있었다.

그로스는 자신이 예견한 암울한 경제 상황을 설명했다. "앞으로 수십 년간은 다른 사람 돈으로 돈을 벌기가 보다 어려워질 겁니다."

청중은 금융계에서 가장 유명한 인사가 말하는 암울한 미래 전망을 진지하게 듣고 있었다. 미국인은 20년 넘게 개발도상국이 생산한 제품을 소비했고, 그림자 은행을 비롯한 은행권은 채권을 통해 비용을 충당했다. 2순위 모기지로 비용을 충당할 수 있는데 금융구제가 왜 필요하겠는가? 대체로 순조로웠다. 그러나 민스키가 예견했고 폴 맥커리가 동조했듯이 고요함 속에 불안정성이 잉태되어 있었다. 결국에 미국 소비자는 과도한 부채를 지게 됐다. 서구 사회가 중국에 막대한 부채를 졌다. 그리고 남은 부채는 만기가 됐다.

소비자 지출 증가 속도가 예전 같지는 않았다. 저축률은 상승했다. 규제가 많아지면 위험 감수 수위가 낮아진다. 중국과 브라질이 미국처럼 소비하지 않는 한 전 세계의 경제 성장 속도는 더욱 더뎌질 것이다.

그로스 말에 따르면 투자자는 '뉴 노멀new normal(변화 흐름에 따른 새로운 표준-역주)'에 적응해야 한다. 여기서 말하는 뉴 노멀은 낮은 금리, 낮은 위험 감수 수준, 경제 활동 둔화 등으로 엘 에리언이 언급하면서 많이 알려졌다. 투자 수익은 중앙은행이 시장에 유동성을 얼마나 공급했느냐에 달렸다. 따라서 투자자는 정부와 손을 잡아야 한다.

그로스에게 수익률이 낮다는 사실은 수수료를 낮게 매겨야 한다는 의미였고 이는 장기적인 이중고에 해당했다.

이 사실이 청중에게는 충격적으로 다가왔다. 그동안 등 따뜻하고 배부른 시절을 보냈던 사람들이었다. 핌코는 수년 동안 고객에게 높은 수수료를 부과할 수 있었다. 다른 자산운용사와 비교하면 그렇게 높은 수준은 아니었지만, 그 정도 수수료율이면 멋들어진 스포츠카와 해변에 큰 집 하나를 더 장만하고, 세 명 이상의 자녀에게 만족스러운 교육을 시켜 줄 정도는 됐다. 높은 수수료율은 실제 펀드 운용

성과와는 무관하지만 말이다. 또 고객에게 실제로 어떤 상품을 어떻게 제공하는지와도 무관하다. 그러나 이제 이마저도 끝이다. 어려운 시기가 다가오고 있었다.

핌코에게 그나마 긍정적인 측면은 이런 불안한 상황이 채권과 낮은 수익률에 유리하다는 사실이었다. 이제는 다들 안전성을 중시했다. 더디지만 꾸준한 채권의 특성이 빛을 발하는 시기가 됐다.

모닝스타의 러셀 키넬Russel Kinnel은 이날 회의 상황을 이렇게 전했다. "주식하던 사람들이 회사채에 침을 흘렸다." 그리고 수십 년 전에 그로스가 꿈꿨던 그대로 핌코와 그로스는 명실상부 채권업계의 최강자였다.

그로스는 칭찬에 인색했던 부모님, 특히 어머니에게 지금의 모습을 보여주고 싶었다. 어머니에게 스스로를 증명하고 싶은 욕구야말로 그가 항상 비범함을 추구하게 한 주된 동력이었다. 그로스는 2005년 〈투자 전망〉에 이런 글을 썼다. "어머니는 항상 아이들이 최고로 능력을 발휘하길 바랐고 만약 그런 기대에 미치지 못하면 고래고래 소리를 지르며 꾸짖었다. 20대가 됐을 때도 신랄한 비판이 섞인 잔소리는 여전했다. 동네 디너 클럽에서 어머니에게 춤을 추자고 정중하게 청하고 같이 춤을 추는데, 스텝을 겨우 몇 번 밟고는 '빌, 좀 더 잘할 수 없니?'라는 말을 하셨다. 어머니 말이 틀리지는 않았다. 그러나 나는 아서 머리Arthur Murray: 유명 무용수이자 사업가처럼 될 생각은 추호도 없었다. 그래서 군말하지 않고 자리로 돌아가 앉았다. 나는 나름 꽤 잘한다고 생각했지만 언제나 어머니 기대에는 한참 못 미쳤다. 여기서 더 잘하는 것은 불가능하다 싶었다."

그로스에게 첫 직장을 찾아준 사람은 어머니였다. 경영대학원을 졸업하고 열심히 직장을 구하고 있을 때 어머니가 퍼시픽뮤추얼에서 증권분석가를 구한다는 광고를 신문에서 봤다. 근 1년 후에 부모님과 만났다. 그로스는 부모님에게 자신의 새로운 모습을 보여줄 생각에 신이 났고 은근히 흥분이 됐다. 당시 그로스와 아내 팸은 녹색 카펫이 깔리고 아보카도색 냉장고가 있는 침실 세 개짜리 집에서 두 아이를 키우는 중이었다. 미션 비에이호Mission Viejo에 마련한 작은 집이었다. 거실에 놓은 책장은 손수 만들었다. 나무처럼 보이도록 접착제로 바른 콘크리트 벽돌을 쌓아 만든 책장이었다.

그로스는 방 맞은편 끝에 나란히 놓인 의자 세 개에 부모님과 함께 앉아 있었고 아내 팸은 주방에서 요리하느라 분주했다. 부모님은 하이볼을 마셨고 그로스는 맥주를 홀짝였다. 그동안 자신이 무슨 일을 하는지 부모님께 자세히 말한 적이 없었다. 평소 전화를 잘 하지도 않았고 편지를 길게 쓰는 성격도 아니었다. 그래서 이번에 처음으로 자신의 직업과 실제로 하는 일을 부모님에게 이야기하게 됐다.

그로스는 구인 광고에서 설명한 내용과는 다르게 자신이 단순한 증권분석가가 아니라는 말을 부모님께 하고 싶었다. 구체적으로, 대출을 해줄지 말지를 심사·평가하는 '개인 대출 담당자'였다. (훗날 그로스는 샘 월튼Sam Walton이라는 멋진 청년과 워런 버핏의 버크셔헤서웨이Berkshire Hathaway에 대한 대출심사를 하게 된다.) 그러나 그로스의 창의적인 재주 덕분에 최근 업무 정의에 변화가 생겼다.

그로스는 점점 커지는 직장인으로서의 기회와 손수 마련한 작은 집 등 아내 팸과 함께 차근히 일궈낸 현재 생활에 자부심을 느꼈다. 지금 하는 일은 자신이 정말로 잘하는 일이었고 남다른 욕망과 경쟁심, 강박적 심리에 딱 들어맞는 일이기도 했다. 이런 사실을 부모님이 이해할 수 있게 잘 표현하려고 했다.

그로스는 이렇게 말했다. "인플레이션 때문에 채권 가격이 하락하고 있어요. 그러니까 적극적인 관리가 필요한 거죠." 그때는 퍼시픽 뮤추얼 자금을 소규모로 굴리는 중이었다. "이 자체가 제겐 엄청난 기회지요."

부모님은 잠자코 음료수를 휘젓고 있었다.

"세계 최고의 채권 관리자가 될 겁니다."

이 말에 부모님은 무슨 정신 나간 소리를 하느냐는 듯 아들을 쳐다보며 이렇게 물었다. "채권이 뭐니?"

그로스에게는 부모님이 무슨 생각을 하는지 뻔히 들여다보였다. 무엇이든 최고로 잘하는 사람이 될 수 있다는 사실을 끝까지 증명 못하지 않았느냐고 말하는 듯했다. 그리고 부모님 머릿속 생각이 귀에 들리는 듯했다. '듀크대 졸업 평균 학점이 겨우 2.9점 아니었니? 장학금도 놓칠 뻔했고.'

수십 년 후 그로스는 부모님이 잠들어 있는 웅장한 묘를 방문했다. 그곳에 조용히 앉아 마음속으로 부모님께 이야기했다. 특히 어머니를 향해. '이보다 더 잘할 수 없을 만큼 잘했다는 걸 어머니도 아시죠?' 언젠가는 분명히 어머니도 이 점에 동의해야 한다. 어머니가 칭찬에 인색한 냉정한 성격이 아니었다면, 그렇게 호되게 자기 자신을 채찍질하거나 비범함을 갈구할 필요가 있었을까? 샌프란시스코에서 카멜Carmel까지 6일 넘게 연속으로 200여 킬로미터를 달리다 마지막 8 킬로미터는 신장이 파열된 상태로 달렸던 때처럼. 이것이 바로 비범함이었다.

아무도 관심이 없을 때 새로운 채권시장으로 진입하거나, 가능성이 없어 보이는 비인기 자산군 중심으로 핌코 사업을 구축하거나, 사상 최고의 채권 트레이더가 되는 일이 바로 그 비범함의 증거였다.

그로스는 비범한 사람이었다. 활발한 채권 거래 시장을 창조하고,

거의 40년 동안 남보다 뛰어난 성과를 냈다.

또 한 가지 긍정적인 측면이 있다. 시카고 시장에 대한 그로스의 암울한 전망이 세계 시장 분위기와 다르지 않았고, 핵심만 간략하게 정리한 내용이 그림자 금융이라는 낯선 용어보다 이해하기가 훨씬 쉬웠다. 뉴 노멀이라는 신조어는 순식간에 업계에서 자리 잡았고, CNBC와 블룸버그 등 언론에 자주 등장하면서 금융계 용어로 빠르게 고착됐다. 몇 년이 지나 이 용어가 사전에 오른 후 그로스와 엘 에리언이 용어의 기원을 두고 격렬하게 다툼을 벌였다. 그로스는 핌코가 상표 등록을 했어야 한다며 몹시 안타까워했다.

'뉴 노멀' 관점에서 본 시장 전망이 채권, 나아가 핌코의 포지션 선정에 정당성을 부여했다. 그로스는 2009년 2월 에이오엘닷컴AOL.com에서 '주식은 이제 끝났다'라고 말했다. "이제 주식은 '장기적 성장 상품'이 아니라 후순위 수익 증권에 더 어울린다. 위험 감수도 의미 없어졌고 동물적 감각과 정기는 워싱턴 정가에서 나와야 한다."

이런 발언에도 불구하고 그로스는 자신의 삶에 등장한 새로운 실세와 함께 반대 노선으로 방향을 잡았다. 자기 자신과 핌코의 동물적 감각과 정기가 한껏 치솟고 있었다.

CEO로서 모하메드 엘 에리언이 해결해야 할 지상 과제는 핌코의 성장 동력과 확장 영역을 찾아내는 일이었다. 우선 그는 하버드매니지먼트컴퍼니에서 활용했던 다각화된 포트폴리오 접근법을 핌코에 적용하려는 계획을 세웠다. 위험 유형이 각기 다른 다양한 상품에 자금을 분산 투자해서 위험 수위가 낮아지는 효과를 노렸다. 다만 유례없는 가격 상승을 경험했던 채권 바구니에 상대적으로 달걀을 더 많이 담기는 했다.

이제 새로운 수장이 필요한 시점일지 모른다. 빌 톰슨이 15년 넘게 조직을 이끄는 동안 핌코는 직원 125명이 500억 달러가 채 안 되는 자금을 관리하던 곳에서 시작해 1천 명이 넘는 직원이 무려 1조 달러를 관리하는 조직으로 성장했다. 그러나 〈오렌지카운티레지스터〉와의 인터뷰에서 톰슨은 자신이 '연료가 바닥 난' 자동차나 다름없다고 밝혔다. 다들 흥분하던 2008년에도 톰슨은 그 중심에 없었다. 그간 있었던 일의 결과를 본인은 연말에야 알았고 어떤 회의에 참석하든 결론은 이미 나 있었다. 톰슨은 더는 자리를 보존하기 어렵겠다는 느낌을 받았다. 그로스는 아쉬워하겠지만, 톰슨 본인도 이제는 힘에 부쳤다. 게다가 그로스는 엘 에리언을 마음에 들어 했다. 톰슨은 이듬해 초까지도 미련을 버리지 못했지만, 결국은 결선 투표에서 결판이 났다.

엘 에리언의 리더십 유형은 이메일로 장황하게 설명하거나 낙관적인 측면을 크게 선전하는 스타일이 아니었다. 핌코 사람들은 엘 에리언이 들쭉날쭉한 모서리를 매끄럽게 다듬는 쪽이라기보다는 날을 더욱 뾰족하게 세우는 쪽에 어울리는 사람이라고 생각했다.

톰슨은 근면함과 철저한 계획을 중요시하는 사람이었는데 엘 에리언은 불편함과 불안 혹은 불확실성을 더 중시했다. 숨결이 목덜미에 느껴질 정도로 경쟁자들이 바짝 뒤쫓아왔다는 생각에 조바심을 느끼는, 이른바 '건설적 편집증'이 있었던 것이다. 끊임없이 의심하고 매사 허투루 보지 않는 경계심 덕분에 선두를 계속 유지할 수 있었다. 이는 강렬함, 열성, 편집증적 철두철미함으로 표현되는 그로스의 성향과 잘 맞아떨어졌다. 이런 사실은 그로스가 현행 투자위원회에 경각심을 불러일으켜 긴장을 늦추지 않게 함으로써 중요한 무언가를 놓치지 않았는지 혹은 합의 사항에 흠집이 생기지 않았는지 확실히 하기 위해 '그림자투자위원회'를 구성해 현행 투자위원회 결정을 예측하고자 했다는 점에서 확인할 수 있다. 엘 에리언은 핌코라는 조직에 내재한 편집증을 공식화하고 정치화했다. 톰슨은 협력 관계를 촉진한다는 생각에 투명성에 높은 가치를 뒀지만, 엘 에리언은 이를 비생산적이라고 보는 듯했다. 핌코의 최대 현안은 보상 체계와 관련한 문제였다. 핌코에서는 해마다 각 파트너의 이익 분배율을 공표했다. 이것은 파트너가 세 명이었던 초창기에, 즉 세 명이 작은 탁자에 둘러 앉아 무기명으로 각자 다른 파트너가 받아야 할 타당한 분배율을 펜으로 적어 결정하던 시절에 시작된 관행이었다. 각자 적은 종이를 취합한 다음 평균을 내서 결정했다. 당연히 파트너가 너무 많아지면 이런 관행은 끝나야 했다. 그러나 책임감 차원에서, 또 영감을 준다는 측면에서 각자의 이익 분배율을 계속 공개했다. 엘 에리언은 이 관행에 종지부를 찍었다. 나중에 엘 에리언은 변호사를 통해 이는 자신이 결정한 사항이 아니라 '그로스가 제안하고 보상체계위원회가 승인한' 내용이라고 밝혔다.

엘 에리언의 안달복달하는 성향과 아웃사이더 기질은 여러 면에서 핌코 정서에 딱 들어맞았다. 그는 외교관 아버지를 둔 덕분에 나라와 학교, 언어가 자주 바뀌는 환경에서 자랐다. 사회인으로서 첫 경력은 국제통화기금IMF이었다. 그때만 해도 IMF에서 일하는 사람 중 개발도상국에 뿌리를 둔 사람들은 거의 없었다. 엘 에리언은 항상 다른 사람과는 좀 달랐고 사람들이 '이 정도 하겠지'라고 생각하면 언제나 그 이상을 해내는 사람이었다. 한편 일반적 관점에서는 늘 다소 불안하고 불안정한 방식으로 뭔가를 한다는 느낌이 있었다.

전 파트너 빌 파워즈는 이렇게 말했다. "모하메드는 좀 음험한 방식으로 일하는 사람이에요. 대부분 일방적인 대화로 은밀하게 뭔가를 하죠. 조직 내 다른 사람은 현재와 같은 책임이나 보상, 역할을 부여받아서는 안 된다는 자신의 의견을 은근히 주입시킵니다. 뒤에서 몰래 사람들에게 해를 끼치는 데 선수인 거죠."

엘 에리언도 그로스처럼 열성적으로 이메일을 이용했다. 그러나 여기에 자신만의 방식을 가미해 파워즈가 말하는 '불타는 편지' 혹은 '남의 속을 까맣게 태워버리는 이메일'을 썼다. 이를 통해 그로스나 엘 에리언은 누군가를 망가뜨렸다.

파워즈는 엘 에리언이 고객을 만나러 끊임없이 출장을 가면서 문제가 더 심각해졌다고 말했다. 엘 에리언은 전 세계 어디서든 편지를 보내 사람들을 당황하게 했다. 파워즈는 또 이렇게 말했다. "모하메드는 런던에 있고 저는 뉴포트비치에 있을 때 모하메드로부터 메시지를 받았습니다. 대개 무언가를 혹은 전부를 물어뜯으며 저를 난도질하는 내용이죠. 때로는 엘 에리언이 승진했다는 내용의 전화 한 통으로도 고위 경영진이 되겠다는 제 포부가 꺾여버립니다." 파워즈는 '이 사람은 해고했으면 좋겠어.'라든가 '올해는 즐거운 연말이 되기는 다 틀렸어.'라는 내용의 메모가 기억난다고 했다. '즐거운 연말' 운운하는 내용을 보면 다들 이번 연말에는 상여금을 안 줄지도 모른다며 불안해했다. 엘 에리언의 변호사는 파워즈와 다른 말을 했다. "엘 에리언은 '불타는 편지'와 '까맣게 속을 태워버리는 이메일' 따위를 보내는 사람이 아니며 '음험한' 방식으로 혹은 다른 사람을 무시하는 태도로 일하지도 않았습니다."

물론 직원 채용과 해고, 멀리 떨어진 지점 방문은 CEO의 통상적 업무 범위에 속한다. 그리고 파워즈가 말한 내용이 핌코에 널리 퍼져 있기는 하지만, 보편적이라고 보기도 어렵다. 전 핌코 직원은 자신이 핌코에 갔을 때 엘 에리언이 직접 공항으로 마중 나왔고 그 행동에 감동을 받았다고 말했다. 그리고 에이치엠시HMC에서 같이 일하던 동료에게 엘 에리언 자신이 핌코로 가게 됐다고 말했고 동료를 끌어안았다고도 했다. 그 사람은 이렇게 말했다. "그렇게 하는 사람이 어디 있답니까? 엘 에리언처럼만 하라고 하세요. 이 업계에서 같이 일하는 사람을 그 정도로 대하는 사람도 흔치는 않아요."

어쨌거나 그로스는 이 부분을 별로 중요하게 생각하지 않았다. 그로스는 무엇보다 '열성적'인 자세를 원했다. 무슨 일이든 최고로 해내야 한다고 생각했다. 누구라도 예외는 없다. 압박감이 클수록 일을 더 잘해낸다고 믿었다. (칭찬과 보상을 남발하지 않는 전략을 구사할 때는 특히 더 그랬다.) 그로스 또한 자신에게 가해진 압박감 덕분에 초인적인 집중력을 발휘할 수 있었다. 이것이 다른 사람에게도 통할 수 있다. 그 사람들도 성취해야 한다. 그 어느 때보다 지금 더 그런 동력이 시급할지 모른다.

예상치 못한 주가 급락으로 투자자가 겁에 질려 있는 가운데 오랫동안 공언해온 구호처럼 바로 그 핌코 '채권 전문 부서'가 수십억 달러의 흐름을 주도하고 있었다. 블룸버그 TV와 CNBC에 출연할 때마다, 최신 〈투자 전망〉이 발표될 때마다, 주요 소식을 취사선택할 권한이 있는 이른바 '게이트키핑' 컨설턴트가 신종목을 추천할 때마다 신규 고객의 자금이 핌코로 마구 흘러들어왔다.

그러면 지금은 대체 어디에 투자해야 하는가? 핌코는 항상 채권 외에 통화에도 투자해왔다. 국제 채권을 매수하려면 외국환 거래는 어차피 해야 하는 일이었기 때문이다. 관리자가 지수 비교를 하지 않아도 되는 이른바 최신 유행 전략에 따른 신종 무제약 채권 펀드Unconstrained Bond Fund나 핌코 인컴 펀드Pimco Income Fund처럼 각기 다른 특성을 지닌 채권 상품을 각기 다른 방식으로 제공하는 다양한 상품이 있었다. 그리고 상장지수펀드 사업을 해볼까 생각도 했다. 물론 다들 한다니까 한번 생각해보자는 의미였을 뿐이다.

핌코는 내부 지침을 마련하고자 사내 여론조사를 실시했고 2008년 5월에 했던 외부 회의 결과도 검토했다. 포트폴리오 관리자를 대상으로 경쟁사보다 핌코가 더 나은 성과를 낼 수 있는 새로운 거래 상품이 무엇일지 물었다. 사업적 측면에서 가장 적합한 신종 상품이 무엇인지도 물었다. 판매팀에게는 고객에게 핌코가 제공했으면 하는 상품이 무엇인지 물어보게 했다. 그리고 응답 내용을 색깔로 구분해 정리했다. 핌코가 해야 하지만 아직 하지 않는 것을 녹색으로 표시했다. 노란색은 이미 하고 있지만 추가 자원이 필요해 보완해야 한다는 것이었고, 빨간색은 하지 말아야 할 것을 의미했다.

엘 에리언은 또 한 가지 색상을 추가한 뒤 내부 지침용 '로드맵'을 완성했다고 말했다. 그 로드맵은 핌코가 나아갈 방향 그리고 최적화된 고객 맞춤형 '다각화 포트폴리오'를 완성하는 방법을 보여준다. 녹색은 자산 배분 펀드로서 다양한 전략에 두루 투자해 포트폴리오 다각화를 실현한다. 사모펀드 직접 투자는 빨간색으로 표시했다. 주식 투자는 노란색으로 나타냈다.

주식 투자를 하라고? 그로스는 수십 년 동안 공개적으로 주식을 헐뜯었다. 대놓고 주식은 '역겨운 물건'이고, 주식 투자 이익은 과장됐으며, 주식 가치가 확실히 고평가됐다고 말했다. 은퇴 자금 계좌에 들어 있는 주식을 죄다 팔았다고도 했다. 그래서 뇌가 작동하기도 전에 거의 무의식적으로 반응하는 이른바 '근육 기억'처럼 주식에 대한 질문을 받으면 반사적으로 주식을 불신하는 태도로 되돌아갔다.

사실 그로스는 주식을 싫어한다기보다는 무엇이든 싸게 사는 것을 좋아했다. 그리고 그때 마침 주식시장이라는 대로大路 위에 '돈'이

굴러다니고 있었다.

주식시장은 거대하다. 금액으로 따지면 채권시장보다 규모가 작지만, 핌코에게 이 시장은 뻥 뚫린 대로나 다름없었다. 가치 폭락으로 주식이 싼값에 팔리고 있었고 경쟁사들이 이때 입은 치명상으로 휘청거리는 참이라 핌코 입장에서는 주식시장의 문이 활짝 열린 셈이었다. 최악의 위기를 모면하면서 얻은 신뢰를 기반으로 이제야말로 주식에 손을 대야 할 시점일지 모른다. 그러나 적어도 사모펀드 모집보다는 쉬운 길이어야 한다.

주식 투자 분야는 딕 웨일Dick Weil이 담당하게 됐다. 웨일은 최고운영책임자coo로서 그로스나 엘 에리언이 내놓은 아이디어는 무엇이든 다 구현해보려고 했다. 두 사람 다 전략적으로는 주식을 강조했지만, 주식 투자에 대한 강한 신뢰가 없었고 이에 대한 경험도 별로 없었다. 그러다 보니 웨일 혼자 이 일을 감당하는 모양새였다.

2009년 초, 핌코 이사 30여 명이 회의실에 모였고 웨일이 주식 투자 사업의 초기 진행 상황을 발표하려고 자리에서 일어섰다. 핌코에서 가장 세련된 사람 가운데 한 명인 웨일은 별로 긴장하지 않은 모습이었다. 그러나 웨일이 입을 열기 시작하자 그로스는 좌불안석이었다. 그로스는 결국 분노를 표출했고 참석자 모두가 같이 불안해했다.

마침내 그로스가 끼어들었다. 그리고 화가 나서 못 참겠다는 듯 씩씩거리며 불만을 터뜨렸다. "웨일, 일을 그 정도밖에 못하나? 진행이 너무 더디잖아, 너무 느리다고. 바로 지금이란 말이야. 주식이 지금 폭탄 세일 중인데 뭘 꾸물거리나? 뭐가 어렵지? 사람들에게 주식을 파는 게 뭐가 어렵냐고. 사람들은 주식을 좋아해. 게걸스럽게 주워 먹는다고. 페퍼로니 피자 먹듯이 말야. 핌코는 대단한 곳인데 주식을 대체 왜 못 팔지? 바보 멍청이도 주식을 팔 수 있다고. 지금 뭘 하고 있는 거야? 2008년에 거둔 성과나 영향력을 생각하면 아주 쉽게 팔 수 있어야 하잖아?"

본래 가느다란 목소리가 말을 하면서 격앙되고 점점 날카로워져서 나중에는 거의 비명처럼 들렸다. "지금 당장 가서 주식 전문가를 찾아와! 이걸 할 생각이야? 그럼 정말로 해야 한다고!"(그로스는 이렇게 말한 적이 없다고 부인했다.)

다른 이사들은 그로스 눈에 띄지 않기를 간절히 바라며 잠자코 상황을 지켜봤다.

그로스의 이런 분노 폭발이 이들에게는 새삼스러운 일도 아니었다. 대외적 입장과 모순되지도 않았다. 그는 이전에도 전략적 차원에서 언론에서 말한 내용과는 반대로 행동했다. 큰손 매수자가 누구인지를 경쟁사가 알아채서 이들이 앞서나가는 일이 없도록, 핌코의 진짜 의도를 숨기고 실제 공략 지점에서 주식으로 관심을 돌리고 싶었을지도 모른다.

그로스는 웨일에게 화를 내면서도 핌코가 주식 사업에 이렇게 성의 없이 나서는 데에는 자신에게도 일말의 책임이 있다고 생각했다. 사실 주식에 대한 그의 불신이 크게 작용했다. 그는 너무 오랫동안 주식 반대론자 입장을 견지해왔다. 이는 여러 번 주식에 투자했다가 실패한 경험에서 '학습된' 태도였다. 그로스는 오래전부터 주식 투자를 한다는 사람들의 그 무모함과 근거 없는 낙관론이 너무 한심해보였다. 그래서 그런 사람들을 보면 깔보는 말이 자연스레 입에서 튀어나왔다.

그러나 지금은 그런 자신이 핌코의 미래에 걸림돌이 됐다는 사실에 죄책감을 느꼈다. 핌코는 성장이 필요했고 지금으로서는 가격이 폭락한 주식을 사들이는 것이 답이었다. 그로스는 변해야 했고 그럴

게 할 생각이었다. 이번 회의에서 자신의 의지를 강력하게 피력하겠다고 마음먹었다. 항상 외쳐 왔던 성장이 아니면 죽는다는 구호를 다시 강하게 각인시켜야 했다.

다른 파트너들은 그로스가 웨일을 향해 서두르지 않고 무엇을 하느냐고 퍼붓는 모습을 그냥 지켜봤다. 웨일이 빨리 못한다면 그렇게 해줄 다른 누군가를 당장 찾을 기세였다. 엘 에리언은 웨일이 호되게 당하는 내내 침묵을 지키며 가만히 있었다. 웨일은 정말 난처한 처지였다. 전직 핌코 이사 두 사람이 한 말에 따르면 엘 에리언은 웨일에게 주식 담당자를 빨리 찾으려 하지 말라고 조언했다고 한다. 그로스가 주식에 관심을 보인 것은 사실이었다. 그래서 직원들은 그로스 말대로 하고 있다는 인상을 줘야 했다. 그러나 현실적으로 이는 올바른 방향이 아니었다. 자체 조사를 통해 작성한 결과표에도 '금지' 수준을 겨우 넘긴 노란색 표시였고, 또 고객 관점에서 볼 때 다음 단계가 그리 쉬운 상황은 아니었으며 고객 의견이 전략에 반영되어야 했기 때문에 역시 주식은 무리라는 판단이었다. 사업의 동력은 고객의 돈이다. 웨일이 주식 담당자 고용을 서두르지 않고 계속 미룬다면 아마 그로스 머릿속에서도 그 생각이 점점 사라질지도 모를 일이다. (담당 변호사는 "엘 에리언은 웨일에게 주식 담당자를 고용하지 말라고 조언한 사실이 없다."고 말했다.)

전 핌코 고위 경영진 한 명은 이렇게 회고했다. "웨일은 그로스한테 달달 볶였다." 그런데도 아무도 그로스를 제지하려 하지 않았다. 항상 그랬듯 당하는 사람이 있으면 스스로 무너질 때까지 내버려뒀다. 공연히 나섰다가 그로스의 화를 돋우려 하지 않았다.

엘 에리언으로서도 침묵이 최선의 무기였다. 그로스가 보기에 주식과 관련한 문제는 전부 웨일의 책임이었다. 웨일 편을 들지 않으면 그로스 의견에 동조하는 셈이었다. 결과적으로 이와 관련한 어떤 문제가 생겨도 자신은 피해 갈 수 있으며 경쟁 관계에 있는 다른 고위 임원을 손 안 대고 무너뜨릴 수 있는 기회였다. 게다가 이렇게 웨일을 채근하면 주식 투자에 관한 최종 책임자는 결국 그로스라는 사실을 인정하는 셈이었다. 엘 에리언이 더는 이 애매한 사안과 엮이지 않아도 된다는 뜻이다. 책임 추궁을 확실히 하는 핌코에서 최종적으로 이 위험은 그로스가 감수해야 하고 이 문제 또한 그로스의 문제가 됐다. 따라서 이 '싸움'에서 엘 에리언은 아무런 상처도 입지 않는다.

웨일은 시키는 대로 했다. 헤드헌터를 고용해 주식 전문가를 찾으려 했다. 3월 첫째 주부터 이 작업을 시작했다. 3월 9일 S&P가 2007년 최고점에서 50% 이상 하락하면서 주식시장이 최저점을 찍었다. 어떤 면에서 핌코의 선견지명이 다시금 빛을 발한 듯 보였다. 시장이 바닥을 친 시점에 과감하게 주식에 손을 댔다는 점에서 그렇다. 주식을 샀다기보다는 주식 관리자를 고용해 책임질 층을 하나 더 추가함으로써 기존 핌코인 전원이 이번 주식 투자 사업의 위험을 분산시킬 수 있었다는 점만 제외하면 말이다.

핌코는 내로라하는 주식시장의 유명 인사들을 만났다. 마치 야전 병원을 둘러보는 기분이었다. 유명 펀드 관리자 대다수가 큰 충격으로 휘청거렸고 신경증에 걸린 사람처럼 안절부절못했다. 근 1년 동안 손실을 45%나 내면서 주식 전문가로서의 경력이 비참하게 사라지고 있었기 때문이다. 시장이 한 귀퉁이씩 무너질 때마다 이 사람들의 성과와 경력도 한 귀퉁이씩 무너졌다. 경력이 무너진다는 의미는 미래 현금 흐름에도 장애가 생긴다는 뜻이었다. 타당성이 떨어지는 위험에 대한 과도한 노출, 미래 예측 능력의 부재, 너무도 쉽게 손실을 내는 무능함, 얼굴을 들지 못할 정도로 어리석은 투자 행위 등 이들 전략의 결함이 전부 드러났다. 비교적 꾸준한 성과를 내는 사람도 없지는 않았지만 아무도 스스로 유능하다고 느끼지 못했고, 또 아무도 효과가 있을 법한 타당한 전략을 제시하지 못했다. 그럼에도 핌코는 면접을 계속 진행했다.

채권 이외의 부문으로 영역을 확장한다는 사실을 널리 알리기 위해서는 '핌코=채권 왕국'이라는 기존의 공식 같은 이미지에서 벗어나 세간의 눈길을 사로잡을 만한 새로운 구호가 필요했다.

전 분야를 아우르는 거대한 조직으로 전환해야 할 시점이었다. 다른 경쟁사보다 먼저 구조적 변화를 감지하고, 또 가장 강하고 안정적인 미국 정부마저 구제하는 조직으로 거듭나야 했다. 경제와 금융 부문에서 가장 영향력 있는 사람들, 가장 뛰어난 이론가, 예리한 통찰력을 지닌 유력자, 깔끔한 발표 등을 새로운 구호의 특징으로 내세워야 한다. 핌코=자산운용업계의 하버드. 핌코=최종 결정자. 핌코=미래. 이런 새로운 공식을 각인시킬 필요가 있었다.

핌코 홍보팀은 오렌지카운티에 소재한 브랜딩 회사 하일브라이스HEILBrice에 일을 맡겼다. 하일브라이스는 경쟁사의 구호와 포지셔닝positioning을 분석하고 핌코의 특장점과 비교해 핌코의 특별함을 부각시키는 무언가를 찾아내려고 했다.

마침내 새로운 구호에 대한 '최종 답안'을 찾아냈다. '핌코=우리가 생각하는 그 자체'.

새로운 구호의 초점은 핌코가 판매한 제품 자체에서 판매 절차와 사고형 리더십 그리고 차별화된 비전 쪽으로 바뀌었다. 이들은 새로운 구호에 대한 실물형 모형을 만들고, 미 특허상표청에 '사용 예정을 기반'으로 한 상표를 출원했다.

홍보팀은 고위 임원 20여 명과 함께 새로운 구호 '우리가 생각하는 그 자체인 핌코'를 만들었다. 이들은 핌코가 위대한 이유는 조직의 '두뇌', 즉 핌코의 훌륭한 '인재'에 있으므로 이를 강조한 구호라고 말했다. 핌코는 '뉴 노멀'과 '그림자 금융' 같은 새로운 개념이 싹틀 수 있는 토양을 만들었다. 그리고 소화하기 쉬운 짤막한 구호 안에 핵심을 찌르는 수많은 구절과 포괄적인 경제 개념을 담아낼 계획이었다.

그런데 그로스는 이 구호가 마음에 들지 않았다. 그보다는 '세계 투자 본부Global Investment Authority' 같은 구호를 선호했다. '세계'라는 단어를 넣으면서 규모가 더 웅장해졌고 '본부' 같은 중요한 단어도 그대로 가져가고 싶었다. 그리고 여기에 '당신의Your'를 추가하자고 했다.

이런 과정을 거쳐 만들어진 새로운 구호를 연말에 발표했다. 그 구호는 '당신의 세계 투자 본부Your Global Investment Authority'였으며 줄여서 'YGIA'라고 불렀다.

이 새로운 구호에 따른 계획을 책임지고 추진할 '유명한' 사람이 필요했다. 연준 출신이나 경제학계에서 유명한 사람이 핌코에도 있었다. 그러나 파트너들은 훨씬 더 유명한 '이름'을 원했다. 핌코가 위기 때 중요한 역할을 해준 덕분에 영향력 있는 지도자를 몇몇 만나볼 수 있었다. 그중에서도 그로스는 TARP를 주도하다시피 했던 젊은 실세 닐 카시카리에게 가장 관심을 보였다. 경제가 안정되고 그간 정부의 노력이 성공한 듯 보였으므로 처음에 쏟아졌던 '비웃음'이 조심스럽게나마 '존경'으로 바뀐 시점이었다. 카시카리는 위기 때 그야말로 혜성처럼 등장한 신예였고 그로스와 엘 에리언은 이 점을 높이 샀다.

2009년 12월 〈워싱턴포스트〉가 카시카리의 약력과 근황을 상세히 보도했다. TARP 일을 마무리한 후 워싱턴을 떠나 타호 호수Lake Tahoe에서 그리 멀지 않은 북부 캘리포니아주 트러키 강Truckee River 근처 황무지에서 지내면서 나무를 베어 집을 짓는 등 그동안의 정신적 외상을 치유하며 살고 있다는 내용이었다. 그 뒤에 핌코는 '새로운 투자 계획' 담당 이사로 카시카리를 영입한다고 발표했다.

이 발표는 꽤 놀라운 반응을 일으켰다. 카시카리가 재무부에서 일하던 시절이 자신의 능력이나 경험을 한 단계 상승시킬 기회였다면, 핌코에서 새로 맡은 역할은 또 한 단계 성장할 수 있는 과정이었다. 그는 자산관리자로는 일해 본 적이 없었다. 주식 투자 사업을 관리해본 일도, 투자자로 나섰던 적도 전혀 없음에도 새로운 투자 사업부를 이끌게 됐다.

핌코는 카시카리를 고용하면서 정부와 한층 긴밀한 관계를 구축하게 됐다. 구제금융 자금을 관리하는 닐 바로프스키Neil Barofsky는 "재무부와 대형 투자 펀드 그리고 은행 사이에 난 회전문은 절대로 멈추지 않는다."라고 말했다.

로이터 통신사의 칼럼니스트 펠릭스 새먼Felix Salmon은 카시카리가 원래 재무부에서 했던 업무는 핌코 스스로 자사 전문 영역이라고 자부한, 복잡한 채무 증서의 가치를 정확히 평가하는 기제를 고안하는 일이었다고 한다.

새먼은 이렇게 썼다. "카시카리가 공직에서 물러났을 때 핌코 측이 카시카리 영입에 관심이 있다고 확실하게 밝혔는지 여부는 중요하지 않다. 카시카리는 현명한 사람이고 이 회전문이 어떻게 작동하는지 잘 알고 있다. 닐 카시카리 같은 인재는 오라는 데가 많아서 일자리를 구하는 데 아무런 문제가 없다. 그런데도 하필 조국에 봉사하려는 개인적 의지와 크게 상충하는 곳을 택한 셈이다."

일부 의견과는 달리 대부분 그의 결정을 환영하는 분위기였다. 이로써 핌코와 정부는 더욱 긴밀한 관계를 유지하게 됐다. 6월 〈뉴욕 타임스〉는 '재무부가 빌 그로스의 연락처를 단축 번호로 저장해놨다.'라는 기사를 실었다. 정부가 부실 자산 매각과 관련해 핌코와 그로스의 조언에 상당히 의존한다는 보도였다. 그로스는 공민 의식을 갖춘 천재라는 등 기사 전체가 아부 일색이었다. 그로스는 이를 마음에 들어 했다. 이런 기사는 자신의 영향력과 명성을 보여주는 척도였다. 핌코가 국가 금융 체계를 원활히 작동시키는 데 없어서는 안될 요소가 되면서 정부 체계에 자연스럽게 녹아들었다.

뉴욕 연준을 대신한 모기지 담보부 거래와 기업어음 활용 계획 등 정부와 핌코 간의 실질적 협력 관계를 통해 앞으로 양 기관이 나아갈 방향이 확실히 드러났다. 핌코는 GM과 긴밀한 협력 관계를 맺고 구제금융 방식 및 구조에 관한 조언을 제시하는 등 국가 경제에서 매우 중요한 역할을 한다는 사실을 입증했다.

로버트 호이트Robert F. Hoyt 재무부 법률 고문은 〈뉴욕타임스〉의 별도 기사를 통해 이렇게 말했다. "그로스는 워런 버핏 같은 사람들처럼 우리에게 좋은 의견을 제시하고 위기 해결에 도움을 주는 일에 관심이 정말 많은 부류였습니다. 이들은 재무부에 종종 자신의 의견을 냅니다. 그 의견이 반드시 반영된다고는 볼 수 없으나 흥미로운 일임에는 틀림이 없습니다."

핌코 고위 경영진은 완전히 새로운 사업 영역을 구축하려 했다. 정부와 기업은 물론이고 자사 상품의 가치 평가가 필요한 곳이라면 어디에든 해당 서비스를 제공하는 일이었다. 세계적인 금융위기 때문에 각국 정부는 원하든 원치 않든 간에 최종 구매자 역할을 해야만 했다. 따라서 어디에 어떻게 써야 하는지도 모르고 딱히 필요도 없는 자산을 보유할 수밖에 없었다. 이런 상황에서 보유 자산의 가치를 평가하고, 시장을 주시하며, 위험을 측정하고, 매수할 생각이 없었던 자산을 처분하는 등등의 작업이 필요해졌다. '억지로' 보유한 자산을 관리 및 정리하는 업무는 대부분 정부 조직의 능력 밖이었다.

경쟁사 블랙록은 규모나 사업 분야 면에서 핌코에 가장 위협적이었으며, 정부 지원사업도 이미 확보한 상태였다. 2009년 바클레이즈Barclays로부터 세계 최대에 해당하는 1조 5천억 달러 규모의 상장지수펀드 사업을 인수하면서 규모 측면에서 핌코를 뛰어넘었다. 그러나 그로스와 엘 에리언은 블랙록보다 1990년대부터 계속 유지해온 컨설팅 사업부 블랙록솔루션즈BlackRock Solutions에 관심이 있었다. 위기 상황이 지속되면서 좌절감에 빠진 정부 관료, 말하자면 팀 가이트너나 행크 폴슨 같은 인사가 제일 먼저 문을 두드리는 곳이 바로 이런 컨설팅 업체였기 때문이다.

핌코 또한 이런 수요를 충족시키는 일을 마다할 이유가 없었다. 핌코는 준정부 조직과 긴밀한 관계를 구축하고 있었다. 빌 더들리Bill Dudley부터 팀 가이트너에 이르기까지 적잖은 연준 총재가 항상 연락을 취했다. 앨런 그린스펀은 2007년에 컨설턴트로 채용되어 핌코에서 일했다. 연준 의장에서 물러난 이후에 얻은 첫 번째 민간 부문 일자리였다. 그러므로 핌코가 '핌코솔루션즈Pimco Solutions' 같은 컨설팅 사업체를 설립하지 못할 이유도 없었다.

컨설팅을 정식 사업으로 추진하려면 우선 신설 사업체를 이끌어갈 사람이 필요했다. 지극히 정상적이면서도 설득력 있고 사교적이며 상대가 기분 나쁘지 않게 신소리도 잘하는 그런 사람 말이다. 알맞은 후보자가 딱 한 사람 있었다.

한 임원에 따르면 엘 에리언이 딕 웨일에게 이렇게 말했다고 한다. "당신이 그 일 하지 그래요?" 그러고는 이런 말을 덧붙였다고 한다. "자신만의 일을 하고 싶어 하지 않았나요?"

웨일과 엘 에리언은 걸핏하면 다퉜고 이 때문에 웨일은 COO로서 자괴감을 느끼곤 했다. 웨일은 수년간 톰슨의 대체자로 시간을 보냈기에 그런 의미에서 엘 에리언이 그의 앞길을 막았다고도 볼 수 있다. 엘 에리언 밑에서 달갑지 않은 시간을 보낼 때에도 사업부 수장으로서 웨일은 능력을 입증하려고 했다. 어쨌든 웨일은 컨설팅 사업을 이끌어갈 능력을 충분히 갖추고 있었다. 변호사였고 핌코 내 다른 사업부를 운영한 경력도 있었다. 이번 일은 승진 인사는 아니었지만, 딱히 좌천도 아니었다.

2009년 5월에 핌코는 웨일이 신설 사업부인 핌코어드바이저리 Pimco Advisory를 이끌기로 했다고 발표했다.

그러는 동안 위기에 등장한 영웅 이야기가 식상해지면서 회의론과 의구심이 고개를 들기 시작했다. 급기야 〈포춘〉지의 케이티 베너 Katie Benner 는 그로스에게 단도직입적으로 이렇게 물었다. "시장을 돕는다는 허울 좋은 명분을 내걸고 실제로는 사리사욕을 채우고 있는 게 아닌가?"

이 질문에 그로스는 잠시 생각하더니 이렇게 말했다. "부부 싸움을 할 때 같은 문제를 두고도 생각하는 바가 다르다. 다툼이 생기는 이유는 현실을 다르게 인식하기 때문이다. 대다수가 한 사람이 맞고 다른 사람은 틀렸기 때문이라고 생각하지만, 항상 그렇지는 않다. 내가 제시한 정책안은 시장에 도움을 주려는 현실적인 시도였을 뿐이다. 시장이 아니라 단지 우리가 어려움에서 벗어나려고 이런 방안을 제시하지는 않았다. 이 방안은 '우리'를 구제하는 일과는 아무런 관계가 없다."

패니와 프레디에 관해서는 경제학자와 은행가의 견해도 핌코와 다르지 않았다. 즉 두 조직이 파산하면 자산유동화증권은 물론이고 주택시장에도 극단적인 결과를 초래할지 모르며 이런 결과는 미국 전체에 파국적인 영향을 미칠 수 있다. 그로스를 비롯해 이런 견해에 동조한 사람들이 TV와 라디오, 신문, 유선 방송사 등 각종 언론에 시도 때도 없이 등장해서, 정부는 핌코가 제안한 그대로 해야 하며 핌코로부터 패니와 프레디 증권을 매수해야 한다는 '이기적인' 주장을 펼치고 있었다. 또 어려움에 빠진 은행의 부실 자산을 부외거래를 통해 정부가 매수해야 한다고도 했다.

베너는 이런 견해가 핌코 재정에 유리하게 작용한다고 생각했다. 베너는 이렇게 말했다. "그렇다고 해서 이런 견해가 틀렸다고 볼 수는 없다. 지금 우리는 미지의 바다에 있는 듯하다. 한 기업이 일국의 금융 체계에서 이렇듯 중추적인 역할을 한 적은 없었다. 그러나 국가 금융 체계가 이런 파국적인 어려움에 빠졌던 적도 거의 없었다."

실제로 한 전략가가 베너에게 이런 말을 했다. "만약 핌코가 없었다면 정부가 나서서 핌코와 비슷한 조직을 손수 만들었을지도 모른다. 핌코처럼 위기 때 시장에 유동성을 제공할 수 있는 조직이 필요하다."

그로스도 같은 생각이었다. "지금 우리가 하는 역할은 핌코에 돈을 벌어다 주는 일이지만, 이보다 훨씬 중요한 일도 한다. 우리는 미국과 세계 경제에 효율적으로 자본을 할당한다. 그리고 자본주의 논리에 따라 사업을 한다." 시장 경제 체제로 굴러가는 세상에서 자본주의보다 더 중요한 대의는 없다. 그러나 금융 대란을 겪으며 큰 상처를 입은 경제 상황에서 '자본주의' 논리에 따른 이기심만을 주장하기도 어렵지 않을까.

그로스는 베너에게 지금 핌코가 보여주는 강한 영향력이 미래까지 보장해주지는 않는다고 말했다. "나는 피할 수 없는 일을 미연에 방지할 수 있을까 싶어서 요가를 한다. 핌코에서 지금 내가 하는 일도 마찬가지다. 불가피한 일이라 해도 미리 막고 싶어서 이 일을 한다. 그러나 하고 싶다고 다 할 수 있는 것은 아니다. 영원히 살고 싶다 하더라도 정말로 그렇게 할 수 있는 사람은 아무도 없듯이 말이다."

제6장

새로운 표준:
뉴 노멀

엘 에리언은 새벽 4시 45분에 케이크를 배달해 줄 수 있는 제과점을 찾고자 오렌지카운티를 샅샅이 뒤졌다. 그렇게 해주겠다는 제과점을 한 곳 찾아냈다. (변호사는 "엘 에리언 박사가 해당 제과점 영업시간에 맞춰 제품을 주문했다."고 말했다.)

그로스는 2010년 1월 12일 아침 일찍 사무실에 도착했다. 늘 그렇듯 해가 뜨지도 않은 새벽 5시였다. 그로스는 이날도 동트기 전의 기분 좋은 고요함을 만끽하겠거니 기대하면서 오늘은 어떤 경제 뉴스가 나올지 또 그 뉴스가 시장에 어떤 영향을 미칠지 생각하며 거래장으로 들어섰다.

그런데 핌코 트레이더가 일제히 기립 박수로 그로스를 맞았다.

전혀 예상 못한 상황에 어안이 벙벙했다. 이날 모닝스타가 선정한 '10년간 최고 채권 관리자'에 그로스가 뽑혔다는 발표가 나왔다. 그로스는 10년 동안 연평균 7.7% 수익률을 기록하며 토털리턴 고객에게 최고의 성과를 안겨줬다.

2009년에는 13.8%라는 놀라운 수익률을 올렸으며 이는 기준 지수보다 두 배 이상 높은 수익률이었다. 지난 3년 동안 펀드 규모는 두 배로 증가했고, 펀드 하나의 규모는 무려 2천억 달러에 달했으며, 동일한 전략으로 별도 관리하는 계좌까지 포함하면 4천억 달러가 넘는 규모였다.

2009년 12월 그로스는 모닝스타에 이렇게 말했다. "토털리턴의 성과는 정말 의미 있는 일이었다." 한편으로 자신은 영웅이 아니며 장기적 추세, 즉 등 뒤에서 불어준 순풍 덕을 봤을 뿐이라고 덧붙였다.

지나친 겸손함이 아니었을까! 그로스는 채권 거래를 처음 시작한 이후부터 '마법 같은 기술'로 꾸준한 성과를 냈다. 그러나 이는 너무 기계적인 설명이다. 사실 안정적으로 좋은 성과를 낸 배경에는 그로스만의 방법도 있었다. 젊은 시절 라스베이거스 카지노에서 써먹었던 '카드 카운팅'을 채권 거래에 응용한 것이었다. 단번에 큰돈을 벌기보다 적더라도 꾸준히 이기면서 끝까지 카지노에 머무는 작전 말이다.

초창기에 그로스는 기준 지수에는 포함되지 않은 모기지나 국제 채권처럼 고위험·고수익 상품을 매수했다. 지수를 넘어선 위험 수준에서 잉여 이익도 발생한다는 논리였고 대부분은 이런 예상과 기대에서 벗어나지 않았다.

가장 쉬운 거래는 현금과 현금 등가물 간의 '차이'를 이용하는 방법이다. 즉, 다른 경쟁자가 현금을 보유할 때 핌코는 수익률이 높은 단기 회사채를 보유했다. 이런 움직임 가운데 몇몇은 1986년에 S&P 500에다 단기 채권의 수익을 결합한 핌코 '스톡플러스StocksPlus'처럼 업계 표준이 됐다.

그로스가 가장 선호하는 특징적 거래 중 하나는 '변동성 매도'로, 특정한 가격 범위 안에서 계속 거래된다는 데 베팅하는 파생상품 계약이었다. 그로스가 정밀하게 조정했던 블랙잭 베팅을 금융 부문에서 재현했다고 이해하면 된다. 거시경제적 요인을 고려할 때 10년 만기 재무부 채권의 수익률은 일정 범위를 유지할 가능성이 높다. 이때 그로스는 이 범위 부근에서 풋옵션과 콜옵션을 '쌍'으로 거래하는, 이른바 스트랭글strangle(권리 행사 가격이 각기 다른 콜옵션과 풋옵션을 모두 매수하거나 매도하는 옵션 투자 전략-역주)을 매도한다. 예측을 옳게 했으면 추가 이익을 얻고, 예측했던 가격 범위를 벗어나 거래가 이뤄지면 손실 부담을 진다. 그러나 가격 범위 예측은 거의 빗나가지 않았다.

이를 비롯해 '람다 캐시'와 같은 거래는 그로스가 말하는 '구조적 알파'를 포함한다. 여기서 알파는 초과 성과를 의미하고 구조적이라 함은 반복적이고 영속적이라는 의미다. 구조적 알파 거래로 연간 0.5%에서 1% 수익률을 기대할 수 있다.

이런 거래는 자산관리자가 금리 방향을 예측하거나 건전한 신용을 선택하는 기량이나 감이 떨어졌을 때 특히 도움이 됐다. 이런 상황은 누구에게나 발생하는 불가피한 일이다. 따라서 구조적 거래는 그로스가 조직에 없을 때 조직이 기댈 완충재가 되었다.

그로스에게는 이런 독특한 거래가 핌코 왕국 건설의 핵심 열쇠였다. 그로스는 2003년 〈투자 전망〉, 2005년 〈파이낸셜애널리스츠저널 Financial Analysts Journal〉에 실린 글에서 포트폴리오의 '발생학적 기본 구조'라 할 구조적 거래는 자산관리자의 성공에 필수적인 두 가지 요소 가운데 하나라고 했다. 나머지 하나는 '장기적 전망', 즉 3~5년 후를 내다보는 예측력이었다. 이런 장기적 예측은 좀 더 긴 안목으로 시장을 보게 하고, 또 두려움과 탐욕이라는 이중 심리에서 비롯된 파괴적인 분노를 피할 수 있게 한다고 썼다. 라스베이거스 카지노에서 생생히 목격했듯이 이런 부정적 정서는 '틀린 선택을 하도록' 트레이더를 몰아간다.

핌코는 전사적全社的으로 '장기적 전망'에 관한 연례 회의를 개최한다. 이는 퍼시픽뮤추얼 시절부터 이어온 전통이었으며 장기적 측면에 초점을 맞추게 함으로써 불필요한 잡음과 경쟁을 줄이는 데 도움이 됐다. 더불어 위험을 감지하는 능력과 대중을 따라야 할 때와 반대로 행동해야 할 때를 귀신같이 알던 라스베이거스 시절 그로스의 특별한 재능을 알리는 역할도 했다.

그로스는 열심히 밀어붙이기만 해도 다른 누구보다 더 많이 얻는다는 사실도 알았다. 다른 사람이 하려 하지 않는 일을 하는 행위 또한 구조적 거래에 해당하며 이는 안전하고도 합법적으로 시장과 겨뤄 한 푼이라도 더 얻어내는 방법이기도 했다. 또 한 가지 방법은 월가 사람들을 대하는 방식과 관련이 있었다. 대다수 트레이더는 월가 사람들과의 관계를 장기적 관점에서 바라보면서 투자를 모색한다. 그런데 그로스는 실리적 차원에서 관계를 설정했고 이들을 자신의 거래를 도와주는 존재로 인식했다.

전 포트폴리오 관리자는 크리스 다이얼리나스가 이런 말을 자주 했다고 전한다. "월가에서 이쪽 매수 호가에 바로 응한다면 우리가 비싸게 불렀다는 의미가 됩니다. 월가가 그 가격에 거래하겠다고 했다는 것 자체가 우리에게 유리한 거래는 아니라는 뜻이죠." 이런 자세는 핌코가 사업을 시작하는 그 순간부터 조직에 내장됐다 해도 과언이 아닌 핌코의 고유 특성이었다. 핌코혹은 그로스는 은행이 모두를 속여 돈을 빼앗는다고 생각했다. 고객에게 돌아가야 할 돈을 왜 은행에 줘야 하는가?

나름대로 근거가 있는 견해이긴 했지만, 대다수 사람의 행동 방식과는 달랐다. 은행이 주최하는 만찬 자리에 참석하고 골프 여행을 가며 스트립 클럽에 가서 즐기는 것 말이다. 그 대가로 투자자는 가장 탐욕스럽고 가장 날강도 같은 은행에 자신들의 거래 사업을 통째로 가져다 바친다.

그러나 핌코는 달랐다. 철저히 실리적 관점에서 월가를 의심스럽게 바라봤다. 이런 입장은 일상적 상호작용에서, 불만을 토로하는 통화에서, 이메일에서 그대로 드러났다. 숨 막힐 듯 고요한 거래장 안에서 험악한 소리가 새어나가지 않게 하려고 책상 밑으로 고개를 처박고 통화하는 사람도 있었다. 불쾌한 잡소리를 도저히 숨길 수 없을 때는 거래 조건이 왜 이렇게밖에 안 되느냐는 둥 불만을 토로하며 수화기에 대고 일부러 더 고함을 치기도 했다. 핌코 트레이더라면 월가 사람을 대할 때 항상 호통치며 고자세로 나가야 한다는 규칙이 불문율처럼 굳어졌다. 말랑말랑한 모습을 보여서는 안 됐다.

그러다 보니 월가 딜러와 좋은 관계를 유지하고픈 사람들에겐 조직 분위기가 상당히 난감했다. 그래서 궁여지책으로 트레이더 한 명이 믿을 만한 거래 상대자 두 명을 골라 그럴듯하게 '연기'하는 방법을 생각해냈다. 필요할 때마다 미리 약속한 둘 중 한 사람에게 '지금이야!'라는 메시지를 보낸다. 그러고는 거래장 중앙에 있는 자신의 책상에서 상대방에게 전화를 건다. 핌코 사람이면 누구나 다 접속할 수 있는 전화 회선이었다. 수화기를 집어 들고 목청껏 고함을 치고 상대방을 위협하며 악을 쓴다. 그러면 수화기 너머에 있는 상대방은 항상 이렇게 말한다. "미안해요, 앞으로 내가 더 잘할게요. 아, 미안하다니까." 이런 '가짜' 통화 내용을 통해 이 트레이더는 실제 거래 상대방과는 껄끄러워지지 않으면서 핌코 안에서는 월가 사람들을 혼쭐내는 아주 냉혹한 트레이더라는 평판을 얻을 수 있었다.

핌코는 은행이 얕은수를 쓴다 싶으면 그 거래는 하지 않았다. 은행이 핌코와의 거래에서 정말로 잘못을 저질렀을 때는 거래를 완전히 중단하고 '페널티 박스'라는 블랙리스트에 이름을 올렸다. 그리고 은행 측이 진심으로 잘못을 뉘우칠 때까지 절대로 거래를 재개하지 않았다.

월가로서는 핌코가 필요하기 때문에 핌코가 어떻게 대하든 버텨내리라는 사실을 그로스도 핌코도 잘 알고 있었다. 아니, 그로스는 그렇게 믿었다. 아주 오래전부터, 그러니까 핌코가 아직 성장하지 못한 시점에서도 그런 믿음이 있었다.

전직 고수익 채권 판매인은 이렇게 말했다. "너무 큰 조직이고 자사를 먹여 살리는 큰 돈줄이기 때문에 사람들은 상대의 무례한 처사에 속이 뒤틀려도 참을 수밖에 없었습니다." 수많은 사람이 악에 악으로 맞서보려 해봤지만 여의치 않았다. 대항해야 할 악이 너무 컸던 탓이다. 그러나 핌코는 달랐다. 핌코는 맞설 수 있는 기업이었다. "너무 많은 사업에 손을 댔고 거미줄처럼 얽힌 상호경쟁 구도를 형성했기 때문에 이런 구조에서 핌코는 조금이라도 이익을 짜낼 수 있었고 무례하게 툴툴거리더라도 거래 제의가 끊길 일이 없었습니다."

핌코는 은행을 상대할 때 친절하게 대한다든가 불투명한 거래 상황을 이용하지 않는 등 시장 참여자가 서로에게 기대하는 신사적인 행동이나 업계 불문율을 거리낌 없이 어겼다. 핌코가 초창기부터 즐겨 사용했던 거래 책략 가운데 하나는 월가 딜러에게 찾아가 채권이나 기타 파생상품의 매도 호가를 던지는 방법이다. 말하자면 대량 거래 단위로 1천만 달러 정도를 부른다. 양측이 거래에 동의하고 딜러가 이 가격에 상품을 매수한다. 나중에 알고 보면 다른 딜러 다섯 명도 핌코에서 똑같은 상품을 매수해서 월가에 그 상품이 넘쳐나는 상황이었다. 같은 상품을 매수한 딜러 전부가 이 상품을 적정 가격에 매도하지 못할까 봐 전전긍긍했다. 이들이 실제 거래량을 알았다면 그보다는 낮은 가격에 매수했을 것이다. 이런 책략은 당장은 이익이지만, 장기적으로 월가 딜러의 불신을 샀으니 너무도 근시안적이었다고 보는 사람이 많았다.

어쨌든 이런 책략으로 핌코는 부수적인 이익까지 얻었다. 핌코에서 오래 일했고 특유의 초토화 전략을 구사해봤던 사람은 다른 어느 곳에서도 일자리를 구하기 어려웠다. 월가에 미운털이 단단히 박힌 탓이다. 그러다 보니 다른 곳에서는 받아주지 않을 이 '불쌍한' 사람들의 핌코 의존성이 더욱 높아지는 결과를 낳았다.

그로스는 물론이고 핌코는 항상 모든 면에서 더욱 공격적으로 접근하려고 했다. 위험 감수와 레버리지 면에서도, 더 나은 거래라는 명분에 따라 월가 판매에 있어서도, 전문 용어와 지시, 규정 같은 중간 영역에서도 그로스와 핌코는 조금이라도 이익을 내는 한편 규제당국이나 고객이 반대하고 나설 때까지 기다리는 편이 이득이라는 사실을 알았다.

신뢰할 만한 '구조적' 거래, '장기적' 관점, 분석가의 채권별 선택, 월가 딜러한테서 짜낸 이익, 다른 사람들은 '졸렬한' 행동이라고 하나 핌코는 '고객에 대한 서비스'라고 주장하는, 다소 도의에 어긋나는 행동에서 얻어낸 이익 등 모든 거래 도구를 결합한 결과물이 토털리턴이었다. 그리고 이것이 빌 그로스가 경이적인 성과를 낸 비결이었다. 그로스 본인이 세 번이나 모닝스타 '올해의 채권 관리자'에 선정되고, 최근에는 '10년간 최고 채권 관리자'까지 거머쥐게 된 이유였다.

빌 그로스는 채권시장에 큰 족적을 남긴 인물이 됐다. 그로스의 우월적 위치와 기술이 업계 추종자에게 지대한 영향을 미쳤다. 그로스와 핌코가 영역을 넓히는 작업까지 하지는 않았지만, 확대된 영역에 또 다른 공간이 생겼고 그 공간을 다른 사람들이 채웠다. 유명 인사 및 명성에 대한 동경과 숭배, '옆문'으로 포트폴리오에 위험을 채워 넣으려는 다소 불순한 의지, 보수적인 고객을 구워삶는 감언이설, TV에 출연해서 주식은 아무짝에도 쓸모없는 무가치한 자산이라고 주장하던 바로 그 순간에 핌코 트레이더에게 주식을 사 모을 준비를 하게 했던 뻔뻔한 태도, 정부를 겁박해 이득을 취하는 과감함, 채권 시장의 위상을 끌어올리려는 의지 등 금융계 밖에서는 탐탁지 않아 보일 기질이 핌코라는 위력 아래에서는 본받을 만한 훌륭한 미덕으로 비쳤다.

핌코는 뚜껑이 꽉 닫힌 채로 오렌지카운티의 고립된 섬 같은 곳이었지만, 실제로는 절반 이상이 TV에 공개되는 바람에 세상에 다 알려졌다. 그로스와 핌코가 쌍으로 오만함의 끝을 보인 탓에 전 세계의 신참 채권 트레이더는 자신들이 취하는 책략이 모두 고객의 이익을 중시한 결과라는 말을 공공연히 내세우게 됐다.

이런 편협한 시각은 경제학계에서는 '외인성 효과'라 부르고, 나머지 사람들은 '의도하지 않은 결과'라 부르지만 핌코는 아무렇지 않게 무시한다. 고객에 대한 서비스라는 이유로 정부와 기업을 겁박하는 일이 정당화된다면 민간 자산관리자에게 투자한 사람들이 납세자보다 더 위에 있다는 의미가 된다. 자본 소유자에 대한 서비스 비용을 대중, 즉 납세자가 부담하는 셈이다. 그러나 실상 따지고 보면 이는 핌코의 문제가 아니었다. 핌코는 고객 쪽에 관심을 뒀다. 나머지는 사회가 관심을 둬야 하는 부분이었다.

다시 2010년 1월 12일 새벽으로 돌아가 보자. 거래장에 축하용 케이크가 준비되어 있었다. 박수 소리가 잦아들고 트레이더들이 자리에 앉자 그로스가 좌중을 둘러봤다. 미소를 머금었던 얼굴이 어느새 일그러졌다. 그로스가 생각하는 직장에서의 여흥은 예측과 통제가 가능한 수준에 그쳐야 했다. 예컨대 언젠가 여름에 했던 오락처럼 말이다. 그때 그로스는 그날따라 거래장이 너무 조용하다고 생각했다. 그래서 아침 8시에 갑자기 콩가 라인conga line(20세기 초 쿠바에서 시작된 길거리 춤으로 앞사람 어깨나 엉덩이에 손을 올리고 음악에 맞춰 함께 움직인다. 우리나라의 기차놀이와 비슷함-역주)을 계획했다. 다들 길게 늘어서서 거래장 안 책상 주위를 빙빙 도는 놀이였다. 몇 개월 후에는 거래장 안에서 좋아하는 노래를 듣는 '오늘의 노래' 시간을 갖기도 했다. 거래장에 있던 사람들이 듣고 싶은 노래를 고를 수 있다. 그로스는 록 밴드 케이크Cake의 '숏 스커트/롱 자켓Short Skirt/Long Jacket'으로 시작했다. 어떤 날에는 누군가가 '터닝 재패니스Turning Japanese'라는 노래를 신청했다. 연준의 제로 금리 정책이 일본에서처럼 '잃어버린 10년'을 만들어낼지에 관한 논쟁을 상기시키는 노래였다. 또 어떤 날은 스팅Sting의 '쉐이프 오브 마이 하트Shape of My Heart'가 흘러나왔다.

이 정도 오락은 그로스도 좋아했다. 좋은 것은 더 해도 되지 않나! 그래서 얼마 후에는 태평양 표준시 기준으로 거래가 마감되는 금요일 오후 1시에 '장 마감 노래'를 시작했다. 노래 장르는 40대 백인 남성이 특히 좋아하는 클래식 록이 대부분이었다. 거래장에서 특히 인기 있는 장르는 록밴드 '쓰리 도어스 다운3 Doors Down'의 곡처럼 키스 에프엠KIIS-FM이나 케이록K-ROQ 같은 음악 방송에 종종 나오는 모던 얼터너티브 장르였다. 위험 담당 책임자 빌 드 레온Bill de Leon은 정통 하드 록 쪽에 더 가까운 장르를 좋아해서 오지 오스본Ozzy Osbourne이나 새미 헤이거Sammy Hagar, 칩 트릭Cheap Trick, 후Who의 노래를 즐겨 신청했다.

한바탕 '콩가 라인'을 즐긴 후에는 다들 자기 자리로 돌아가서 컴퓨터 화면에 시선을 고정한 채 오로지 자판 두드리는 소리밖에 안 들리는 일상적 고요 속으로 들어갔다. 그로스가 생각하거나 허용하는 직장 내 오락은 이 정도였다. 통제가 가능한 수준 말이다.

그런데 이날 아침2010년 1월 12일 같은 '깜짝 파티'는 이 범주에 해당하지 않았다. 엘 에리언은 훗날 〈블룸버그 뉴스〉에서 그 깜짝 파티를 그로스가 정말 싫어했다는 말을 흘리듯 던졌다. 준비하지 않았던 뭔가를 말해야 하는 상황이 불편했기 때문이라고 했다. 그로스는 짤막하게 감사 인사를 전한 다음 자신의 자리로 돌아가 여느 때처럼 시장을 살피기 시작했다. 그러면서 아침 일찍부터 단 음식케이크을 먹어야 하느냐며 투덜거렸다.

엘 에리언은 쾌활하게 말했다. "10년에 한 번 있는 일인데요, 뭘. 그러니 신경 쓰지 마세요."

모두의 시선을 받는 명성이야말로 그로스가 갈망하던 것이었다. 이제 그로스는 금융업계에서는 누구나 아는 유명 인사였다. 금융업계뿐 아니라 주류 언론에서 계속 출연을 요청했고 회의 주최 측에서도 기조 연설자로 그로스를 모시려 했다. 그로스가 하는 말은 즉각 기사화되다시피 했다. 사람들의 관심도 그로스에게 집중됐다.

경기 하락 전 〈투자 전망〉에 GE에 관해 약세 전망을 밝혔던 2002년처럼 과거에도 세간의 주목을 받으면서 명성이 주는 짜릿함을 느낀 적이 있었다. 이번에도 큰 폭의 주가 하락 징후를 감지했다. 그리고 2008년 장세 전망은 주택과 모기지시장을 크게 흔들며 이전보다 더 큰 반향을 일으켰다.

그로스는 이번에야말로 자신이 정말로 유명해지고 있음을 확실히 알았다. 〈뉴욕타임스〉만 봐도 그런 증거가 차고 넘쳤다. 확실한 증거는 어머니 관심을 끌어보려고 시작했던 우표 수집 취미까지 기사화된다는 사실이었다. 그로스가 수집한 우표 중에는 세계에서 가장 귀한 것도 있었다. 그러나 우표는 우표일 뿐이다. 그는 1천만 달러와 함께 희귀 우표 몇 개를 기증했다. 덕분에 집에서 멀지 않은 스미소니언국립우편박물관Smithsonian's National Postal Museum에 윌리엄 그로스 우표 전시관이 생겼고 덕분에 그로스의 명성이 더 높아졌다. 이는 2010년 현지 언론을 떠들썩하게 했던 UC 어바인 수 앤드 빌 그로스 줄기세포연구소 건립에도 영향을 미쳤다.

2009년 8월에 하버 섬Harbor Island에 있는 해안가 저택을 2천 300만 달러에 구입한 사실이 〈월스트리트저널〉과 부동산 블로그에 실렸다. 걸작 몇 개를 전시할 부지를 확보하려고 면적이 1천여 제곱미터나 되는 조지 왕조풍 저택을 허물었을 때는 분노한 사람들의 입방아에 오르기도 했다. 세간의 주목을 받는 것에 위험을 느낄 수도 있지만, 그런 관심은 그로스가 원했던 바였고 최종 목표이기도 했다.

그로스는 종교적인 이유로 요가를 그만뒀다. 너무 바빠서 개인 교습을 계속하기도 어려웠다. 그러나 요가를 했다는 사실은 브랜딩만큼이나 생명력이 아주 길었다. 요가 연습을 그만뒀는데도 언론에서는 그로스를 요가 수행자로 소개했다. 2002년 〈포춘〉지에 콧수염을 기른 젊은 그로스가 '나무 자세'를 한 채 먼 곳을 응시하는 사진이 소개된 이후 거의 모든 약력에 요가에 관한 이야기가 실렸다.

거래장으로 돌아온 그로스는 케이크와 깜짝 파티에 대한 불쾌한 기분을 떨쳐내고 일과를 시작했다. 채권시장에서는 '뉴 노멀' 거래가 성행하고 있었다. 근거 없는 낙관론을 최대한 자제하는 핌코의 태도는 재무부 채권 수익률 곡선을 기준으로 한 거래 양태를 명확히 드러내는 역할을 했다. 위기 발생 전에 단기 채권 수익률이 장기 채권 수익률과 동일해졌다. 정상은 아니었다. 만기가 길어질수록 상황이 나빠질 가능성이 커지고 더불어 위험 수위도 높아진다. 따라서 장기 채권 수익률이 더 높아야 한다. 그러나 상황은 이보다 더 나빠졌다. 수익률 곡선이 아예 역전된 모습이었다. 즉 단기와 장기 채권 수익률이 비슷한 수준을 넘어 단기 채권 수익률이 장기 채권 수익률을 앞섰다.

수익률 역전 현상은 경기 침체를 나타내는 강력한 지표다. 그래서 이런 현상이 나타날 때마다 사람들은 기겁한다. 그러나 핌코는 위기가 진정되면 상황이 정상으로 돌아온다는 사실을 알고 있었고, 따라서 단기 채권을 매수하고 장기 채권은 매도하는, 이른바 수익률 곡선 스티프너_{steepener}(급경사화-역주) 전략을 취했다. 거래는 금리스와프를 통해 이뤄졌다. 예측했던 대로 시장이 진정되면 수익률 곡선에도 다시 기울기가 생긴다. 핌코는 여기에서 이익을 얻었다. 다른 곳에서도 자금이 돌았다. 바로 핌코어드바이저리였다. 딕 웨일이 기업어음자금조달계획_{Commercial Paper Funding Facility program}을 담당하는 파트너 사브리나 콜린_{Sabrina Callin}과 함께 민간 및 공공기관 대상으로 컨설팅 서비스를 제공하는 곳이었다.

핌코어드바이저리가 뜻밖의 난관에 부딪쳤으나 심각한 문제는 아니었다. 추진했던 계획 중 하나가 예상만큼 흥미롭지가 않았다. 재무부는 민관투자계획_{Public-Private Investment Program: PPIP}에 따라 약 1조 달러 규모의 은행 부실 자산 매입 계획을 수립했다. 공식적으로 웨일이 책임자가 되기 두 달 전인 2009년 3월에 핌코는 이 계획을 운영하는 데 도움을 주겠다고 말했다. 〈타임스〉는 그로스가 '가장 열렬한 PPIP 지지자'라고 표현했다. 그로스는 국유화가 재앙적 결과를 낳는다고 봤으며 PPIP는 기본적으로 국유화를 반대하는 입장이었다.

결과적으로 PIPP는 '서류상으로는 더 나은' 계획이었다. 핌코는 정부와 너무 가까우며 또 너무 큰 영향력을 행사한다는 이유로 이미 정밀 조사를 받았다. 그렇다면 핌코가 이 계획을 지지하는 이유가 무엇이었을까? 레버리지 자금 조달에 유리하다는 특권 때문일까? 핌코는 낮은 비용으로 자금을 융통하는 데 아무 문제가 없었다. 실제로 핌코는 이미 기간자산유동화증권대출기구Term Asset-Backed Securities Loan Facility를 통해 정부로부터 필요한 자금을 조달하고 있었다. 게다가 연말쯤되자, 대화를 시작했을 당시에 예상했던 만큼 상황이 심각해보이지 않았다. 몇 주가 지나자 레버리지와 위험 감수라는 새싹이 돋아나기 시작했다. 엘 에리언 말대로 치료와 회복의 징후였다. 신규 고객 자금이 여전히 핌코로 밀려들었고 레버리지 문턱은 점점 낮아졌다. 그러니 정부 편에 바짝 다가갈 필요성이 줄어든 셈이었다. 이 계획에 참여하려는 기업이 줄을 섰다. 8개 업체가 밀고 들어오는 바람에 핌코에게는 그만큼 기회가 줄어들었다.

2009년 6월에 핌코는 '이 계획의 설계 및 실행과 관련한 불확실성'을 언급하며 PPIP 참여 신청을 철회했다. 2009년 7월에 모닝스타의 케이티 루시케비츠 라이차트Katie Rushkewicz Reichart는 이렇게 말했다. "이 계획은 규모가 대폭 축소되어 총 400억 달러 정도가 될 것으로 보인다. 처음 예상보다 조금 많은 9개 기업이 참여했다. 핌코는 철회를 결정했는데 자산 기반이 줄어들었다는 점이 그 이유인 듯하다. 이는 핌코에게 돌아올 몫이 줄어들었다는 의미다. 핌코는 굳이 성가신 싸움에 나설 이유가 없다고 느꼈을 것이다."

2009년 연말에 딕 웨일은 한 해를 되돌아보면서 뿌듯해했다. 핌코어드바이저리는 번성했다. 이곳은 애초에 연준의 권한 위임과 독일 란데스방크Landesbank가 주도한 임무 같은 몇몇 대형 프로젝트를 기반으로 출발했고 여기서 약 3천 500만 달러의 이익이 발생했다. 이제는

PPIP가 필요하지 않았다. 이 업무는 사회적으로 좋은 평가를 받았고 성공에도 유리하게 작용했다.

성공은 결코 우연이 아니었다. 성장 가능성이 충만할 때에만 무언가를 시작하라는 핌코 사업 교본을 충실히 따랐다. 새로운 사업을 '시작'하는 일은 무언가가 일어났다는 사실을 인정하고 '이름표'를 다시 붙이는 작업에 더 가깝다. 새로운 사업은 해당 기업이 탄생하는 그 시점에 이미 시작되고 있었다. 이때 새로운 자금을 고객에게 제공했고 실제로 수년간 이 자금이 기본 자산으로서 존재했으며 다른 핌코 계좌가 이를 사용했다. 실적이 있으면 고객이 마음 편하게 투자할 수 있기 때문에 토털리턴과 기타 펀드는 몇 년간이라도 성과가 나타날 때까지 정크 포트폴리오를 매수한다. 1970년대 퍼시픽뮤추얼 내에서 특수목적법인으로 출발해 점점 몸집을 불려나갔던 핌코의 투자 역사 또한 이와 다르지 않았다.

2009년 말에 웨일은 엘 에리언과 그로스, 회계 담당자가 참석해 연례 보고를 기다리고 있는 회의실로 들어섰다. 웨일은 따뜻하게 인사를 나눴고 만족스러웠던 당해 성과와 성장 전망에 대해서도 몇 마디 했다.

엘 에리언은 연준의 권한을 위임받은 것은 핌코이지 웨일이 아니라고 말했다. 이 점이 이익 수치의 상당 부분을 차지했다. 그러므로 이 부분을 고려하지 않는다면 딱히 웨일의 공이라 할 것이 없지 않은가? 그래서 엘 에리언은 올해 그다지 좋은 성과를 냈다고 보지 않는다고 말했다.

이 말에 웨일이 노발대발했다. "도대체가 당신이 하는 말은 하나도 진실인 게 없어. 그래서 당신 의견을 존중할 수가 없소."

눈이 휘둥그레진 그로스 입에서 탄성이 새어나왔다. 언쟁에는 별로 신경 쓰지 않았고 본래 이런 일에 관여하고 싶어 하지 않는 사람이었지만, 어쨌든 마음이 편치는 않았다. "두 사람 다 문제가 있어."

엘 에리언은 이렇게 말했다. "어차피 우리는 이제 끝이야."

그러자 웨일이 "맞아, 끝이야!"라고 받아치고 회의실 밖으로 나갔다.

몇 주가 지났다. 2010년 첫 영업일 즈음, 그러니까 그로스가 원하지 않던 깜짝 파티와 케이크를 받기 직전에 웨일이 엘 에리언에게 가서 퇴사하겠다는 의사를 밝혔다. 당시 상황을 좀 아는 사람 말에 따르면 웨일이 이렇게 말했다고 한다. "이미 짐작했겠지만, 나 여기서 나갑니다." 그리 놀라운 일은 아니었다. 사실 핌코 입장에서는 웨일이 나가고 엘 에리언이 남는 쪽이 도움이 됐다. 그러나 문제가 하나 있었다. 빌 톰슨이 핌코를 떠난 지 1년 정도밖에 지나지 않은 시점이었다. 그런데 또 웨일이 나가면 외부에 좋지 않은 인상을 남기고 핌코 경영진에 대한 불필요한 관심을 불러일으키면서 투자자와 컨설턴트, 언론의 먹잇감이 될 뿐이었다. 당연히 경영진에 내분이 일어난 듯한 인상을 줄 수 있다.

"어디로 가는데요?"

"야누스로 갑니다." 야누스Janus는 닷컴 광풍이 불었던 1990년대 말에 가장 잘나가던 자산운용사였다. 당시 콜로라도주 덴버에 있는 본사 부근에는 야누스에 자금을 맡기겠다는 투자자의 줄이 길게 늘어섰을 정도다. 그러다 2000년 닷컴 거품이 꺼지자 야누스 펀드는 큰 타격을 입었다. 3천 300억 달러였던 자산 규모가 2004년에는 1천 450억 달러로 대폭 줄었다. 그 상황에서 금융위기를 맞았다. 그리고 이 위기는 거의 모든 주식 투자자에게 큰 타격을 줬다.

야누스가 잃어버린 영광을 되찾으려고 안간힘을 쓰던 시기에 웨일을 영입한 것은 야누스 부활의 전환점을 마련하기 위해서였을지도 모른다.

엘 에리언은 웨일에게 언제 나갈 생각이냐고 물었다.

"2주 후에 나갑니다."

"1월 한 달 동안은 근무를 해줬으면 하는데요."

"그 기간만큼 정확히 계산해서 상여금 줄 건가요?"

"그러죠."

"알았어요."

웨일은 금요일에 핌코 일을 마무리 짓고 곧바로 야누스 본사가 있는 덴버로 옮길 준비를 시작했다. 마흔여섯 나이에 숱이 적은 옅은 갈색 머리카락 때문인지 고위 경영자 분위기를 확연히 풍기는 웨일은 사실 CEO로서 그 능력과 자질이 아직 검증되지 않았고 투자 경험도 별로 없었다. 그럼에도 자신이 꽤 유능하고, 채권 부문에서 거둔 성과를 주식에서도 재현할 수 있으며, 조직의 사기와 주가를 끌어올릴 수 있다는 점을 야누스 사람들에게 납득시켜야 했다. 그리고 떠나간 고객이 다시 돌아올 수 있는 방법도 찾아야 했다.

웨일이 CEO로 온다는 발표가 나오자 야누스 주가가 2%나 빠졌다. 그러나 이는 중요하지 않았다. 웨일은 이제 핌코에서 벗어난 자유로운 몸이다! 그 점이 중요했다.

그로스는 이런 상황을 잘 몰랐다. 웨일의 효용 가치는 항상 모호했다. 웨일은 투자자도 아니었고, 톰슨의 역할을 해내는 사람도 아니었다. 어느 쪽에도 속하지 않은 채 항상 언저리를 배회하는 느낌이었다. 그로스가 이들을 펜대나 굴리며 반대만 일삼는 탁상행정의 달인쯤으로 생각한다는 점을 다들 알고 있었다. 몸값은 비싼데 도움은커녕 걸리적거리기만 하는 부류라고 생각한다. 그로스는 조직 내에 이런 사람이 되도록 적었으면 좋겠다고 늘 생각했기 때문에 웨일의 거취에 크게 신경 쓰지 않았다. 엘 에리언의 판단이 옳다면 딕 웨일이 떠나도 핌코어드바이저리는 잘 굴러가지 않겠는가.

당장은 핌코어드바이저리가 잘나간다고 볼 수는 없었다. 핌코는 주식 공략 계획에 따라 큰 거래를 성사시키려 애를 썼다. 미소 띤 그로스의 사진이 '그로스가 주식을 좋아하는 이유'라는 제목과 함께 2010년 8월호 〈블룸버그 마켓Bloomberg Markets〉 표지를 장식했다. '채권왕'이 주식에 눈독을 들이다니! 채권 전문 업체로 알려진 곳이 채권 이외 부문을 공략해 성과를 내면서 세간의 관심을 끌고 있었다.

그로스는 그해 1월에 영국의 채권 판매량이 점점 증가한다는 점을 지적하면서 이는 '니트로글리세린(다이너마이트의 주성분-역주)이 깔린 침대에서 잠을 자는 상황과 다를 바 없다'는 말로 다시 한번 큰 반향을 일으켰다.

이는 본질적으로 역투자를 노리는 전략이었고 결국은 올바른 판단이었음이 입증될 것이었다. 역투자자 성향이 강했던 그로스는 때를 기다리는 데 익숙했고 사람들도 자신을 따르리라 확신했다.

패니메이와 프레디맥 채권에 이어 GM 거래에서 큰 성공을 거둔 후 그로스의 영향력이 더 커졌다. 2009년 11월에 그가 〈주가 전망〉을 통해 유틸리티 주식이 눈에 띈다고 쓰자마자 유틸리티 부문 다우지수가 폭등했을 때처럼 최근에는 규모가 다소 작은 주식에서도 큰 성공을 거뒀다. 그러면서 그로스의 영향력을 새삼 확인할 수 있었다. TV와 라디오에 출연해 시장을 움직였을 때도 그랬고 핌코 내에서 그로스가 '브라질 주식을 사라!(사실 브라질 주식은 늘 인기였음)'와 같은 말을 하면 다들 그에 따라 행동할 때도 그랬다. '브라질 주식' 말이 나오자 갑자기 신흥시장 담당 책임자에게 사내 여기저기서 주문 요청이 쇄도했다.

그로스가 시장 하락을 경고했음에도 처음에는 시장이 계속 고공행진을 벌였기 때문에 예측 오류에 대한 비판으로 진땀을 흘렸다. 그러나 예측한 그대로 정말로 경기 침체가 나타나자 상황이 달라졌고, 이제는 다들 그로스의 말에 귀를 기울였다.

2010년이 저물었다. 이때 그로스는 가장 중요한 자산군이라 할 '무위험' 미국 국채에 관해 무언가 감을 잡았다. 이때 그가 내린 결론은 모두를 놀라게 했고, 그 어느 때보다 더 큰 주목을 받게 됐다.

제7장

뼈아픈 실수

1994년이 시작되는 시점에서의 멕시코 경제는 전망이 꽤 밝았다. 1월 1일에 효력이 발생하는 북미자유무역협정North American Free Trade Agreement: NAFTA에 막 서명을 마친 상태였기 때문이다. 이때 미국의 금리 수준이 낮았던 탓에 투자자들은 전 세계를 대상으로 투자처를 찾아다니고 있었고, 결과적으로 NAFTA와 멕시코 경제 자유화가 경제 및 금융 장벽의 빗장을 열었다. 투자자들은 흥분했고 전 세계에서 멕시코로 자금이 쏟아져 들어왔다.

하지만 멕시코의 상황은 경제를 제외하면 전부 적신호 상태였다. 치아파스Chiapas 원주민 군대가 정부를 상대로 선전포고를 했고, 여당 대통령 후보가 티후아나Tijuana 유세 도중 암살되기도 했다. 이후 미 연준은 금리를 인상하기 시작했다. 이를 신호로 신흥시장에 몰렸던 자금이 유출되기 시작했다.

이후에도 멕시코에는 암살과 납치가 이어졌고, 치아파스 반정부군 사태로 혼란과 폭력이 극심해졌다. 겁 많은 투자자로선 감당하기 버거운 악재 행렬이었다. 결국 투자자들이 빠져나갔다. 그렇게 달러화와 페소화의 연동이 점점 불안정해졌다.

악성 인플레이션이 발발하자 멕시코 정부는 페소화로 발행한 단기 채권을 미 달러화로 표시된 테소보노$_{tesobono}$라는 신규 채권으로 전환하는 식으로 금리를 통제하려 했다. 이 조치가 어느 정도는 효과가 있었지만, 멕시코 정부의 국제 준비금을 날려버린다는 부작용이 있었다.

이런 상황이 악성 인플레이션을 촉진했다. 투자자는 두려움에 사로잡혀 테소보노도 매수하려 하지 않았다. 경매도 실패했다. 다음, 그다음 경매도 이뤄지지 않았다. 네 차례에 걸쳐 경매가 유찰됐다. 멕시코 정부는 자체적으로 자금을 조달하지 못하고 있었다. 기존 채권의 수익률은 계속 상승했다. 상황은 점점 악화하는데 설상가상으로 그 속도도 아주 빨랐다. 전 핌코 파트너 브린요는 "사람들은 수익률이 이렇게 감당 불가한 수준으로 높아지면 멕시코 정부가 페소화의 달러화 연동을 포기하고 채무불이행을 선언해버리지 않을까 우려했습니다."라고 회고했다.

핌코는 멕시코 채권을 적당히 보유하고 있었다. 막대한 권한까지는 아니지만, 멕시코에 구축한 기득권 기반이 무너지지 않을 정도는 됐다. 즉 핌코는 채권을 팔 때만 인식할 수 있는 손실, '장부상 손실'을 보고 있었다. 이럴 때 가능한 선택지가 여럿 있다. 하나는 보유 채권을 팔고 포지션을 정리하는 방법이다. 핌코가 이 방법을 취하면 위기를 악화시킬 가능성이 있었다. 또 하나의 선택지는 결과에 신경 쓰지 않고 계속해서 보유하는 방법이다. 대다수의 선택과는 달리 신용을 더 늘려 베팅액을 두 배로 올리고 불확실한 상황에 자금을 투입하는 방법도 있다.

해가 바뀌어 1995년이 되자 4억 달러 규모의 또 다른 경매가 시작됐다. 핌코 자산관리자는 어떤 포지션을 취할지 결정해야 했다.

이때 낭설에 가까운 소문이 돌았다. 미 재무부가 연준 외환안정 기금Exchange Stabilization Fund을 통해 멕시코에 대한 구제금융을 협의하는 중이라는 내용이었다. 확실한 소식은 아니었다. 근거도 없는 소문을 믿고 귀한 자금을 투자할 사람은 없었다.

그런데 그로스는 남들이 보지 못하는 무언가를 보는 능력이 있는 모양이었다. 전에도 그런 적이 있었다. 그로스가 머지와 함께 소규모 침체가 다가옴을 감지했던 1981년의 경우가 그랬다. 예측한 바와 거의 비슷한 수준으로 9월에 수익률이 하락했다. 1992년에도 그랬다. 당시 그로스는 〈월스트리트위크〉에 단기 금리 하락을 예측했는데 정말로 하락했다. 그로스는 잔존 시장 유동성에서 미래를 전망하고, 시장 변화를 예측하며, 위험을 평가해 적절한 보상을 받아내는 능력이 자신에게 있다고 믿었다. 베팅에서 이길 확률은 항상 51대 49 정도로 근소한 차이밖에 안 나고 아무리 좋게 봐줘도 55대 45가 최대치지만, 근소하게라도 이길 확률이 더 높게 나올 때야말로 행동해야 할 시점이라고 여긴 것이다. 때로는 이런 확신이 실제로 시장 흐름을 바꾸기도 하며, 주저하지 않는 시의적절한 베팅에서 이익이 나온다. 더나아가 특정 시점에 이르면 도박한 것이 가치가 있을 정도로 수익률이 높아진다. 그로스에게 멕시코가 기회의 땅으로 보이기 시작했다.

투자위원회 회의에서 자산관리자 리 토머스Lee Thomas가 앞으로 있을 멕시코 국채 경매에 관해 상세히 설명했다. 1년 만기 채권의 수익률은 20% 정도라며 꼬드겼다. 단기 국채 수익률로는 터무니없이 높다. 특히 미국이나 기타 기관이 구제금융을 제공한다는 소문이 도는 상황이라면 더더욱 말도 안 되는 수익률이었다. 멕시코가 12개월 이후에도 망하지 않고 살아남는다면 핌코는 투자금의 20%를 더 벌 수 있다는 의미다.

브린요의 기억에 따르면 토머스가 이렇게 말했다고 한다. "문제는 이 채권이 과연 만기를 다 채울 수 있느냐 아니냐가 아니다. 4억 달러 규모 포트폴리오에서 이 채권 외에 수익률이 20%나 되는 상품을 또 찾을 수 있느냐."

불확실하기는 하나 구제금융에 대한 소문이 도는데도 입찰에 관심을 보이는 매수자가 거의 없었다. 핌코가 이 채권을 매수할 의사가 있다면 원하는 만큼 매수할 수 있었다. 지금이 적기였다.

그로스와 담당 자산관리자는 1년 만기 채권 경매에 수익률 19.75%로 응찰했다. 브린요에 따르면 이 수익률은 매우 신중하게 정한 수치였다. 이 경매에서 수익률이 20%를 넘기며 끝난다면 멕시코 정부가 과연 약속을 지킬 수 있겠느냐는 점이 걱정스러워진다. 그래서 핌코는 20% 선을 넘지 않으면서 가장 근접한 수치로 19.75%를 산출했고, 결국 4억 달러 규모 전체를 매수하는 데 성공했다.

이렇게 경매는 성공했고 시장 참여자는 안도의 한숨을 쉬었다. 〈뉴욕타임스〉는 '발행한 채권을 전부 팔아 위기를 억지로 진정시킨 멕시코 정부'라는 내용을 대서특필했다. 어마어마한 자금을 투입해 해당 채권을 매수했다면 매수자는 아마도 구제금융 계획 등 무언가 내밀한 정보를 알고 있음에 틀림이 없다는 소문까지 떠돌았다. 실제로 매수자인 핌코도 다른 참여자보다 특별히 더 많이 알지는 못했다. 시장은 핌코가 매수자라는 사실도 몰랐다. 핌코 트레이더는 이 사실을 알리지 않고 투기가 만연하도록 내버려둠으로써 채권 가격을 끌어올렸다.

2주가 채 지나지 않아서 빌 클린턴 대통령이 외환안정기금을 통한 200억 달러 규모의 재무부 대출을 승인했다. 채권시장이 침체이

긴 해도 안정적이라는 점이 부각되면서 이번 채권 투자에서 이익이 발생했다. 그로스의 선견지명이 다시 한번 빛을 발하는 순간이었다.

브린요는 이렇게 말했다. "솔직히 말해 도박적인 측면이 있었습니다. 핌코의 지속 가능성을 생각한다면 그다지 도움 되는 선택이 아니었죠. 본질적으로 판돈을 두 배로 올리는 일종의 '더블다운'이었기 때문입니다."

무모함, 행운, 영향력, 중량감 혹은 탁월한 위험 감지력 등등 그로스가 지닌 놀라운 능력의 본질이 무엇이든 간에 때로 오만함으로 비쳐지기도 하는 그 대범함이 그로스를 설명하는 대표적인 특질로 굳어졌다. 위험 수준이 높은 거액 베팅을 해야 하는 순간이 언제인지를 본능적으로 감지하는 남다른 능력이 지금의 그로스를 만들었다. 꿈을 현실로 만들어내는 확신에 찬 끈기가, 무모할 수도 있는 베팅을 성공으로 이끈다. 트레이더들에게는 그로스의 이런 특성이야말로 시장 승리를 이끌어내는 진정한 힘으로 보였다. 멸시와 조롱으로 부하를 대하는 상관 밑에서, 파워포인트와 씨름하며 주당 80시간을 일해야 하는 아주 고된 일정을 수년 동안 묵묵히 소화한 사람들이 보여준 끈기와 고집에 대한 진정한 보상이라고 말이다. 그로스는 올바른 트레이더의 특성을 지니고만 있다면 적절한 환경에서 단 한 사람이 정부의 운명을 좌지우지하고 시장과 정치인을 자신의 의지대로 부리는 일이 가능하다는 사실을 스스로 증명했다.

2011년 3월, 그로스는 이 업계에서 했던 결정 가운데 가장 놀라운 선택을 했다. 토털리턴이 보유한 미 재무부 채권을 전부 매도한 것이다. 세계에서 가장 크고 유동성이 풍부한 시장 가운데 하나인 재무부 채권을 모두 팔다니! '펀드'라는 이름을 단 상품치고 재무부 채권을 전혀 보유하지 않은 곳은 거의 없었다.

이 사실은 시장에 즉각적인 반향을 일으켰다. 〈애틀랜틱〉과 〈워싱턴포스트〉는 독점 인터뷰를 요청하며 분주하게 움직였다. 그로스는 〈투자 전망〉을 통해 그런 선택의 배경이 된 단순명쾌한 논리를 설명했다. 즉, 재무부 채권 수익률이 너무 낮다는 점이 선택의 이유였다. 위험을 감수한 대가치고는 이익이 너무 적었다. 또한 재무부 채권을 매달 1천억 달러어치씩 사들이는 연준이 큰손 매수자 명단에서 빠질 기미가 보였다. 6월에 연준은 매년 재무부가 발행하는 전체 채권의 70%를 소화했던 대규모 경기 부양책을 중단할 예정이라고 발표했다. 정부가 발행한 채권을 정부가 매수하고 있었다고? 이 얼마나 뻔뻔한 술책인가? 폰지 사기와 무엇이 다른지.

그로스는 〈워싱턴포스트〉와의 인터뷰에서 이렇게 말했다. "오른손이 왼손한테 물건을 사고 있었다."

〈애틀랜틱〉과의 인터뷰에서는 이런 말을 했다. "재무부 채권의 가치가 우리 손에 달려 있다시피 했다. 아침 8시면 연준이 우리 재무부 채권 담당자에게 매수를 요청하고 한 시간 후에는 다시 매도를 요청한다." 연준은 이런 방법으로 뮤추얼 펀드가 매수할 수 있는 채권과 안전 저축 계좌, MMF의 금리를 낮춘다. 연준은 이런 식으로 어렵게 번 돈을 저축하거나 투자하는 사람의 주머니를 털어간다.

"벤 버냉키와 팀 가이트너에게 신의 축복이 깃들기를! 그래서 하고자 하는 일이 잘되기를 바라지만, 이들이 하는 일은 결국 저축하는 사람의 돈을 빼앗아 가는 결과를 낳을 뿐이다." 돈을 다른 곳에 투자하지 않고 그냥 은행 저축 계좌에 묻어둔 사람의 돈을 말이다. 저축한 사람들의 돈으로 무엇을 하는지 너무도 잘 아는 사람들 때문에 대다수 '저축자'는 불황기에 저축한 돈을 다 날린다. 연준 정책은 위험 감수자, 즉 정크본드와 투기성 부동산을 사들이는 사람들에게 보상을 준다. 다시 말해 연준이 하는 정책은 대부분 핌코나 그로스 혹은 이보다 더 나쁜 의도를 지닌 자들에게 유리했다.

그러니 정부가 채권을 사들이는 조치, 이른바 '양적 완화' 정책이 종료되고 나면 누가 재무부 채권을 70%씩이나 매수하겠는가? 그로스는 메워지지 않을 금융 '공백'을 연준 스스로 남기리라 생각했다. 인위적으로 수익률 상승을 억제하면 결국 언젠가는 수익률이 다시 상승할 수밖에 없다. 이렇게 되면 결국 채권 투자자에게 손실이 발생한다.

구제금융과 경기 부양책 그리고 이런 조치 이후의 금융 환경 때문에 정부 지출이 폭증했다. 그래서 대규모 자금 조달용으로 재무부 채권을 대량으로 발행하고 있었다. 핌코는 어떤 기업이든 어떤 조직이든 간에 이와 같은 대규모 차입을 용인하지 않는다. 이런 무모한 차입자를 누가 봐주겠는가? 또 공급이 넘쳐나는 상품을 굳이 사들일 투자자가 어디 있겠는가? 정부가 금리 상승을 억제하면 사람들은 저비용으로 자금을 이용할 수 있고 비용 부담이 없으면 마구 빚을 내 지출을 늘리려고 한다. 모두가 지출을 늘리고 경쟁하듯 소비에 집중하면 결국 물가가 상승한다. 인플레이션은 채권 보유자에게 악재로 작용한다. 어제는 유리했던 고정금리가 내일은 그 가치가 감소한다. 인플레이션으로 돈의 가치가 떨어졌기 때문이다. 1970년대 인플레이션 시절이 떠올랐다. 그로스가 투자를 시작했던 초창기에 채권의 가치가 폭락하면서 너도나도 채권을 팔려고 아우성쳤던 그 시절 말이다.

이 사업을 시작하고 첫 10년 동안 업계에서는 채권을 '압류 증서'라고 불렀다. 그런데 2011년인 지금 채권 거래는 다시 '자본 보존'을 목적으로 하는 게임이 됐다. 근 30년이 지나는 동안 채권 투자자는 수익률 등락에서 이익을 취하는 방법을 터득했다. 그로스는 이렇게 말했다. "투자자도 채권 수익률이 오르내리는 과정에서 이익 발생의 기회를 포착하는 데 익숙해졌다. 채권은 높은 수익률뿐 아니라 가격 차이에서 오는 자본 이득 기회도 안겨준다."

이것은 즉각적인 위기 여파보다 더 '나쁜 뉴 노멀', 즉 대규모 정부 지원의 긍정적 효과가 빠진 뉴 노멀이었다. 2010년 9월 당시 토털리턴이 보유한 자산의 정확히 3분의 1이 국채 및 이와 관련한 채권이었다. 12월에는 이 비율이 22%였고 이듬해 1월에는 12%로 줄었다. 그리고 앞서 언급했듯이 3월에는 0%가 됐다. 토털리턴은 국채 대신 모기지채권과 회사채, 신흥시장 채권의 비율을 높였고 현금과 현금 등가물의 비중을 23%로 늘렸다. 엘 에리언은 그런 선택의 근거를 이렇게 설명했다. "매수 후 장기 보유하는 자산은 전부 가치가 있어야 한다. 우리가 평가한 바로는 더 나은 가치가 다른 곳에 있었다."

재무부 채권 '지분 0%'는 정말로 과감한 결정이었다. 투자자는 토털리턴이 거두는 성과를, 재무부 채권 비율이 높은 여타 지표와 비교하는 기준점으로 삼았다. 그리고 지수 가중치와의 편차에서 기회를 포착하려고 했다. 말하자면 토털리턴은 가장 기본적이라 할 전체 범주를 무시했다.

그로스는 4월에 재무부 채권과 반대 방향으로 베팅하는 금리스와프 같은 파생상품 포지션을 추가했다. 이 시점에 재무부 채권 비율이 0% 수준이 아니라 실질적으로는 마이너스 지분이 됐다. 따라서 재무부 채권 가격이 하락하면 지분이 0%일 때보다 더 큰 이익을 얻었다. 그로스는 말 그대로 전투 상태에 있었고 이는 또 다른 대형 역투자 포지션이었다. 역투자는 그로스에게 익숙한 포지션이었다.

〈워싱턴포스트〉의 제니퍼 루빈Jennifer Rubin은 "그로스는 다른 투자자들보다 먼저 재무부 채권을 털었다."라면서 다른 투자자들이 그로스를 따라 하는 데까지 얼마나 걸릴지를 물었다. 그로스는 투자자가 이런 사실을 알 때까지 시간이 좀 걸린다고 말했다. 그러면서 미국 정부 채권 절반을 보유한 외국 정부까지 매도에 나선다면 '정치적 쓰나미'로 이어진다고 경고했다.

그로스가 취한 행동에 찬사가 이어졌다. 시장을 크게 교란시키지 않는 방식으로 토털리턴 자산 2천 400억 달러를 재투자했기 때문이다. 〈로이터〉의 펠릭스 새먼은 이렇게 하는 데는 특별한 기술이 필요했으며 "그로스는 토털리턴 같은 초대형 펀드를 마치 100분의 1 규모밖에 안 되는 소형 펀드 다루듯 아주 쉽게 투자 자산을 재할당하는 재주 그 이상의 능력을 보여줬다. 그로스는 역대 최고 채권 관리자임에 틀림이 없다."라고 덧붙였다.

물론 긍정적 반응만 있지는 않았다. 우선 이는 새로운 전술이 아니었다. 투자자 컬렌 로슈Cullen Roche는 그로스가 2001년에 채권 강세장은 이제 '끝'이라고 선언했고 스스로를 '약세장 관리자'로 칭했던 2007년 인터뷰 내용을 언급하면서 블로그에 이런 글을 올렸다. "그로스는 지금까지 10년 넘게 채권 약세장에 관한 이야기를 흘려왔다. 그러는 동안에도 채권과 미 재무부 관련 자산을 꾸준히 보유했다."

그로스가 주장하는 논리는 양적 완화 때문에 금리가 낮아졌다는 주장에 의구심을 품었던 노벨상 수상 경제학자 폴 크루그먼Paul Krugman을 당황하게 했다. 크루그먼은 〈뉴욕타임스〉 칼럼에 이렇게 썼다. "국채의 시장성에 정말로 문제가 있다면 양적 완화와 관계없이 금리가 높아질 것이다." 게다가 그로스의 논리가 옳다면 시장이 벌써 움직였어야 하지 않나? "손익을 완벽하게 예측할 수 있다는 주장을 펼치려고 시장 효율성 가설까지 끌어들일 필요는 없다."

그러나 그로스는 아랑곳하지 않았다. 일찍이 라스베이거스 카지노에서 블랙잭 게임판의 열기가 고조됐을 때 그 판을 통제하는 방법을 배운 그였다. 그로스가 옳았고 결국 다른 사람들도 그 뒤를 따를 것이었다.

게다가 핌코 설립의 바탕이 된 논리는 '과감한 베팅'이었다. 핌코는 2007년 초부터 직원 수를 두 배로 늘려 수백 명을 고용했고 2011년 말에는 그 수가 2천 명을 넘어섰다. 새로 규제를 받는 매도 부문 은행들이 군살 빼기에 들어갔고 핌코는 신규 유입 자금을 관리할 인원이 필요했기 때문이다. 신규 채용 직원은 전부 하위직이었다. 트레이더들은 투자위원회 회의와 포럼, 각종 심의와 토의 작업 전부가 일종의 '보여주기'에 불과하다며 불만을 토로했다. 아무리 집단 토의를 해도 결국은 그로스의 뜻대로 거래가 이뤄진다는 이유에서였다. 광범위한 조직, 업무 분담 체계로 인해 그로스와 포들리치, 머지로 구성된 '삼발이 지도 체계'가 조금씩 흔들렸다. 시장 부문 관련자가 그렇지 않은 사람보다 직급이 더 높았다. 그리고 그로스가 실질적인 최종 결정권자였다.

이 무렵에는 그로스와 함께했던 공동 창업자가 전부 떠난 상태였다. 따라서 그로스의 폭주를 막을 사람이 아무도 남아 있지 않았다. 그나마 엘 에리언이 그 일을 해줄 인물이었다.

이 조직을 오래 지켜온 사람들은 월가 '책상물림'과 MBA 출신이 몰려오면서 전통적인 조직 문화가 많이 희석됐다고 느꼈다. 회의할 때 얼굴을 아는 사람을 보기가 점점 어려워졌고 복도에서 마주치는 사람은 더더욱 못 알아보는 상황이었다. 그로스가 지나갈 때면 다들 탐색하는 눈으로 바라봤고 그 눈길은 그로스부터 무언가를 원하는 듯했다. 그래서 그로스는 아예 대규모 회의를 열어야겠다고 생각했다. '만남의 장'을 마련하면 서로 알게 되는 기회도 되고 그로스도 직원에 대해 좀 더 알게 되지 않겠는가!

　　그로스가 재무부 채권에 대한 포지션을 발표하던 그때는 정말 현명해보였다. 재무부 채권 가격은 하락했고 수익률은 급등했다. 그로스가 했던 예측이 실현된 것일까, 아니면 단지 사람들이 시류에 편승한 결과일까? 어느 쪽이든 간에 게임은 시작됐다.

　　미국 정부의 '충분한 신뢰와 신용'에 의구심을 품는 사람이 그로스와 핌코만은 아니었다. 수많은 헤지펀드 매니저와 금융계 인사가 비슷한 주장을 하면서 인플레이션 발생을 경고했다. 연준이 더 많은 화폐를 창조하고 있으며 화폐 가치는 떨어질 수밖에 없다고 주장했다. 화폐량이 증가하면 가치가 떨어지고 결국 인플레이션으로 이어지는 것은 불문가지不問可知였다.

　　더 시급한 위협이 다가오고 있었다. 금융위기에 대한 비난이 여전했으며 그 원인을 주택시장에서 찾으려는 시도가 계속됐다. 주택 소유자는 월가를 비난했고 월가는 정부를 비난했으며 정부는 신용부도스와프를 비난했다. 거의 모두가 신용평가회사가 문제의 원흉이라는 데 동의했다. 신용평가회사는 위험이 존재한다는 사실이 분명한데도 이를 외면했다. 위험을 외면한 채 싸움닭처럼 등급 올리기 경쟁에만 몰입했고 부실한 CDO에 최고 등급을 매겼다. 돈이 다 증발하고 나서야 뒤늦게 등급을 강등하기 시작했다. 신뢰성 문제가 불거지자 신용평가회사는 자신들의 능력에 아무런 문제가 없으며 평가기관으로서 건재함을 증명하려 애를 썼다.

　　한편 워싱턴 정가에서는 추악한 정치 공작이 시작됐다. 그해 여름 미국 정부 부채 규모가 임의로 정한 차입 한도인 '부채 상한선'에 가까워지고 있었다. 차입 한도를 늘리려면 의회의 승인이 필요했고 오바마와 오바마 케어의료보험 개혁안에 반대했던 일부 의원은 여기에 한계를 두고 싶어 했다. 이들은 정부 지출이 과도하고 재정 적자가 통제 불가능한 수준이라고 말했다. 이런 위선적 태도는 미국 정부가 자체적으로 자금을 조달하는 능력을 반감시켰다. 미국 정부가 부채 한도를 넘어서면 재무부의 상환 능력에도 문제가 생긴다.

2011년 봄부터 여름에 걸쳐 스탠더드앤드푸어스S&P는 날로 증가하는 재정 적자와 이로 인한 정치적 교착 상태 때문에 미국 국채 등급을 하향 조정할 수 있다고 경고했다. 오바마 대통령은 부채 2조 1천억 달러를 줄이고 부채 상한선을 높이는 방법으로 문제를 해결하려고 했다. 그러나 너무 늦었다. S&P는 2011년 8월 5일, 사상 최초로 국채 등급을 AAA에서 AA+로 하향 조정했다. S&P는 '벼랑 끝 정책'으로 정부의 재정 관리 능력이 저하됐으며, 안정성과 효율성, 예측 가능성에 다소 문제가 생겼다고 보았다.

신용등급이 낮아지면 일반적으로 채권 가격이 하락한다. 채권 투자자가 흥미를 잃고 떠나가기 때문이다. 신용등급이 투자자의 행동을 제약하기도 한다. 고객에게 이런저런 등급의 채권을 일정 비율로 보유하겠다고 약속하고 이 약속이 허용하는 범위에서 거래를 해야 한다. 그러나 미국 국채 등급이 강등되는 순간 몇 가지 외부적 요인이 이런 정상적 작용을 왜곡했다.

유럽은 아직도 금융위기에서 벗어나지 못하고 있었다. 2009년 말 그리스에 새로운 정권이 들어섰는데 구정권이 국가 회계 장부를 조작했다는 사실이 드러났다. 그리스의 재정 적자는 GDP의 13.6%에 달했다. 부채가 생산량을 초과하는 이 상태는 채권의 어두운 측면을 드러내는 것이기도 하다. 경제 상황이 좋을 때 합의한 고정 수익은 상황이 나빠진 미래에는 상당한 부담 요소가 된다.

그리스 대출기관에게는 이런 부채를 안고 성장할 방법도, 재정 상태를 개선할 방법도 없었다. 채권 수익률은 급등했다. 유로화 지역 내 다른 국가도 슬슬 불안감을 느끼기 시작했다. 그리스가 EU 회원국이었기 때문에 유로화라는 통합 통화가 재정 압박을 완화하는 가장 손쉬운 방법을 막아선 꼴이 됐다. 이는 그리스의 경제적 운명이 프랑스, 독일 같은 부유한 이웃 나라의 운명과 얽혀 있다는 의미이기도 했다.

독일은 "유로화가 위기에 처하면 모든 EU 회원국이 위기에 처하는 것이기에 당연히 도와야 한다."라고 말하며 그리스를 지지한다는 입장을 유지했다. 그러나 문제를 해결할 만큼의 자금 지원은 하지 않았다. 입으로만 하는 지지일 뿐 실질적인 지원이 충분치 않아 그리스 재정에 난 구멍은 점점 커졌다. 이 문제가 유럽연합 전체를 집어삼키고 더 나아가 미국에까지 악영향을 미칠지 모른다는 우려를 키웠다. 동시에 미국 경제지표에도 불안한 요소가 보이기 시작했다. 시장 분위기가 나쁜 쪽으로 빠르게 변하고 있었다.

8월이 되면 금융시장에 흥미로운 일이 벌어지곤 한다. 뉴욕의 8월은 너무나 덥고 습하다. 초고층 건물과 스모그가 뜨거운 열기를 가둬 마치 찜통 속에 있는 듯하다. 그래서 뉴욕을 떠날 수 있는 사람은 전부 다 떠난다. 8월에는 관광객과 쥐만 남아 뉴욕을 지킨다는 말이 있을 정도다. 금융가도 마찬가지다. 고위직은 전부 휴가를 떠나고 말단 직원만 남아 자리를 지킨다. 젊고 경험도 일천해서 쉽게 흥분하는데다 자신감 과잉인 사람이 태반이다. 그래서 감정에 쉽게 흔들리며 책임을 지는 데 익숙지 않다. 물론 이 책임은 한시적이고 휴가가 끝나 상관이 돌아오면 재검토를 하겠지만 말이다. 이 시기에는 시장에서도 거래가 더디게 이뤄지므로 거래량이 대폭 줄어든다. 따라서 가격이 급등한다.

그래서 S&P가 미 재무부 채권 등급을 강등 조치한 순간, 시장은 그리스 사태에 겁을 집어먹었고, 이 사태가 경기 침체로 이어지지 않을까 두려워했다. 월가는 신참내기 트레이더가 드문드문 자리를 메우고 있었다. 그 결과 주가가 폭락했고 가장 안전한 자산이자 영구적인 피난처로 통하는 미 재무부 채권 가격이 반등했다. 일반적인 예상과는 정반대로 나타난 가격 동향이었다. '근육 기억'에 따른 반사적 행동, 즉 '고등급 선호 현상'이 나타난 것이다. 10년 만기 재무부 채권 수익률은 2월 8일에 3.7%였는데 8월에는 2% 밑으로 떨어졌다. 1962년 이후 최저 수준이었다.

5개월 만에 그로스의 과감한 결정이 완전히 잘못됐음이 이렇게 드러났다.

8월에 기준 지표가 1.5% 상승할 때 토털리턴 수익률은 0.5% 하락했다. 그때까지 토털리턴 수익률은 3%를 약간 웃도는 수준이었고 이는 동종 펀드 179개 가운데 157위에 해당하는 기록이었다.

그로스는 잠을 이루지 못했다. 수면제를 복용했지만, 계속 잠을 설쳤다. 그로스는 〈저널〉에서 2월에 토털리턴에서 재무부 채권 지분을 100% 매도하고 3월에 파생상품 베팅을 두 배로 늘린 결정은 명백한 '실수'였다고 말했다. 자신의 잘못을 시인한 이유에 대해 "우리는 대중에게 정직하려고 노력하는 사람들"이기 때문이라고 했다.

10월에 토털리턴 수익률은 고작 1.9%였다. 기준 지수 수익률인 6.7%와 비교하면 초라한 성적표였다. 하위 10%에도 미치지 못하는 수준이었다.

연말이 되기도 전에 그로스는 '자신의 잘못'임을 확실하게 밝혔다. 10월 〈투자 전망〉은 이런 글로 시작했다. "명백하게 '내 잘못'이라는 말부터 해야겠다. 그래도 나를 비롯해 핌코 사람 누구든 절대로 중간에 포기하지 않는다. 세계 금융시장이 점점 복잡해지는 만큼 이른 아침이든 한밤중이든 가리지 않고 계속 위를 향해 올라가야 한다. 경쟁의 불꽃이 더 뜨겁게 타오른다. 나는 경쟁자를 존중하지만, 언제나 경쟁자를 때려눕히고 싶다."

그로스는 이렇게 썼다. "아주 나쁜 한 해를 보내고 있을 뿐이다. 올해는 아주 고약했다. 핌코의 중견수가 공중에 뜬공 몇 개를 햇빛 때문에 놓쳤다. 그뿐이다."

금융계에서 '사과'를 듣는 일은 여간해서는 없다. 〈비즈니스 인사이더Business Insider〉의 조 와이젠탈Joe Weisenthal은 그로스가 굳이 사과를 한 이유를 이렇게 분석했다. "변동성이 큰 주식시장에서는 변동성을 낮춰주고 손실을 상쇄시키는 역할을 하며 '안전성을 유지하는 고정쇠'로서의 채권 포트폴리오에 대한 의존도가 높다. 그런데 토털리턴은 이런 고정쇠 역할을 전혀 하지 못했다. 12개월 넘도록 손실을 냈다. 신규 고객 자금의 유입도 끊겼다. 그래서 사과를 한 것이다."

그로스는 본인이 운용하는 펀드의 투자자와 대중에게 자신의 기량이 떨어지지 않았다고 맹세했다. 금융위기가 본격화하기 이전인 2006년에 '너무' 일찍 예측이 틀렸음을 의미하는 또 다른 표현 금리 하락을 예측했을 때도 사람들은 그로스를 계속 신뢰했다. 당시 그로스는 자신이 '큰 실수'를 했다고 말했고 그럼에도 함께했던 고객은 이후 제 기량을 되찾았을 때 큰 보상을 받았다. 사람들은 이 사실을 기억하고 있었다.

9월에 연준이 재무부 장기 채권을 매수하고 단기 채권은 매도하겠다고 발표했다. 이를 오퍼레이션 트위스트Operation Twist(장기 증권을 사는 동시에 단기 증권을 파는 방식으로 통화량에 변화를 주지 않으면서 장기 금리를 인하하고 단기 금리를 인상하는 시장 조작-역주)라고 하는데 수익률 곡선을 비튼다_{twist}고 해서 붙여진 명칭이다. 그로스는 이 조치를 통해 약세장에서 강세장으로 방향을 전환해 장기 금리가 하락한다는 쪽에 베팅했다.

이 전략이 다소 도움이 됐다. 연말이 되자 토털리턴 수익률이 가까스로 4.2%를 기록했다. 그러나 연평균 6.3%를 기록한 경쟁 펀드에 비하면 아직 하위 13% 수준이었다. 연초에 30년 만기 재무부 채권을 매수했다면 30%가 넘는 경이적인 수익을 올렸을 터였다. 그리고 10년 만기 채권이었으면 수익률이 15%를 좀 넘었을 것이다.

2011년은 핌코가 거둔 성과에 큰 변화가 있던 해였다. 이 시점까지 10년 동안은 상위 3%에 들면서 경쟁사를 압도하는 성적을 냈다. 그처럼 오랫동안 좋은 성과를 냈기 때문에 고객은 계속해서 신뢰를 보냈고 그래서 성과가 저조할 때도 기다려줬다. 대다수가 그로스와 함께했다. 그러나 충성심이 깊은 투자자라 해도 투자금 회수를 진지하게 고려하지 않을 수 없었다. 이때쯤 이들은 핌코라고 영원히 잘나갈 수만은 없다는 사실을 어렴풋이 깨달았는지도 모른다.

2011년 9월 핌코는 창립 40주년 기념 파티를 열었다. 부리부리한 눈매에 뻣뻣한 머리카락이 특징인 벤 트로스키도 마지못해 이 자리에 참석했다. 트로스키는 핌코 고수익 사업부를 만든 장본인이었다. 10여 년 전에 핌코를 떠난 이후로 처음 참석했기 때문에 이제는 아는 사람이 거의 없었다. 그는 건너편에서 엘 에리언이 사람들에 둘러싸인 채 환영받는 모습을 지켜봤다. 그러다 그로스를 발견했는데 뭔가 하고 싶은 말이 떠올랐다.

"어이, 헤지펀드 전문가 누구라도 그렇게 방망이를 휘둘렀다가는 펀드 수익률이 20%는 하락할 걸세." 그러나 그로스의 과감한 베팅으로 회사가 날아가지도 않았고 펀드도 무사했다. "그래도 아무도 손실을 보지 않았어. 수익률이 좀 떨어져서 업계 순위에서 밀렸을 뿐이지. 그 사람들은 전부 지수 흐름만 타고 있기도 하고."

그러자 그로스는 이렇게 대꾸했다. "고맙군. 유감스럽게도 그렇게 생각해주는 사람은 나 빼곤 자네밖에 없네."

트로스키는 그로스를 너무 잘 알기에 이 말을 곧이곧대로 받아들이지는 않았다. 그로스가 정말로 그렇게 생각한다면 자기 자신을 지키는 방어를 할 것이다. 고객이 크게 반발하지 않는다면 말이다.

2011년 11월까지 12개월 동안 경쟁자들이 수십억 달러를 모았을 때 핌코는 100억 달러 넘게 끌어 모아 토털리턴 뮤추얼 펀드에는 총 2천 400억 달러가 조금 넘는 자금이 모였다.

큰 실수도, 공개 사과도 그로스로서는 처음 있는 일이었다. 핌코 안에서나 밖에서나 그로스는 여전히 채권왕이었다. 그러나 미국 정부는 핌코만 바라보고 있지 않았다는 사실을 마침내 증명했다. 이제 그로스도 더 이상 오류가 없는 절대적 존재가 아니었다.

제8장

핌코만의 장점

그로스는 지난 상처나 핥으며 시간을 보내는 사람이 아니다. 그래서 실수를 만회하고 다시 일어서는 데 필요한 일이라면 무엇이든 할 수 있었다. 그런 그에게 때마침 상장지수펀드ETF가 눈에 들어왔고 그는 이를 신상품으로 출시했다. 그리고 이것은 그로스가 여전히 자신을 괴롭히는 원흉이라고 지적한 오랜 관행에 맞서는 일과 맞물려 있었다.

배경은 이렇다. 수년 전 그로스의 어머니는 아들의 자부심과 기쁨의 원천이라 할 핌코 토털리턴 펀드에 투자하려 했다. 그러나 당시 증권회사가 정한 투자 최소금액이 높아서 실제로 투자하지는 못했다. 투자액 최소한도는 100만 달러였다. 그로스가 보기에는 너무도 부당한 관행이었다. 소액의 투자금이 모이면 거액이 되고 이 금액으로 높은 수익을 올릴 수 있는데 그 기회가 소액 투자자에게는 원천 봉쇄된다는 사실이 불합리하다고 생각했다. 토털리턴을 포함한 핌코 펀드는 20여 년 동안 1천 달러 정도의 소액 투자도 허용했다.

그로스는 ETF형 토털리턴 펀드를 홍보하려는 목적으로 블룸버그 뉴스에 어머니의 에피소드를 소개했다. ETF는 주식처럼 거래하는 뮤추얼 펀드로서 투자자가 증권거래소에서 직접 사고팔 수 있다. ETF는 1990년대에 처음 소개된 이후로 꽤 인기를 끌었지만 채권업계에서는 여전히 생소한 상품이었다. 일반적으로 전통적인 뮤추얼 펀드보다 거래 비용과 세금이 적고 대다수가 수동적으로 지수를 추종하므로 수수료가 거의 발생하지 않는다.

핌코는 2012년 3월 1일에 토털리턴 ETF를 출시했다. 1970년대부터 기관 고객에게 꾸준히 수익을 안겼던 세계 최대 채권 펀드를 운용할 때와 거의 같은 전략을 구사한 상품이었다.

토털리턴 ETF 출시로 소액 투자자도 펀드에 투자할 기회가 열렸다. 물론 신상품 때문에 주력 펀드가 판매 부진에 빠질지 모른다는 우려도 있었다. 그러나 통념이 항상 옳지는 않다. 이런 신상품 출시가 좋은 생각이라는 사실은 블랙록의 경우만 봐도 알 수 있다. 블랙록은 아이쉐어즈iShares ETF로 대성공을 거뒀다. 그로스는 블룸버그와의 인터뷰에서 신상품 출시가 잘한 선택이라는 점을 강조했다. 수십년 동안 개인투자자는 대형 뮤추얼 펀드를 통하지 않고는 이 시장에 발을 들이지도 못했고 자금을 불릴 기회를 원천 봉쇄당했다. 만약 시장에 들어올 길이 있다 해도 그 대가로 과도한 수수료를 부담해야 했다. 재무부 채권 수익률이 사상 최저 수준인 현재로서는 전문 매니저가 없고 수수료가 저렴한 편이 훨씬 이익일지도 모른다. 소액 투자자에게는 더 높은 수익률과 총수익을 약속하는 적극적인 펀드매니저와 접할 길이 항상 열려 있지는 않다.

그로스는 이렇게 말했다. "우리는 채권 수익률이 사상 최저인 이 시기에 소액 투자자가 채권시장에서 조금이라도 나은 성과를 낼 수 있기를 바란다."

소액 투자자가 겪는 문제는 결코 우연이 아니었다. 금융업 자체가 애초 소액 투자자를 보고 구축된 체계가 아니다. 소액 개인투자자를 대상으로 하는 사업은 경제성이 없다. 큰돈을 투자할 여력이 없는 사람을 대상으로 하면 어려움이 많다. 핌코 또한 대형기관 고객을 표적으로 삼는 편이 훨씬 이득이라고 생각했다. 그래서 약간의 잉여자금으로 투자를 하겠다는 개인투자자는 지금까지 거의 상대하지 않았다.

그로스는 기관 고객에 초점을 맞추면서도 오랫동안 대중영합주의 성향도 보여왔다. 1997년에 발표한 책《투자에 관해 떠도는 이야기 전부가 거짓말이다Everything You've Heard About Investing Is Wrong!》에서도 고액의 수수료를 피하는 것이 중요하다고 강조했다. 책에서 그로스는 "펀드 운용사가 아주 적은 부가가치를 산출하면서도 터무니없이 높은 수수료를 부과한다."라고 썼다. 또한 자산관리자가 너무 높은 수수료를 부과한다는 사실을 알게 된 독자에게 관리자 교체를 진지하게 고려하라고 조언하며, 수수료 부담이 적은 인덱스 펀드 운용사인 뱅가드Vanguard를 추천하기까지 했다. 경쟁사 상품을 추천하는 창업자라니! 핌코 직원이 들으면 기절초풍할 일이었다. 그래서 핌코 영업사원들은 고객에게 그로스의 책을 권하지 않았다.

예전에는 수익률이 10%가 넘는 재무부 채권을 살 수 있었다. 그러나 금융위기가 지난 지금 재무부 채권의 수익률은 겨우 2% 남짓이다. 수수료 수준이 높은지 낮은지가 그 어느 때보다 중요해졌다. 그로스는 수익률이 낮은 상황에서는 투자 이익을 예측하는 자체가 무의미하기 때문에 투자자는 가능한 한 가장 싼 펀드를 찾아야 한다고 했다. 지금은 1%의 수수료 차이도 총수익을 크게 갉아먹는 수준이 됐다.

핌코가 새로 내놓은 ETF의 수수료는 뮤추얼 펀드보다 엄청나게

싸지는 않았다. 핌코로서는 합리적으로 책정한 가격이었다. 총비용은 투입 자금의 0.55%였는데, 당시 토털리턴은 0.85%였다. 이 비용은 상품 등급에 따라 달라지며 '선취 수수료'는 포함하지 않았다. 비용 수준이 얼마나 낮은지는 상대적 평가 대상이었다. 토털리턴 소액 투자자는 투자금 1천 달러당 85달러를 냈다. 그래서 ETF 투자자가 내는 55달러는 상대적으로 싸게 느껴졌다. 높게 설정한 투자액 최소한도를 통해 걸러진 기관 고객은 46달러를 냈다.

그러나 토털리턴의 표적 지수를 추적하는 경쟁사 ETF는 겨우 10달러를 부과했다.

토털리턴 ETF는 확실히 다른 ETF보다 수수료 수준이 높았다. 그러나 뮤추얼 펀드처럼 적극적으로 관리하는 ETF, 게다가 업계 최고 권위자가 관리하는 상품은 그다지 흔치 않았다. '채권왕'인 빌 그로스가 관리하는 ETF는 '토털리턴 ETF' 단 하나였다. 그로스는 이렇게 말했다. "이 시도가 완전히 실패할 수도 있고 사자처럼 포효하며 1년이나 2년, 길게는 3년 안에 업계 최고 ETF로 우뚝 설 수도 있다."

반응은 뜨거웠다. 소액 투자자 군단은 '채권왕'과 함께 투자한다는 사실에 전율을 느꼈다. 이들은 정보에 재빨리 반응하는 집단이 아니었다. 기관 투자자에 비해 정보도 부족하고 접근 속도도 느렸다. 따라서 그로스가 저지른 실수에 일일이 반응할 일도, 그럴 기회도 없었다. 이들에게는 그로스의 실수보다 그로스라는 사람 자체와 그가 한 약속이 더 중요했다. 그로스는 TV만 틀면 나오던 유명인이자 수년 동안 귀가 따갑게 들어왔던 금융계 거물이었다. 똑똑한 사람이니 믿을 수 있다. 그런 대단한 사람이 운용하는 펀드에 참여할 수 있다. 이 사실이 훨씬 중요했다.

S&P 캐피털 IQ_{Catiptal IQ}의 ETF 분석가 토드 로젠블루스_{Todd Rosenbluth}

는 '핌코 ETF에 이목이 집중되다'라는 제목의 글에서 이렇게 말했다. "매우 중대한 사건이다. 이 상품의 출시 이면에는 중요한 특징이 있다. 주기적으로 새로운 스마트폰이 출시되지만, 신형 아이폰이 출시됐을 때와 똑같은 폭발적인 반응은 얻지 못한다."

이 상품은 출시와 함께 중요한 쟁점을 불러일으켰다. 적극적으로 관리하는 이 ETF는 기존 뮤추얼 펀드와 달리 분기별이 아니라 매일 보유 자산 및 비율을 공개했다. 이 새로운 정보 공개 창구를 통해 매일 그로스가 무엇을 어떻게 했는지 누구나 알 수 있었다. 일각에선 시장 지배자의 거래 비법을 공짜로 얻어 그대로 해볼 수 있지 않겠느냐며 떠들었다.

세간의 반응에 대해 그로스는 별로 신경 쓰지 않았다. 은밀하게 변화를 추구하는 터라 그로스가 전략을 언제 어떻게 바꿀지 아무도 예측하지 못한다. 또 그로스처럼 거래하는 사람이 없기 때문에 거래 방식을 누구도 모방할 수 없다. 가장 중요한 사실은 설사 그로스가 토털리턴 펀드 운용 기법을 ETF에 적용하더라도 증권거래위원회SEC 규정상 이 신상품으로는 파생상품을 토털리턴만큼 많이 활용할 수 없다. 이 ETF를 통해 일반 투자자도 빌 그로스에 접근할 수 있지만, 토털리턴에서 했던 펀드 운용 비법까지 얻어내지는 못한다.

신상품 출시에 따른 흥분은 깊은 안도감에서 비롯된 것이었다. 신상품이 나오고 좋은 반응을 얻었다고 해서 2011년에 얻은 상처를 말끔하게 치유하지는 못한다. 고비를 잘 넘길 수 있을 때까지 수년 동안은 토털리턴이 펀드 성과를 견인해야 한다. 다행히 장기적인 실적도 꽤 좋았고 성과도 나아졌다. 새로운 ETF 출시는 분위기를 북돋우는 데 도움이 됐고 핌코가 ETF로도 잘나갈 수 있음을 보여줬다.

이 ETF가 출시될 때 종목 기호는 'TRXT'였으나 외우기 쉽지 않아서 'BOND'로 변경했다. 다소 우스꽝스러운 기호를 달고 나왔지만, 그래도 몇 주 만에 1억 8천만 달러를 끌어 모았고 6월 30일이 되자 무려 17억 달러로 불어났다. 실로 엄청난 출발이었다.

그로스는 자신이 아직도 영향력 있는 인물이라는 사실을 재확인했다. 여기서 한 걸음 더 나아가 평범한 소액 투자자 군단이 저축해 모은 돈을 들고 투자에 나섰다. 이들은 그로스에게 '베팅'한 것이었다. 그러므로 이들의 행복을 지켜주려면 이들이 올바른 선택을 했다는 점을 증명해야 했다.

그런데 여기에 한 가지 문제가 더 있었다. ETF로는 막강한 도구인 파생상품을 마음껏 활용할 수가 없었다. 게다가 ETF가 매수할 수 있는 유가 증권 부문을 총괄하던 핌코 구조화 상품 담당 책임자가 더 암울한 소식을 전했다. 그로스가 즐겨 사용하던 도구 또 하나를 사용하지 못한다는 것이었다.

그로스와 핌코는 1940년에 뮤추얼 펀드를 탄생시켰던 법률의 예외 조항을 즐겨 활용했다. 해당 증권이 시장가로 움직이는 한 동종 계열 펀드 간 교차거래일종의 자전거래를 허용하는 '17a-7 규정'이었다. 가격을 결정할 때는 독립된 자료가 필요하다. 그러므로 17a-7 규정은 새로운 펀드를 출시할 때 여기에 채권을 끼워넣는 데 도움이 된다.

한편 고객이 투자금 회수를 요구하면 펀드 자산을 매각해서 자금을 마련해야 하는데 17a-7같이 예외 조항이 있으면 공개 시장에서 자산을 팔지 않아도 됐다. 예외 조항이 없다면 제값도 받지 못하고 팔아야 할 것이다. 즉 이 예외 조항 덕분에 펀드매니저는 선호 채권을 회사가 관리하는 다른 펀드에 옮기는 걸로 해결할 수 있었다. 좋은 채권은 팔기보다는 계속 유지하는 편이 더 낫기에, 이 조항은 매우 유용한 도구였다.

문제는 이 신상품에 이목이 너무 집중됐다는 데 있었다. 구조화 상품 담당자는 그로스에게 이렇게 썼다. "이번 ETF 출시에 쏠린 시선을 생각하면 규정 준수가 특히나 민감한 사안이고 규제 담당자도 분명히 주목하고 있을 것이다." 그래서 채권을 토털리턴 ETF에 끼워 넣는 방법을 쓰기 어렵다는 내용이었다.

관련 규정을 더 꼼꼼히 살펴보면 해결 방법이 나올 수도 있다. 그러니까 정확히 무엇이 허용되는지 그리고 명시적으로 금지되지 않는 것이 무엇인지 알아야 한다. 이런 식으로 취약한 부분을 끈질기게 공략하는 방법은 될성부른 인재를 찾아내는 데 도움이 된다. 또한 아무도 생각해내지 못할 혹은 생각하지 않을 기묘한 거래 방식을 찾아내는 데 유용하다. 그리고 설사 우회적 거래 방식을 찾아낼 수 있다 해도 대개는 뻔뻔하게 그 방식을 실행하지는 않는다. 그러나 핌코는 그렇게 했다.

핌코는 어떻게든 방법을 찾아 살길을 모색하는 일에 긍지를 느낀다. 때로는 지나치다 싶을 정도로 세부 사항에 깊게 파고들어 누구도 생각지 못한 곳에서도 이익을 낼 수 있다는 점을 보여줬다. 1980년대에 '핌코'라는 이름을 널리 알릴 수 있었던 것은 너무 복잡하고 너무 효율적이어서 기적이라고밖에 생각할 수 없는 위업을 달성한 덕분이었다. 대단한 거래 한 번으로 핌코는 월가로부터 '크게 당해놓고도 당했다는 사실조차 오랫동안 모를 정도로 귀신같은 솜씨로 상대를 제압할 수 있는 매우 위협적인 거래 파트너'라는 평판을 얻었다.

1983년의 일이다. 이때 몇몇 트레이더가 모기지 선물시장에서 합법적인 거래로 업계 사람들의 혼을 쏙 빼놓았다. 너무도 탁월했던 이 한 번의 거래로 핌코는 통찰력 있고 신중하고 정확하고 어떤 위험도 감수할 배짱 두둑한 곳이라는 명성을 얻었다.

그해 화창한 어느 여름날 핌코 최고위급 인사 여섯 명 가운데 두 명이 시카고에 나타났다. 짐 머지 후임으로 고객 서비스 부서를 담당한 딘 메일링과 업무 지원 책임자 팻 피셔였다. 두 사람은 아주 부담스러운 중요 임무를 수행하려고 이곳에 왔다.

크리스 다이얼리나스는 피셔에게 결코 쉽지 않은 일이라고 경고했다. 단일 계약을 가능한 한 많이 매수해야 하고 물리적 운송 업무까지 필요한 일이었다.

두 사람은 미국 최대의 선물 및 옵션 거래소인 시카고상품거래소 Chicago Board of Trade: CBOT까지 동행할 무장 경호원을 만났다. 메일링은 정장 상의와 넥타이를 만지며 옷매무새를 가다듬었고 피셔는 어깨까지 오는 단발머리를 빗어 정리했다. 피셔는 자신들이 제의한 거래에 관한 세부 계획을 협의하고자 CBOT 사람과 이미 전화로 이야기를 나눈 바 있었다. 지금 들어가는 어둠침침하고 오래된 건물보다는 좀 나은 곳에서 만나겠거니 기대했으나 현실은 그렇지 못했다.

CBOT는 핌코에서 온 사람들이 외계인 같다고 느꼈다. 전에는 이런 일을 하려고 한 사람이 없었기 때문이다. 피셔는 이렇게 말했다. "그들은 일이 어떻게 진행되는지 전혀 알지 못했습니다." 당연히 피셔가 일일이 가르쳐줘야 했다.

이것은 출장에서 돌아온 다이얼리나스가 내놓은 계획이었다. 좋은 의견이나 조언을 들어보고자 엄선된 월가 딜러와 조합을 방문하고 뉴포트비치로 돌아온 다이얼리나스는 흥분을 감추지 못한 채 포트폴리오 관리자 사무실로 그로스와 머지, 포들리치를 포함한 경영진을 불러 모았다. 출장지에서 너무 좋아 과연 진짜일까 싶은 아주 괜찮은 거래에 관한 이야기를 들었다고 했다. 대다수 자산관리자가

행하기에는 너무 복잡하고 정교하며 공격적인 거래였다. 그래서 오히려 핌코에 딱 알맞은 거래일지 몰랐다. 게다가 '게임' 장소가 다이얼 리나스의 모교(시카고 대학)가 있는 곳이자 수학적 완전함과 영구적인 시장 효율성의 땅 그리고 현대 파생상품이 탄생한 곳인 시카고가 아니던가! 여러모로 핌코에게 안성맞춤이었다.

이 책략의 열쇠는 '신규 모기지의 미래가 불투명하다'는 데 있었다. 미래 가격에 베팅하는 계약은 1975년에 국립주택저당금고 Government National Mortgage Association: GNMA: 통상 '지니메이'라고 함 담보부예탁증서 collateralized depository receipt: CDR라는 도무지 무슨 의미인지 모를 명칭과 함께 처음 등장했다. 이를 사고파는 시장은 아직도 발전하는 단계에 있으며 완전히 확립되지 않은 상태였다.

각 계약은 정해진 날짜에 만료된다. 계약 만료 시 매수인은 현금으로 결제할 수 있다. 가격이 맞으면 대금을 받고 맞지 않으면 대금을 건네준다. 매수인이 만기를 이연할 수도 있다. 여기에 사람들이 전혀 관심을 보이지 않았던 선택지가 또 하나 있었다. 매수인이 계약의 바탕이 된 기초 자산을 인수할 수도 있다. 즉, 매도인에게 베팅했던 그 자산을 넘겨달라고 요구할 수 있는 것이다.

이들이 베팅했던 그 자산이 바로 주택 모기지채권 묶음인 지니메이 모기지유동화증권MBS이었다. 사람들은 주택을 구입하려고 돈을 빌리고 은행은 이런 모기지를 수천 개 모아 모기지채권으로 묶은 다음 투자자에게 판매했다. 주택 소유자가 대출에 대한 이자와 원금을 내면 이 돈은 투자자에게 건네졌다. 각기 다른 지니메이 증권은 금리도 제각각이었다. 이는 주택 소유자가 대출을 받을 때 동의한 금리 수준에 따라 달라지며 1980년대에는 17%까지 올라간 적도 있었다.

보통 이표금리가 높을수록 채권 가치가 더 높았다. 금리가 하락할 때는 더욱 그렇다. 신규 채권의 이표금리가 8%밖에 안 된다면, 16%인 기존 채권이 훨씬 더 이득이다. 따라서 이표금리가 높은 채권이 훨씬 더 가치가 있다. 그러나 모기지채권은 경우가 좀 다르다. 주택 소유자가 대출금을 선지급할 수 있으며 이런 일이 종종 발생하기 때문이다. 금리가 하락하면 16% 금리로 대출을 받은 주택 소유자는 차환을 통해 더 낮은 금리로 새로 대출을 받고 이전 대출금을 상환한다. 그러면 이전 채권에서 발생하던 이자 지급 흐름이 끊겨버린다. 이 모기지채권을 보유한 투자자는 원금은 받을 수 있지만, 이후로는 이자 수입을 기대할 수 없다. 따라서 고금리 모기지채권을 보유한 투자자는 금리가 하락하면 투자에 따른 혜택을 온전히 보지 못한다.

지니메이 CDR 선물은 지니메이 모기지채권과 연계되어 있었다. CDR 매수인이 기초 자산의 인도를 요청할 때 매도인은 매수인에게 인도할 채권을 선택할 수 있다. 통상적 선물 인도에는 공식이 있었다. 이표금리가 높은 채권대체로 가치가 더 높음은 되도록 덜, 그리고 이표금리가 낮은 채권대체로 가치가 더 낮음은 되도록 더 많이 인도한다. 그러나 이 공식은 모기지 선납과 같은 문제 상황에서는 효용성이 떨어진다. 이표금리가 높은 모기지채권은 선납 없이 20년 동안 이자 수입이 꾸준히 발생하는 20년 만기 채권보다 가치가 낮았다. 이런 결함 때문에 실제로는 매도인이 이표금리가 높은 지니메이 채권을 인도하는 편이 항상 더 싸게 먹혔다. 앞서 언급한 선물 공식에서는 이런 채권을 실제보다 가치가 더 높은 자산으로 취급했다. 이 공식에 따른다면 매도인은 가능하면 이런 채권은 인도하지 말아야 한다.

시장은 이런 사실을 알고 있었다. 선물 트레이더는 최적인도가능cheapest-to-deliver: CDT(인도 시 비용이 가장 저렴한 채권-역주)을 수령한다고 가정하며 지니메이 CDR 선물은 이표금리가 가장 높은 채권 선물로서 가격이 책정됐다.

그러나 세상에 최고 이표금리의 지니메이 채권이 무한히 존재하지는 않는다. 금리가 치솟았다. 이는 이표금리가 높은 지니메이 채권을 계속 보유한다는 의미였다. 그러나 1982년에 금리가 하락하기 시작했다. 최적인도가능 채권인 고高이표 채권 공급량이 감소했고 날이 갈수록 더 부족해졌다.

메일링은 이렇게 회고했다. "선물계약의 가격은 항상 최적인도가능 채권을 기준으로 결정됐고 그래서 기존 가격과 상당한 격차가 벌어졌습니다. 이표금리가 높은 채권은 전체 증권 부문에서 아주 작은 부분을 차지하지만, 트레이더는 이런 가격 결정 알고리즘을 계속 사용했죠. 그래서 우리는 한발 물러나 생각했습니다. '이 채권은 소수에 불과하므로 이런 알고리즘을 사용해서는 안 된다. 계속 이 방식을 고수하겠다면 우리가 참전하겠다.'"

최적인도가능 채권인 고高이표 채권이 무제한 공급된다는 가정에 따라 가격을 결정하는 구조에 문제가 있는데 시장은 아직 이 실수를 알아채지 못하고 있었다.

금융계에서는 상대방이 실수를 하면 이를 최대한 이용할 뿐, "저런, 거래 모형에 오류가 있군요."라면서 바로잡아주는 법은 없다. 이것이 시장 효율성 이론의 핵심이다. 뉴욕이나 시카고 혹은 오렌지카운티에 있는 몇몇 얼간이가 여러분과 고객에게 엄청난 비용이 발생하더라도 그 실수를 바로잡아준다는 가설!

이 선물계약에는 또 한 가지 결함이 있었다. CDR을 영구채perpetual bond:(이자만 계속 내면서 만기를 연장할 수 있는 채권-역주)로 전환할 수 있는 선택권이 있었다. 그렇게 하면 나머지 기간 내내 8% 금리를 계속 지급하게 한다. 이는 금리가 하락할 때 특히 강력한 힘을 발휘한다.

그로스에 따르면 크리스 다이얼리나스와 토의 끝에 이는 선택권이 부여된 계약이라는 사실을 깨달았다고 한다. 그로스는 이렇게 말한다. "금리가 하락하고 매우 짧은 기간 내에 지니메이 모기지 선납이 이뤄지면 이 채권을 보유한 투자자는 매도인이 지급한 8% 영구 '이표'를 계속 취하는 쪽을 선택할 수 있다. 반대로 금리가 상승하면 채권 보유자는 20년 혹은 30년 만기 재무부 채권보다 더 나은 수익을 보장할 가능성이 큰 해당 '담보물'을 계속 보유할 수 있다."

이 선물계약의 다양한 측면을 전부 기록하거나 꼼꼼히 계산해본 사람이 아무도 없는 듯했다. 메일링은 이렇게 회고했다. "우리는 이 미묘한 차이 그리고 우리가 충분한 포지션을 확보할 수 있다는 사실에 초점을 맞췄습니다. 이 부분이 다른 트레이더가 주로 사용했던 가격 결정 규칙보다 훨씬 유용하리라 생각했습니다."

황당하게도 기회는 그곳에 그냥 놓여 있었다. 메일링은 이렇게 말했다. "사람들이 그 가능성에 눈을 뜨기 전까지 우리는 오랫동안 가던 길을 계속 갈 수 있었습니다."

다이얼리나스와 그로스는 속내를 들키지 않으려 애쓰면서 이 계약에 관해 알고 있는 월가 사람들에게 조언을 구하려 했다. 핌코가 헛된 망상에 빠졌거나 너무도 중요한 사항, 즉 전에는 없었던 완전히 다른 계약의 본질을 놓치고 있지는 않은지 확인하고 싶었기 때문이다. 전에 없던 계약임에도 다른 사람들은 예전과 같은 방식으로 거래하고 있었다.

머지는 이렇게 회고했다. "CDR 선물계약의 특성을 월가는 왜 인지하지 못하는지를 알아내는 데 최소한 한 달은 걸렸죠. 마침내 우리는 가격 결정이 완전히 잘못됐다는 사실을 알아냈습니다."

이 선물계약은 완벽한 투자 상품이었다. 무엇을 원하느냐에 따라

영구채가 되기도 하고 단기채가 되기도 했다. 그로스가 생각했던 무위험 상품에 거의 근접했다. 1984년에 한 회의 석상에서 그로스는 이렇게 말했다. "일생에 한 번인 기회였다. 거창하게 들릴지 모르겠으나 정말로 이런 기회는 다시 보기 어렵다는 생각이 들었다. 누가 더 똑똑한가의 문제가 아니라 누가 먼저 알아채 선점하느냐의 문제였다."

핌코 입장에서 가능한 한 많은 고객을 유치하려면 큰 한방이 필요했다. 이를 위해서는 선물 거래가 필요했다. 핌코는 이와 관련해서 노동부가 1982년 말에 이미 연기금에 길을 터줬음에도 불구하고 대다수 고객이 거래에 동의하지 않은 걸 보고, 고객의 신뢰를 얻어내고자 '상품거래 자문가'로 등록했다.

머지는 이렇게 말했다. "시카고상품거래소 교육을 받은 사람을 데려왔고, 우리 투자 전문가 전원은 주말 내내 열심히 공부해야만 했습니다." 그런 다음 전원이 시험을 치렀다. 합격하면 공인 선물 매매인인 상품거래자문가CTA가 된다. 핌코는 워낙 경쟁이 치열한 곳이라 시험에 합격했느냐 여부보다는 점수가 얼마나 나왔느냐가 더 중요했다.

전원이 합격했다. 다음 단계는 고객을 설득하는 일이었다. 애초에 위험 수준이 낮은 상품을 원했기 때문에 핌코 같은 채권 투자 운용사에 자금을 맡겼던 '보수적'인 고객에게 찾아가 투자 귀재 그로스를 믿고, 이름만 들어도 겁이 나는 신종 파생상품 거래를 허용해 달라고 구슬려야 했다. 메일링은 이렇게 회고했다. "이런 상황의 배경이 된 특이한 옵션 그리고 잘못된 가정에서 나온 가격 결정의 오류가 담긴 도표를 작성해 고객을 설득했습니다. 대형 연기금 고객 상당수가 우리가 하는 주장에 솔깃해했죠."

가능한 한 많은 고객을 모아서 선물 거래의 장점을 열심히 설명했다. 아마도 전체 고객 가운데 절반은 이런 행사에 참석했을 것이다.

머지는 이렇게 말했다. "다들 우리가 하는 말에 홀랑 넘어갔습니다."

결국 10여 명이 선물 거래에 동의했다고 한다. 그리고 동의한 고객에게는 참으로 다행스럽게도 말 그대로 대박 거래였다.

고객의 동의와 선물 거래 자격증까지 거머쥔 다이얼리너스와 그로스는 지니메이 선물을 있는 대로 사들이기 시작했다. 시장은 이 탐욕스러운 매수 행위에 주목하면서 너도나도 열심히 팔아치웠다. 제무덤 파는 짓인 줄도 모르고 핌코에게 먹잇감을 대줬다.

메일링은 선물을 계속 사들이면서도 과연 이 작업을 계속해나갈 수 있을지 걱정스러웠다고 회고했다. "시카고 상품거래소 측에서 시장 질서를 교란하는 거래라면서 거래 중지를 요구하면 어떻게 하나 걱정했습니다."

그래도 이 거래를 그만두고 싶지 않았다. 메일링은 다이얼리너스가 자신에게 했던 말을 기억한다. "정말 조심해야 해. 이번에는 괜찮은데 다음에는 어떨지…."

그래서 수개월에 걸쳐 아주 신중하게 선물 거래 포지션을 구축했다. 만기가 다가오면 새로운 계약으로 이연하는 방법으로 눈덩이처럼 선물계약 포지션을 점점 키워나갔다.

메일링은 이렇게 회고했다. "우리는 이 포지션을 계속 늘렸습니다."

그로스는 이렇게 말했다. "우리가 그 시장을 거의 독점했다."

마침내 거래 상대방이 상황을 인식하기 시작했다. 머지는 "마침내 누군가가 뭔가 잘못됐다는 점을 깨달았습니다."라고 했다. 무슨 일이 벌어졌는지는 정확히 몰랐지만, 적어도 선물을 더는 팔지 않으려고 했다. "이 선물 거래를 가능하게 했던 상대방이 이상한 낌새를 채고 사라졌기 때문이죠."

핌코에 선물계약을 팔았던 거래 상대방이 핌코 브로커에게 수건을 흔들어 항복 의사를 전했다. 이로써 시장을 휩쓸던 선물 매수 광풍은 끝이 났다. 핌코는 선물 거래를 통한 가상 노출로 20억 달러를 모았다. 당시 관리하던 자산 총액에 버금가는 어마어마한 규모였다. 믿을 수 없을 정도로 위험한 도박이었다. 성공을 보장하는 강력한 덩크 슛이 없었다면 도박으로 끝났을지도 모른다.

그때 금리가 하락하고 있었다. 메일링은 이렇게 기억하고 있었다. "우리는 '좋아, 이제 음악이 끝나고 있어. 다들 제자리로 가 앉을 시간이군'이라고 말했습니다." 핌코는 월가를 향해 선물 인도에 대한 권리를 행사하겠다고 했다. 그때 모두가 이 계약을 자세히 들여다봤다. 그로스는 이렇게 말한다. "대다수가 이 '옵션'에 관해서는 모르는 듯했지만, 이 사실이 빠르게 퍼졌고 CDR 가격은 폭등했다."

메일링과 피셔는 이 거래를 성사시키려고 그해 어느 여름날 파생상품의 '탄생지'이자 이번에는 파생상품의 '무덤'이 될지도 모를 시카고로 날아갔다.

사실상 이 거래가 가능했던 이유는 세부 사항까지 살펴본 피셔의 꼼꼼함과 정확성 때문이라 해도 과언이 아니다. 덕분에 회계 및 거래 과정에서 민첩성을 발휘할 수 있었고 그래서 지니메이 CDR 같은 파생상품과 모기지유동화증권 같은 구조화 상품을 취급하는 복잡한 거래를 감행할 수 있었다.

피셔는 고객에 대한 의무나 이해가 상충하는 일이 없도록 자사 고객이 거래하지 않는 '중립적인' 은행을 선택하기로 했다. 피셔는 자신이 확보한 은행 명부를 훑어보면서 시카고에서 선물계약의 거래 대상인 기초 자산을 인수할 은행을 찾아냈다. 시카고상품거래소에게 거래 확인을 받은 후 은행에 들러 전화로 이미 합의한 사항을 마무리 지을 참이었다. 은행이 개별 서비스 제공사한테서 현금을 수령한 후 그 돈을 핌코 측에 전달한다는 내용이었다.

피셔는 그다음 상황은 기억하지 못했다. 그러나 딘 메일링은 이 부분을 비교적 정확하게 기억했다. 핌코 팀원이 또 다른 은행 앞에 차를 세우고 우르르 쏟아져 나왔다. 이들 뒤에는 무장 경호원이 차렷 자세로 서 있었다. 은행 안으로 들어가 직원에게 인사를 건넸고 은행 직원은 공손하게 이들을 맞았다. 그 안에서 신원을 확인할 증명서와 인수할 물품에 관한 서류를 작성했다.

은행 직원이 서류를 검토했다. 그러더니 다른 직원에게 이렇게 중얼거렸다. "지니메이를 많이 받았는데 왜 이것밖에 없지? 금고로 가서 더 찾아와야겠어."

그래서 이들이 메일링과 피셔를 금고로 안내했다. 금고 쪽으로 걸어가는 동안 피셔는 가장 최근의 진행 상황까지 꼼꼼히 살펴야 한다면서 세부 사항을 일일이 다 점검했다. 은행 직원이 바닥에 더플백을 내려놓고 서류 뭉치를 그 안에 담았다. 작업을 끝낸 이들은 지퍼를 채워 가방을 잠근 다음 바퀴 달린 수레에 실어 밖에서 대기 중인 트럭까지 끌고 갔다.

깔끔하고 효율적인 작업 과정이었다. 30분 만에 작업을 완료했고 길어야 45분이었다.

이날 이 작업을 한 금융기관이 서너 곳 더 있었다. 은행 직원에게 서류를 보여주고 기다렸다. 그러는 동안 산더미처럼 쌓인 서류를 하나씩 넘겨가며 확인한 다음 더플백에 던져 넣는 모습을 지켜봤다.

메일링은 이렇게 회고했다. "우리는 지니메이 저금리채를 상당량 인수했습니다. 이는 금과 다름없는 자산으로 지니메이 고금리채보다 20% 정도 더 가치가 있었습니다. 고객에게 이익을 돌려주는 자산이면 그 무엇이라도 상관없었습니다." 메일링은 이번 거래에 대해 크게 두려워하지도 걱정하지도 않았다. "이 증권이 유통 가능한 채권이 아니라는 사실을 알고 있었으니까요." 모기지 증서 다발을 누군가 도둑질해가리라는 생각도 들지 않았다. 핌코에게는 금처럼 가치 있는 증서일지 몰라도 다른 사람 눈에는 그저 서류 뭉치에 불과했을 테니 말이다.

복잡하고 번거로웠던 선물 인도·인수 작업이 마무리됐다. 피셔는 들어오는 대금을 꼼꼼히 추적해 이 자금이 가야 할 곳에 정확히 들어갔는지 확인했다. 유리로 된 사무실 외벽을 빙 둘러 컴퓨터 처리 작업을 끝낸 서류 더미를 60센티미터는 족히 되는 높이로 쌓아뒀다. "덕분에 이중으로 점검해서 모든 계정에 자금이 정확히 들어갔는지를 확인할 수 있었습니다."

핌코는 수개월 동안 이 증서를 보관했다. 매달 각 계약에서 635달러를 벌었다.

전체 거래 상황 중 그로스만 기억하는 부분이 있었다. 그로스는 이 거래를 완료하는 데 약간의 재량이 필요했다고 말했다. "우리는 최적의 비용으로 모두가 빠져나갈 출구를 마련하고자 LA 공항 게스트룸에서 살로몬브라더스_{Salomon Brothers} 측과 만났죠." (핌코는 이 사실을 부인했다.)

핌코가 진행한 대형 거래 때문에 결과적으로 이 상품이 망가졌다. 지니메이 CDR은 등장 즉시 큰 인기를 누렸고 1980년까지 연간 거래량이 230만 계약을 넘어섰다. 그러나 1985년이 되자 유사 상품이 시장에 넘쳐나면서 거래량이 9만 계약 이하로 떨어졌고, 1987년에는 1만 계약 밑으로 떨어지는 등 사실상 투자 상품으로서의 수명을 다했다.

메일링은 이렇게 말했다. "핌코 때문에 사람들이 이 선물계약에 심각한 결함이 있음을 깨달았습니다."

핌코는 애초에 시장을 '독점'할 생각이 없었다. 그저 해당 상품의 결함을 십분 이용했을 뿐이다. '시장 독점'은 '목적'이 아니라 다만 이 거래를 수행하는 '수단'이었다는 뜻이다.

메일링은 이렇게 말했다. "여러분이 만약 은 시장을 독점하려 했던 헌트 형제 같은 사람이라면 그렇게 생각할 수도 있겠습니다. 그러나 우리는 한 푼이라도 이익을 내는 일이 중요했고 그런 일이 가능한 시장에서 거래를 했을 뿐이에요. 그리고 저는 시장을 독점하려는 사람들은 뭔가 더 야심차고 혁신적인 전략을 찾아내려 하지 않았을까 생각합니다. 어쨌든 우리는 우리를 믿고 투자해준 고객에게 이익금을 조금이라도 더 되돌려주는 데서 기쁨을 느꼈습니다."

핌코는 이 거래로 약 7천만 달러를 벌어들였다. 지금의 핌코를 생각하면 새 발의 피에 불과한 수치지만, 1983년 당시로서는 엄청난 규모였다. 상대적 규모로는 핌코의 역대 최고 거래에 해당한다. 이 거래에 참여했던 용감한 고객에게 그해 연말에 2%를 더 추가한 실적을 건넬 수 있었다.

이보다 훨씬 더 가치 있는 일은 바로 선례를 만들었다는 점이다. 즉 이 거래로 핌코는 파생상품 거래를 더욱 적극적으로 할 수 있게 됐다. 핌코의 한 파트너는 이렇게 말했다. "이 부분이 정말 중요했습니다. 이를 계기로 우리 고객을 파생상품 거래에 끌어들일 수 있었고 특별한 거래에 관한 흥미로운 이야깃거리가 생겼기 때문이죠. 한편으로는 판매가 매우 어려운 상품이어서 합법적으로 연금 관련 증서를 다시 작성해야 하는 번거로움이 있었습니다. 이와 관련해서는 퍼시픽뮤추얼 소속 변호사로부터 법적인 도움을 받았습니다. 고객의 퇴직연금 계획에 이 복잡한 신종 파생상품을 끼워 넣었던 과감한 선택이, 다행히도 일생에 한 번 있을까 말까 한 대박을 안겨줬습니다."

이 파트너는 핌코가 초창기에 다른 경쟁사를 압도할 수 있었던 가장 큰 이유는 누구보다 먼저 파생상품 관련 세부 사항을 꼼꼼히 들여다봤기 때문이라고 말했다. 또 핌코가 이 일을 할 수 있었던 이유는 지니메이 선물계약이 너무도 매력적이라 선물 거래에 관한 고객의 동의와 함께 관련 자격증을 취득할 수 있었기 때문이라고도 했다. 선물계약 같은 대단한 거래는 일찍이 없었다. 이후 구조적으로 정교한 이 같은 거래 유형이 시장에 끊임없이 등장하면서 추가 이익 창출원의 역할을 톡톡히 했다. 이들은 선물 거래가 핌코의 미래를 견인하리라 생각했다. 그로스와 다이얼리나스가 이끄는 핌코는 새로운 계약에 가장 먼저 손을 대는 축이었고, 사소한 특성 하나하나까지 꼼꼼히 살피며 승리 전략을 모색하려는 이런 태도가 적어도 수십 년 동안은 핌코 고객에게 수익을 안겨줄 것이었다.

1983년의 지니메이 CDR 선물 거래로 핌코에 대한 월가의 평판도 달라졌다. 전에도 거래 실적이 좋다는 평판은 받아왔으나 이번에는 겁이 날 정도로 두뇌가 명석한 '무서운 투자자'라는 부분에 초점이 맞춰졌다. 탁월한 통찰력도 주목받았다. 시카고 트레이더 한 명은 핌코에게 완전히 '당했다'고 표현했다. 메일링은 이번 거래로 핌코를 전혀 모르는 사람들에게 핌코는 뭐든 잘 해낼 수 있다는 점을 입증했으며 "다른 곳에서 기대할 수 없는 대단한 통찰력이 있었습니다."라고 자부했다.

모기지 부문에 관한 한 핌코만 한 전문가가 없다는 사실도 입증했다. 1980년대만 해도 시장은 아직 이 상품을 제대로 이해하지 못하고 있었고 그런 상태가 꽤 오래 지속될 것으로 보였다. 운 좋게도 핌코는 모기업인 생명보험사 퍼시픽라이프에서 매우 가치 있는 자산을 물려받았다. 보험회사에서 분리해 나온 회사였기 때문에 발생주의 회계 원칙을 근간으로 하고 있었으며 이 원칙은 모기지 증권 거래에 완벽하게 들어맞았다. 머지는 이렇게 말했다. "이자 소득 흐름과 원금 흐름을 추적할 수 있기 때문에 우리에게 이 원칙이 엄청나게 도움이 됐습니다."

머지는 당시 다른 자산운용자들이 이자와 원금 지급을 은행에 맡겼는데 종종 실수를 저질렀다고 기억한다. "우리는 고객의 포트폴리오에서 모기지를 매수했는데, 은행들이 고객에게 원금과 이자를 주지 않았습니다. 그래서 우리가 은행에 찾아가서 원금 및 이자 지급 청구를 해야만 했죠. 결과적으로 우리는 관리 측면에서뿐만 아니라 투자 측면에서도 상당한 구조적 가치를 얻을 수 있었습니다."

이번에도 팻 피셔의 활약이 두드러졌다. 복잡한 회계 절차를 다루는 효율적인 체계와 완벽한 거래 실행력을 통해 차별화된 거래를 완수하면서 월등한 실적을 견인했다.

피셔는 자신이 고안한 은행 순위 체계를 십분 활용했다. 핌코가 가끔 던지는 터무니없는 요구에 대한 반응성이라든가 정확성 같은 다양한 측정 지표에 대한 수행 능력을 5점 척도로 평가한 순위표였다. 은행들이 알게 되면 당연히 가장 높은 순위를 차지하려고 애쓰게 되어 있다. 이는 계속된 구조적 문제에 대해 피셔가 내놓은 실용적 차원의 해법이었다. 피셔는 전체의 강도는 가장 약한 고리가 결정한다고 느꼈다. 그래서 각 은행에 자신이 만든 평가 체계에 관한 이야기를 들려줬다. 그러자 핌코에 대한 서비스가 좋아졌고, 정확성, 적시성, 도움을 주려는 의지 등의 점수가 크게 향상됐다. 이 은행 평가 체계는 핌코가 가끔 터무니없는 요청으로 은행을 성가시게 하든 말든 상관없이 서로 경쟁하게 하는 데 탁월한 효과를 발휘했다.

핌코는 이처럼 정교한 관리 및 행정 업무를 바탕으로 모기지 부문에서의 장기적 우위를 공고히 했다. 핌코는 경쟁사보다 모기지를 더 많이 매수하기만 하면 됐다. 이는 동종업계에서 핌코가 오랫동안 우위를 점할 수 있었던 주된 이유이기도 했다. 1984년 당시 핌코는 모기지채권시장 점유율이 상당했다. 당시 시장은 모기지채권에 대한 이해가 매우 부족했기 때문에 다른 사람들이 이 채권에 익숙해지는 데 족히 수십 년은 걸렸다. 최소한 수십 년 동안 핌코가 이 분야에서 안정적인 우위를 점할 수 있었다는 의미였다.

금융위기가 발생하기 전에 문제를 인식할 수 있었던 이유도 여기에 있었다. 핌코는 모기지채권을 활성화하는 도구와 관련 파생상품을 모기지유동화증권 시장에 널리 퍼뜨리는 데 결정적인 역할을 하면서 수십 년 동안 이 상품에 대한 수요를 창출해왔다. 그래서 변형 상품에 적절히 대응할 수 있었다. 핌코는 모기지 파티를 시작한 장본인이지만, 여기서 큰 이익을 내고는 누구보다 먼저 이 파티에서 자리를 떴다.

핌코가 누린 이점은 구조적인 특성이기도 했다. 기술적으로는 누구든 가설에 오류가 있음을 발견하고 여기에 이익 기회가 있다는 점을 알아챌 수 있었다. 실제로 이런 사실을 눈치챈 사람도 있었다. 그러나 기존 은행과 투자 회사는 각종 의무와 규정의 제약을 많이 받았다. 그리고 선물계약이라는 칼날 위에서 춤추는 일에 뛰어들기는 쉽지 않았다.

그러나 핌코는 그렇게 했다. 시장을 독점하는 것은 더할 나위 없이 행복한 일이고 당국이 중지를 명하면 그 명에 따르면 된다. 고객의 이익 창출에 조금이라도 도움이 된다면 합법과 불법을 가르는 좁다란 경계 사이를 아슬아슬하게 오가는 일도 행복했다.

전 핌코 파트너에 따르면 그로스는 무엇이 고객에게 유익한지 잘 알고 있었다. 남보다 나은 성과를 내는 일이 바로 그것이었고 이를 위해 필요한 일은 다 할 사람이었다. 이 파트너는 곰곰이 생각하더니 당국이 내놓는 규정이 완벽하다면 고객에게 유익한 일은 전부 합법적이지 않겠느냐고 말했다. 그러나 현실은 그렇지 않았다. 그로스는 늘 책략을 구사하는 능력에 제동을 거는 독단적이고 임의적인 규정 때문에 실망감이 컸다. 그로스를 실망케 한 규정은 조악하거나 엉성하거나 너무 모호했다. 이는 또한 핌코의 준법 감시자가 거래장으로 걸려올 껄끄러운 전화에 충분히 대비해야 한다는 의미이기도 했다. 투자 관리자는 어째서 몰래 시장을 독점해서도 안 되고 규정을 위반할 정도로 계약 사항을 악용해서도 안 되는가? 누군가에게 이는 떳떳하지 못한 행위일 수 있지만, 고객에게 더 많은 이익을 창출해주는 아주 유익한 일이기도 한데 말이다.

대다수 핌코 직원, 특히 핌코를 창립한 원로에게는 한 발짝이라도 고객을 안전지대 밖으로 끌어내는 것이 중요했다. 더 많은 이익을 창출할 기회는 안전지대 밖에 있기 때문이다. 그렇지만 규제 당국과의 관계에서 불필요한 문제를 일으킨 적은 거의 없었다. 수십 년 동안 영업하면서 영업 중지 통지서 한 번 받은 적 없고, SEC로부터 '웰스 노티스'Wells Notice: 법적 조치 대상 기업에게 사전에 해명을 요구하는 소송 전 해명 요구 통지서'도 받은 적이 없었다. 전 핌코 직원의 말대로 이는 분별력 있는 통화 덕분일 수도 있다. 누군가 이런 전화를 받으면 이도 저도 아닌 중간 영역에서의 거래에 위험을 느끼고 확실한 영역으로 일단 되돌아왔기 때문이다.

2012년에 핌코가 반드시 성공해야 하는 신종 ETF를 출시했을 때는 강점인 파생상품 활용 능력을 제대로 발휘할 수 없는 상황이었다. 이때도 그로스는 시장에서 돌파구를 찾아보려 했다. 통상적으로 사용하던 책략을 사용할 수 없게 되면 이들은 늘 다른 방법, 즉 레버리지가 내재된 증권이라든가 특정 사항을 명시적으로 배제 또는 금지하지 않는 조항 같은 법적 허점을 찾아내려 한다.

이때 구조화 상품 담당자가 이런 제안을 했다. "통상적 거래 단위 이하로 거래하는 단주端株 및 단물端物 포지션을 몇 가지 찾아낼 수 있다."

채권업계 가격 책정 체계에 내재된 허점을 이용하겠다는 의미였다. 대형기관 투자자는 최소 100만 달러 단위로 채권을 매수한다. 그러나 시간이 지나면 대출금이 상환되기 때문에 모기지 규모가 줄어들 수밖에 없다. 따라서 끝까지 남아 유통되는 소규모 모기지채권은 시장의 외면을 받으며 결국에는 잊히고 만다. 이렇게 해서 이른바 '단주' 물건이 생성되는데 이는 정상적 '거래 단위'가 아니라서 거래가 쉽지 않다. 대다수 투자자는 이런 소형 채권은 여러 면에서 성가시다고 생각하기 때문에 주로 할인된 가격에 거래된다.

핌코는 여기서 기회를 포착했다. 통상적으로 포트폴리오의 가치는 매일 고객과 시장에 보고해야 한다. 주식은 증권거래소에서 거래되고 공식 종가가 매일 발표되는 데 반해 특히 모기지유동화증권 같은 대다수 채권은 거래가 드물게 이뤄지는데다 시장가 정보도 쉽게 얻을 수 없다. 그래서 자산운용사는 외부 가격 결정 서비스에 의존해 매일 채권 가격을 추산한다. 이때 이전 거래 가격과 은행이 제시하는 가상 거래 가격 그리고 비슷한 채권과 비교한 가격 등 다양한 지표를 고려해 채권 가격을 추정한다. 이런 외부 서비스를 통해 산출한 가격이 바로 핌코 같은 회사가 고객에게 보고하는 그 가격이다.

이런 가격 결정 서비스는 대체로 통상적 거래 단위를 기준으로 한다. 머리가 잘 돌아가는 채권 전문가라면 더 싼 가격에 '단주' 채권을 대량으로 매수한 다음 이 가격 정보를 기존 가격 결정 체계에 끼워 넣고 표준 거래 단위 수준으로 가격이 맞춰지는 모습을 지켜볼 수 있다는 의미다. 여기서 수익이 발생한다. 대놓고 광고할 일은 아니지만, 불법 행위도 아니었다. 자산관리자가 신규 채권을 다량 확보해 수많은 계좌에 고루 분배할 때 이런 상황이 종종 벌어진다. 펀드는 특정 자산의 비중이 너무 높으면 안 되었으므로 규모가 작은 펀드에서 '단주'가 발생할 가능성이 컸다.

구조화 상품 담당자는 이런 가격 결정상의 허점이 "즉각적인 수익 발생에 도움이 된다."라고 제안했다.

2012년 3월 2일에 그로스는 채권업계의 에밀리 디킨슨_{Emily Dickinson}이라도 되는 양 특유의 으스대는 어조로 다음과 같은 지시문을 써 채권 거래 부서에 보냈다. "2시간 안에 각자 활동하는 지역에서 거래 마감 후 오늘 밤 가격 결정 서비스를 통해 표시될 가격보다 2포인트 이상 싼 채권 100만~200만 좌를 찾아오라."

트레이더 군단은 지시받은 대로 했다.

3월 9일에 핌코는 64.9999달러에 단주를 사들여 가격 결정 체계에 산입_{算入}했다. 그 결과 가격이 82.7459달러가 됐다. 단번에 27% 수익이 난 것이다. 단 하루 만에 이 거래만으로 ETF의 '순자산가치_{보유 자산의 누적 가치}'는 주당 약 0.02달러가 올랐다. 그리고 이는 수많은 단주 가운데 하나에 불과했다.

거래 감시가 주 업무인 핌코 내 가격 결정 부서가 이런 가격 변화에 주목했다. 핌코에서는 매수 가격과 가격 서비스 제공사가 제시한 가격 간에 큰 차이가 날 때마다 자동으로 이 부서에 통지되었고, 그때마다 해당 부서는 해당 트레이더에게 서비스 제공사의 가격에 이의를 제기했느냐고, 또 자신의 가격 결정이 옳고 서비스 제공사가 틀렸다는 점을 입증할 증거가 있느냐고도 물었다. 해당 트레이더가 응답을 하지 않으면 그 가격에 이의를 제기한 것으로 간주했다.

3월 12일에 가격 결정 부서 직원이 해당 모기지유동화증권 트레이더에게 이메일을 보내 이 거래가 자사 ETF의 순자산가치에 '잠재적으로' 영향을 미쳤다고 했다. 그러자 해당 트레이더는 "이의 제기의 필요성을 느끼지 못한다."면서 같은 채권이라도 대량으로 거래하면 이보다 더 낮은 "80달러대에서 거래될 가능성이 크다."라고 주장했다.

그로스는 3월 23일에 또다시 이 모기지유동화증권 트레이더에게 직접 쓴 메모를 보냈다. '가격이 싼 단주'로 비기관 MBS를 더 찾아보라는 내용이었다.

그리고 이런 거래에 보상을 제공했다. 바람직한 행동과 아이디어에 대한 보상으로 트레이더에게 '금별'을 줬다. 금별 하나는 현금 1천 달러와 교환할 수 있었다. (반대로 부실한 의사소통에 대해서는 '벌점'을 부과했다.) 싼 가격에 단주를 매수한 트레이더는 누구든 금별을 받았다.

한 달이 지나자 효과가 나타났다. ETF가 토털리턴 펀드보다 더 나은 성과를 냈다. 3월에 토털리턴 ETF의 수익률이 1.6%였는데 토털리턴 뮤추얼 펀드는 0.04%에 그쳤다. 기준 지수인 바클레이즈종합채권지수_{Barclays Capital Aggregate Bond Index}는 마이너스 0.6%로 손실이 났다.

핌코는 이 전략을 고수했다. ETF는 출시 후 첫 4개월 동안 총 150묶음이 넘는 단주를 3천 700만 달러어치나 매수했다. 토털리턴 펀드나 핌코 전체 자산으로 보면 미미한 수준이지만, 막 출시해 아직 소규모였던 ETF로서는 의미 있는 규모였다.

6월 말이 되자 격차가 더 벌어졌다. ETF는 출시 이후 6.3%의 수익을 냈는데 ETF가 추적하는 토털리턴 펀드는 2.8% 수익을 내는 데 그쳤다.

펌코 내부적으로는 문제가 없었다. 거래의 합법성을 따지는 규정 준수준법 감시 부서는 ETF가 좋은 성과를 올린 이유는 단주 매수 전략 덕분이라는 점을 알고 있었고 가격 결정 부서가 승인한 내용이라는 점도 언급했다. 그런데 외부에서 가격 결정상의 허점이나 이 허점을 펌코가 이용하고 있다는 사실을 아무도 몰랐다. 따라서 뮤추얼 펀드와 수익률 격차가 점점 더 벌어지는데도 고객이나 언론에 이유를 제대로 설명할 수 없었다. 사람들은 궁금해하기 시작했다. 〈월스트리트 저널〉의 커스텐 그라인드Kirsten Grind는 그로스가 "엄청난 위업을 이뤄내며 자신의 최고 실적마저 갈아치웠다."라고 평가했다.

드디어 상품 관리부가 이 부분을 설명할 방법을 찾아냈다. 4월 초에 성과 격차의 이유를 고객에게 설명해야만 하는 영업사원에게 '내부용' 자료를 만들어 배포했다.

"토털리턴 ETF는 특별히 유리하게 실행한 모기지 거래에 가중치를 부여해 큰 이득을 봤다. 잘 알려진 대로 모기지시장의 비효율성 덕분에 자산관리자가 추가로 가치를 창출할 기회를 얻었다." 이런 식이었다.

완전히 틀린 말은 아니다. 그러나 이들이 '추가'했다는 '가치'는 채권을 특정한 가격에 산 다음 이보다 높은 가격으로 '보고'해서 얻어낸 가치가 아니던가! 실제로 몇 년 후 펌코는 이 보고된 가격에 근접한 가격으로 단주 상당수를 매도할 수 있었다. 어쨌든 어떤 질문에도 대답할 수 있게 됐고, 그 정도면 충분했다.

〈월스트리트저널〉은 ETF가 이런 놀라운 성과를 낸 이유는 주체할 수 없이 몸집이 큰 뮤추얼 펀드보다 상대적으로 작았던 규모 덕분에 가능했다고 평가한 전문가의 견해를 소개했다. 그로스는 그라인드에게 "ETF는 확실히 우리 기대를 한참 뛰어넘었다."라고 담담하게 말했다.

핌코 ETF 전략가는 〈파이낸셜타임스〉에 이렇게 말했다. "사람들은 ETF가 올린 성과에 매우 만족해했고 유동성과 거래량에도 크게 만족했다. 그동안 우리가 접근할 수 없었던 고객층에 새로이 다가가고 있다는 기분이었다."

핌코에게 중요한 것은 성과와 규모였다.

제9장

성장하지 못하면
끝이다

끔찍했던 2008~2009년 주식시장 폭락 사태를 겪은 후 안전자산을 찾아 채권시장으로 엄청난 자금이 몰렸다. 채권 가격이 일제히 급등했다. 처음에는 어쩌다 생긴 요행이려니 생각했으나 2013년이 되자 이런 흐름이 더욱 굳건해졌다. 수많은 기업이 채권시장 문을 두드렸고, 신규 회사채가 나오면 투자자는 누구보다 먼저 사려고 달려들었다. 이렇게 되면 기업으로서는 회사채 발행을 통한 자금 조달이 수월해진다. 회사채 수익률이 그 어느 때보다 낮아졌는데, 심지어 금융위기 이전보다 낮았다. 신규 채권이 나오면 무조건 사고 보자는 풍조였다. 새로 발행되는 채권은 공식 발행이 되기도 전에 회색 시장gray market(암시장과 일반 시장의 중간쯤 되는 시장으로 대개 품귀 상품이 비싸게 판매됨-역주)에서 가격이 급등했다.

위기 이후에 나온 새로운 규정 때문에 은행은 영리 목적의 거래용 채권을 보유하기 어려워졌다. '매도 부문sell side'은 '매도'만 해야 했다. 이 때문에 힘의 균형이 '매수 부문buy side'으로 기울었다. 어느 시장으로든 갈 수 있는 대형 헤지펀드와 초대형 자산운용사 쪽으로 말이다. 블랙록, 티로프라이스T. Rowe Price, 웰링턴Wellington 등이 여기에 해당한다. 물론 핌코도 포함된다.

은행 앞을 가로막는 규제는 거래 속도 둔화라는 부작용을 낳았다. 그래서 갑자기 '채권시장 유동성'을 걱정하는 상황이 됐다. 채권시장이 하락하기 시작할 때 은행이 아니라면 누가 채권을 매수하려 하겠는가? 떨어지는 칼은 아무도 받아들려 하지 않는다. 이런 푸념은 주로 은행 쪽에서 나왔다. 당국이 규제를 풀어줘야 한다는 취지였다. 그러나 규제의 반사적 이익을 받는 매수 부문과 이들에 우호적인 언론이 이런 추세를 더욱 공고히 했다.

이런 상황이 핌코에도 영향을 미쳤다. 관리 자산 규모가 일정 수준 이상 불어나면 관리가 어려워지지 않을까? 핌코의 성장 속도가 적극적 채권 거래 부문이 성장하는 속도를 앞질렀는가? 엄청난 자금이 채권시장으로 쏟아져 들어오는 상황에서 채권을 더 매수하라고 재촉하면 담당 자산관리자는 투자 가치 여부와 상관없이 눈에 들어온 상품을 닥치는 대로 사들이게 되지 않을까? 시장 추세가 전환되고 40년 동안 이어진 채권 상승장이 끝나 가격이 하락하면 어떻게 될까? 채권을 엄청나게 많이 보유한 운용사는 어떻게 될까?

2012년 말이 되자 핌코가 관리하는 자산 규모는 2조 달러에 육박했다. 고객과 경쟁사, 언론까지 핌코의 몸집이 너무 커져서 관리가 제대로 될지 모르겠다며 수군거렸다. 그로스도 수년 동안 이 질문을 받았다. 2003년에는 〈리스크Risk〉, 2009년에는 〈포춘〉, 2010년에는 〈월스트리트저널〉이 똑같은 질문을 했다. 고객도 이 점이 궁금하기는 마찬가지였다. 그로스는 1980년대에도 이와 똑같이 걱정하는 말을 들은 바 있었다.

이런 질문을 받을 때면 그로스는 항상 핌코 특유의 '구조적' 접근법 덕분에 양호한 실적을 유지하는 데 아무 문제가 없다고 주장했다. 3~5년을 내다보는 장기적 전망, 효율적인 거래 방식, 신중하면서도 누구보다 높은 위험 수준을 감수하는 능력, 최대한 이익을 내려는 근성, 시간을 이익으로 바꾸는 능력 등을 꾸준한 실적을 유지하는 비결로 꼽았다.

그로스는 2003년에 한 연설을 통해 질문에 이렇게 답했다. "블랙잭 판에서 우세한 승률로 승기를 잡듯이 이런 특성이 우리에게 유리한 승률을 보장한다." 연설 도중 화제를 바꿔 이런 말을 했다. "성공적인 기업은 규모와 성공이라는 '병폐'에 먹히지 않도록, 즉 지나친 자만과 너무 많은 자금에 지배당하지 않도록 항상 경계해야 한다. 핌코가 부패했는지를 평가하려면 고객 우선주의가 얼마나 변질됐는지, 또 성장 대신 현상 유지와 보존에 얼마나 집착하는지, 이익에 대한 강박적 욕구에 얼마나 휘둘리는지를 살펴봐야 한다."

그로스는 또한 "기업을 망가뜨리는 요소는 규모 그 자체가 아니다. 거대한 규모에 뒤따르는 불필요한 장치와 부속물이 문제다. 이 나라에서 가장 훌륭하고 성공적인 자산운용사에 속한다는 사실에서 오는 지나친 안도감을 경계해야 한다. 관리 자산이 너무 많은 데서 비롯되는 외파外破보다 내부적 문제로 자초한 내파內破에 당할 확률이 더 높다. 핌코가 외파로 무너질 가능성은 그리 크지 않다."라고 말했다.

2003년에 핌코가 관리하는 자산이 3천억 달러가 넘었다. 10년 만에 6배가 늘었지만, 아직 최대 규모에는 이르지 못했다. 블랙록의 자산 규모는 4조 달러를 넘어섰다. 수수료가 적은 ETF에 힘입은 바가 컸다. 경쟁사와 비교하면 핌코는 아직도 성장의 여지가 있으며 더 큰 수익을 올릴 가능성이 컸다.

그러나 규모에 관한 한 핌코도 블랙록과 같은 배를 탄 셈이었다. 둘은 같은 범주에 속한 기업으로서 채권시장을 지배하는 양대 업체라 해도 과언이 아니다. 블랙록과 핌코는 한때 은행이 지배했던 곳에서 파생상품시장과 스와프시장을 양분하며 업계 기준을 설정하는 위치에 있었다.

두 업체가 지닌 막강한 영향력을 고려할 때 과도한 규모라고 하면 어느 정도를 말하느냐의 문제를 더는 피해 갈 수 없었다. 규제 당국과 정치인 사이에서는 어디를 '대마불사'급 기업으로 보느냐가 여전히 큰 쟁점이었다. 즉, 구제를 해줘야 할 정도로 중요한 곳이 어디냐에 관해 여전히 의견이 분분했다. 2010년 '도드-프랭크 월가 개혁 및 소비자보호법Dodd-Frank Wall Street Reform and Consumer Protection Act'에 따라 설립된 금융안정성감독위원회Financial Stability Oversight Council: FSOC는 은행 등 업계의 다양한 의견을 수렴해 '체계상 중요한 금융기관Systemically Important Financial Institutions: SIFI'이라는 더 포괄적인 범주에 대한 기준을 마련했다.

자산 규모가 500억 달러 이상인 은행은 자동으로 SIFI로 간주됐다. 2013년 7월에 FSOC는 표결을 통해 AIG와 GE캐피털도 SIFI에 포함시켰다. 워싱턴 정가에는 SIFI에 들어갈 기업이 더 있다는 공포감이 감돌았다. FSOC는 보험사를 시작으로 SIFI 명단을 늘려나갔다. 재무부 조사 보고서를 보면 자산운용사도 포함되리라는 예상이 가능했다.

블랙록과 핌코는 이를 바람직하지 않은 흐름으로 봤다. '금융 체계상 중요한 기업'이라는 꼬리표가 붙으면, 은행처럼 엄격한 규제라는 덫에 걸리고 만다. 비싼 변호사를 고용해야 하고 다양한 수익 활동에도 제동이 걸린다. 위험 감수 수준에도 한계가 생기고 금융시장의 취약 지점을 찾아 수익 창출 기회로 삼고자 그동안 신중하게 구축했던

'구조적으로 유리한 장치'도 활용할 수 없을지 모른다.

핌코는 자산운용업 단체와 함께 워싱턴으로 로비스트를 보냈다. 로비스트는 연방준비제도이사회에서 핌코와 블랙록은 자산을 소유한 것이 아니라 고객을 대신해 투자한 것이라고 주장했다. 자산 가격은 오르기도 내리기도 하는 법이고 자본시장은 본래 그렇게 돌아가기 때문에 이들 업체는 구제금융이 필요하지도 않다고 했다. 올바른 지적이었다. 더불어 고객 대다수가 소액으로 투자하는 개인이라는 점을 지적했다. 수많은 개인투자자가 십시일반으로 모은 자산이 어떻게 위험할 수 있는가?

SIFI에 올리겠다는 '위협'이 하필 시기적으로 안 좋은 시점에 나왔다. 금융위기 이후 핌코는 이익이 증가했다. 신규 고객 자금이 핌코의 고정 수익 뮤추얼 펀드에 몰렸기 때문이다. 핌코는 신상품인 토털리턴 ETF에 대한 기대가 컸지만, 성장세가 기대만큼 두드러지지는 않았다. 이익 증대가 이뤄지지 않으면 직원에 대한 보상 체계에도 차질이 생길 수밖에 없다.

핌코 직원에게 있어 '보상'은 악마와의 거래와도 같았다. 열악한 업무 환경에 대한 최소한의 보상이자 미끼였고 핌코를 선택해준 직원에 대한 애정의 표현이기도 했다. 보상이 충분히 이뤄지지 않는다면 누가 열악한 근무 환경을 견뎌내겠는가? 보상이 신통치 않다면 멋진 뉴욕을 떠나 황량하기 그지없는 서부 촌구석으로 올 이유가 어디 있겠는가? 이곳에서 근무하면 동부에 사는 가족도 보기 어렵고 권태로움을 달랠 서핑이나 부동산, 요가나 발레 교습 등에 대한 관심도 점점 시들해진다. 새벽 공기에 익숙해져야 하는 하루, 사내 정치 공작, 무례함, 그로스를 비롯한 윗사람이 끊임없이 보내는 이메일. 숨이 턱

턱 막힌다. 그 어떤 곳보다 두둑하게 챙겨주는 급료가 이런 극한의 환경에서 근무하는 대가였다. 고위 경영진은 그렇게 두둑한 급료를 챙기고 있고, 하위 직원은 앞으로 이런 보상을 받게 되리라는 기대와 희망으로 하루하루 버텼다.

문제는 이런 보상 대부분이 이익 증대를 전제로 한다는 점이었다.

핌코 직원은 기본급 외에 성과에 따른 상여금을 받았다. 금융업계에서는 일반적인 일이다. 파트너는 연간 수익에서 일정 비율을 더 받는다. 보통 연수익의 30% 정도였다. 그로스는 고정적으로 26%를 받았다가 2000년대에 자발적으로 이 비율을 낮춰서 20%를 가져갔다. 이것도 상당한 비율이지만, 이에 관해서는 내부적으로 마찰이 거의 없었다. 그로스가 핌코를 창업했고 전략을 고안했으며 시장도 창조했다. 공동 창업자 중 유일하게 남은 사람이었고 핌코를 대표하는 얼굴이었다. 전략을 비롯해 거의 전부 그로스가 결정했다. 이런 점을 생각하면 20%는 꽤 합리적인 수준이었다.

이외에 수석 부사장, 부사장급 이사, 파트너 등 고위 경영진은 회사 소유 지분 일부를 보유했다. 이를 '그림자 지분shadow equity'이라고 한다. 이는 원래 알리안츠가 핌코를 인수할 때 합의한 이익 분배 계약상의 'B 주식B share'이며 B 유닛B unit이라고도 한다. B 주식 소유자는 개인 자산이 엄청나게 불어났다. 그래서 'B'는 억만장자Billionaire를 의미한다고도 했다.

그러나 알리안츠 인수 이후에 핌코에 들어온 사람에겐 B 주식을 받을 기회 자체가 없었다. 핌코 경영진은 알리안츠에 젊은 직원들을 위한 유인誘引이 필요하다고 말했다. 그로스는 자신이 이런 말을 했던 것으로 기억한다. "B 주식을 받은 사람은 죽 눌러 있을 테지만, 다른 사람들은 어떨까. 정작 이 회사의 미래는 그 사람들한테 달렸는데.

그러니 'M 주식'이든 '엘 팁L-TIP'이든 명칭이 뭐가 됐든 일반 직원에게도 이익 분배를 해야 한다. 그렇지 않으면 사람들이 다 빠져나갈지도 모른다. 그 지경이 되면 우리가 할 수 있는 일은 아무것도 없다."

그로스는 웃으면서 이렇게 덧붙였다. "그 사람들은 내 말을 곧이곧대로 믿었다. 이곳 사람들은 이미 부자라서 이곳을 떠날 생각이 없다는 걸 그 사람들은 모르니까."

어쨌거나 협상 결과 나중에 들어온 사람들한테도 'M 주식' 혹은 'M 유닛'을 주기로 결정했다. (여기서 'M'은 백만장자를 뜻한다고 명시하지는 않았으나 다들 대충 그런 의미로 알고 받아들였다.) M 주식도 B 주식처럼 무의결권주였지만, 이익 증가에는 훨씬 더 큰 영향을 미쳤다. '성장'이라는 구호가 계속 힘을 발휘하는 한 이 유인이 계속해서 큰 역할을 할 것이었다.

그런데 상황이 변하고 있었다. 고객 자금이 여전히 들어오기는 했지만 그 속도가 현저히 느려졌다. 2011년에는 타격이 좀 있었고 새로 출시한 토털리턴 ETF도 신성장 동력으로서의 역할을 기대하기에는 아직 무리가 있었다. 새로운 규정 때문에, 돈만 많이 받아가는 변호사 때문에, 그리고 그로스의 표현에 따르면 알리안츠에 있는 독일인한테 받은 머그잔을 책상 위에 올려놓고 빈둥거리는 쓸모없는 책상물림들 때문에 특히 더 어려운 시기였다. 그 머그잔에는 '독일인에게 항상 말은 할 수 있어. 그러나 많이는 못 해.'라는 글귀가 새겨져 있었다. 그로스는 핌코가 회사의 성공을 개인의 성공과 동일시하는 기조를 유지하는 한, 다시 말해 회사의 성공이 개인의 성공으로 이어지는 한 다음 세대 역시 자신과 함께하리라고 굳게 믿었다.

2003년으로 다시 돌아가 보자. 그로스가 '규모와 성공에 관한 병폐'를 경고한 몇 개월 후에 1천 명이 넘는 전 직원을 대상으로 유람선을 타고 알래스카로 여행하는 행사를 마련했다. 핌코 경영진 추산으로는 비용이 1천만 달러나 들어가는 초호화 행사였는데 비용 전부를 그로스가 부담했다. 갑판 위에서 열리는 대규모 포커 게임, 해변 놀이, 스탠딩 코미디와 복화술 연기를 포함해 다채롭게 준비한 행사였다. 그로스는 자주는 못하고 10년에 한 번 정도 해볼 만한 일이었다고 말한다. 방종과 일탈을 경계하며 관리가 가능한 수준에서 이뤄지는 재미와 놀이는 그 정도까지라고 봤다. 이로부터 10여 년이 지난 지금은 회사 규모가 비교할 수 없을 정도로 커졌고 압박감도 비교할 수 없을 정도로 커졌다. 따라서 그런 축하 행사는 꿈도 꾸지 못했다.

사실 이런 변화와 흐름은 직관적으로 알 수 있는 부분이 아니었다. 이 또한 그로스의 기분에 좌우되는 경향이 크기 때문이다. 따라서 핌코 문화에 적응하기가 쉽지는 않다.

닐 카시카리 같은 사람에게는 더욱 그랬다. 카시카리는 투자은행 출신에다가 정부 일을 했던 사람이다. 형식을 중시하고 정중하며 옷맵시도 좋고 잘생겼다. TARP를 이끌 때 의회에서 추궁을 받을 때도 침착하게 대응하는 모습에서 이미 입증됐듯이 쉽게 흥분하는 성격도 아니었다. 빡빡 깎은 머리는 번쩍거렸고 레이저를 쏘는 듯한 눈은 여전히 강렬했다.

위협적인 풍모와 태도, 품위가 느껴지는 세련된 행동, 강렬함 이 모두가 흠잡을 데 하나 없이 완벽한 핌코인의 기질 그 자체였다. 그러나 골드만삭스, 재무부 시절에 도움이 됐던 모든 것이 뉴포트비치로 오는 순간 효력을 다하고 말았다. 카시카리는 무엇을 하든 항상 도드라졌다. 우선 카시카리는 남아시아 혈통이었다. 그가 2009년 12월에 핌코로 왔을 때의 수장인 엘 에리언도 백인이 아니었고 고위층 인사 중에도 동남아시아인이 여럿 있었다. 그럼에도 카시카리는 핌코 내에서 몇 안 되는 유색 인종이었다.

그리고 카시카리는 유명인에 속했다. 이 사실이 파트너 지위를 협상할 때 도움이 됐다. 실제로 〈펜션즈앤드인베스트먼츠Pensions and Investments〉는 카시카리가 승진 절차를 거치지 않고 파트너가 된 핌코 최초의 인물이라고 보도했다. 그러나 밖에서 유명한 사람이라고 해서 사내에서 당연히 존경을 받을 수 있는 것은 아니다.

가장 문제가 되는 부분은 카시카리가 너무 온정적이라는 점이었다. 윗사람다운 엄격함과는 거리가 멀고 기본적으로 사람들을 다정하게 대했다. 좋게 말하면 외교적 수완이 뛰어나고 나쁘게 말하면 강단과 위엄이 부족해보일 수 있었다. 그는 그로스와 매일 눈을 맞췄다. 일을 돕는 사람들에게도 마찬가지였다. 전 핌코 임원 한 명이 카시카리의 성격을 짐작케 하는 장면을 목격했다고 말했다. 핌코는 건물 안으로 들어갈 때 자신보다 직책이 높은 사람이 있으면 그 사람이 먼저 들어갈 수 있게 입구에서 문을 열어준다. '높으신 양반'들은 아랫사람이 열어준 문으로 자신이 먼저 들어가는 것을 당연하게 생각한다. 그래서 대개는 고마움을 표하거나 감사하다는 말 한 마디 없이 그냥 들어간다. 그런데 카시카리는 달랐다. 어느 날 카시카리보다 직책이 낮았던 한 임원이 카시카리가 걸어오는 모습을 보고 평소 하던 대로 문을 열어줬다고 한다. 그러자 카시카리가 갑자기 고개를 돌려 이 임원과 눈을 맞추더니 "고맙습니다."라고 말했다고 한다.

이 임원은 인사말에 놀라 한동안 멍하니 서 있었다. 그러면서 이런 생각을 했다. 이 사람은 여기서 성공하기는 다 틀렸군!

불길한 징조는 처음부터 있었다. 일단 카시카리가 맡은 임무가 매우 애매했다. '뭔가를 만들어내라'는 것인데 대체 뭘 어떻게 만들라는 말인가! 핌코는 카시카리에게 미래의 새로운 성장 동력을 찾아내라고 주문했다. 그러나 카시카리는 주식 외에도 유망한 성장 동력 후보를 가능한 한 많이 발굴해야 했다. 뉴 노멀이라는 그야말로 새로운 기본 틀에서 저조한 수익이 예견된 만큼 각 부문의 자산관리자는 수익원을 다각화해야만 했다. 그로스는 물론이고 거의 모든 관리자가 이미 눈에 불을 켜고 찾는 상황에서 카시카리는 대체 어디서 무엇을 더 찾아낼 수 있었을까?

그가 이런 일을 해본 적이 없다는 것도 문제였다. 그는 주식을 사거나 팔아본 적이 없었다. 그래도 이것이 큰 문제라 생각하지는 않았다. 〈블룸버그 비즈니스위크Bloomberg Businessweek〉와의 인터뷰에서 그는 이렇게 말했다. "나는 스톡피커는 아니지만 문제 될 일은 없다. 스톡피커를 고용하면 될 일이다." 그리고 실제로 고용했다. (참고로 스톡피커stockpicker는 유망한 종목을 찾아내 추천하는 주식 투자 및 분석 전문가를 말한다.)

그러나 실제로는 문제가 있었다. 고용한 스톡피커의 실력이 신통치 않았다는 점이다. 2012년에 출시한 뮤추얼 펀드 여섯 개 모두가 기준지수에 못 미치는 성과를 냈다. 이에 대해 카시카리는 해당 펀드는 시장이 급락할 때 손실 제한을 목적으로 설계한 하락 방어용 상품이며 따라서 시장이 상승 중일 때 이익이 덜 나는 것은 정상적인 결과라고 해명했다. 그런데 2013년 말까지도 이 여섯 개 펀드는 고객 자금을 겨우 13억 달러 끌어 모으는 데 그쳤으며 핌코 총자산의 0.1%에도 미치지 못하는 수준이었다.

이것이 전적으로 카시카리만의 책임은 아니었다. 그리고 핌코는 2012년에도 고객 자금을 어느 정도 끌어왔다. 투자자가 적극적인 방식으로 관리하는 펀드에서 등을 돌리던 때라 그 정도도 꽤 괜찮은 성적이었다. 그러나 문제는 전망이 너무 암울하다는 데 있었다. 이 펀드의 3년간 실적을 평가할 시기가 다가오고 있었다. 그런데 평균에 못 미치는 성과로는 모닝스타 별을 한 개밖에 못 받아서 별점 순위가 매우 저조할 터였다. 고객 자금을 유치하려면 적어도 별이 4~5개는 되어야 하는데 말이다. 좋은 출발이 모든 것을 결정한다. 즉, 게임은 이미 끝났다.

설상가상으로 그로스는 2012년 8월 〈투자 전망〉을 통해 주식 열풍이 사그라들고 있으며 따라서 주식 투자자는 예전과 같은 고수익을 기대하기 어렵고, 지난 100년 동안 인플레이션을 감안한 연평균 수익이 6.6%를 기록했다는 사실 자체가 '역대급으로 괴이한' 일이라고 말했다. 이런 비관론으로의 회귀는 핌코와 주식이 맞은 암울한 주기와 맥을 같이 했다.

핌코가 주식에 관심을 보인 것은 이번이 세 번째였다. 1980년대에 처음 시도했는데, 스톡피커가 전략 회의에서 채권 트레이더에게 완전히 밀리면서 2년 만에 주식 거래를 중단했다. 1990년대 말에 또 한번 시도했다. 당시 핌코의 모기업이 닷컴 열풍을 타고 '핌코에쿼티어드바이저즈Pimco Equity Advisors'라는 독립 사업부를 신설했으나 닷컴 거품이 꺼지면서 역시 불운한 결말을 맞았다.

게다가 이번 시도는 법적 다툼으로까지 비화하며 큰 곤경에 빠졌다. 핌코는 당시 뉴욕주 법무장관이었던 엘리엇 스피처Eliot Spitzer의 전문 분야이기도 한 '뮤추얼 펀드 시장 타이밍' 부정 사건에 휘말렸다. 이 사건은 SEC 제소로까지 이어졌고 결국 몇몇 펀드 회사는 시장 비효율성에서 비롯된 기회를 이용하고자 고객이 원할 때 언제든 펀드에 들고나는 것을 허용해야만 했다. 한 달에 몇 번씩, 아니 일주일이나 심지어 하루에 몇 번씩이라도 상관없었다. 이 때문에 핌코에쿼티어드바이저즈는 결국 해체됐다. 그리고 불법 행위 여부에 대해서는 시인도 부정도 하지 않은 채 벌금과 배상금을 내고 송사를 마무리 지었다. 이 사건에 깊이 연루된 핌코에쿼티 임원 두 명은 업계에서 완전히 퇴출됐다.

그로스에게는 결코 좋은 일이 아니었다. 수십 년에 걸쳐 고객 제일주의를 내세워 존경받는 브랜드를 구축했는데 무모한 일을 벌인 몇 사람 때문에 이것이 파괴될지도 모르는 상황이 됐다. 위기를 느낀 그로스는 톰슨과 공동으로 서명한 공개서한을 통해 핌코와 핌코에 쿼티어드바이저즈는 다르다며 분명히 선을 그었다. 그로스는 이렇게 썼다. "채권 관리자인 '핌코'가 정말 이 사건에 연루됐는가? 우리는 '아니다!'라고 강력하게 외친다."

이 모든 일이 카시카리에게는 버거운 짐이었다.

그로스의 이 말은 거센 논쟁을 불러일으켰고 내부적으로는 핌코가 주식 거래에 서툴다는 점을 만천하에 증명한 꼴이 됐다. 카시카리는 "우리는 앞으로 주식과 채권을 포함한 전 자산군의 수익률이 전보다는 낮아지리라 예상한다."면서 주식 수익률은 오랫동안 유지했던 6.6%가 아니라 3.5%가 되리라는 예측을 조심스럽게 내놓았다. 누군들 이런 환경에서 좋은 성과를 낼 수 있겠는가?

퓨전애널리틱스인베스트먼트파트너즈Fusion Analytics Investment Partners 부사장이면서 핌코 투자자인 조시 브라운Josh Brown은 〈블룸버그〉에 이렇게 말했다. "핌코의 주식 펀드가 홀대받는 상황을 이상해할 사람은 거의 없다. 사람들 머릿속에 핌코는 채권 전문 회사라는 인식이 확고하게 박혀 있고 또 핌코 경영진의 내심에는 주식 혐오증이 깔렸기 때문이다. 그러니 핌코 '주식' 상품이 곱게 보일 리 있겠는가!"

여러 가지 면에서 카시카리는 이곳에서 성공할 준비가 되어 있지 않았다. 주식 관리자를 찾아와라. 그렇지 않으면 내가 가서 구해온다. 이 말이 제도적 기억institutional memory(한 집단이 보유한 사실과 개념, 경험 및 지식의 집합체-역주)으로 굳어진 환경에서 말이다.

어쨌거나 카시카리에게는 더 큰 계획이 있었다. 그는 텍사스로 가서 전에 모셨던 상관이자 전직 대통령인 조지 부시를 만났다. 그리고 자신이 캘리포니아 주지사 선거에 나가면 어떻겠느냐며 넌지시 부시의 의향을 물었다.

2013년 1월 23일 카시카리는 동료와 언론에 보내는 글을 통해 자신의 거취와 입장을 밝혔다. '끔찍했던' 3년을 뒤로하고 "공직으로 복귀하는 길을 모색하고자" 핌코를 떠나려 한다고 말했다. "주식 사업부가 순조로운 출발을 했고 뛰어난 인재로 훌륭한 팀을 구성했기 때문에 이는 결코 쉬운 결정은 아니었다. 그럼에도 내게는 공직이 천직이라는 생각이 강하다."

카시카리는 민주당이 장악한 지역에서 공화당원으로 공직 선거에 나섰다. 카시카리는 도전을 피하는 사람이 아니었다.

핌코는 카시카리의 후임자로 하버드 대학 기부금 관리 재단에서 고정 수익 포트폴리오 관리자로 일했던 마크 사이드너Marc Seidner를 임명했다. 사이드너는 엘 에리언 쪽 사람이었다. 핌코 내부에서는 이런 인사 교체에 크게 반발하지 않았다. 어차피 카시카리는 감당하기 버거운 상황에 몰렸던 터였다. 호사가들의 입도 잠잠해졌다.

카시카리가 떠난다는 사실이 향후 핌코 인사 기조의 방향을 예고하는 사건이라고 장담할 수는 없었지만 눈여겨봐야 할 변화임에는 틀림이 없었다. 수년간 이어졌던 정부와의 밀착 관계에서 한 발짝 물러난 행보로 봐도 무방했다. 몇 년 전만 해도 핌코는 정부 인사와 돈독한 관계라는 점을 고객에게 선전했다. 카시카리와 앨런 그린스펀,

금융위기 때 조지 부시 대통령 수석보좌관이었던 조슈아 볼텐Joshua Bolten 등을 거론하며 이들이 자사 고문 혹은 직원이라고 소개할 정도였다. 2002년과 2003년에 재무부 수석 경제학자였던 리치 클라리다Rich Clarida는 당시 뉴욕 펌코 글로벌 전략 자문으로 있었다. 경제 싱크탱크로 물러난 폴 맥컬리가 연준으로 자리를 옮긴다는 소문도 주기적으로 나돌았다.

일부러라도 '광고'하고 다닐 만한 막강한 인맥이었다. 금융위기 이후 더욱 엄격해진 규제에서 살아남으려 애쓰는 기업이 인맥을 동원해 정부와 가까운 관계를 유지하는 일을 나무랄 수는 없었다. 아니, 할 수만 있다면 누구라도 그런 관계를 맺고 싶었을 터였다. 이외에도 연방과 맺은 다수의 제휴, 위기 관련 계획에 관한 자문 및 실행, 미국과 기타 정부를 지원한다는 논리에 근거한 펌코어드바이저리의 사업 확장 등이 정부와의 밀월 관계를 더욱 공고히 했다. 정부와 친밀한 관계라는 사실은 되도록 널리 알리고 싶은 홍보 소재였다. 이 사실이 더는 먹히지 않는 순간이 올 때까지 말이다.

한동안 언론에는 회의론이 들끓었다. 〈뉴욕타임스〉가 "대형 금융기관과 이들 기관을 규제해야 할 당국이 서로 너무 밀착됐다."고 지적했던 2010년처럼 말이다. 이는 "대마불사는 비단 자산에만 해당하는 개념이 아니다. '관계'에도 대마불사가 있다."라고 했던 시장조사 및 컨설팅 회사 그레이엄피셔Graham Fisher&Co.의 조슈아 로즈너Joshua Rosner의 말을 인용한 것이다. 그로부터 3년이 지난 후 이 발언은 거의 경고처럼 다가왔다. 펌코는 규제 당국과 더는 친밀한 관계가 아니었을 뿐만 아니라 심지어 위험천만한 관계가 됐다. 이런 험악한 관계 때문에 회사 수익성에 심각한 문제가 생길 지경이었다.

그러나 핌코에게는 새로운 희망이 있었다. 이 희망을 견인한 사람은 댄 이바신이었다. 2005년에 직접 주택시장을 시찰하면서 모기지시장의 이상異狀을 감지했던 이바신은 자산유동화시장에서 조용히 움직이면서 수익성 있는 상품을 내놓으며 몰래 '금'을 캐내고 있었다. 좋은 성과, 심지어 최고 성과를 냈으면서도 그는 전혀 호들갑을 떨지 않았다.

이바신과 핌코는 금융위기가 남긴 구멍을 십분 활용하는 펀드 시리즈를 내놨다. 2010년에 이바신은 '은행 자본 재편 및 가치 기회Bank Recapitalization and Value Opportunities'라는 펀드를 출시했다. 이 펀드의 약칭은 브라보BRaVO였다. 규제 압박에 시달리던 은행들은 미국과 유럽 쪽의 재무 구조를 탄탄히 하기 위해 5천 500억 달러가 넘는 자금을 조달해야만 했다. 브라보 펀드는 더 이상 부실 자산을 보유할 여력이 없는 은행으로부터 자산을 사들였다. 금융위기 때 가격이 폭락했으므로 핌코는 이 부실 자산을 은행으로부터 헐값에 주워 담기만 하면 됐다.

이바신과 그 팀은 브라보 펀드 운용자금 24억 달러를 조달했다. 상업용 및 주거용 자산, 소비자 자산, 금융 자산 등을 가리지 않고 매수하는 등 최대한 탄력적으로 접근했다. 핌코가 예전에 내놨던 몇몇 펀드와는 달리 브라보는 거래 기반 펀드가 아니었다. 장기적으로 보고 스페인 쇼핑몰에 투자했고 그 자산을 소유했으며 현금 흐름을 확보했다. 장중 수도 없이 오르락내리락하는 가격에 일희일비하거나 일일 시장가를 좇아 롤러코스터를 타지도 않았다.

이바신은 조용하고 은밀하게 브라보 및 이와 유사한 구조화 상품인 사모형 펀드를 내놨다. 움직임이 외부에 노출되지 않았다고 생각했는데도 슬슬 이바신에게 이목이 쏠렸다. 이바신은 인터뷰도 하지 않았고 2012년 이전에는 거의 언급도 되지 않았는데 갑자기 사람들이 주목하기 시작했다. 부분적으로는 이바신이 관리하는 공공 뮤추얼 펀드인 핌코인컴펀드Pimco Income Fund에 몰리는 자금 때문이었을 것이다. 공동 관리자인 이바신과 알프레드 무라타Alfred Murata는 관련된 모든 지표에서 수위를 차지하면서 경쟁자를 압도했다. 덕분에 수많은 컨설턴트와 투자자, 언론의 이목을 끌었다. 이 펀드는 금융 체계에 생긴 작은 틈이 급기야 협곡으로 변해버린 2007년 3월에 출시됐다. 시작하기에 좋은 시기가 아니었지만 이 펀드는 살아남았다.

이후 금융위기가 절정에 이르렀을 때 이바신은 올바른 생존 전략을 찾아냈다. '위험에 투자하라!' 주택시장 하락세가 멈추면서 가격이 안정되기 시작할 때 이바신은 과감한 베팅을 했다. 정부기관이 보증하지 않는 모기지를 사들인 것이다. 이 모기지는 금융위기 와중에 다 없어지다시피 했던 상품이었다.

무차별 매도가 이뤄진다는 말은 헐값 매수가 가능하다는 의미다. 따라서 핌코는 두려움에 빠져 정신없이 매도에 나선 이른바 '공황 매도자'로부터 싼값에 채권을 사들였다. 완벽한 타이밍이었다. 한 경쟁업체의 추산에 따르면 모기지 가격은 2009년에 32% 상승했고 2010년에는 21% 상승했다. 미국 내 주택 가격이 2012년에 다시 상승하기 시작해 당해 28%가 올랐고 이듬해에는 10% 상승했다. 주택 가격이 상승하자 채무불이행 빈도가 줄어들었다. 채무불이행이 감소하면 투자자 수익은 증가한다.

이런 시장 상황 덕분에 이바신이 내놓은 펀드는 2009년에 19%의 수익을 냈고 2010년에는 20%, 2011년에는 6% 수익률을 기록했다. 스콧 사이먼은 "우리는 시장에 들어가서 죽지 않았고 나올 때는 큰돈을 벌었다. 이런 성과는 대부분 댄 이바신 덕분이었다."라고 말했다.

때마침 2012년에 이바신이 자신의 전문 분야에서 큰 활약을 보일 기회가 왔다. 모기지유동화증권시장이 회복세를 나타냈다. 지루하기 이를 데 없는 문서를 꼼꼼히 읽을 시간과 인내심 그리고 행간을 읽는 문해력만 있다면 우량 자산과 부실 자산을 구별할 수 있다. 2012년 중반이 되자 핌코인컴펀드를 구성하는 자산의 약 4분의 1이 기관 모기지유동화증권이었고 비기관 증권은 19% 정도였다.

수많은 언론에서 2012년 이바신이 올린 뛰어난 성과를 다투어 보도했다. 〈블룸버그〉는 '그로스가 핌코 채권왕의 권좌에서 물러나다'라는 제하의 기사에서 "빌 그로스는 핌코에서 가장 유명한 최고의 채권 전문가다. 그러나 최고 성과를 올리는 사람은 아니다."라고 평했다.

이바신은 언론의 호들갑스러운 칭찬을 다소 부담스러워하는 눈치였다. 그래서인지 이후 이뤄진 인터뷰에서 신중한 태도를 보였다. 이바신은 핌코인컴펀드는 이전 펀드와 권한과 책무, 목적도 다르기 때문에 자신이 올린 성과는 그로스의 성과와는 비교 자체가 되지 않는다고 말했다. 인컴펀드는 투자자에게 안정적인 소득 흐름을 안기는 데 목적이 있지만, 그로스는 이런 소득 외에 가격 상승에서 오는 총수익을 늘리는 데 초점을 맞췄다는 식으로 설명했다.

외부에서는 컨설턴트들이 이바신의 대단함을 칭찬했다. 이바신은 젊고 전도유망했다. 곱슬거리는 갈색 머리카락이 여전히 풍성했다. 아직 젊다는 의미고 이는 앞으로도 오랫동안 고수익을 창출해주리라는 기대를 품게 하는 요소이기도 했다. 그리고 그로스의 기이한 성정이 아비신에게는 없었다. 그로스가 이미 채권업계 맹주 지위를 굳건히 다져놓았기에 망정이지 그렇지 않았다면 이런 성격 때문에 위험 관리에서 벌써 경고음이 들렸을지 모른다. 핌코 내부 반응은 더 열광적이었다. 핌코 사람들은 이바신이 올리는 성과에 환호했다. 이유는 단 한 가지다. 성격이 괴팍하든 말든 직장인에게 가장 중요한 부분은 돈을 얼마나 받아갈 수 있느냐다. 이바신이 한 일 덕분에 주머니가 두둑해졌으니 환호하지 말라고 해도 하지 않겠는가!

이바신이 몸을 사린 데는 이유가 있었다. 그로스는 자신 외에 다른 사람이 스타로 떠오르는 것을 싫어했다. 특히 자신의 손을 거치지 않은 사람이 스타가 되는 꼴은 절대 못 본다는 사실을 다들 알고 있었다. 언론 인터뷰를 떠들썩하게 하는 것은 그로스의 눈 밖에 나는 가장 확실한 방법이었다.

그래서 이바신은 항상 고개를 숙이고 다녔고, 맡은 일만 하면서 그로스와는 부딪치지 않으려고 애를 썼다. 그렇다고 이바신이 완전히 투명 인간처럼 굴었다는 뜻은 아니다. 그의 상관인 스콧 사이먼은 거래장에서 항상 시끄럽게 떠들었다. 그래서 밖으로 쫓겨날 때가 종종 있었고 거래장에서는 그로스 자리에서 멀리 떨어진 곳으로 사이먼의 책상을 옮겼을 정도다. 그로스는 사이먼 근처에 앉은 사람들에게 제발 그를 조용히 시키라고 메모를 전달했다. 그러면 사람들이 사이먼에서 조용히 하라고 말했다. 그러나 사이먼은 자신이 아무리 시끄럽게 굴어도 좋은 성과를 턱턱 내니까 아무도 자신에게 뭐라고 할 수 없다는 사실을 잘 알고 있었다. 그로스는 이렇게 말했다. "사이먼이 시장 평균을 앞서는 성과를 낸다는 사실은 누구도 부인하지 못한다. 그 점을 높이 샀다. 그러니 사이먼에게 나가라고 할 생각은 없다. 다만, 제발 좀 조용히 해달라고만 했다."

시끄럽게 떠드는 사이먼이라는 큰 우산 밑에서 이바신도 좀 떠들수 있었다. 이야기도 했고 크게 웃기도 했다. 이바신은 표면적으로 핌코 고위 간부 중에서 몇 안 되는 '정상적인' 혹은 '재미난' 사람이었다. 주말이면 반바지 차림에 슬리퍼를 신고 나왔다. 타코벨이 '도리토스 로코스 타코Doritos Locos Taco'를 내놓았을 때는 모기지 부서원에게 나눠줄 타코를 주문한 적도 있다. 그리고 스트레스를 풀자며 부서에서 일하는 친구 몇몇을 별장에 불러서 놀기도 했다. 그러나 노는 데 빠져 업무를 소홀히 한 적은 없었다. 일에 관한 한 철저한 사람이었다. 어느 날 그가 일찍 퇴근한 적이 있다. 좀처럼 없는 일이었다. 알고 보니 자신의 결혼식을 하러 간 것이었다. 그나마도 결혼식만 마치고 다시 사무실로 돌아올 생각이었지만 사이먼의 만류로 그날은 쉬었다고 한다.

2013년 초, 스콧 사이먼이 '내 인생과 아내에게 집중하고 싶다'며 은퇴를 선언했다. 여행도 다니고, 비행기 조종도 하고, 자선 사업도 하고 이도 저도 안 되면 그저 여유로운 삶을 누리며 살아보고 싶다고 했다. 좋은 것으로 가득한 멋진 세상이 손짓하는데 핌코라는 작은 세계에 갇혀 살기에는 사이먼의 정신이 너무도 건강했다.

스콧 사이먼이 떠난 모기지 왕국은 이제 이바신의 것이 됐다.

외부 세계가 어느 정도 세대교체가 이뤄진 핌코 및 업계 질서에 적응하자 핌코 내부에서도 변화가 감지됐다. '정부와는 당연히 밀접한 관계를 유지해야 한다'라든가 '핌코는 과감히 위험을 감수하면서도 절대 실수나 오류가 없을 정도로 탁월하기 때문에 주식시장은 핌코가 놀 물이 아니다'와 같이 예전에는 당연히 받아들였던 사실이 이제는 시대착오적인 오류로 느껴졌다. 조직의 '핵심'이자 채권 왕국의 '제왕'인 그로스가 구축한 중앙 지휘 체계도 조금씩 흔들리기 시작했다.

제10장

시련

2000년으로 돌아가 보자. 당시 제이슨 윌리엄스Jason Williams는 문제를 일으킬 사람처럼 보이지 않았다. 고수익 팀에서 거래 보조원으로 일하는 윌리엄스의 출발은 무난했다. 비속어를 좀 썼지만 재치와 유머가 있는 사람이었다. 맥주와 축구도 좋아했다. 월가의 거래 상대방은 윌리엄스가 핌코라는 조직에서 조금씩 변해가는 모습을 지켜봤고 결국 이런 변화가 윌리엄스를 서서히 좀먹었다. 사람이 점점 비열하고 상스러워졌다. 핌코라도 받아들이기 어려운 수준이었다. 밖에서는 여전히 상냥한 사람이었고 유쾌하게 잘 지내는 듯했다. 그러나 일할 때만 되면 지독한 사람으로 변했다.

핌코에서는 사람들이 이렇게 망가지는 일이 드물지 않았다. 스탠퍼드 출신의 수학 천재에서 트레이더로 변신해 1990년대 핌코에서 초기 코딩 작업을 했던 프랭크 라비노비치도 감당하기 버거운 거래장 환경에 계속 노출되어 이상한 상태로 변해버렸다. 그는 기독교에서 마음의 안식을 구하면서 새 삶을 찾았고, 1995년에 온라인 성경 연구 사이트 블루레터바이블Blue Letter Bible을 만들었다. 처음에는 일하는 시간을 쪼개 시작했지만, 결국은 직장을 그만두고 이 일에 전념했다. 덕분에 잃어버렸던 자신을 되찾았고 무엇보다 핌코에서 들볶일 때보다 훨씬 행복했다.

특히 고수익 채권일종의 정크본드 팀은 늘 어지러워 보였다. 이 팀을 이끌었던 벤 트로스키는 1990년대에 고수익 상품을 개발하려 애를 썼고 고객에게 투자 부적격 등급의 회사채를 사라고 부추겼다. 이런 어려운 일을 시도할 정도로 트로스키는 능력이 출중했고 따라서 그에 대한 신뢰도 상당했다. '정크본드의 왕'이라 일컬어졌던 마이크 밀켄Mike Milken이 사기 사건에 연루되어 곤경에 처한 후 약간 변질된 부분이 있기는 했지만, 정크본드는 여전히 성장하는 시장으로서 철저한 조사가 뒷받침되면 높은 수익이 가능한 분야였다. 트로스키는 키가 크고 당당하며 꾸밈없고 솔직한 사람이었다. 훌륭한 트레이더였고 열정과 집중력은 그로스에 버금갈 정도였다. 핌코는 부서마다 개성이 있었다. 일례로 현금거래 팀은 모기지 분석을 목적으로 스콧 사이먼이 고용한 괴짜들로 구성됐는데 팀원 전체가 신경이 아주 예민했고 반응이 정말 빨랐다. 한편 신용 팀은 2002년에 트로스키가 떠난 이후 벼랑 끝에 선 듯 위태로워 보였다.

변화를 꾀하고자 핌코는 시험 삼아 앤드리아 파인골드Andrea Feingold 와 이안 오키프Ian O'Keeffe를 활용해보기로 했다. 두 사람 다 출발이 좋았고 똑똑하고 전도가 유망해보였다. 그런데 이들은 채 1년을 못 채우고 나갔다. (이들은 핌코에서 나가자마자 신용 서비스 회사를 공동 창업했고 약 15년 후에 23억 달러에 매각했다.) 그래서 다음에는 토로스키의 충성스러운 부하였던 레이 케네디Ray Kennedy를 승진시켰다.

트로스키는 그로스가 비합리적인 요구를 할 때마다 온몸으로 맞서며 부하 직원들을 지켜줬다. 트로스키는 그로스를 '스마일리'라고 불렀다. 너무 웃지 않으니까 아예 반대로 부른 것이다. 그러나 둘은 나름대로 서로 존중하는 관계였다. 그랬기에 트로스키가 핌코를 떠났을 때의 공백은 컸다.

케네디는 부드럽고 순한 사람이었다. 트로스키 같은 야성이나 빌 파워즈 같은 사교성은 눈을 씻고 찾아봐도 없었다. 수다로 스트레스를 푸는 스콧 사이먼처럼 배짱이 좋지도 않았다. 똑똑하기는 했지만, 그로스가 쏟아내는 분노를 잠재울 수 있을 만큼 뛰어난 금융 전문가는 아니었다. 부양가족이 딸린 가장으로서 맡은 일을 열심히 하려고 하는, 똑똑하지만 비범한 수준은 아닌 사람이었다.

트로스키라는 방어막이 사라지자 케네디와 팀원은 상상했던 수준보다 훨씬 괴로운 상황에 처했다. 결국 더는 견디기 어려울 만큼 심신이 피폐해졌고, 유독가스로 가득 찬 듯한 핌코에서 더 이상 일할 수 없는 지경에 이르렀다. 그래서 금융위기가 지난 후 뜻을 같이하는 동료와 함께 핌코를 떠날 준비를 했다. 대출 포트폴리오 관리자 제이슨 로지악Jason Rosiak과 함께 퇴사 후 위험 분석을 전문으로 하는 회사를 창업할 계획이었다. 로지악이 먼저 그만두기로 했다.

2005년 어느 날 로지악은 감정을 최대한 드러내지 않은 무표정한 얼굴로 임원 한 명과 면담했다. 로지악은 그동안 감사했다고 말하며 이제 회사를 떠나겠다고 했다. 어떤 제안을 하더라도 자신의 마음이 바뀔 것 같지 않다면서 퇴사 의지를 분명히 밝혔다. 이 임원은 로지악이 핌코에서 중요한 사람이라며 며칠 더 생각해보라면서 백지 두 장을 주고 한 장에는 가장 원하는 일을 1순위부터 죽 적고 또 한 장에는 행복하게 일할 수 있는 직무 환경을 적어보라고 했다. 그러면 해결 방안을 찾아보겠다고 약속했다. 그럼에도 로지악은 돈이 문제가 아니라며 마무리를 지었다. 두 사람은 악수를 하고 회의실에서 나갔다. 로지악은 결국 핌코에서 빠져나오게 됐다.

그런데 그 이후 케네디한테서 아무런 소식이 없었다. 계획한 대로 일을 시작했지만, 케네디가 여전히 아무 말이 없으니 불안해졌다. 케네디에게 전화를 했다. 그러나 받지 않았다. 답신 전화도 없었다. 그러다가 떠도는 소문을 들었다. 케네디는 핌코를 떠나지 않는다는 말이었다. 로지악은 사무실로 전화를 걸었다. "대체 뭐하자는 겁니까?" 잠자코 듣던 캐네디가 로지악에게 사과를 했다. 돈 때문에 어쩔 수 없었다는 것이다. 케네디는 자신에겐 부양해야 할 가족이 있다고 변명했다.

로지악이 뒤통수를 맞았다는 소문이 파다하게 돌았다. 케네디는 '번쩍이는 황금 수갑을 차고' 핌코에 1년 넘게 묶여 있다가 결국 2007년에 핌코를 떠났다. 핌코는 케네디가 수학 선생이 되려고 퇴사했다고 전했다. 2007년 4월에 케네디의 부하 직원이었던 마크 후도프 Mark Hudoff가 고수익 펀드 팀의 수장이 됐다.

후도프는 고수익 펀드 팀을 맡은 지 겨우 한 달 만인 5월에 핌코를 떠났다. 모닝스타는 "해당 분야에서 최고라는 사람들이 왜 핌코에서 오래 버티지 못하는지 혹은 왜 버티려 하지 않는지" 의아해했다. 2008년 말에 케네디는 투자 회사인 호치키스앤드와일리 Hotchkis and Wiley로 자리를 옮겼고, 7월에 후도프 역시 여기로 갔다.

고수익 펀드 팀은 전담 관리자를 찾을 때까지 그로스가 이끌었다. 마침내 2009년 11월에 골드만삭스 출신 앤드루 제섭 Andrew Jessop을 고용했다.

이렇게 보면 장 초반에 언급한 제이슨 윌리엄스는 그래도 핌코에서 꽤나 오래 버틴 것이다. 그러나 2012년이 되자 그는 수습 불가한 수준으로 무너졌고 결국 3월에 해고됐다.

그로스는 고수익 신용 상품을 항상 불신했다. 트로스키가 운용할 때도 마찬가지였다. 그로스는 위험을 두려워하지 않았고 오히려 선호하는 편이었지만, 이는 스스로 납득할 수 있는 위험일 때에 한한 이야기였다. 고수익이라고 하면 항상 뭔가 속고 있다는 기분이 들었다. 정크본드 전체가 사기처럼 느껴졌다. 이 시장은 거래량 자체가 적어서 가격 안정성에 대한 신뢰도가 떨어진다. 그러면 은행이 매수하거나 매도하는 가격의 편차가 커지고 이는 고스란히 은행 수익으로 돌아간다. 트로스키에 대한 존경심 때문에 고수익 상품에 대한 그로스의 불신이 어느 정도 누그러들기는 했지만, 케네디와 후도프 같은 얼치기가 판을 흐려놓는 바람에 이 분야에 대한 그로스의 독설이 더 심해졌다. 자신이 속고 있다는 확신이 강하게 들수록 절대로 속지 않으려고 더 부지런을 떨었다. 따라서 투자 적격 등급 회사채를 취급할 때보다 월가를 훨씬 더 야멸차게 쥐어짰고 그 정도면 팔겠다며 부르는 가격보다 훨씬 싼 가격에 사야 한다고 주장했다.

물론 모두가 가격이 싼 채권을 원했지만, 그로스는 월가에서 한 푼이라도 더 짜내려고 했다. 이런 일은 윌리엄스가 맡았다. 그로스가 고수익 채권을 원할 때마다 윌리엄스는 어떻게든 구해 와야 했다. 마치 자살 특공 임무라도 수행하듯이 은행에 가서 말도 안 되게 싼 가격으로 팔라고 조르고 또 조르며 상대방을 괴롭혀야 했다. 서로 못 할 짓이었고 당사자인 윌리엄스는 정말 피가 마르는 심정이었다.

윌리엄스가 2012년 3월에 해고된 후 분노에 치를 떨었던 이유도 바로 여기에 있었다. 어디에서도 직장을 구할 수 없었다. 구멍가게 수준의 신용회사 몇 군데에서 면접을 봤는데 그런 곳에서도 받아주지 않았다. 면접을 본 회사마다 윌리엄스와 거래했던 월가 판매 담당자에게 전화해서 물어봤기 때문이다. 핌코 사람들에 대한 월가의 인식은 대체로 아주 안 좋았고 그중에서도 윌리엄스에 대한 평가는 유독 박했다. 그 망할 놈, 말도 꺼내지 마시오.

월가에서 좋아하지 않았던, 그러니까 평판이 안 좋았던 트레이더는 핌코라는 울타리를 벗어나면 상황이 정말 비참해진다. 일단 신규 발행 채권을 매수할 기회가 줄어든다. 앞으로 어디서 어떤 채권을 얼마나 발행하는지에 관한 정보도 얻기 어렵다. 전 핌코 직원은 이렇게 말했다. "한마디로 끈 떨어진 신세가 되어 누구에게도, 어디에서도 환영받지 못하는 사람이 됩니다." 원하는 채권을 원하는 만큼 확보하지 못하는 '끈 떨어진 사람'을 아무도 고용하고 싶어 하지 않았다.

대다수 핌코 직원이 발휘하는 힘은 핌코 대리인으로 활동하기 때문에 나오는 것이었다. 핌코와 별개인 '자연인'으로는 신용이나 신뢰를 쌓을 수 없다. 그로스는 사람들이 핌코에 남아 있는 이유는 돈 때문이라고 생각했지만, 어쩌면 이는 너무도 순진하거나 낙관적인 생각일지 모른다. 사람들은 핌코라는 울타리를 벗어날 수 없는 상황이었는지도 모른다. 핌코를 떠날 때는 아무것도 가져갈 수 없다. 핌코에서 나가면 그냥 아무것도 아닌 존재가 된다. '건설적 편집증'이라는 핌코의 폐쇄적 문화가 상황을 더 악화시켰다. '핌코' 소속이 아니면 아무것도 아니다. 트레이더는 대체 가능한 존재이고 언제든 쉽게 교체할 수 있는 도구일 뿐이다.

그래서 해고 후 윌리엄스가 보인 행동은 전혀 예상 밖이었다. 2013년 3월 제이슨 윌리엄스는 공공 정책 및 노동법 위반 혐의로 핌코 및 익명의 피고소인 25명을 상대로 한 고소장을 캘리포니아 오렌지카운티 고등법원에 제출했다.

이 일은 상당한 파장을 불러일으켰다. 12년 가까이 핌코에서 일하면서 보고 겪은 사실을 상세히 적은 고소장에는 내부자 거래와 시장 조작, '선량한 관리자의 주의 의무' 위반 등에 관한 진술이 담겨 있었다. 윌리엄스는 핌코가 자사 ETF 가격을 조작했다고 주장했다. 등급 제한이 있는 펀드가 해당 채권을 매수할 수 있도록 '멋대로' 채권 등급을 부풀려 말하라고 고위 관리자가 자신에게 지시했고, '고위 경영진'이 핌코 내에서 증권을 거래량이 적은 헤지펀드에서 다른 펀드로 옮겼고 이 때문에 '해당 펀드 보유자에게 손실이 발생'했으며, 또 다른 관리자는 TV에 나와서 뱅크오브아메리카 채권을 추천했는데 그 와중에 핌코는 이 채권을 정신없이 팔고 있었고, 고소장에는 익명 처리됐으나 누가 봐도 그로스로 추정되는 인사가 가격이 10% 상승하자 해당 증권을 핌코 고객 펀드에서 자신의 펀드로 옮겼다는 등등의 내용이었다.

고소장에서 윌리엄스는 자신이 목격한 혹은 실행하라는 지시를 받았던 몇 가지 부정행위에 반대 의사를 표했다고도 했다. 그러자 관리자가 수당을 삭감했다고 주장했다. 게다가 '언어 폭력'에도 시달렸다고 했다. 핌코 문화를 좀 아는 사람들은 이것이 터무니없는 주장은 아니라는 반응을 보였다.

윌리엄스는 2011년 12월에 재무부 부실자산구제계획 특별감찰국 Office of the Special Inspector General for the Troubled Asset Relief Program: SIGTARP 소속 감찰관 세 명에게 해당 행위를 신고했으나 아무런 답변도 듣지 못했다.

그 이후 SIGTARP에 신고한 내용을 핌코 인사부에 알렸고 핌코 변호인단에도 정부 인사와 접촉했다는 사실을 말했다. 소장에 따르면 3주 가까이 지난 후 윌리엄스의 업무 성과가 만족스러웠는데도 '성과 저조'를 이유로 돌연 해고당했다고 한다. 윌리엄스는 소장에서 이 행위는 "비열하고, 억압적이며, 가혹하고, 기만적이며, 고의적이고 절대 용서할 수 없는 치사한 짓"이라고 했다. 윌리엄스를 본보기 삼아 징계하려는 사측 의도가 뻔히 보였다.

소송 소식이 전해지자 핌코 거래장에는 전운이 감돌았다. 윌리엄스는 자산운용사가 저지를 수 있는 가장 고약하고 끔찍한 혐의 사실을 주장하고 있었다.

핌코는 대변인을 통해 "회사 방침상 법적인 문제에 관해서는 언급하지 않는다."라고만 하면서 구체적 혐의 사실에 대해 일체 언급하지 않았다. 그러나 직원이 불만을 제기하거나 우려를 표할 때면 언제나 그렇듯 '적절한 재검토 작업'을 진행했다고 덧붙였다.

신용시장에서 먼저 반응이 왔다. 윌리엄스가 소장에 적은 내용 말고도 또 다른 혐의 사실과 이를 입증하는 증거를 많이 보유하고 있다는 소문이 돌았다. 대외적으로는 특정 증권을 추천하면서 대내적으로는 해당 증권을 팔아치웠던 행위처럼 소장에 나온 혐의 가운데 몇 가지는 전혀 생소하지 않았다. 핌코는 수십 년 동안 이런 지적을 받아왔다. 처음에는 TV 방송을 통해 이 문제가 불거졌다. 그런데 규제 당국과 정부 관료 눈에도 이런 부분이 포착됐다. 전직 재무부 인사는 어느 날 빌 그로스가 오후 1시 5분 전에 CNBC에 출연해 물가연동형 재무부 채권U.S. Treasury inflation-protected securities: TIPS은 추천하지 않는다고 열심히 떠들었는데 5분 후인 1시에 핌코가 TIPS 경매에서 엄청난 물량을 사들였다는 사실을 기억했다. 재무부 인사가 보기에 핌코는 유리하게 시장을 조작하려는 의도가 분명히 있었다. 그래서 동료에게 전화를 했다. "이렇게 하는 곳이 또 있나? 다른 데도 다 이렇게 하나? CNBC 인터뷰를 이용해 경매에 영향을 줘도 괜찮은가?" 그가 기억하기로 해당 부서 자문 변호사는 일을 더 키우고 싶어 하지 않았고 그래서 더는 문제 삼지 않았다고 한다. 실제로 핌코는 빌 그로스가 5분 전에 가격을 확 떨어뜨려 놓은 바로 그 채권을 다 쓸어갔다.

핌코 자산관리자들은 한계를 벗어나지 않는 선에서 노련하게만 하면 TV에 나가 이런저런 견해를 밝히는 일 자체는 불법이 아니라는 점을 잘 알고 있었다. 단순한 의견 개진일 뿐이라고 주장하면 빠져나갈 수 있었고 적어도 이런 정도는 법정에서 적법성 여부를 다툴 여지가 있었다. 또 시장 조작과 내부 거래는 증명하기가 매우 어려웠다. 당시 뉴욕 남부 지검은 스티브 코헨Steve Cohen이 운용하는 SAC캐피털의 내부 거래 혐의를 포착해 수사 중이었고 이 건에 총력을 기울이는 상황이었지만, 혐의 사실을 입증하기가 쉽지 않았다.

그러나 토털리턴 ETF 시장 조작 의혹은 혐의가 좀 더 명확해보였다. '1940년 법'에서 면제 조항 17a-7에 따라 내부적으로 이뤄지는 주식 양도의 경우처럼 말이다. 이 면제 조항은 분명한 법적 허점이었다. 핌코는 이 조항을 마음껏 활용했고 다른 어떤 자산운용사보다 이 조항의 혜택을 많이 누렸다. 고위 경영층은 물론이고 하위직까지 말이다. 이들은 처음부터 아무런 제한이 없었다는 듯이 행동했고, 핌코가 하는 작업을 이미 승인을 받은 적법한 행위로 여겼다. 이 규정은 명백한 법적 면제 조항이었으며 무엇보다 핌코는 불안이나 초조감 때문에 유용한 이익 창출 도구를 외면할 회사가 아니었다.

금융위기 이전에도 17a-7 활용 사례는 있었다. 전 핌코 직원이 기억하기로 이는 전략적인 결정이었다. 이 직원 말에 따르면 엘 에리언이 복귀하고 얼마 후 월가 은행의 분기별 실적이 나올 때마다 그로스의 심기가 매우 불편했다고 한다.

그로스는 거래와 관련한 업무를 수행하는 직원 전부를 대회의실로 소집했다. 이 회의는 파생상품 스페셜리스트이자 그로스가 총애하는 주 창훙Zhu Changhong이 주재했다. 전 직원이 기억하기로 주 창훙은 회의실에 모인 직원들에게 이렇게 말했다. "절대 용납할 수 없다. 월가가 돈을 너무 많이 번다. 이는 여러분이 할 일을 제대로 안 하고 있다는 의미다. 월가를 완전히 뭉개고 한 푼이라도 더 짜내야 하지 않겠는가!"

이 말에 그곳에 모인 트레이더는 어이없다는 듯 서로 얼굴만 바라봤다. 아니, 지금까지 그렇게 해오지 않았나? 새삼스럽게 뭘.

그로스는 펀드를 월가에 팔기만 했는데 수수료를 내야 한다는 사실에 대해 오래전부터 불편한 심기를 드러냈다. 핌코가 운용하는 다른 펀드에서 필요할지도 모르는 펀드를 군이 월가에 내다 파는 것도 억울한데 수수료까지 챙겨줘야 한다니 어이가 없기도 하겠다. 오른손에 있던 채권을 왼손으로 옮겨도 되는 상황이었을 때 군이 월가를 거치는 절차는 쓸데없는 비용만 발생시킬 뿐이었다. 핌코 사람들이 17a-7 조항을 제대로 활용하지 못하고 있다는 사실을 그로스가 알아차린 것 같았다. 핌코는 거대한 채권 '도매상'과 같았다. 유형별 혹은 특성별로 구분하려고 각기 다른 꼬리표(예: '인컴 고정 수익형', '토털리턴 총수익형', '글로벌 멀티 에셋(국제 다중 자산형)' 등)를 붙인 채권을 다량 보유 중이었다. 그러나 거래 전략이 중복됐기 때문에 이들 채권 간 거래가 가능했다. 그리고 핌코는 그 기회를 최대한도로 활용하는 곳이었다.

제이슨 윌리엄스가 교차 거래 의혹을 주장했을 때 핌코가 좌불안석이었던 이유가 바로 여기에 있다. 이 불안감은 금융위기 동안 주창홍이 헤지펀드 핌코앱솔루트리턴스트래티지 Pimco Absolute Return Strategy: PARS를 운용할 때 핌코가 몇 차례 겪었던 공황 사태에서 비롯됐다.

윌리엄스는 소장에서 "2008년 말부터 2009년 초, 고위 경영진이 가격을 멋대로 부풀린 비유동성 증권을 PARS 헤지펀드에서 다른 핌코 펀드로 옮기라고 지시했으며 이 때문에 그 펀드 보유자가 손해를 봤다."라고 주장했다. 윌리엄스가 언급한 시점은 신규 고객 자금이 토털리턴 펀드에 몰리기 시작하던 때였다. 따라서 토털리턴은 필요하다면, 예컨대 고전 중이거나 손실이 발생한 또 다른 펀드가 있을 때 이런 비유동성 증권을 손쉽게 사들일 수 있었다. 2008년에 수개월 동안 PARS 헤지펀드는 26% 하락했고 이와 유사한 또 다른 펀드는 42%나 하락했다.

윌리엄스가 주장하는 내용은 주 창홍에게 직격탄을 날렸다.

그로스는 주 창홍을 몹시 아꼈다. 그는 똑똑하고 실리적이었으며 그로스처럼 과도하게 시장에 몰입하는 사람이었다. 그로스가 좋아하는 특성을 죄다 갖췄다. 사교적이지도 않았고 트레이더라든가 업무 지원 팀과 특별히 돈독한 관계를 형성하려 하지도 않았다. 또 그로스와 마찬가지로 세부적인 사항과 꼼꼼함의 가치를 별로 인정하지 않았다. 그로스는 틈만 나면 전 직원을 향해 자신과 주 창홍 두 사람만 있으면 회사 전체 업무와 전체 자금을 관리할 수 있다고 말하곤 했다. 주 창홍은 다소 거칠고 사나웠다. 트레이더와 분석가에 따르면 다이얼리나스는 중국이 발표하는 각종 경제 자료를 신뢰하지 않았고, 중국과의 무역 전쟁이나 중국 정부가 미 재무부 채권을 매도한다는 사실을 토대로 결국 중국이 붕괴하리라 예측했다고 한다. 당연히 주 창홍은 조국인 중국 편에 서서 중국 입장을 대변하려 했다. 탄탄한 수학적 지식과 그로스라는 든든한 뒷배 덕분에 주 창홍의 위세가 대단했다.

2005년 봄이 되자 주 창홍은 시장이 혼란이라는 수렁에 빠졌음을 감지했다. 연방 정부가 신규 재무부 채권의 시장 공급량을 줄였고 이 때문에 극심한 재무부 채권 부족 현상이 나타났다. 재무부 채권 부족 현상은 선물계약에도 영향을 미쳤다. 알다시피 선물계약은 가격 상승으로 큰 이익이 나기를 기대하며 매수자가 상호 합의한 가격으로 특정한 미래 일자에 재무부 채권을 매수하기로 약속하는 계약을 말한다. 그런데 선물계약 수보다 기초 자산인 실물 채권의 공급량이 감소하기 시작했다.

이 때문에 만료된 계약을 처리하는 데 문제가 생겼다. 통상적으로 선물계약이 만료되면 트레이더는 실물 채권을 인도하거나 아니면 신규 선물계약을 다시 체결할 수 있다. 대개는 선물계약을 다시 체결한다. 실물 인도는 전체 선물계약의 약 3%에 불과했다. 신규 계약을 체결하는 경우 트레이더는 캔디크러쉬사가Candy Crush Saga 게임에서 사탕을 터뜨려 없애듯이 만료된 계약을 팔고 만기일을 갱신해 신규 계약을 다시 산다.

1983년 지니메이 CDR 거래처럼 실물 증권 인도는 항상 선택 사항이었다. 모든 재무부 채권 선물은 실물 채권의 가격 변동 추이를 따른다. 인도 가능한 채권 풀pool은 실제 거래가 이뤄지는 거래소가 결정한다. 그리고 해당 채권 풀에서 가격이 가장 싼 채권을 기준으로 시장이 채권 가격을 결정한다.

2005년 3월 말까지 주 창홍은 미 재무부 채권시장의 강세를 예측하고 그해 6월에 만료되는 선물계약에 대해 대규모 매수 포지션을 확보했다. 핌코는 과거 CDR 거래에서처럼 재무부 채권 6월물을 140억 달러어치나 보유했다. 이는 인도 가능한 재무부 채권 가운데 가격이 가장 싼 채권(당시에는 2012년 2월이 만기인 10년 만기 재무부 채권이 여기에 해당)의 공급량을 넘어서는 수준이었다.

선물은 쌍방 계약이다. 누군가 무언가를 매수하는 포지션을 취한다면 필연적으로 같은 물건을 같은 조건으로 '매도'하는 포지션도 존재해야 한다. (이때 '매도' 측은 대부분 은행이며, 헤지펀드 같은 다른 누군가에게 포지션을 매도하거나 해당 거래 자체를 보유한다.) 핌코가 재무부 채권 선물계약에 대해 대규모 '매수' 포지션을 취했으므로 반대편인 대규모 '매도' 포지션도 존재해야 한다.

그러나 인도 가능한 최저가 재무부 채권이 품귀 현상을 보이자 트레이더는 거의 넋이 나간 상태가 되고 말았다. 재무부 채권 물량이 바닥이 나자 다들 인도 가능한 최저가 채권 찾기에 혈안이 됐다. 당연히 가격은 치솟았고 매도 포지션을 취한 쪽은 초죽음 상태가 됐다. 그해 봄 핌코는 이미 인도 가능한 2월 12일물의 공급 부족을 감안해 채권 가격을 책정했다. 트레이더는 모두가 9월물로 계약 갱신을 할 수밖에 없다고 생각했고, 해당 선물계약 가격이 급등했다.

9월물 계약 가격이 급등하고, 또 6월물 계약을 이행하는 데 필요한 인도 가능 재무부 채권을 찾는 일도 불가능해지자 선물계약 만료 시 취할 두 가지 선택지 모두 의미가 없는 상황이 됐다. 매도 포지션을 취한 쪽은 죽을 맛이었다.

그런데 핌코는 인도 가능한 최저가 재무부 채권을 다량 보유하고 있었다. 해당 선물계약에 대한 대규모 매수 포지션을 취한 데다 기초자산인 2월 12일물 채권을 가능한 한 많이 사들였기 때문이다. 2월 12일물 재무부 채권의 거의 절반을 핌코가 보유했으며 이는 핌코가 운용하는 다양한 펀드를 받쳐주는 든든한 '군자금'이었다. 금액으로 따지면 133억 달러에 이르렀으며 이는 인도 가능한 총채권의 75%에 해당했다. 이로써 핌코는 이미 제한된 채권 공급량을 더욱 제한하는 역할을 했다.

재무부 채권시장은 갈증 때문에 정신이 반쯤 나간 트레이더로 가득한 '사막'이 되어버렸다. 5월 말이 되자 매일 수십억 달러 규모에 달하는 거래가 불발되기 시작했다. 누적 수치로 2천억 달러 규모의 선물계약을 이행하려면 이에 상응하는 2월 12일물이 있어야 한다. 그러나 아무도 찾아낼 수가 없었다. 핌코가 이미 공급 부족 상태인 이 채권을 절반가량 보유하고 있었기 때문이다. 누가 이 상황을 해결해줄지 정확히 알 수는 없었지만, 누구든 간에 2월 12일물을 빌려줄 리 만무했다. 매도 포지션을 취한 쪽은 점점 절박해졌고 그럴수록 가격은 더 치솟았다.

시장이 공황에 빠졌을 즈음에 빌 파워즈는 휴가 중이었다. 파워즈는 휴가 때마다 동부의 낸터킷Nantucket을 찾았다. 그때 한 재무부 관리가 바닷가에 서서 바다를 바라보고 있었다. 그 역시 휴가를 보내는 중이었다. 관심사시장가 비슷했던 두 사람은 금세 친구가 됐다.

어느 날 두 사람은 바닷가에서 노는 아이들을 지켜보며 함께 서 있었다. 그때 재무부 관리가 입을 열었다. "그래서 핌코가 2월 12월물을 독점하는 일과 관련해 내가 알아야 할 게 대체 뭡니까?"

파워즈는 이 말을 듣고도 애써 아무런 표정도 짓지 않았다. 포식자가 자신을 찾아내지 못하고 그냥 지나치기를 바라는 동물처럼 바다를 응시하며 가만히 있었다. 두 눈은 평온한 수평선을 보고 있었지만, 속으로는 이런 생각을 했다. '아! 난감하네.'

선물계약 만기일인 6월 22일이 점점 다가오는데 통상적 기준에 따른 예상과 달리 계약 수는 감소하지 않았다. 6월 21일까지 아직 만료되지 않은 계약 수가 15만 2천 개였다. 14만 2천 개가 넘는 계약 보유자가 실물 인도를 선택했으며 이는 예전의 두 배에 해당하는 수치였다.

그리고 해당 계약 보유자 대다수가 핌코였다. 핌코는 통상적 선택지였던 계약 갱신 대신 실물 채권 인도를 요구했다. 핌코가 매점 중이라 시장에서 해당 채권의 씨가 말라 아무도 찾을 수 없는 그 채권을 인도하라는 요구였다. 수많은 트레이더가 이런 움직임을 '금융시장판 치킨 게임'이라고 생각했다. 핌코는 시장에서 신사도 정신을 발휘할 생각이 전혀 없었다.

실물 인도로 정리된 140억 달러 규모의 6월물 전부가 2월 12일물 채권을 사용했다. 그러나 비용이 너무 많이 들었다.

이 치킨 게임을 주도한 자가 주 창홍이었다. 주 창홍이나 그로스 같은 사람들은 거래에서 자신들을 이기는 자는 누구든 도둑으로 취급했다. 잘해서 이 게임에서 이긴 것이 아니라 자신을 속이고 돈을 뜯어간 사기꾼이라고 인식한다. 따라서 이런 일이 일어나지 않게 하는 것이 이들의 임무였다. 그 당시에 함께 혹은 가까운 곳에서 일했던 사람들은 주 창홍이 공격적이고 무례했다고 기억한다. 어쨌든 주 창홍이 해야 할 일은 거래였다. 규제와 관련한 문제라든가 평판은 관심사가 아니었다. 그런 일은 규정 준수 및 법무팀 소관이었다. 주 창홍의 임무는 가능한 한 이익을 극대화해 자신의 몫을 헤지펀드가 한 푼도 가져가지 못하게 하는 일이었다. 헤지펀드를 위협하는 일을 명시적으로 불법이라 규정하지 않았다면 이는 불법이 아니었다. 그리고 이렇게 해서 고객에게 이익을 안긴다면 이는 당연히 해야 할 일이 아니겠는가! 또 경쟁업체나 월가 은행에 손해를 끼쳤다는 사실이 우리가 그렇게 미안해 할 일인가?

매도 포지션을 취한 측에 따르면 핌코는 이 거래로 10억 달러 이상을 챙겼다.

금융위기 이전에는 시장 규제 수준이 훨씬 느슨했기 때문에 정부 기관이 나서서 이런 행위를 막아설 일이 많지 않았다. 이런 절차를 잘 아는 어떤 사람은 상품선물거래위원회Commodity Futures Trading Commission 가 이끄는 규제 당국이 재무부 채권 선물 인도 절차에 대한 기초 지식을 포함해 시장이 작동하는 기제에 대해 너무 모른다는 사실에 깜짝 놀랐다고 한다. 시장을 감시하고 관리해야 할 당국자가 시장 기제에 대해 너무도 무지했다.

결국은 시카고상품거래소가 개입했다. 2005년 6월 29일에 선물계약 만료 전 10일 동안 트레이더가 해당 증권을 매수 혹은 매도하는 양에 제한을 뒀다. 따라서 10년 만기 재무부 채권과 연계된 선물은 5만 계약만 거래할 수 있었다. (5만 계약은 핌코가 보유한 6월물의 3분의 1에 조금 못 미쳤다.)

CBOT는 이런 제한 조치를 시행하게 된 이유에 관해서 구체적으로 언급하지 않았다. 다만, "계약의 완전 무결성을 보호한다는 약속"의 중요성을 강조하고 싶었다고 했다. CBOT 회장과 CEO는 2005년 8월에 이렇게 썼다. "우리는 시장 조작과 혼란 및 가격 왜곡에 대한 위험성을 줄이고자 선물계약 포지션 규모를 제한했다."

이 같은 규정 변경으로 9월물 가격이 급락했다.

매도 측 투자자는 분개했다. 돈을 강탈당한 기분이었다. 그래서 몇몇 투자자는 8월에 집단 소송을 제기했다. 이들은 핌코가 2005년 6월물 가격을 폭등시켜 이 계약에서 100억 달러 규모의 포지션을 구축했으며 이에 더해 인도 가능한 최저가 재무부 채권에 대한 포지션 규모도 수십억 달러나 된다고 주장했다. 이 때문에 계약 만료일이 다가와 매도 포지션 투자자가 재무부 채권을 인도해야 할 시점이 됐을 때 터무니없이 오른 가격에 채권을 매수해야 하는 상황이었다며 불만을 토로했다. 핌코와의 선물계약을 이행하는 데 필요한 실물 채권 물량을 핌코가 틀어쥐고 내놓지 않았기 때문이다.

그로스는 그저 경제적인 측면을 고려한 합리적 결정이었을 뿐이라고 설명했다. 핌코가 6월물을 보유 중이었고 9월물 가격이 계속 상승하는 장세를 지켜보고 있었다. 그런 상황에서 계약을 갱신한다면 비용이 너무 많이 든다는 계산이 나왔다. 그로스는 블룸버그 TV에서 "이는 선물계약 진행 기제에 내재된 원초적인 문제"라고 말했다. 그리고 당시 핌코가 비정상적인 행동을 한 것이 아니며 다들 핌코가 실물 인도를 택할 수밖에 없으리라 짐작했던 것이다. 핌코 또한 시장 상황의 피해자라는 주장이었다.

이미 언급했듯이 선물계약을 이행하고자 2005년 6월에 10년 만기 재무부 채권을 사야만 했던 '억울한' 매수자가 집단 소송을 제기했다. 이들은 핌코가 인위적으로 올려놓은 가격으로 채권을 매수해야 했기 때문에 매도 포지션을 취한 투자자들이 6억 달러 이상 손해봤다고 주장했다. 또 핌코가 시장을 독식했으며 이는 상품거래법 Commodity Exchange Act을 위반한 독점 행위에 해당한다고도 했다.

핌코는 이 같은 위법 행위 의혹을 부인했다. 댄 타르만Dan Tarman 핌코 대변인은 "원고 측은 투기 목적으로 '매도' 포지션을 취한 후 예상이 빗나간 결과가 나오자 억울하다며 어깃장을 놓는 것일 뿐이며 잘못된 베팅을 한 이들이 이익을 얻으려 한다."라고 말했다. 이 대변인은 연방 규제 당국과 CBOT도 핌코가 시장을 조작한 혐의를 찾지 못했다는 말도 덧붙였다.

그로스는 핌코가 성공 가도를 달리는 모습에 질투를 느낀 사람들이 늘어나면서 헐뜯는 소리도 많아졌을 뿐이라고 말했다. "절대로 다른 투자자 돈을 강탈하는 일은 없었다. 어느 곳이든 이렇게 규모가 커지고 나면 집단 소송의 표적이 되기 십상이다. 한발 한발 내디딜 때마다 발밑을 조심해야 하는 코끼리처럼 밖에 어떤 이유나 핑계를 대서든 고소장을 들고 대기하는 사람들이 줄을 서 있다는 사실을 잘 알기 때문에 하는 말이다."

모닝스타의 한 고위 임원이 이 견해에 힘을 실어줬다. "모두가 핌코의 일거수일투족에 촉각을 곤두세우고 있다. 그로스가 시장에서 어떤 행동을 했다는 소문 하나가 사람들의 투자 전략을 180도 바꿔 놓는 상황이다. 좋은 아이디어 하나가 사운을 결정하기도 하는 업계이니만큼 가장 눈에 띄는 시장 참여자는 아무래도 행동에 제약이 따르게 마련이다."

　　물론 이런 우세한 지위는 매점을 가능하게 하는 요소이기도 했다.

　　핌코는 피해자라고 주장한 사람 대다수가 매수 포지션도 같이 취해 포트폴리오 균형을 맞췄고 이를 통해 매도 포지션에서 발생한 손실보다 더 큰 이익을 얻었다고 주장했다. 매도와 매수 한 쌍으로 구성된 투자 포트폴리오에서 큰 이익을 냈으면서 한쪽, 즉 매도 포지션에서 손실이 발생했다고 해서 어떻게 소송을 제기할 수 있는가? 핌코는 대법원 상고까지 불사하며 소송 기각을 위해 애를 썼지만, 2010년 2월에 법원은 소송이 계속 진행될 수 있다며 기각을 노리는 핌코의 노력에 찬물을 끼얹었다.

　　2010년 말에 핌코는 공매도 투자자와 합의했다. 어떤 법적 책임도 인정하지 않았지만, 변호인단에 지급할 수임료 2천만 달러 외에 합의금으로 9천 200만 달러를 부담한다는 데 동의했다.

　　핌코는 '전부가 고객에게 가장 큰 이익이 돌아가게 하려는 행위' 였다는 주장을 굽히지 않았다. 사측은 "이런 유형의 거래 모두가 고객에게 가장 유리하도록 설계되어 있다."고 말했다. "인도 가능한 최저가 채권을 시장에 다시 내놓음으로써 시장 불안을 불식시켰다. 그리고 실물 채권을 인도하는 당사자 전부가 이 최저가 채권으로 계약을 이행했다." 따라서 핌코가 과연 그 정도로까지 고객을 보호해야 하느냐는 부분에 대해 강한 의구심을 드러냈다.

핌코가 유죄라면 단 한 가지 이유는 고객 우선주의를 너무 확실하게 실천했기 때문이다.

핌코가 한 행위가 탁월한 거래 솜씨를 입증하는 증거인지 아니면 거대한 몸집과 강한 영향력을 이용해 다른 시장 참여자를 압박하는 불량배 같은 행위인지는 관찰자가 거래 당사자 중 어느 편 관점에서 보느냐에 달렸다. 즉, 핌코 트레이더와 고객 관점이냐 아니면 거래 상대방 관점이냐에 따라 탁월한 거래 솜씨인지 불량배 짓거리인지가 판가름 난다.

그로스는 이렇게 말했다. "우리는 이 소송에서 큰돈을 들여 합의에 이르렀지만 나는 아직도 우리가 잘못된 행동을 했다고 생각하지 않는다. 우리가 잘나가는 큰 회사이기 때문에 가격 책정이나 최종 가격이 마음이 들지 않으면 무조건 덤벼들어 일을 망치려 드는 사람이 항상 존재한다. 나는 양 측면을 다 볼 수 있다. 그것이 SEC가 존재하는 이유다. 월가와 비교해 미개척지 같은 서부 금융가를 엄격한 규제를 통해 길들이겠다는 취지 아니겠는가! 우리는 혁신을 주도하는 큰 조직이므로 어떤 면에서 개척 시대 당시 '서부'에서 활동하는 총잡이와 다름없었다. 그중에서도 손이 가장 빠른 총잡이 말이다."

2013년에 제이슨 윌리엄스가 제기한 소송이 불편했던 이유는 '가장 빠른 총잡이'라는 핌코의 평판과 무관하지 않았다. 이 소송은 2005년에 있었던 집단 소송을 되짚어보는 계기가 됐다. 이전 소송을 재검토하는 과정에서 핌코와 핌코가 쓴 책략에 대해 품었던 갖가지 의구심이 허무맹랑한 모험만은 아닐지 모른다는 생각을 하게 됐다. 월가도 이 소송에 주목했다. 신용시장과 관련이 있는 모든 사람이 소장을 읽었다. 윌리엄스는 이미 실업자 신세였다. 그래서 남은 인생을 책임져 줄 고액 합의금에 남은 인생을 걸었다.

3일 뒤 윌리엄스는 소송 취하서를 제출했고 윌리엄스 측 변호사와 협상에 들어갔다. 언론은 결과만 살짝 언급하고 지나갔다.

비공개로 진행된 길고 지루한 협상 끝에 윌리엄스는 합의금을 받고 소송을 마무리했다. 정확한 액수는 밝히지 않았다. 소송비용을 제하고 남은 합의금으로 몬태나주 트로이Troy에 위치한 술집을 하나 샀다. 불레이크Bull Lake 바로 옆이었다. 반은 술집이고 반은 식당인 이 가게를 말끔히 수리해 작은 콘버그(옥수수 빵으로 감싼 핫도그-역주)와 아일랜드풍 나초를 팔았다. 야영에 딱 적합한 이곳에서는 매년 여름 빅스카이랑데부Big Sky Rendezvous라는 음악 축제를 연다. 핌코 사람들이 알고 있는 윌리엄스의 근황은 이 정도다.

핌코는 이 소송이 일으킨 구설을 어느 정도 잠재웠다. 소장을 꼼꼼히 들여다보기도 전에 언론의 관심도 잦아들었다. 윌리엄스는 인터뷰를 전혀 하지 않았고 담당 변호사도 마찬가지였다. 핌코는 여전히 법망을 교묘하게 빠져나가며 내부적으로 채권을 교환하는 행위를 그만두지 않았다.

그러나 규제 당국이 점점 똑똑해지고 엄격해졌으며 금융 불모지 같던 '서부'도 그 야성을 잃었다. 성문화된 규정이 많아질수록 회색지대는 점점 줄어들면서 법적 허점이 메워진다. 그 어떤 사술이나 공작이 끼어들 여지가 그만큼 줄어든다는 의미다.

제11장

긴축 발작

빌 그로스가 황금색 테두리의 거울에 비친 자신을 바라보고 있다. 전형적인 은행원 셔츠(흰 칼라에 파란 줄무늬)에 노란색 에르메스 넥타이(평소에는 잘 매지 않음)를 매고 한쪽 머리를 약간 세운 모습이었다.

이 그림은 2013년 4월 〈투자 전망〉에 올리려고 자신이 직접 고른 삽화였다. 여기에 '거울 속 남자'라는 제목을 붙였다. 그리고 같은 제목의 마이클 잭슨 노래 '거울 속 남자A Man in the Mirror'의 가사로 삽화 설명을 대신했다. "거울 속 이 남자와 함께 시작한다. 나는 이 남자에게 방법을 바꿔보라고 말한다."

그로스는 우수에 젖어들었다. 이제 69세가 된 남자가 여기 있다. 아직도 채권 왕국의 제왕이었고 금융계와 거리가 먼 남부 캘리포니아에서 40여 년을 바쳐 구축한 제국이 여전히 그의 손에 있다. 토털리턴이 보유한 자산도 현재 사상 최고 수준이다. 토털리턴 뮤추얼 펀드에는 2천 930억 달러가 있고 일반 펀드와 대형 고객을 대상으로 같은 전략을 구사하는 '별도 관리 계정'에 있는 자금만 2천억 달러다.

이런 만족감 뒤에는 마치 쌍둥이처럼 늘 '편집증 같은 극도의 불안감'이 같이 딸려 나온다. 불안감은 휴식을 취하는 순간마저 갉아먹으며 만족감을 느끼는 자신을 위협한다. 고객 의견을 들여다보고 이를 성찰의 기회로 삼으면 상당히 도움이 되고 사람들의 관심을 끌 수도 있다는 사실을 경험으로 알고 있다. 그로스는 이런 불안감을 건설적인 방향으로 활용할 수 있다. 그래서 자신을 괴롭히며 심신을 갉아먹었던 문제를 같이 생각해보기로 했다.

4월 〈투자 전망〉에 그로스는 이렇게 썼다. "나는 훌륭한 투자자인가? 아니, 아직 아니다."

"거울을 들여다보면서 스스로에게 10점 만점으로 점수를 매겨보라고 하면 대부분 6이나 7점 정도는 준다. 큰 코나 빈약한 턱은 더 선명한 눈이나 완벽에 가까운 고른 치열로 상쇄된다. 누군가의 조언을 들을 때 상대가 말로 칭찬해 주면 자신의 외모가 잘나서라고 생각한다."

"투자할 때 혹은 대중에 노출되는 일을 할 때도 마찬가지다. 대체로 경쟁자로부터 온갖 비난이 쏟아지지만, 사람들의 정신과 실제 스크랩북마저 지배하는 것은 아름다운 장미다."

"우리는 이 때문에 하루하루 살아갈 수 있다. 우리가 거울 속에 비친 사람을 들여다볼 때는 놀이공원 요술 거울처럼 왜곡된 이미지를 본다."

그로스는 거울 저편에 숨은 나머지 반쪽 이미지, 즉 어떤 스크랩북에도 올리지 않았던 자신을 좀먹는 극도의 불안감에 관해서는 쓰지 않았다. 그로스에게도 계속 유지해야 하는 이미지가 있었다. "이일을 오래할수록 아킬레스건을 대중에 노출하는 시간이 길어진다."

1977년부터 1990년까지 13년 동안 피델리티Fidelity에서 마젤란

Magellan 뮤추얼 펀드를 운영하며 2,500%라는 경이적인 수익률을 기록했던 피터 린치Peter Lynch를 떠올렸다. 그로스는 "박수 칠 때 떠나야 한다는 사실을 알았다는 점에서 린치는 분명히 뛰어난 사람이었다."고 썼다.

〈포춘〉지와의 인터뷰에서 린치가 사임할 때 이를 '겁쟁이의 퇴장'이라고 비아냥거렸던 2002년에 비하면 린치에 대한 평가가 장족의 발전을 보인 셈이다. 그 당시 그로스는 자신은 절대 일을 그만둘 생각이 없다고 했었다. "내가 바라는 바는 돈을 버는 것이 아니다. 지금도 나는 어디다 써야 할지 모를 정도로 돈이 많다. 내가 원하는 것은 이기는 것이다. 영원히 이기고 싶을 뿐이다."

그때로부터 11년이 흘렀고 돈도 더 많이 번 지금 그로스는 다시금 궁금해졌다. "내가 정말 이겼나?" 40년 넘게 성공 가도를 달려왔는데도 여전히 자신이 이기는 삶을 살았는지 확신이 서지 않았다. 운이 좋아서 혹은 시점을 잘 포착한 덕분에 성공한 적도 있었다. 무엇 때문에 성공했는지 그 이유가 명확하지 않을 때도 있다. 시장 변동 주기를 정확히 파악해서 성공한 투자자라 해도 운인지 타이밍이 좋았는지 아니면 온전히 실력이 좋아서인지 누가 어떻게 구분할 수 있겠는가! 강세장이든 약세장이든 상관없이 이익을 낼 수 있다면 단순히 운이 좋아서가 아니라 실력이 좋아서라고 말할 수 있지 않을까?

그로스는 또 이렇게 썼다. "그러니 운인지 실력인지 확실해진 언후에 샴페인을 터뜨려야 한다. 먼저 시장 전문가가 되어라. 그다음에는 시장의 마법사가 되어야 하고 맨 마지막에 왕좌에 올라라. 왕이 되려면 이런 단계를 밟아 나가야 한다."

"그러나 여기서 인정해야 할 사실이 하나 있다. 현재 살아 있는 사람 중에 채권왕이나 주식왕 혹은 투자왕 등 감히 '왕'이라는 칭호를 주장할 수 있는 사람은 없다. 나 역시 당연히 그렇고 워런 버핏, 조지 소로스, 댄 퍼스 같은 내로라하는 투자 대가라도 마찬가지다. 나는 물론이고 이들을 포함한 우리 전부가 투자자가 경험할 수 있는 가장 유리하고 또 가장 매력적인 시기에 활동하는 행운을 누린 것이다."

위험을 감수하기만 해도 돈을 벌 수 있다는 점을 그로스는 잘 알고 있었다. 달러화가 금본위제에 기초한 고정 환율 체계에서 벗어나면서 신용 창출 붐이 일기 시작했던 1970년대 초부터 노련하게 위험을 감수하고 레버리지를 늘리면서 손실 함정 몇 개만 잘 피하면 큰돈을 벌 수 있었다. 말하자면 투자로 성공하기가 수월했던 시절이었다.

2008년 11월에 쓴 글에서 "시장이 하락할 때 매수해야 한다고 배운 우리는 전부 강세장이 낳은 아이들"이라고 했다. 우연히도 그로스가 태어난 해부터 줄곧 신용은 자본주의 엔진이 잘 작동하게 해주는 강력한 윤활제 역할을 계속하고 있었다. 이 윤활제 덕분에 '야성적 충동'과 결합한 금융 혁신이 더 큰 이익과 더 많은 일자리 그리고 무엇이든 더 많이 생산하는 데 필요한 더 강력한 동력을 만들어낼 수 있다.

무엇이든 더 많이 생산하는 데 따른 비용은 그리 깊게 생각하지 않았다. 그리고 위기가 한창 고조됐을 시점에 그로스와 핌코가 금융 체계상의 위험 요소를 일찌감치 알아챘다는 사실을 알릴 방법이 더 시급했다.

그로스는 이렇게 말했다. "사람이 시대를 만들었다기보다는 시대가 사람을 만들었다는 말이 맞다고 본다."

이 행운의 시대가 끝나면 어떻게 될까? 앞으로는 핌코 같은 위험 감수자보다 위험 회피자가 더 유리한 시대가 될까? 최근 수십 년 동안 계속됐던 신용 팽창이 기후 변화나 고령화라는 시대 추세 때문에 신용 축소로 전환되면 어떻게 하나? 식량이나 물, 석유 부족 때문에 전쟁이 일어나면 또 어떻게 할까?

외견상 대단해 보이는 투자자가 스스로 방향을 바꿔야 하거나 최소한 새로운 책략을 배워야 하는 상황이 되면 어떻게 해야 할까? 이런 상황이 훌륭한 투자자 자질, 즉 새로운 시대에 적응하는 능력을 시험하는 잣대가 될 것이다.

그러나 새로운 인물이 활약할 즈음이면 그로스 자신을 포함해 이 시대를 풍미한 거물들은 이미 이 세상 사람이 아닐 것이다. 자신도 언젠가는 죽는다는 점을 고려할 때 적당한 시점에 물러나야 한다는 사실을 알고 있었다. 그 시점이 오기 전에 뒤를 이을 '후계자'를 물색하는 일이 현명하리라. 이는 그로스 본인뿐 아니라 핌코에도 좋은 일이다. 고객들은 항상 '승계 계획'을 궁금해 했다.

그로스도 이 점을 알고 있었다. 계획을 실행하고 말고는 그다음 일이다. 그래서 2013년 즈음부터 자신이 싫어하는 경영 업무를 포함한 모든 책임을 다른 이에게 위임하고 본인은 시장에만 초점을 맞출 생각이라며 후계 구도에 관한 의견을 핌코 경영진에게 간간이 표명했다. 그렇다고 서두를 생각은 없었다. 너무 서두르면 다들 후계자 문제에만 집중할 수 있고 당장 그다음 날부터 세부 사항을 논의하는 단계에 들어갈지 모른다.

권력 이양이 이미 시작됐음을 그로스는 눈치채지 못했다. 2013년 4월자 〈투자 전망〉이 발표된 시점은 신용시장이 평온한 상태를 유지하고 있을 때였다. 배부른 느긋한 투자자가 투자 위험에 대해 최소한의 보상을 요구하면서 고위험 채권 수익률이 최저치를 향해 가고 있었다. 나쁜 일이 일어나지 않는다는 가정 아래 위험 수준이 바닥을 친 상황에서 최저 등급의 회사채가 가격 면에서 등급이 높은 회사채를 뛰어넘는 성과를 냈다. 레버리지론_{leveraged loan} 가격 지수는 2007년 7월 이후 최고치 수준으로 상승했다.

그런데 5월 초 3일 동안 진행된 핌코 연례 포럼은 엘 에리언이 회사 공식 개요서에서 밝힌 바와 같이 미국 경제가 회복되고는 있으나 경기 침체의 덫에서 완전히 탈출하는 수준에는 이르지 못했다는 결론으로 끝이 났다. 미국은 '순조로운 성장 속도를 유지할' 것이지만 성장률이 평균 2%는 넘지 않으리라 예상했다.

그런데 이에 대한 불안감이 예상보다 훨씬 컸다. 5월 말이 되자 시장은 혼란 상태에 빠졌다. 그리고 30년 만기 재무부 채권 가격 반등세가 마침내 끝이 난 듯 보였다.

이번에는 연준이 그 중심에 있었다.

이는 벤 버냉키 연준 의장이 위기 극복 노력의 일환으로 연준 자산 매입 계획의 향후 방향을 예측하기 시작한 데서 비롯됐다. 초저금리 상태가 수년간 지속되면서 위험 감수를 부추겼고 여기서 경기 부양 효과가 나타났다. 연준이 취한 조치가 기대했던 대로 시장을 안심시켰다. 버냉키는 경제 안정에 도움이 되는 희소식을 발표하면서 경기 회복세가 뚜렷해짐에 따라 자산 매입 계획의 필요성이 줄어들 것이라고 말했다.

시장 안정을 기대하며 했던 발언이 아이러니하게도 시장에 큰 충격을 안긴 것이다. 예전에도 경제 환경은 결코 시장 참여자 편이 아니었다. 시장 참여자에게 이익은 더 발생시키고 잠재적 손실은 되도록 감소시키는 경제 환경이었던 적이 없다. 그런데도 그런 환경을 다 잊기라도 한 듯 새삼스럽게도 그때는 정부 지원 및 약속에 대한 신뢰성에 따라 주식시장 분위기가 좌우되는 듯했다. 따라서 시장은 연준에서 나온 발언 한 마디 한 마디를 곱씹으며 정부 지원 중단을 예감하게 하는 단서를 찾으려 애썼다. 그런 징후를 발견하는 순간 시장은 공황 상태에 빠질 것이 뻔했다.

연준에게는 두 가지 선택지가 있었다. 하나는 당장 지원을 중지함으로써 경기 침체로 이어질 위험을 감수하는 일이다. 또 하나는 지원을 계속하여 새로운 자산 가격 거품을 만들었다는 비난을 감수하는 일이다. 게다가 연준이 지난번 위기를 극복하는 과정에서 사용 가능한 도구를 전부 다 쓰는 바람에 앞으로 다가올 문제에 대처할 도구가 하나도 안 남은 것이 아닌가 하는 두려움도 있었다. 연준 내에서도 더 빠른 '안정화'를 원하는 무리가 있었다.

2013년 5월 22일에 연준에 대한 의회 조사 과정에서 버냉키는 환자 같았던 미국 경제가 이제 약을 끊어도 될 만큼 건강해졌다는 사실을 전달하려고 애를 썼다. 후반기로 가면서 기초 경제 여건이 계속 강세를 유지한다면 연준은 채권 매입 속도를 점차 줄여나갈 수 있다. 언젠가는 그렇게 되지 않을까? 이듬해에 가능할까? 정확한 시점은 관련 자료에 달렸다.

시장은 버냉키가 하는 말 중 핵심에만 반응했다. 꾸미는 어구나 가정법 표현 등에는 전혀 관심을 두지 않았다. 신경이 있는 대로 날카로워져 좌불안석인 트레이더 귀에는 지원 대책이 점차 사라진다는 말만 들렸다. 공황에 빠져 허우적대던 주말, 비상 회의, 타임스퀘어로 옮겨진 종이 상자, 끝없이 하락하는 가격, 러닝머신 위에서 성난 투자자에게 맞은 딘 폴드 등 시장이 폭락했을 때 펼쳐졌던 모든 끔찍한 기억이 되살아났다. 유럽은 지금도 위기에 몰려 있는 상태였다. 트레이더 귀에 들어온 메시지는 호시절은 끝났다는 것뿐이었다. 연준은 지원을 점차 줄여가고 양적 완화를 천천히 축소시키다가 결국 끝낼 계획이다. 그리고 아마도 (제발 그런 일이 없기를 바라지만) 언젠가는 금리도 인상할 것이다.

사람들은 공황 상태에 빠졌다.

뒤이은 채권시장 급락을 '긴축 발작Taper Tantrum'이라고 한다. 5월 1일에 1.61%였던 10년 만기 재무부 채권 수익률이 7월 8일에는 2.75%로 치솟았다. 믿을 수 없는 상승폭이었다.

그런데 우려하던 그 일이 발생했다. 금리가 상승하기 시작했다. 30년 만기 재무부 채권의 가격 반등세도 끝이 났다. 이는 토털리턴 펀드에 적용했던 '총수익' 전략이 맥을 못 추게 된다는 의미였다. 2013년 5월 22일 이후에는 아무도 2009년에 사 모았던 자산을 재빨리 처분할 수 없었다. 투자자는 앞다투어 채권 펀드에서 자금을 회수했고 이런 추세는 꽤 오래 계속됐다.

불과 몇 주 전에 그로스는 토털리턴 펀드 내 재무부 채권 비율을 39%로 늘렸다. 재무부 채권이 큰 타격을 입기 직전의 일이었다. 그리고 2013년 상반기에 개인적으로 선호하는 증권 중 하나인 물가연동형 재무부 채권TIPS에도 투자했다. 2013년 초에 그로스는 TIPS가 승자가 되리라 생각했다. 전 세계적으로 진행 중인 화폐 발행이 인플레이션으로 이어진다는 판단에 따른 것이었다.

'긴축 발작'으로 수익률은 상승했지만, 기대 인플레이션은 상승하지 않았다. 따라서 인플레이션에 따른 손실 위험을 방지하도록 설계된 TIPS에 투자한 사람은 손실을 봤다. 5월과 6월에 토털리턴은 4.7%나 하락했다. 6월 한 달 동안 이 수치의 절반이 넘는 2.6%가 또 하락했다. 2008년 이후 토털리턴이 최악의 성과를 낸 달이었다. 채권 펀드는 거의 전멸 수준이었지만, 특히 핌코 펀드의 하락세가 두드러졌다. 6월에 토털리턴 투자자는 무려 96억 달러를 회수했으며 이는 사상 최고 수준이었다.

7월 7일에 그로스는 트위터에 올린 글에서 "40년간 꾸준히 이어온 실적 수치에서 한두 달의 성과는 일시적인 일탈일 뿐"이라면서 결국 펀드 자금 회수세가 멈추리라 기대했다. "핌코는 장기전을 치르는 데 선수다."

그러나 긴축 발작은 이제 시작이었다. 그로스는 점점 타격을 입고 있었다. 투자위원회는 직원에게 '중요하지 않은' 거래는 제한하라고 지시했다. 그로스는 여기서 한 걸음 더 나갔다. '재무부 채권을 취급하지 마라.' 모두가 지켜보는 상황이라 그로스는 몇몇 트레이더의 일탈적 행위가 신문 머리기사를 장식하게 되는 위험을 감수할 수 없었다.

여름 내내 전전긍긍하던 이들은 하던 일을 멈추고 기다려야 했다. 거래장에는 불안감이 감돌았다. 평소의 고요함이 긴장감으로 바뀌었다. 그로스는 책상 서랍을 쾅쾅 여닫곤 했다. 간간이 들리던 웃음소리는 완전히 사라졌다.

전 핌코 파트너에 따르면 옵션 담당 트레이더는 이 상황이 최악이라 느꼈다고 한다. 옵션은 본래 시간 요소가 핵심이므로 날짜 경과와 시장 변화를 꾸준히 관리해야 한다. 이들은 헤지, 즉 손실 방지책을 적절히 활용해 포지션을 안전하게 유지·관리해야 한다. 거래 동결로 일부 트레이더는 혼란에 빠졌다. 이들이 과연 헤지를 할 수 있을까? 금리가 움직이고 시장 변화가 나타났으며 시간이 흘러갔다. 이들은 감당하기 곤란할 정도로 포지션 규모가 커지지 않을까 하는 불안한 심정으로 시장을 지켜봤다.

잇따른 자금 유출과 성과 저조로 핌코의 자금 유출입 상황이 역전됐다. 수년 동안 토털리턴은 같은 '우산' 내 다양한 펀드 간 자금 이동을 가능케 한 17a-7 조항을 이용해 핌코 내 다른 펀드에서 증권을 사들이는, 이른바 순 매수자 포지션을 유지해왔다. 덕분에 2013 년 3월까지 5년 동안 토털리턴은 핌코 내 다른 펀드에서 약 376억 달러 상당의 증권을 매수했고 약 140억 달러 상당을 매도했다. 그런데 긴축 발작 상황 때문에 변화가 생겼다. 2013년 중반 토털리턴은 다른 핌코 펀드에 약 120억 달러 상당의 증권을 매도했고 매수한 양은 50억 달러에 못 미쳤다.

이런 일련의 사태 이면에는 더 큰 문제가 도사리고 있었다. 우월한 성과를 이끌어내는 비결이기도 한 구조적 이점은 대부분 금리가 하락하는 상황에서 구축됐다. 급락과 조정 등을 통해 반대 방향으로의 일시적 추세 변화가 간혹 나타나기도 했지만, 지난 30년 동안의 전반적 추세는 하락 기조였다. 금리 하락세가 정말로 멈춘다면 장기 회사채는 저평가된 증권이므로 다들 인식하는 정도보다 낮은 수준의 위험을 통해 추가 수익률을 보장한다는 전제의 기반이 흔들릴 수 있다. 현금을 보유하는 쪽보다 단기 회사채를 매수하는 쪽이 수익 면에서 항상 더 유리한지도 분명치 않아진다. 그로스가 거래 가격 폭을 비교적 정확히 예측해 이 가격 폭에 근접한 수준에서 옵션을 매도할 수 있을지도 확실치 않다. 핌코라는 기업의 구축 기반이었던 구조적 거래의 이점에 대해 갑자기 의심의 불씨가 켜졌다.

그로스는 자신이 핌코를 이끌었던 초기와 현 핌코가 얼마나 달라졌는지를 인식하기 시작했다. 더 정확하게 말하자면 핌코가 자신이 통제할 수 있는 수준을 넘어섰다는 사실을 느끼기 시작했다. 그로스는 항상 핌코가 성장하기를 원했다. 늘 성장을 독려하고 성장 환경을 조장했다. 결과적으로 그로스가 기대한 수준 이상으로 성장했다. 요즘은 그로스에게 익숙하지 않은, 그래서 그의 이해 범주를 넘어선 수준에서 거래가 이뤄진다는 느낌이 들 때도 있다. 거울 속의 자신을 들여다볼 때보다 이런 현실을 직시하는 데 시간이 더 걸릴지 모른다.

가격과 위험 수준이 각기 다른 다양한 영국 상업용 모기지채권 풀 거래에 관한 상업용 부동산 팀의 발표 내용을 듣기 위해 2013년 4월에 회의가 소집됐다. 예상 밖의 상황은 없었다. 이 팀은 두 달 동안 JP모건, 스타우드Starwood와 함께 거래 협상에 매달렸다. 엄밀하게 말하면 '거래'에 관해서가 아니라 실제 부동산을 담보로 한 기초 부동산 대출에 관한 협상이었다. 따라서 해당 대출 채권 거래가 원만히 성사되지 않을 경우 본사에서 8천여 킬로미터나 떨어진 곳에 있는 건물을 소유하게 되는 어이없는 상황이었다. 핌코는 부동산 소유가 목적이 아니니 말이다. 토털리턴 같은 펀드는 이런 유형의 대출 채권은 매수하지 못하게 되어 있다. 그래서 이 회의가 더 의미가 있었다. 그러면 다른 일반 투자자는 무엇을 해야 하지? 그리고 여기에 관심이 있는 사람이라면 더 많은 자금이 참여할 수 있도록 유사한 상황을 구조화할 방법을 생각할 수 있다.

그로스는 가치 평가 부분에 관해 질문하며 더 상세하게 설명하라며 팀을 압박했다. 드문 일도 아니었다. 이런 회의를 할 때면 그로스는 거래 자체는 물론이고 발표자의 근성까지 물고 늘어지며 모두를 압박했다. 이런 상황에서 도우러 나서는 사람은 아무도 없다. 강한 목소리로 마구 쏘아대는 그로스라는 1인 포격대에 완전히 혼자 맞서야 한다. 자부심 충만했던 발표자는 티끌만큼 작은 실수 하나에 눈물을 쏟을 정도로 한없이 작아진다. 그러나 이번에는 달랐다. '약간'의 고통으로 끝날 기세가 아니었다.

그로스는 계속 압박했다. 그래도 이렇다 할 답이 나오지 않았다. 아직 협상 중이었기 때문이다. 전화나 이메일로 이뤄지는 채권 거래가 아니었다. 딜러가 가격을 제시하면 일단 콧방귀를 끼며 언쟁을 하고 그러다 결국 제시한 사항에 동의하며 거래가 마무리되는 기존의 채권 거래 방식이 적용되지 않았다. 이번은 경매 방식이었다. 입찰에 응해 가격을 제시한 핌코 그리고 거래 상대방인 JP모건과 스타우드는 '최상의 최종' 제시 가격을 내놓지 않았다. 최종 승자가 나올 때까지 최종 가격은 아무도 모른다. 아무리 그로스라 해도 가격이 책정되기 전인데 어떻게 가격을 알 수 있겠는가?

이번 경매가 유독 애매했던 이유가 무엇일까? 한마디로 설명이 부족했다. 유통 시장의 왕, 즉 대표적인 유동성 자산인 재무부 채권과 금리스와프 등 즉각적으로 가격이 정해지는 시장을 지배했던 그로스가 이해하기에는 설명이 너무 부족했다.

마침내 그로스의 화를 좀 누그러뜨리려고 이바신을 비롯한 몇몇이 나섰다. 이렇게 화를 낸다고 당신에게 무슨 도움이 되는가. 너무 불공정하다. 이들은 이런 말을 하려고 했다.

그러자 그로스가 이들에게 화살을 돌렸다. 특히 이바신에게.

그로스는 흥분이 극에 달해 상체를 앞으로 내밀며 이렇게 물었다. "당신은 가격이 어떻게 정해지는지도 모르는 상품을 팔겠다는 거요?" 그동안 이바신이 JP모건과 합세해 그로스를 골탕 먹이려 한 적이 있었는가? 자신이 운용하는 포트폴리오에 유리한 고수익 상품은 유지하면서 그로스에게 해를 입히려는 수작을 벌였는가? 이바신이 자신이 하는 일을 제대로 이해하지 못했는가?

말도 안 되는 소리였다. 이바신은 이 점을 지적하려고 했다. "빌, 건물을 사라는 말이 아닙니다. 살 수도 없고요."

상황이 더 험악해졌고 분위기는 더욱 격앙됐다. 그로스가 이바신에게 인신공격까지 가했기 때문이다.

참석자들은 깜짝 놀랐다. 회의에서 누군가를 깎아내리는 일쯤 그로스에게는 일상이었다. 그런데 이번에는 너무 지나쳤다. 이런 식의 비열한 발언은 상황에 맞지도 않았고 사람들을 어리둥절하게 했다. 첫째로 핌코에는 '쓰레기 같은 인간'이 널렸지만 이바신은 전혀 그런 사람이 아니었다. 둘째로 그는 그로스에게 해를 입힐 수가 없었다. 애초에 토털리턴이 살 수도 없는 미등급 부동산 대출 채권을 어떻게 이바신이 그로스한테서 빼앗을 수 있겠는가? 그로스는 무언가 잘못 생각해서 얼토당토않은 결론에 도달한 것 같았다.

이바신은 핌코에 가장 놀라운 수준의 수익을 안겼고 신규 고객 자금을 유치해 수수료 수입원을 확보했다. 이바신이 운용하는 핌코 인컴펀드는 최고 성과를 내는 중이었고 수익률도 계속 높아졌다. 사모 방식의 이 폐쇄형 펀드는 돈을 긁어모으고 있었다. 이바신이 없었다면 지난 3년 동안 그렇게 큰 수익을 올리지 못했으리라는 점을 다들 알고 있었다. 이 수익은 고스란히 핌코 직원의 주머니로 들어간다는 사실도 말이다. M 주식 옵션이 '돈 불리는 도구'로 변신한 것도 이바신 덕분이었다. 회의 참석자 한 명은 그 상황이 구역질났다고 회상했다. "댄 이바신이 아니면 누가 수익을 내준다고요."

회의에 참석한 사람들은 얼굴을 잔뜩 찌푸린 채 머리카락까지 흔들며 화를 내는 노회한 거물 그로스가 핌코의 미래이자 신성장 동력인 이바신을 업신여기며 모욕하는 장면을 지켜봤다. 잠시나마 이 팀을 두둔하려 했던 사람들이 경악하며 얼어붙었다. 그로스라 해도 도가 지나쳤던 이 무지막지한 권력 남용에 다들 입을 다물었다.

핌코는 결국 이 모기지 거래에서 손을 뗐다. 이 결정에 JP모건과 스타우드 경영진은 경악했다. 다른 거래자를 찾아 핌코 소유일지도 모르는 자산을 매수해야 하는 상황이 됐기 때문이다. 물론 계약 위반은 아니었다. 그러나 거래 당사자로서 바람직하지 않은 행위였다. 이런 식으로 행동하면 앞으로 누가 핌코와 거래하려 하겠는가!

이바신은 상당히 당황한 듯 보였다. 어쨌든 JP모건 측 거래 담당자에게 사과의 뜻을 전했다.

그로스는 이에 아랑곳하지 않았다. 일선 업무에 복귀해 시장 상황에 몰두하며 깜박이는 노란색 숫자와 번쩍이는 빨간색 뉴스 제목에 시선을 고정했다. 여전히 할 일이 태산이었다. 이제는 덜 황량한 서부 지역 금융가에서의 투쟁도 어느 정도는 가능했다. 이들의 독창성과 강력한 집중력, 공격성 덕분에 처음에는 가능성이 활짝 열려 있었다. 이런 특성을 여전히 보유하고 있지만, 이 시장도 참여자로 북적이게 됐고 이제 이들의 최대 강점은 규모였다. '체계상 중요한 금융기관SIFI' 지정에 관한 위협은 여전했지만, 이 거대 자금 운용사의 로비가 먹히는 듯 보임에 따라 시간상의 촉박함이 좀 덜해졌다.

연준은 5월 이후 양적 긴축 기조를 다소 완화했고 너무 빨리 움직여 시장 혼란을 야기하는 상황은 꺼리는 듯했다. 따라서 정책 변화가 당장 이뤄지지는 않을 듯했다. 빌 그로스와 채권시장이 변화에 대비할 시간이 아직은 있다는 의미였다.

회사채 시장은 이런 변화 징조를 완전히 신뢰하지는 않았다. 그리고 기업이 미국 자본시장 사상 최저 수준의 금리 환경에 직면함에 따라 '양적 긴축'으로 인한 공황과 신규 채권 쟁탈전 사이에서 오도 가도 못하는 상황에 처했다. 애플이 4월에 무려 170억 달러 규모의 채권을 매도한 이후 몇 개월 만에 이 기록도 깨질 상황이 됐다.

당해 봄, 버라이즌Verizon은 대규모 인수 자금이 필요했다. 그래서 500억 달러 상당의 채권을 매수할 의사가 있는 은행을 찾아 나섰다.

투자자를 끌어들이려면 특별히 투자자의 입맛에 맞는 수익률이 필요했다. 대규모 거래인 데다 '신규 채권 발행 창구'가 조만간 닫힐 수 있기 때문이었다. 또한 30년 만기 채권 가격 상승세가 끝나면 금리가 상승해 기업이 싼 가격으로 회사채를 팔 수 있었던, 이른바 회사채 시장 황금기도 끝난다. 버라이즌 측 은행가도 다른 투자자를 구슬리려면 가장 강력하고 확실한 매수자부터 확보해야 한다는 사실을 알았다. 그래서 핌코와 블랙록 측에 매수 의사가 있는지를 타진했다. 물론 이들은 관심이 있었다.

버라이즌은 매수자가 혹할 수준으로 가격을 책정했고 성황리에 거래가 마무리됐다. 버라이즌은 490억 달러에 달하는 부채에 이자로 약 1천억 달러를 떠안게 됐다. 이 혼란이 정리된 후 핌코는 약 80억 달러, 블랙록은 약 50억 달러를 챙겼다. 거래 직후 채권 가격이 폭등하면서 두 회사가 막대한 이익을 얻은 것이다.

연준이 양적 긴축 정책 실행을 미루는 동안 그로스는 이런 거래로 이익을 더 챙겼다. 우선 회사채 발행 계약 바스켓인 신용부도스와프CDS 지수: CDX 매도를 통해 기업의 미래 신용 건전성에 베팅하는 신용부도스와프에 거액을 투자했다. 그로스는 CDX를 구성하는 125개 기업 가운데 일부에 채무불이행이 발생할 위험을 감수하는 대가로 할증금을 받았다. 이런 상황이 발생하지 않으면, 즉 채무불이행 기업이 나타나지 않으면 그로스는 이 베팅으로 큰돈을 챙길 수 있다.

늦가을까지 베팅 규모는 무려 300억 달러로 불어났다. 신흥시장 CDX에서 25억 달러가 추가됐다. 그로스는 연준이 경기부양책 실행을 이듬해까지 연장한다는 데 거액을 베팅했다.

규모는 상당했지만 구조 자체는 별다르지 않았다. 핌코는 전에도 CDX 거래를 했다. CDS 지수는 금리라는 복잡한 요소는 없으나 유동성 있는 표준 계약의 정확성을 바탕으로 광범위한 신용 범주를 전망하는 파생상품이다. 2011년에 110억 달러어치를 팔았고 2012년에 120억 달러어치를 매수했다. 이 대형 거래로 큰 이익이 발생했고 그로스에게 시급했던 회생의 기회를 잡았다. 그러나 전년도에 재무부 채권에 관한 잘못된 판단으로 발생한 큰 손실을 만회하기에는 역부족이었다. 당시 그로스는 자신이 성장시켰고 자신의 기술과 영향력이 가장 잘 알려진 시장에서 만신창이가 됐다. 본인도 인정했듯이 그로스는 우호적이지 않은 시장에서 자신의 기량을 검증할 첫 번째 시험대에 오른 셈이었다. 지금까지는 말아먹는 중이었다.

이번 재무부 채권 투자 상황은 2011년 때보다 더 심각했다. 즉 그로스는 손실을 냈다. 다들 손실을 냈지만 그로스가 낸 손실이 더 처참했다. 토털리턴 펀드는 동종 펀드 중 하위 36%에 해당하는 부끄러운 성과를 냈다. 2013년에는 경쟁 펀드가 0.9% 손실을 냈는데 토털리턴은 손실률이 1.9%였다. 기준 지수인 바클레이즈종합채권지수는 −2%였다.

1999년 이후로 그로스는 손실을 낸 적이 없었다. 그런데 이번에 1994년 이후 최악의 손실을 기록했다.

그로스가 정상 궤도에 재진입할 때까지 고객이 기다리지 않을 기세였다. 이들이 그로스, 핌코, 채권 펀드를 찾은 이유는 안전성 때문이었다. 큰 위기를 피한 경험이 있는 사람에게 투자금 관리를 맡긴 이유가 여기에 있었다. 재앙의 첫 징후가 나타나면서 그로스가 취한 전략이 무너졌다. 그로스가 내세웠던 '안전'은 말 그대로 신기루였다.

2013년 5월에 핌코 토털리턴 펀드 고객은 자금을 빼기 시작했고 매달 채권 상환을 계속할 태세였다. 10월에는 5년간 지켜왔던 '세계 최대 뮤추얼 펀드'라는 명예로운 칭호를 잃었다. 연말까지 고객이 회수한 자금은 410억 달러가 넘었다.

시장 실책으로 핌코 트레이더는 상처투성이가 됐고 천하의 그로스도 예외는 아니었다. 망신살이 뻗친 것은 그로스만이 아니었다. 글로벌멀티애셋펀드Global Multi-Asset Fund 역시 핌코 어법으로 '핌코를 더럽힌' 종자였다. 핌코는 자사 펀드 상품의 기준 지수를, 두 개 지수 평균값에서 변동금리 기준인 리보 금리보다 5% 높은 수치로 바꾸려 했다. 그러나 이런 움직임이 눈에 띄지 않을 리 없었다. 모닝스타의 한 분석가는 이것은 경기 도중에 '골대를 조금 움직이는' 행위와 다를 바 없다고 말했다.

다들 성과가 저조했다. 그로스는 이 펀드는 엘 에리언 소관인데 그가 최종 관리자 역할을 제대로 수행하지 않았다고 판단했다. "성과 수준이 처참했고 이는 엘 에리언이 보유한 유일한 계정이었다. 이 펀드는 엘 에리언이 만들었다. 이 조합, 즉 엘 에리언이 만든 유일한 펀드가 최악의 결과를 냈다."

사실 이 펀드의 관리 책임자는 엘 에리언만이 아니었다. 당시 핌코의 총아였던 사우밀 파리크Saumil Parikh를 포함해 다른 세 명과 공동으로 운용했으며 파리크가 수석 관리자였으므로 책임이 더 컸다.*

---

* 엘 에리언의 변호사는 이렇게 말했다. "2013년 초에 이 펀드의 수석 포트폴리오 관리자가 엘 에리언 박사에서 사우밀 파리크 씨로 교체됐습니다. 엘 에리언을 포함한 몇몇이 지속적으로 우려를 표했음에도 그로스가 이를 무시하고 결정한 것입니다. 이 결정으로 파리크는 2013년 대부분 기간에 했던 이 펀드 관련 의사 결정에 대해 최종적인 책임을 졌습니다. 그로스는 또 무제약 채권 계정을 포함한 다른 계정에 대해서도 파리크에게 수석 관리자 책임을 부여했습니다. 이 모든 계정의 2013년도 실적이 형편없었습니다. 연말이 되자 파리크는 결국 GMAF 관리책임자에서 물러났습니다. 2013년 11월 블룸버그 기사는 GMAF에서 엘 에리언의 책임 영역이 늘어난 시점은 파리크가 물러난 후인 2013년 말이라는 점을 정확히 지적하고 있습니다."

파리크는 주요 의제 설정을 위해 공식적으로 매년 세 차례 열리는 정기 포럼을 주재했으며 멋진 정장 차림에 턱수염을 깔끔하게 정리한 모습으로 회의를 이끌었다. 파리크는 여러 면에서 부러움을 샀다. 매우 젊었고 고속 승진을 거쳐 30대 초반에 파트너 자리에까지 올랐다. 맥컬리도 그로스도 파리크를 총애했다.

2013년 봄에 파리크는 거의 매일 열리던 투자위원회 회의에서 글로벌머터리얼앤드애셋펀드에 관한 발표를 했다. 펀드가 좋은 성과를 내지 못하고 있었다. 그로스가 기억하기로는 엘 에리언이 끼어들어 이렇게 말했다. "제기랄! 사우밀, 어떻게 해봐, 어떻게든 해보라고!"

그로스는 파리크를 향한 엘 에리언의 분노가 이해가 가질 않았고 심지어 부당하다고 느꼈다. 그로스는 엘 에리언에게도 이 펀드에 대해 일말의 책임이 있다고 봤다. 그래서 중간에 끼어들어 그런 발언을 했던 것이다.

그러나 그로스의 발언은 먹히지 않았다.

그로스 기억으로는 엘 에리언이 "사우밀을 왜 그렇게 감싸는지 모르겠네요!"라고 소리쳤다고 한다.

이 말에 그로스도 한마디 했다. "감싸긴 누굴 감싸? 나는 아무도 감싸지 않아!" 말은 이렇게 하면서도 내심 깜짝 놀랐다. 엘 에리언은 지금까지 냉정함을 잃은 적이 거의 없었다. 더구나 투자위원회 회의 같은 공개석상에서 분개하는 모습을 본 적이 없었다. 그로스가 전에는 느끼지 못했던 뭔가가 있었다. 자신과 엘 에리언 사이에 알아채지 못했던 틈이 있었고 어떻게 메워야 하는지 그 방법도 알 길이 없었다. 어떤 면에서 핌코의 미래는 이들의 돈독한 협력 관계에 달렸다. 그로스는 지금까지 이 협력 관계를 안정적으로 유지하는 일에 신경 쓴 적이 없었다. 이 일은 언제나 상대방의 몫이었으니까.

당시에는 깨닫지 못했지만, 나중에야 이때의 언쟁이 엘 에리언에게 상처를 줬을지 모른다는 생각을 했다. 당시 엘 에리언은 그로스가 자신의 편에 서지 않았다는 사실에 배신감을 느꼈고 그로스는 엘 에리언을 충분히 옹호해주지 않았다.

GMAF는 계속 추락 중이었다. 그해 11월에 마침내 엘 에리언이 나섰고 파리크가 이 펀드 관리 책임자 자리에서 물러나면서 공식적으로 엘 에리언의 역할이 더 늘어났다. 이 시점부터 GMAF는 수익률이 8%나 하락하면서 경쟁 중인 동종 펀드 가운데 하위 1% 수준에 머물렀다.

저조한 실적 탓을 누구에게 돌리려 하든 간에 엘 에리언도 상처를 입었다. 조직 내 지위 덕분에 한동안은 그 책임을 회피할 수 있었다. 그 정도 지위에 있으면 책임이 약간은 희석되고 일시적으로나마 그 책임을 무시할 수도 있다. 기술을 통해서든 아니면 시장 추세 전환이라는 행운을 통해서든 간에 그 '한동안'에 해당하는 기간은 문제를 시정할 기회일 수 있다.

그해에 엘 에리언은 상여금으로 약 2억 3천만 달러*를, 그로스는 3억 달러를 챙겼다.

그로스는 오랫동안 억만장자였다. 개인 자산 규모가 20억 달러에 육박했고 매년 이자 수입만 1억 5천만 달러에 이른다. 부자로서 어느 정도의 소비 수준은 유지했지만, 돈을 펑펑 써대는 스타일은 아니었

---

* 변호사에 따르면 엘 에리언은 자신이 받은 보상액에 대한 언급 부분이 부정확하다고 말하기는 했으나 굳이 내용 정정까지 요구하지는 않았다고 한다. 이 수치는 다른 곳에서 이미 발표된 바 있다.

다. 일단 전용 제트기를 보유하고 있었고 골프를 즐겼다. 부자면 다들 이 정도는 하고 살았다. 부동산도 소유 중이었지만, 어느 정도는 수익을 목적으로 한 투자 행위이기도 했다. 그로스와 아내 수 둘 다 허영으로밖에 보이지 않는 미술품 수집에는 관심이 없었다. 수는 오버헤드 프로젝터를 활용해 윤곽선을 정확히 그리는 방법으로 유명 화가 작품을 모사하기 좋아했다. 수는 이렇게 말했다. "2천만 달러나 되는 돈을 왜 쓰지요? 75달러만 있으면 되는데." 그로스 부부는 실제로 침실 벽난로 위쪽에 피카소 그림을 똑같이 흉내 낸 모사화를 걸었다. 그로스는 우표 수집을 좋아했다. 금요일 밤이면 아내와 처가 가족과 함께 타코와 맥주 마시기를 즐겼다. 그로스에게 부유함을 즐기는 삶이란 이 정도였다.

그런데 2013년 말 이런 기조에 변화가 생기기 시작했다. 당해 10월부터 곤란한 상황에 직면하면서 긴급하게 자금이 필요해진 것이다.

도처에서 주주 행동주의shareholder activism가 유행처럼 번졌다. 경영진 입장에서는 이보다 성가시고 짜증나는 상황도 없을 듯하다. 시류가 이러하다 보니 주식 투자자는 자신의 주머니를 채우려는 목적으로 기업을 향해 회사채를 발행하도록 압박했다. 완전히 비생산적인 자금 사용이었다. 특히 주주 행동주의를 표방하는 사람 중 상당수가 고도로 정교한 금융 상품 투자자만 참여하는 헤지펀드를 운용했기 때문에 이미 부자인 투자자에게 이익금을 늘려주려고 기업을 못살게 굴었다. 확실히 바람직한 상황은 아니었다.

10월 말로 향하던 어느 날, 거침없는 행동으로 악명 높았던 칼 아이칸Carl Icahn은 주식 환매수를 요구하며 애플을 강하게 압박했다. 주식 가격을 높이기 위해서였다. 이 점을 포착한 그로스는 10월 24일에 다음과 같은 글을 트위터에 올렸다. "아이칸은 #애플은 좀 내버려

두고 빌 게이츠처럼 보내는 시간을 더 늘려야 한다. #아이칸이 좀 더 똑똑하다면 자기 자신보다는 남을 돕는 데 시간을 써야 한다."

그로스가 던진 도발적인 '미끼'를 아이칸이 덥석 물어 10월 28일에 트위터에 글을 올렸다. "@핌코 빌 그로스에게, 당신이 정말로 좋은 일을 하고 싶다면 게이츠처럼 기빙플레지 Giving Pledge에나 가입하시지? 나도 그렇고 여기에 가입한 사람 많은데?" 아이칸과 게이츠 둘 다 기빙플레지 회원으로서 사후에 보유 재산 절반 이상을 기부하겠다는 서약을 했다.

이틀 뒤 그로스가 CNBC에 출연했다. 그로스는 '앤드루 카네기의 기부 서약'을 언급하며 아내 수와 자신은 사후가 아니라 생전에 재산 전부를 기부할 생각이라고 말했다. 그리고 "현재까지 잘 진행 중이다." 라고 밝혔다. 실제로 그로스 부부는 가족 재단에 이미 약 3억 달러를 내놓았다. 그러나 이외의 기부 행위에 관한 내용은 별로 떠벌리지 않았다. 2005년에는 호그메모리얼병원 Hoag Memorial Hospital Presbyterian에 2천만 달러를 기부했다. 병원이 언론에 밝힌 바에 따르면 이는 오렌지카운트 지역 병원에 대한 기부로는 역대 최고액이라고 한다. (의도하지는 않았으나 이 '기부'의 기분 좋은 부산물이 하나 더 있었다. 빌 게이츠의 첫 번째 아내가 이곳 호그 병원에 근무 중이었다. 그래서 아침에 출근할 때면 그로스 부부의 초상화 앞을 지나야 했다.) 또한 줄기세포 연구용으로 캘리포니아 대학 어바인 캠퍼스에 1천만 달러를 기부했다. 2012년에는 '그로스 부부 수술 및 시술 센터' 건립용으로 시더스시나이메디컬센터 Cedars-Sinai Medical Center에 2천만 달러를 기부했다. 텍사스주에 본부를 둔 비영리 국제 의료 봉사 조직으로서 해안 국가 환자를 대상으로 의료 서비스를 지원하는 병원선 머시십 Mercy Ships에도 2천만 달러를 투척했다. 이처럼 각 지역에서 이뤄진 기부 행위가 현지 언론의 주목을 받았다.

그로스는 2012년에 도움이 필요한 사람에게 1만 달러 혹은 1만 5천 달러짜리 수표를 발행해 익명으로 기부하는 방법을 활용하기 시작했다. 우주왕복선 개발 계획 중단 후 일자리를 잃고 힘들어하는 사람들에 대한 이야기를 다룬 CBS 탐사 보도 프로그램을 시청한 후 행동에 나섰다. 돈이 정말로 필요한 사람에게 익명으로 도움을 줄 수 있는 가장 좋은 방법이 무엇일지를 열심히 고민했다. 그러다 어린 시절 가장 친한 친구였던 제리와 함께 즐겨 보던 〈백만장자The Millionaire〉라는 프로그램을 생각해냈다. 이름을 밝히지 않는 팁톤이라는 후원자가 무작위로 고른 사람에게 100만 달러를 주는 내용을 담은 가상 드라마로서 뜻하지 않게 큰돈을 받은 사람의 삶이 어떻게 변화하는지를 보여주는 프로그램이었다. 그때만 해도 그로스나 제리 둘 다 가까운 사람 중에 백만장자가 없었기 때문에 이 프로그램을 보면서 서로 이렇게 묻곤 했다. "넌 100만 달러가 생기면 뭘 할 거야?"

어느 날 그로스가 뜬금없이 '제안'이라는 제목으로 제리에게 이메일을 보내 이렇게 물었다. "우리가 팁톤 신탁 같은 것을 만들 수 있을까?"

제리는 그로스가 억만장자가 되는 모습을 지켜봤다. 학교 선생님을 하다 은퇴한 제리는 그로스의 재산에는 전혀 관심이 없었다. 그로스가 부자가 됐다는 소식에 전화와 이메일로 여기저기서 도와달라며 손을 벌리는 사람이 한둘이 아니라는 이야기를 오래전부터 듣고 있었다. 이보다 더 피곤한 일이 있을까. 제리는 이렇게 말했다. "전화번호를 바꿔도 소용이 없었습니다. 바뀐 번호도 용케 알아내서는 도와달라는 전화를 또 걸었죠. 그러니 그냥 그러려니 하는 수밖에 달리 방법이 없지 않았을까 싶네요."

제리는 부자라는 사실을 세상이 다 아는 누군가가 아무도 모르게 남을 돕기란 쉽지는 않다고 말했다. "그로스는 할리우드 번화가를 거닐며 1만 5천 달러 혹은 2만 달러짜리 수표를 지나가는 사람 아무에게나 나눠주는 식으로 기부하고 싶어 하지는 않았습니다." 사정이 정말 어려운지 잘 조사해서 정말로 돈이 필요한 사람이 누구인지 찾아내고 싶었고, 이런 작업을 도와줄 사람이 필요했다. 제리는 공공 서비스가 부족한 이른바 소외 지역에서 일했기 때문에 아무래도 취약 계층 사정을 잘 알았고, 당연히 그로스보다는 이런 일에 시간을 더 많이 할애할 수 있었다.

그래서 제리는 도움이 필요한 사람을 찾아내 그들이 처한 사정을 조사해 정리한 다음 그로스에게 그 내용을 전해주기로 했다. 그로스는 비과세 혜택을 받을 수 있는 액수가 얼마인지 알아봤다. 1만 달러 이상 1만 5천 달러 미만이면 세금을 내지 않아도 됐다.

제리는 이렇게 말했다. "기부액은 정했는데 그로스는 한 가지 확실히 하고 싶은 사항이 있다고 했습니다. 그냥 돈이 필요한 사람에게 돈을 준다는 개념이 아니라 특정인 혹은 그 가족의 삶에 긍정적인 변화가 생기기 바라는 마음에서 기부를 하겠다고 했죠. 적선하듯 돈을 나눠주고 싶지는 않았던 겁니다. 삶이 망가지거나 곤경에 빠진 사람에게 새로운 희망을 불어넣을 수 있는, 그들에게서 어떤 변화가 일어나기를 바랐습니다. 일회성 '적선'이 아니라 지속적인 '변화'를 이끌어내는 행위라는 의미가 강했습니다."

이렇게 기부를 하다 보니 자신이 과도하게 부자가 아닌가 하는 생각에 불편했던 그로스의 마음이 조금은 나아졌다. 꽤 오랫동안 지나치게 부자라는 느낌 때문에 마음이 편치 않았고 그래서 불편한 심정을 호소하기도 했다. 2002년 〈투자 전망〉에서는 "막대한 부 뒤에는 항상 범죄가 도사리고 있다."라는 발자크의 말로 시작하기도 했다. 그로스는 여타 추악한 부자처럼 자신 역시 다른 누군가의 희생을 바탕으로 운 좋게 부를 축적한 사람이라는 사실을 잘 알고 있었다. 그렇다면 이제 무엇을 할 수 있을까? 무엇을 해야 할까? 이상하게 들릴지 몰라도 돈을 그만 벌고 싶어도 이제 그렇게 할 수가 없다. 돈이 어느 정도 축적된 상태에서는 가만히 있어도 돈이 알아서 불어난다. 그것이 금융의 속성이다. 이자에 이자가 붙어 복리로 이익이 늘고, 배당금에 투자 수익까지 돈이 들어오고 또 계속 늘어난다.

그러다 불평등의 문제가 갑자기 불거졌다. 2013년 10월, 그로스는 행복했어야 할 귀향에서 불쾌한 경험을 하고 말았다.

2013년 10월 초에 UCLA 경영대학원이 LA 베벌리 힐튼_{Beverly Hilton}에서 졸업생 초청 좌담회를 주최했다. 가장 성공한 졸업생인 그로스와 역시 채권업계 거물이자 블랙록 CEO인 래리 핑크_{Larry Fink}가 주인공이었고 CNBC의 브라이언 설리번_{Brian Sullivan}이 진행을 맡았다. 항상 그렇듯이 대화 주제는 자연스럽게 시장에 관한 이야기로 바뀌었다. 그로스와 핑크 두 사람에게 향후 금융시장 회복 전망과 어디에서 기회를 노려야 하는지 등을 물었다.

당시 핌코와 블랙록은 회복 단계에 이르지 못한 한 영역을 두고 혈전을 벌이는 중이었다. 캘리포니아주 리치먼드_{Richmond} 지역민 상당수가 여전히 배보다 배꼽이 더 큰 주택 담보 대출 때문에 골머리를 앓고 있었다. 주택을 매입할 때 들인 비용이 현 주택 가치를 상회하고 있었다. 그래서 리치먼드는 정부가 사유 재산을 몰수하는 권한인 '수용권'을 긴급 활용하자는 안을 내놓았었다. 수용권은 보통 정부가 고속도로나 공원 조성에 필요한 토지를 몰수하는 식으로 행사한다. 이때 수용 대상이 되는 자산에 대해서는 시장 가격으로 보상한다. 당시 리치먼드는 수용권을 모기지를 몰수하는 데 활용해 해당 채권 보유자와 은행으로부터 600건 이상의 주택 담보 대출 채권을 사들이자고 제안했다. 해당 모기지는 대출금이 주택 가치를 상회하는 상태였다. 따라서 이 채권을 적정 시장가로 매수한다면 대출금이 그만큼(높았던 대출금과 하락한 현 시장가 간의 격차만큼) 줄어든다. 이렇게 되면 주택 소유자는 대출 부담이 줄어들고 대출 기관과 투자자는 상환받을 금액이 줄어든다. 이런 구도에서 당연히 불이익을 받게 되는 핌코와 블랙록은 계획 실행을 저지하고자 리치먼드 시 당국을 상대로 소송을 제기했다.

두 기업이 승소하리라 믿는 데는 이유가 있었다. 미국 모기지시장은 정부와 투자자 간의 비교적 안정적이지만 전통적이지는 않은 합의에 기반을 둔다. 미국 모기지는 자유시장의 산물이 아니다. 일정한 감시와 감독을 전제로 정부의 보호를 받는다. 여기서는 모기지 투자자가 손실을 입었을 때 정부가 이 손실을 어느 정도 만회해준다는 약속 자체가 미국 모기지시장이 존재하는 근거가 된다. 미국 내 주택 소유자는 바로 이 약속을 기반으로 30년 동안 고정금리로 언제든 차환이 가능하다는 자유 옵션에 따라 자금을 융통할 수 있다. 정부는 사람들이 낮은 비용으로 모기지를 받아 주택을 사고, 이를 통해 이익을 내게 하고자 이런 약속을 했다. 이러한 보증은 핌코가 위기 상황이라는 것을 정부가 명시적으로 확인해주기 전까지는 암묵적으로 이뤄졌다. 핌코는 캘리포니아주 리치먼드 지역 내 주택 가치를 상회하는 모기지를 받은 주택 소유자에 대해서 정부가 이 약속을 깨지 않을까 하는 강한 의구심을 보였다.

문제가 된 이들 모기지의 가치를 보증한 정부기관은 없었다. 그러나 정부와 투자자 간의 합의가 이 모기지에까지 확장됐다. 그래서 투자자들은 리치먼드 시 당국이 이 계획을 밀고 나간다면 대출기관이 몸을 사릴 수밖에 없다고 주장했다. 리치먼드 시에서 제안한 대로 수용권을 적용한 결과 확정할 수도 없는 향후의 일정 시점에 이 대출채권의 가치가 하락할 수 있다면 대출기관으로서는 당연히 모기지를 통해 주택을 소유하려는 사람들에게 대출을 해주지 않으려 할 것이다. 따라서 이 계획은 모기지유동화증권시장에 대한 신뢰 기반을 약화시키고, 더 나아가 미국 주택시장과 국가 경제 전반에 대한 신뢰에도 영향을 미친다고 주장했다.

좌담회에서 그로스는 수익률이 인위적으로 억제된 환경에서 실물 자산에 대한 투자의 장점에 대해 논쟁을 벌이는 중이었다. 이때 갑자기 소동이 일었다. 청중석에서 두 사람이 일어서더니 그로스와 핑크를 향해 주택 소유자와의 협상을 거부한 이유가 무엇이냐며 소리를 질러댔다. 핑크는 어이없다는 듯 고개를 저었다. 청중석에서는 작은 탄식을 흘리며 불만을 표시했다.

설리번은 소동을 진정시키려는 듯 손을 내밀며 이렇게 말했다. "귀한 의견 감사합니다, 선생님", "아, 네네. 좋습니다, 여러분. 아주 중요한 점을 지적하셨네요."

"저 사람들 끌어내!" 청중석에서 누군가 소리쳤다.

사람들이 화가 난 듯 씩씩거리자 불만을 터뜨렸던 두 사람 중 한 명이 다시 소리쳤다. "협상은 안 하고 리치먼드 시에 왜 소송을 하느냐 말이야!" 안전 요원이 이미 두 사람 쪽으로 가고 있었다. "협상을 하라고 협상을! 소송이 웬 말이냐!" 장내에 일대 소란이 일었다.

그로스는 어떻게 하면 되느냐고 묻는 듯 진행자인 설리번을 쳐다봤다. "제가 대답할까요?"

설리번은 소란을 떨던 사람들이 퇴장당한 후 이렇게 말했다. "솔직히 저 사람들 말도 일리가 있다는 생각이 드네요. 월가 쪽도 화가 단단히 난 모양이던데, 저쪽에 유리한 판결이 난 소송도 꽤 있어요.

솔직히 속았다고 느끼는 사람이 아주 많잖아요. 이런 일에 대해 얼마든지 분노할 권리가 있는 수백만 미국인이 이 때문에 국가 금융 체계 자체를 불신하게 될까 봐 걱정입니다. 만약 정말 신뢰가 깨져버리면 그때는 어떻게 합니까? 금융 체계를 신뢰하게 하려면 어떻게 해야 하나요? 가능하기는 할까요?"

핑크는 별다른 제안 사항 없이 금융위기 이후 일자리 창출이 부족했고 임금 격차 축소가 심화했다는 점을 지적한 다음 리치먼드 시에 대한 소송 제기는 수탁자로서의 의무인 동시에 블랙록 고객_{연금 수령자, 은퇴자}의 이익을 보호하려는 정당한 방어 행위라고 설명했다.

"좋은 말씀이십니다." 그로스는 핑크의 현란한 말솜씨에 웃음으로 화답하며 말했다. 자산운용업이 하나의 직업군으로 등장한 이후로 사회 취약계층 문제는 이 업계에 종사하는 사람들에게 항상 든든한 방어막이 되어줬다. 같은 맥락에서 그로스는 '불평등' 문제라는 카드를 꺼내 들었다. 그러고는 "임금은 줄어드는데" 기업 이익은 증가했다고 말했다. "월가와 기업이 이익을 낸 만큼 일반 대중은 손실을 봤다는 얘기죠. 그리고 궁극적으로 일반 대중은 고객입니다."

군소 투자자를 비롯해 평범한 일반 대중이야말로 채권을 발행하는 기업에 이익을 내주는 존재다. 그리고 이들 기업은 자사 채권을 사들인 핌코에 이자를 지급한다. 결국은 일반 대중이 핌코를 먹여 살린다 해도 과언이 아니다. 이들의 구매력이 미국 전체 경제의 70%를 차지한다. 그런데도 위기 상황이 점차 진정됨에 따라 균형을 잃은 편향된 '회복'세가 이들에게는 점점 더 강한 예봉으로 다가오는 듯했다.

좌담회 주제는 금융 문제로 되돌아갔다. 그리고 몇 주 뒤에 시위대가 다시 나타났다.

10월 30일에 직원들이 커피를 든 채 사무실 안으로 들어가려다가 건물 밖에서 리치먼드 시를 상대로 한 소송에 항의하는 몇몇 사람과 마주쳤다. '지역사회 역량 강화를 위한 캘리포니아 시민 연대'라고 쓴 노란색 티셔츠 차림의 사람들이 고위 경영진과의 만남이 성사될 때까지 영업을 방해하겠다는 심산으로 진을 치고 있었다. 좌담회 현장에서 소란을 일으켰던 두 사람 중 한 명인 페기 미어스Peggy Mears가 그로스와 엘 에리언 앞으로 쓴 편지를 크게 읽었다. 리치먼드 시와의 협상을 촉구하는 내용이었다. 시위대는 구호를 외치고 전단지를 나눠줬다. 그러고는 '핌코는 주택시장 회복을 방해하는 행위를 중단하고, 블랙록과 핌코는 자산 압류가 아니라 지역사회 투자에 힘쓰라!'고 쓴 팻말을 들고 서 있었다.

핌코는 홍보 책임자 댄 타르만Dan Tarman을 보냈다. 시위대 측이 리치먼드 시의 모기지 매수를 핌코가 허용해야 하는 이유를 설명하는 내내 타르만은 뒷짐을 진 채 서 있었다. 1미터 정도 떨어진 곳에는 선글라스를 끼고 제복과 넥타이 차림을 한 사설 경비대원들이 꼼짝 않고 서서 사람들을 지켜보고 있었다.

다음 날 그로스는 11월 〈투자 전망〉에 '자본 대 노동'에 관한 글을 올렸다. "근로소득세보다 자본이득세가 낮은 시대는 이제 끝이 나야 한다."라고 썼다. 그리고 자신을 포함한 '상위 1%에 속하는 고소득층'에게 더 높은 세율을 부과해야 한다고 주장했다.

"이 일을 시작한 이후로 자본 차입을 통해 막대한 이익을 얻었고 국세를 인하한 레이건과 부시(43대) 대통령 덕분에 소득 분위가 점점 낮아지는 혜택을 누렸다. 이런 내가 이제는 근로자의 곤궁한 삶 쪽에 관심이 가기 시작했다."

그로스는 자신이 하는 사업 자체가 여유 자금이 별로 없는 사람들이 주택 구매 및 생계 유지용, 노후 자금용으로 모으는 저축금에 기반을 두고 있다는 사실을 인정한다. 이런 측면에서 보면 핑크가 좌담회에서 했던 '이기적인' 설명이 과히 틀리지는 않았다. 여윳돈이 없는 '서민'이 고객이고 따라서 최종적으로는 핑크 같은 사람이 이들 서민의 자금을 관리해주고 있는 셈이었다. 그리고 이 사실은 그로스가 월가를 대하는 방식 그리고 이익금을 한 푼이라도 더 짜내려 총력을 기울이는 방식에도 정당성을 부여했다.

그러나 과연 이 설명이 면밀한 조사 결과에 바탕을 둔 결론이었을까? 월가가 정말로 고객에게 도움 되는 일을 하고 있다면 은퇴 생활자도 그 고객에 포함될 텐데 그 은퇴자의 자산관리자이기도 한 연금 관리자가 훨씬 더 빨리, 훨씬 더 큰 부자가 되는 이유가 무엇일까? 과연 이것이 온당한 일일까?

그로스는 무언가를 더 해야 한다는 생각이 강하게 들기 시작했다. 양심의 문제와는 별개로 아이칸과 나눈 설전, 정밀 분석 및 조사 그리고 항의 시위를 겪은 후 그로스는 자신이 이 세상에 무엇을 남겨야 하는지 생각해야 했다. 단순히 부자가 되는 것만으로는 부족했다.

금융 체계를 구축하는 데 자신이 한몫했지만, 시야를 넓혀 바라보니 그렇게 구축한 체계에서 무너진 부분이 눈에 들어왔다. 돈이 돈을 버는 금융 기제, 컴퓨터 화면 속에서 깜박이는 작은 숫자 집단, 점점 더 팽창하는 채권시장 등등 자신이 그토록 좋아했던 이 금융 게임이 어느새 미국인 전부를 비롯해 이 세상 전부를 집어삼킬 기세였다.

12월에 자선활동 전문지 〈크로니클오브필란트로피Chronicle of Philanthropy〉는 1만 5천 달러짜리 수표를 나누는 방식의 색다른 기부에 관해 그로스 부부와 인터뷰한 내용을 실었다. 그로스는 이렇게 말했다. "우리가 지금까지 한 일에 매우 만족한다. 단 한 가지 문제는 '지금까지

한 일로 충분할까?' 하는 점이다."

제12장

사무총장

엘 에리언은 열 살짜리 딸에게 어서 양치질을 하라고 했다. 그런데 딸은 아버지 말을 듣지 않았다. 그래서 다시 말했다. 이번에도 말을 듣지 않았다. 엘 에리언은 한숨을 쉬었다.

불과 얼마 전만 해도 아버지 말이면 바로 따르던 아이였다. 전에는 이렇게 여러 번 말할 필요도 없었는데 왜 말을 듣지 않느냐고 아이에게 따져 물었다. 딸은 아버지의 말투에서 분위기가 심상치 않음을 느꼈는지도 모르겠다.

"잠깐만요." 딸은 이렇게 말하고는 자기 방으로 들어가더니 종이 한 장을 들고 나왔다. 종이에는 학교에 처음 간 날, 올해 처음으로 참가한 축구 경기, 학부모와 교사의 만남, 핼러윈 행렬 등 아버지가 일 때문에 바빠서 놓친 중요한 행사 및 사건 스물두 가지가 적혀 있었다.

그는 딸의 도발적 행동에 처음에는 방어적으로 대응했다. 출장, 중요한 회의, 긴급한 전화, 갑자기 처리해야 할 일 등 행사에 참여하지 못한 이유로 댈 핑곗거리는 차고 넘쳤다. 그러다가 핑계 대는 일을 그만뒀다. 그렇게 대응할 일이 아니라는 생각이 들었다. 딸을 구슬리면 잠시나마 상황을 모면할 수도 있었다. 그러나 딸의 말이 옳을지도 모른다. "일과 사생활 간의 균형이 깨졌고 이 불균형이 나와 딸과의 관계를 해치고 있었다. 그동안 아이에게 시간을 충분히 할애하지 못했다."

나중에 엘 에리언은 이 깨달음이 자신에게 아프게 다가왔다고 말했다. 엘 에리언이 스물세 살이던 1981년에 아버지가 심장마비로 갑자기 세상을 떠났다. 아버지의 죽음은 그의 삶을 크게 바꿔놓았다. 당시 엘 에리언은 케임브리지 대학에서 우수 장학금과 함께 최우등 학위를 받은 후 옥스퍼드 대학에서 박사 과정을 밟고 있었다.

그러나 박사 과정 1년 차에 아버지가 돌아가셨기에 어머니와 당시 일곱 살 밖에 안 된 여동생을 부양해야 했다. 그래서 돈을 많이 벌 수 있는 일자리를 찾아야 했다. 가족 부양이라는 현실적인 필요 앞에서 돈이 목적이자 필요불가결한 일이 되어버렸다.

"이전에는 삶이 예측 가능했다. 그러나 그 이후로 더는 미래 삶을 계획하지 않게 됐다."

이 일이 어떻게 엘 에리언의 허를 찔렀을까. 엘 에리언은 핌코 조직 내 다양성을 추구하는 데 시간과 자원을 투입했다. 감색 정장 차림을 한 백인 집단으로 대표되는 '동질성'에서 벗어나 핌코라는 조직 내에서 다양한 삶의 단계와 경험을 수용하도록 돕는 일을 사명으로 한다고 천명했고 이 사명의 실천을 주도했다. 물론 사명은 아직도 진행 중이다. 일례로 핌코의 여성 파트너 수를 세는 데 열 손가락이 다 필요하지도 않을 정도로 남녀 성비 불균형이 심각했다. 그리고 2013년 한 해 동안 전체 파트너 중 여성과 유색인종의 비율은 각각 11%와 20% 밑으로 떨어졌다. 이렇듯 수치만 보면 핌코는 다양성 부문에서 별로 개선된 점이 없었다. 그러나 적어도 엘 에리언은 '다양성'이라는 화두를 천명이라도 하지 않았는가! 첫 단계로서 이 정도면 표면적으로나마 개선된 부분이 있다고 할 수 있지 않을까?

엘 에리언은 본보기를 보이려 했다. 여전히 사무실 내 직접 대면을 고집하고, 동부 해안 기준으로 해가 뜨기 전에 출근해 자리를 지키며(사무실에서 10시간을 보내기를 요구하는 빌 그로스 방식과 어울리지 않음), 언제든 이메일을 주고받는 등의 상황은 여전했지만, 그럼에도 딸의 학교 행사에 맞춰 마감 시한을 조정하는 정도의 성의는 보였다. 그런데도 아이의 중요 행사를 그렇게 많이 놓쳤다니!

변화가 시급했다. 그러는 와중에 감당키 어려운 또 다른 상황이 전개되고 있었다. 그로스와 엘 에리언은 오랫동안 업무상의 협력 관계를 자랑해왔다. 두 사람은 성격이나 경영 방식에서 차이점이 있음에도 그럭저럭 관계를 유지해왔다. 그러나 2013년 여름을 기해 관계 악화가 가시화됐다. 그리고 날이 갈수록 갈등 상황이 심각해졌다.

엘 에리언에게는 끊임없이 이어지는 메시지와 불합리한 요구가 상존했다. TV에 출연해 회사의 공식적인 노선과 다른 말을 하고 사소한 규칙 위반을 이유로 직원을 들볶는 등 그로스가 조장한 터무니없고 불필요한 분규가 끝없이 이어졌다. 엘 에리언에 따르면 여행을 포함한 고객 행사를 주도해놓고는 마지막 순간에 행사를 취소해서 결국 자신이 사태를 수습한 적이 한두 번이 아니라고 했다. 엘 에리언은 매일 새벽 3시 30분에 일어나 누구보다 먼저 회사에 출근했고 다른 직원이 모두 퇴근한 후에 회사를 나섰다.

이런 부분을 그로스는 전혀 몰랐다. 그로스가 보기에 엘 에리언은 사무실에서 대면을 줄기차게 고집하고, 경제와 관련해 애매한 말만 던져 마치 흐르는 물처럼 손 안에서 빠져나가 건질 것 하나 없고,

뜬금없이 조직 내 '다양성'을 추구하는 등 자신의 뜻을 거스르는 일만 하는 사람이었다. 그로스는 기회 균등을 추구한다는 부분에 자부심을 느꼈고 여성을 승진시키려 항상 노력했다고 자부한다. 단지 승진시킬 만한 여성이 주변에 없었을 뿐이다.

그로스가 보기에 엘 에리언은 주식 투자 부문에 열의가 없었고 GMAF 실적이 저조했으며 일 자체보다 일의 성과를 즐기는 사람이었다. 늘 고객을 보러 다니고, TV에 출연하고, 기업을 유지하는 데 필요한 일을 수행하기보다 '전문가' 행세만 하고 다녔다.* 세계 각지로 출장을 다니느라 사무실을 비우는 일이 잦았고, 중요한 결정을 내리는 능력이 부족하다는 사실을 애매한 말로 무마하기 일쑤였다. 그로스는 이 모든 일이 점점 더 견디기 힘들어졌다. 이 와중에 파리크와 관련한 문제까지 불거졌다.

회사가 나아갈 방향, 거래 및 전략 혹은 누구를 채용하고 어떤 신상품을 내세우는지와 같은 전반적 사항에서 두 사람이 더 이상 의견 일치를 보지 못하는 듯했다. 매달 자금을 회수하는 고객이 계속 늘어나면서 불화가 더욱 심해졌다. 두 사람은 사적으로는 의견 차이가 있더라도 공식적으로는 항상 좋은 관계임을 드러냈다. 그러나 불화가 깊어지면서 결국 직원 앞에서 두 사람이 충돌하는 모습을 보이는 지경에까지 이르렀다.

---

* 엘 에리언 측 변호사는 이렇게 말했다. "전용기와 비싼 자동차를 이용할 수 있었는데도 한사코 이런 교통수단을 이용하지 않았습니다. 그는 핌코의 CEO이자 공동 CIO였고, 또 네트젯Netjet(자가용 혹은 전세 제트 항공기)을 이용할 예산이 자신에게 할당됐음에도 상업용 민간 항공기를 이용했습니다."

긴장은 점점 고조되고, 저조한 GMAF 실적에 실망하고, 주식 펀드 성과에 진전이 없는 등 여러 악재가 있었음에도 엘 에리언은 애초에 의도했던 대로 그로스가 '버거 채권'이라 칭했던 전통적 핌코 상품을 넘어 핌코 상품군을 다양화하는 일에 계속 몰두했다. 이렇게 해서 확장된 상품군에는 이바신이 주도적으로 도입한 부동산 상품과 사모형 펀드가 포함됐으며 이 모두가 두둑한 수수료 수입원이었다. 회사로서는 좋은 일이었지만, 금리와 채권 영역에서는 점점 더 멀어지는 듯했다. 금리와 채권 부문은 그로스가 장악한 영역으로서, 정보 비율information ratio을 분석하거나 향후 금리 방향을 예측해 행동을 결정할 수 있는 분야였다. 그가 꽉 잡고 있는 영역 밖에서 무언가가 벌어지고 있다는 사실이 그로스는 적잖이 당혹스러웠다.

그로스는 이렇게 말했다. "나로서는 위험하게만 느껴졌다. 모하메드와 나는 위원회 안팎에서 의견이 갈리기 시작했다. 나는 계속 이런 말을 했다. '사람들이 내가 불안해하는 위험 영역으로 들어가고 있다. 이바신이 판매한다는 상품에 대해 나는 아는 바가 전혀 없다. 그런 상품으로 이익이 난다니 좋기는 하지만 그 안에 뭐가 들어 있는지 몰라서 너무 불안하다. 게다가 이바신은 위원회에 나오지도 않는다.'"

그로스는 이렇게 회고했다. "모하메드는 아마 '우리가 계속 성장하고 이익도 더 많이 나기 때문에 이 새로운 상품 전략이 확실히 효과가 있는 듯하다'고 말할 것이다."

얼마 후 그로스는 사내 투자위원회가 두 개여야 한다는 생각을 했다. 하나는 기존 상품을 다루는 투자위원회, 또 하나는 위험 수위가 매우 높은 상품과 관련한 위원회였다. 이런 발상이 해법이 될 수도 있다.

이 아이디어를 엘 에리언에게 제시했다. "위험한 상품을 취급하고 싫어 하니 당신이 이와 관련한 투자위원회를 맡고 기존 위원회는 내가 맡는 걸로 하지요."

그러나 엘 에리언은 이 제안을 거부했다. 말이 안 되는 이야기였다. 한 회사에서 두 개 위원회를 운영한다고? 전략과 위험을 갈라서 취급한다니 말이 되는가? 일부 포트폴리오가 지나치게 커지거나 서로 관련이 없는 위험이 겹치기 시작할 때 그 사실을 어떻게 알 수 있겠는가? 이는 신중한 위험 관리에 상반되는 행보였다.

그로스는 이렇게 말했다. "엘 에리언은 전혀 좋은 아이디어라고 생각하지 않았다. 그는 이 회사를 자꾸 내가 잘 모르는 영역으로 이끄는 요소를 통제하려고 했다. 어떤 면에서 보면 이는 세대교체의 전형적인 모습이다. 새로움을 추구하는 것이 무조건 위험하다는 말이 아니다. 다만, 나는 최신 유행 장르라는 랩에는 관심이 없고 80년대와 90년대에 유행했던 음악 이야기를 하고 있을 뿐이다. 나도 지금은 안다. 본래 모든 일은 그렇게 흘러가게 마련이니까. 그러나 당시에는 알지 못했다."

2013년 6월 어느 날 이바신에 대한 분노가 폭발한 직후, 상황이 악화일로로 치달았다. 정기 투자위원회 때문에 10여 명이 모였으나 회의장은 어느새 그로스를 성토하는 장으로 변했다. 너무 비정상적으로 행동하는 그의 행보가 회사에 해를 끼칠지 모른다는 우려가 커졌다.

어떤 면에서 이런 비난이 너무도 당연해보였다. 그로스가 이렇게 '사고'를 치고 나면 누군가—보통은 엘 에리언이—가 나서서 뒤처리를 했다. 그로스가 트위터에 올린 글처럼 말이다. 엘 에리언은 사람들과 소통하기를 좋아한다. 그러나 설마 소통이 좋아서 뒤처리를 하고 다

넜을까?

그로스는 이렇게 기억했다. "내가 트위터에 글을 올리면 모하메드가 이렇게 말하곤 했다. '당신이 한 실수를 무마하느라 나는 항상 뛰어다녀야 해요.'"

그로스가 기억하기로 엘 에리언은 그로스가 트위터에 언급했던 한 IT 기업이 핌코의 잠재 고객이라며 많은 걱정을 했다. 그러나 그로스는 자유로운 발언 또한 자신의 업무 중 하나라고 생각했다. 그래서인지 '오버쉐어링overshating(인터넷, 특히 SNS에 지나치게 많은 정보를 공개하는 일-역주)'이 그의 주특기처럼 됐다. 이 일이 어떤 결과를 초래했는지 살펴보자.

변호사에 따르면 엘 에리언은 그로스가 트위터에 글 올리는 일을 자제시키는 데 진을 뺐다. 핌코 직원에게 고객이 직접 우려를 표했고, 또 그로스가 트위터에 글을 올리는 일에 몰두하느라 주의력이 분산된 징후가 보인다며 걱정하는 고객이 한둘이 아니라는 말이 엘 에리언 귀에도 들렸기 때문이다. 엘 에리언은 토털리턴의 실적에 관해서는 물론이고 재무부 채권에 관한 오판에 이르기까지 그로스가 끊임없이 쏟아내는 말실수를 주워 담느라 시간을 많이 허비해야 했다. 중립적인 관찰자 관점에서 생각하면 엘 에리언이 이 노회한 창업자를 쫓아다니며 뒤치다꺼리를 할 시간에 다른 생산적인 일을 했다면 얼마나 대단한 성과를 냈을지 상상하기 어렵지 않다. 어디서 새로운 고객을 유치할지를 놓고 영업 팀과 브레인스토밍을 하거나 항상 주장했던 '다양성과 포용' 정책을 더 강력하게 밀고 나갈 수 있었을 것이다.

2013년 6월 그로스의 행동이 끊임없이 '분란'을 조장했다며 그를 향한 비난과 반발로 가득했던 투자위원회 회의 이후 그로스는 발끈하면서 특히 엘 에리언을 겨냥해 이렇게 응수했다. "나는 지난 41년 동안 월등한 투자 성과를 올렸다고. 그런데 당신은 뭘 내세울 수 있지?" 당시 동종 펀드 가운데 꼴찌 성적을 낸 '글로벌 매크로 펀드'를 두고 한 말이었다. 실제로 엘 에리언이 관리하는 자산은 핌코 전체 자산의 1%에 불과했다.

그러자 엘 에리언은 이렇게 쏘아붙였다. "당신이 친 사고 뒤치다꺼리하는 데 완전히 지쳤습니다."

그 순간 놀라움으로 장내가 얼어붙었다. 이제 그로스를 달래는 데 사용할 인내심이 사라졌거나 더 이상 달랠 의사가 없다는 의미였으니 말이다.

이렇게 한바탕 난리를 치르고서도 그로스는 바로 회복된다. 트레이더들은 문제가 일단락되고 나면 아무 일 없었다는 듯이 다음 날 태연히 나타날 수 있는 뒤끝 없는 성격이야말로 그로스라는 사람의 최대 장점이라고들 말한다. 그러나 엘 에리언은 달랐다. 날선 비판과 독설, 끊임없이 가하는 압박이 나날이 쌓이면서 감정의 골이 깊어졌다. 엘 에리언은 툭툭 털고 일어날 수 있는 사람이 아니었다.

회의는 그렇게 끝이 났고 두 사람 사이에 일어났던 충돌이 알려졌다. 엘 에리언은 그로스에게 직원과 소통하는 방식을 바꿔야 한다고 조언했다. 공격적인 말투도 줄이고 호전적 경향성과 전투적인 기세도 좀 빼야 하며 직원을 믿고 때로는 이들이 투자 결정을 할 수도 있다는 사실을 인정해야 한다고 말이다. 모두들 거래 능력이 뛰어나고 우리가 그 사람들을 고용한 데는 다 이유가 있다는 말도 했다.

그로스도 고개를 끄덕였다. 그로스는 냉혹하다 싶을 정도의 정직함과 전투력이 이 일을 하는 데 가장 중요한 무기라고 늘 생각했다. 자신이 다루기 쉽지 않은 사람이라는 점 또한 잘 알고 있었다. 지금까지는 이 점이 문제가 되지 않았다. 속으로는 문제는커녕 귀한 자산이라고 생각했다. 유연함과 영리함, 신속한 대응력이야말로 핌코가 자부심을 느끼는 지점이었다. 그로스는 조정이 정말 필요하다면 얼마든지 조정을 할 수 있는 사람이었다. 그래서 차후로는 대립각을 덜 세우겠다고 했다. 적어도 그렇게 하려는 노력이라도 하겠다고 했다.

그러나 그로스는 남 생각 안 하고 내지르는 성정을 자제하지 못했다. 4월에 또다시 채권 강세장이 끝났다고 선언했고, 왼쪽 뺨에 반창고를 붙인 채 TV에 출연했으며 6월 투자 실적은 2008년 9월 이후 최악을 기록했다. 특히 6월에 최악의 월간 실적을 내고는 부랴부랴 7월자 〈투자 전망〉에 글을 올린 일이 인상적이었다. 채권 투자자에게 지금은 '배 밖으로 뛰쳐나갈 때'가 아니라 오히려 칵테일 잔을 들고 악단에게 장송곡 연주를 멈추라고 할 때라고 강변했다. 핌코가 '선장'인 배는 안전하기 때문이라고 말이다.

투자위원회 회의 때 엘 에리언이 채권이 아니라 주식에 관한 투자 전략을 설명하는 동안 그로스는 지루하다는 듯 멀거니 바라보기만 했다. 시황을 점검한다면서 도중에 회의실을 나갈 때도 있었다. 그로스가 나가면 실질적으로 회의는 끝나고 만다.

난감한 상황이 계속되자 핌코 집행위원회는 문제를 해결하려고 11월에 특별 대책반을 구성했다. 그러나 이런 조치로도 그로스를 통제하지는 못했다. 그는 몇몇 트레이더 앞에서 정밀 조사나 번거로운 감시에 대한 불만을 토로했다. "나는 말이야, 혼자 2조 달러도 운용할 수 있는 사람이라고. 유엔으로 치면 내가 사무총장이야. 그런데 사무총장 말고 다른 사람에게 베팅을 왜 하느냔 말이지!"

이런 태도는 엘 에리언과의 화해에는 결코 좋은 징조가 아니었다.

업무 방식과 기술상의 차이점이 그로스를 계속 괴롭혔다. IMF식 합의 추구 방법도 그렇고 알맹이 없이 많은 이야기를 하는 것도 마음에 들지 않았다. 핌코 자산 계정의 끝수 처리 오차나 관리하는 사소한 업무 따위는 관장하면서 무려 공동 CIO 직책을 달고 있다는 점까지 전부 다 짜증이 났다.

그로스는 이런 속내를 계속 드러냈다. 두 사람이 직접 만나 소통하는 일이 어려워지면 이메일로 전쟁을 벌였다. 그로스는 11월 17일에 엘 에리언에게 다음과 같은 내용으로 이메일을 보냈다. "이제 범인凡人 수준으로 추락할 일만 남았구려! 그 모형을 고집하는 한 결국 그렇게 되겠지."

그러자 엘 에리언은 이렇게 응수했다. "내 인내심이 어디까지인지 시험하는 건가요? 품위고 포용이고 뭐고 다 집어던지라고 말이군요. 모욕과 위협이 동료를 다루는 방법이라고 생각하는 모양인데 나는 그렇지 않아요. 나도 이제 참지 않을 겁니다. 더는 두고 볼 수가 없어요."

마침내 엘 에리언은 나가고 싶다는 의사를 표명했다. 그러자 그로스는 이 시점에 CEO를 잃어봐야 좋을 일이 없다는 사실을 깨달았다. 자사 펀드에서 고객이 자금을 더 많이 회수할 테고 그러면 펀드 성과도 저조해질 것이다.

그로스는 엘 에리언에게 권한을 더 주겠으며 원하는 대로 다 해주겠다고 했다. 자신이 한발 물러나 더 작은 역할을 수행할 수도 있다고 했다. 그러나 엘 에리언이 CEO 겸 CIO로서 독재 권력을 휘두를지 모르는 상황에서 핌코를 완전히 떠날 수는 없었다.

그러나 제안 중 그 어떤 것도 진심은 아닌 듯했다. 그로스는 계속해서 동료와 직원을 하대하고, 멋대로 노선을 바꾸고, 제안 사항을 전부 부정하면서 어느 날은 자신이 나가고 싶을 때 나간다며 후계자 승계 계획을 백지화한다는 발언까지 하는 등 전혀 달라진 점이 없었기 때문이다. 사람들을 억압하는 데 권력을 쓰는 '근육 기억'이 너무도 강력했다.

그로스가 기억하기로는 2013년 11월 날씨가 쾌청했던 어느 날 엘 에리언이 투자위원회 회의를 주재했다. 그로스와 엘 에리언은 회사 내에 도사린 위험에 관해 설전을 벌이는 중이었다. 그로스는 이 회의를 자신의 주장을 관철할 기회로 삼을 요량이었다.

그로스는 이렇게 말했다고 기억한다. "모하메드, 우리는 이 회사를 이끌어가야 하는 사람들이고 최소한 위원회 안에 도사린 위험에 대해서는 경고를 해야 한다고 봐요." 이런 식의 발언을 엘 에리언이 달가워하지 않으리라는 점은 잘 알고 있었지만, 지도자로서의 의무감이라는 생각으로 두 사람의 시각 차이를 논의할 필요가 있다면서 집행위원회 회의 일정을 잡았다.

그로스는 집행위원회 회의에 대비해 한 페이지 분량의 개요서를 준비했다. 엘 에리언이 이를 자신과 핌코 내에서의 사명, 업무 자체에 대한 비난으로 받아들이리라는 점은 잘 알고 있었다. 따라서 주장 내용에 한 치의 빈틈도 있어서는 안 됐다.

계획했던 그날이 됐다. 엘 에리언은 그로스 맞은편에 앉아 회의를 시작했다.

그로스가 준비한 내용을 발표하기 시작했다. 10분 동안 단조로운 어투로 '사모형 펀드'와 '부동산 자산' 그리고 핌코가 실제로 보유한 건물 등 핌코 내 이종異種 포트폴리오에 위험이 축적되는 방식을 꼼꼼히 열거했다. 그리고 투자위원회의 일 처리가 만족스럽지 않다는 말로 발표를 마무리 지었다. 위험 요소가 너무 많으므로 투자위원회를 둘로 나눠야 한다는 요지였다.

장내에 정적이 흘렀다. 엘 에리언은 그로스를 향해 고견 감사하다는 말을 전한 다음에 반론을 제시하기 시작했다. 사모형 펀드가 이익을 창출하고 있으며 이바신 외 다른 이들도 이 전략을 추종하고 있다. 투자위원회를 이원화한다는 발상도 말이 안 된다. 고객을 혼란에 빠뜨릴 뿐이므로 결코 좋은 생각이 아니다.

엘 에리언은 이렇게 결론 내렸다. "나는 오늘부로 이 자리에서 물러납니다."

누군가 이렇게 물었다. "투자위원회에서 나간다고요?"

"아니요, 핌코에서 나갈 겁니다."

이 말에 위원회 전체가 충격에 휩싸였다. 이후 한 시간에 걸쳐 위원들이 안절부절못하면서 재차 물었다. "모하메드! 아니, 왜 그러는 거요?"

그로스는 엘 에리언이 다음과 같이 대답했다고 기억한다. "그로스가 자신이 전에 내뱉은 말을 전혀 존중하지 않았기 때문입니다." 이전에 했던 합의사항 중 몇 가지 약속을 지키지 않았다는 의미였다.

"이전에 한 말이라니, 그게 대체 뭐요? 지금 무슨 말을 하는 거요?" 이에 대해 엘 에리언은 변호사를 통해 그로스가 수시로 마음을 바꾸고 약속을 어겼기 때문이라고 답했다.

'자, 밤새 이 문제를 논의해봅시다. 결론이 날 때까지는 아무런 행동도 하지 말아 주시오. 지금 사임하면 안 됩니다. 알리안츠에 이 사실을 통보해야 하고 또 알리안츠는 다시 사람들에게 알려야 한단 말이오. 그러니 일단 사임 건은 접어둡시다.'라는 취지로 두 시간에 걸친 설득 끝에 위원회가 엘 에리언을 겨우 진정시켰다. 엘 에리언도 사임의 뜻을 일단 접었다.

해결 방안은 어떻게든 찾아낼 수 있다. 사실 엘 에리언을 달래고, 몇 가지 사항을 재조정하며, 다른 사람에게 일정 책임을 이관하고, 그로스가 괴팍한 성정을 다소나마 다스리면 될 일이었다. 이 모두가 실행 가능했다.

그런데 현실적인 문제가 도사리고 있었다. 그로스가 정말로 한발 물러나 책임과 권한을 다른 사람에게 이관한다면 현실적으로 복잡한 문제가 발생할 여지가 있었다. 280억 달러 규모의 무제약 채권 펀드에 문제가 생기면 누군가 나서서 수습해야 한다. 그 누군가가 일단은 '그로스'였다. 이 펀드에 대한 관리 책임을 다른 사람에게 순조롭게 이관하는 일 자체가 불가능할 수 있다는 의미였다.

무제약 펀드는 뮤추얼 펀드 중 단연 최고였고, 당시 핌코가 내놓은 가장 중요한 뮤추얼 펀드 상품 가운데 하나였다. 금리 하락 장세에서 버텨내기에 가장 적절한 상품이기도 했다. 그로스가 관리했던 다른 상품처럼 고객은 토털리턴 펀드에서 자금을 빼서 '언제 어디서나 잘나가는 펀드'라는 별칭이 붙은 무제약 펀드에 넣고 있었다. 무제약 펀드는 기준 지수의 구속을 받지 않으며 채권 존속 기간이나 신용등급 혹은 채권 발행사의 주소지 등의 제약을 받지 않기 때문이다. 무제약 펀드는 가격이 상승할 상품을 사고 가격이 하락할 상품은 피할 수 있다.

그로스는 채권시장 하락세로 더 이상 안정적인 수익원이 되지 못하는 토털리턴 펀드 틀에서 벗어날 수 있는 자유를 마다하지 않았다. 게다가 고객이 반기는 펀드 전략을 관리하는 일이 훨씬 더 흥미로웠다. 무제약 펀드는 2013년 10월까지 102억 달러를 끌어들였다. 모닝스타에 따르면 동종 펀드 중 가장 큰 규모였다. 동시에 이들 고객은 토털리턴 펀드에서 300억 달러 이상을 회수했다.

그러나 무제약 펀드가 고객 자금을 이렇게 많이 유치했는데도 실적은 형편없었다. 2013년 한 해 내내 그랬다. 그렇다고 해서 그 이전 실적은 훌륭했느냐 하면 그도 아니었다. 이전 5년 동안 무제약 펀드 수익률은 5.2%였으며 이는 동종 펀드 중 하위 17%에 해당하는 수준이었다. 그리고 2013년 12월 초까지 수익률이 2.1% 하락하면서 동종 펀드 중 하위 25%에 해당하는 성적을 냈다. 이처럼 평범한 실적을 냈는데도 언론의 주목을 받지 않은 데는 두 가지 이유가 있었다. 하나는 무제약 펀드가 비교적 최근에 각광을 받는 상품이었기 때문이고, 또 하나는 2008년 이후로 이 펀드를 관리한 사람은 크리스 다이얼리나스였기 때문이다.

당시 59세였던 다이얼리나스는 그로스의 오래된 친구 중 한 명이었다. 그로스와 다이얼리나스, 하위 레이코프Howie Raykoff는 부부 동반으로 꽤 자주 함께 저녁 식사를 하곤 했다. 최고급 식당을 찾으려는 레이코프와 그런 쪽으로는 전혀 관심이 없던 그로스가 어디로 가느냐를 놓고 항상 실랑이를 벌였다. 이들은 주택 개보수라든가 채권 거래 그리고 향후 시장 전망 등에 관한 이야기를 나누기 좋아했다. 그래서 만나면 항상 즐겁게 시간을 보냈다.

지난 수십여 년 동안 핌코가 성장함에 따라 함께 부를 누려왔듯 직업적 측면에서도 많은 일을 겪으며 서로 공유하는 바가 많았다. 함께 대단한 거래를 생각해내는 일도 그중 하나였다. 1983년에 지니메이 CDR 거래로 대성공을 거뒀던 때처럼 말이다. 이보다는 주목도가 다소 떨어지지만, 다이얼리나스가 살로몬브라더스 채권 판매인에게 장난을 친 일로 곤경에 빠졌던 일도 있었다. 1990년대 초 그는 살로몬브라더스의 몰락에 일조했던 재무부 채권 경매 부정 사건에 연루되어 곤욕을 치렀다. 그로스와 다이얼리나스는 단순한 농담이었을 뿐 살로몬 사태와 관련이 없다는 점을 입증하고자 워싱턴 D.C.로 조사를 받으러 가야 했다. 규제 당국은 결국 혐의 사실을 발견하지 못했고 그로스와 다이얼리나스도 무사히 뉴포트비치로 돌아왔다.

그로스는 그간 쌓은 우정을 소중히 여기듯 다이얼리나스가 하는 거래와 방식 혹은 관점을 존중했다. 그러나 무제약 펀드는 펀드 업계가 주목하는 인기 상품이었는데도 월등한 성과를 내지 못하면서 핌코 펀드의 명성을 깎아 먹고 있었다. 그래서 2013년 12월 초 그로스가 무제약 펀드에 대한 관리 권한을 가져왔다. 회사 이익을 고려할 때 필요한 일이라는 이유였겠지만, 가장 인기 있는 상품을 관리하고 싶은 욕심이 작용한 결과일 수도 있다. 이유나 동기야 어찌 됐든 다이얼리나스로서는 굴욕적인 일이었고 그로스의 비열함이 엿보이는 행위로 느껴졌다.

핌코는 다이얼리나스가 안식년 휴가를 떠난다고 발표했다. 1990년대에 재무부 채권 경매 조작 사건 이후 처음이었다. 이번에는 사무실에서 동분서주하는 대신 업무를 중단하고 태평양 해안도로를 질주했다. 그로스는 사내 간행물 〈스트래티지 스포트라이트Strategy Spotlight〉를 통해 무제약 펀드에 관한 기존 투자 철학과 방식 혹은 접근법에는 아무런 변화가 없으리라고 밝혔다. 그러나 12월에 무제약 펀드 관리권이 그로스에게 이관되자 펀드 체계 전반에 걸쳐 대대적인 정밀 조사가 이뤄졌다.

다이얼리나스가 구축한 장기 재무부 채권과 기관 모기지채권 포지션을 그로스가 다 뒤집어엎었다. 예전부터 중국이라는 국가 및 경제에 의구심이 컸던 다이얼리나스는 중국 위안화 대비 미 달러화 강세를 점치며 이쪽에 베팅했다. 그로스는 이마저도 갈아엎었다. 핌코무제약 펀드는 개별 회사채에 30억 달러, CDS 지수에 44억 달러 등 그동안 매수한 신용부도스와프 전부를 처분했다. 말하자면 반反신용에 대한 베팅에서 친親신용에 대한 베팅으로 전략이 180도 달라진셈이었다.

2014년 초에 핌코 집행위원회가 회의를 소집했다. 주요 안건은 그로스와 엘 에리언 간의 극심한 불화를 해소하는 방안을 모색하는 일이었다. 핌코 경영진은 이혼 위기에 몰린 부부의 화해를 돕듯이 두 사람도 중재자의 도움을 받는 데 동의하느냐고 물었다. 그로스는 사 측이 중재자로 선정한 사람이면 누구든 만날 의향이 있다고 말했다. 핌코는 화해를 이끌어낼 사람을 물색하는 작업에 들어갔다. 복잡한 과정을 거쳐 마침내 중재자와 만나는 일정을 잡았고 그로스와 엘 에리언에게도 이 같은 사실을 통보했다.

그런데 그로스가 다른 말을 했다. 아니, 나는 중재자가 필요 없어. 중재자를 원한 적이 없다고. 그러나 그로스가 누구든 만나겠다고 한 말을 두 귀로 똑똑히 들었던 사람이 한둘이 아니었다. 그래서 기록으로 남겼고 이에 따라 중재자를 물색하는 절차에 들어갔었다. 엘 에리언은 변화를 수용하지 않고 예전에 한 약속을 존중하지 않는 그로스의 나쁜 성정을 드러낸 것으로 받아들였다. 그로스는 중재자 선정에 동의한 적이 없다는 입장을 고수하면서 사람들이 그저 듣고 싶은 말만 듣는다고 투덜댔다.

고위 경영진 측에서도 이런 일이 너무 자주 일어난다고 느끼는 사람이 많았다. 그로스가 자신이 지원한다고 약속해놓고 혹은 모두가 지켜보는 앞에서 암묵적으로 동의해놓고는 나중에 그 말을 뒤집은 게 한두 번이 아니었다.

그럴 때마다 엘 에리언은 참을 수가 없었다. 그로스 자신이 원한다고 해서 그대로 일을 추진했는데 나중에 가서 꼭 '그런 말을 한 적이 없다'는 식으로 발뺌하기 일쑤였다. 매번 그런 식이니 정말 지치고 피곤했다.

그로스가 거짓말하는 모습을 다들 보고만 있을 것인가? 거짓말쟁이는 자신이 하는 말이 거짓이라는 사실을 안다. 그런데 자신이 한 말 자체를 부정하고 있으니 그로스가 거짓말쟁이인지 아닌지도 모호하다. 건망증이 있나? 아니면 청개구리 기질이 있어서 그런가? 그로스는 다른 사람이 잘못된 길이라고 하는데도 굳이 그 길을 선택하는 것에 너무 익숙해진 것일까? 다른 사람이 무슨 말을 하면 거의 본능적으로 일단 반발부터 하고 본다. 그것이 애초에 자신의 생각이었더라도 말이다. 이런 기질 때문에 훌륭한 투자자가 됐지만, 다른 관리자와 동료들은 그의 성정을 감내하기가 너무 힘들었다.

아니면 전략적으로 망각 기제를 활용하는지도 모른다. 마음이 바뀌었기 때문에 전에 자신이 했던 말을 인정하고 싶지 않았을지도 모른다. 그래서 이전 상황을 부정하고, 더불어 자기 자신은 물론이고 다른 사람들의 현실까지 부정했다. 만약 중간에 마음이 바뀌지 않았다면 전에 한 말을 부정하는 일은 없지 않았을까!

의도했든 아니든 간에 이는 분명히 권력 행사였다. 그로스가 규칙을 제멋대로 바꾸는 바람에 동료와 직원들은 방향을 잃고 우왕좌왕할 수밖에 없었다. 그로스가 유효한 권한을 보유하는 한 조직에 대한 통제력을 확고하게 유지하는 데 도움이 됐다.

2014년 초에 엘 에리언은 이번에야말로 끝을 내겠다고 결심했다. 그래서 집행위원회에 사임하겠다는 뜻을 전했다. 더 이상 회유에 넘어갈 생각이 없었다.

2014년 1월 21일 핌코 파트너 56명은 오래전에 일정을 잡았던 회의에 들어갔다. 대다수가 회의 안건이 무엇인지 몰랐다. 그러다 엘 에리언 후임자 선출 때문에 모였다는 사실을 알고 다들 깜짝 놀랐다.

엘 에리언은 3월 말까지 있다가 나가겠다고 했다. 3월까지면 두어 달밖에 남지 않았다. 전체 조직을 이끌 신임 CEO를 선출한다는 점에서도, 규모가 2조 달러에 달하는 자산을 관리할 책임자를 뽑는다는 측면에서도 시일이 너무 촉박했다. 그러나 엘 에리언도 빈말이 아닌 듯했다. 그리고 알리안츠가 주식회사인 만큼 조직 내에서 벌어지는 일은 신속하게 공표를 해야 했다. 수개월은 족히 걸려야 하는 사안을 며칠 내에 처리해야 하는 긴박한 상황이었다.

핌코는 후임자 선정 업무를 담당할 위원회를 구성해 적임자를 물색하기 시작했다. 내부 및 외부 인사를 함께 고려했으며 비공식적으로 게리 콘Gary Cohn 골드만삭스 사장 겸 COO와 접촉하기까지 했다.

그런데 아무도 나서고 싶어 하지 않았다. 그로스의 괴팍한 성미를 다 참고 받아낼 빌 톰슨 같은 성인군자가 또 어디 있겠는가? 차라리 톰슨을 설득해 다시 돌아와 달라고 하면 어떨까? 게다가 실질적인 권력 이양과 뒤이어 그로스를 회사에서 퇴출시키는 가장 어려운 일이 아직 남아 있었다.

이 와중에 핌코 COO인 더그 호지Doug Hodge가 후임자가 되는 데 유일하게 열의를 보였다. 전 동료 말에 따르면 호지는 흥분과 기대로 뺨을 발그레하게 물들인 채 위에서 불러주기만을 기다렸다고 한다.

호지는 핌코 해외 지점망 확대에 일조했고 2009년부터 COO를 맡아왔다. 그러나 자산관리자 경력은 없었다. 수십 년 전 살로몬브라더스에서 채권 거래를 한 경험은 있지만 핌코에서는 영업 부문만 담당했다. 그래도 경제학과 2학년 때부터 투자에는 일가견이 있었고 인격적으로도 별로 흠잡을 곳이 없었으며 채권시장에서 잔뼈가 굵은 사람이었다. 그러나 압박을 심하게 받으면 집중력이 떨어진다는 점이 흠이라면 흠이었다.

더그 호지가 신임 CEO 최종 후보자 명단에 이름이 오르자 다소 논란이 일기는 했지만 파트너들은 호지가 어느 수준까지는 회사를 이끌어 갈 수 있을 것으로 봤다.

투표단은 조직의 수장 역할을 반분해 반은 호지에게 맡기고, 1998년부터 핌코에서 근무했던 인사부 책임자 제이 제이콥스_{Jay Jacobs}를 '사장'으로 임명해 나머지 반을 맡기기로 했다. 그로스는 호지를 '대외용' 인물로 보고 좋은 이미지를 구축하는 데 쓸모가 있으리라 봤으며 제이콥스는 '대내용'으로 평가했다.

그로스는 두 사람을 핌코에서 키워낸 '자기 사람'이라고 생각했다. 이 점이 엘 에리언과의 충돌로 빚어진 어려움을 극복하는 데 도움이 되리라고 봤다. 두 사람도 그로스가 키웠다는 사실을 알고 있으리라 생각했고 그래서 당연히 자신에게 충성을 보이리라 여겼다.

사실 호지는 '가족 범죄'를 저지르고 수습하느라 정신없이 지내다 그 즈음에 시간적으로 다소 여유를 찾은 참이었다. 2008년부터 근 10년 동안 대학 입학 담당 코치 릭 싱어_{Rick Singer}와 함께 운동 경력 관련 기록을 위조하고 코치들에게 뇌물을 주는 방법을 써서 운동선수 전형으로 네 자녀를 서던 캘리포니아 대학과 조지타운 대학에 입학시켰다. 대학에 건물을 사주는 식으로 기부금을 내고 자녀를 입학시키는, 일반적이고 적법한 방법도 있었다. 그러나 그렇게 하면 500만 달러 이상이 들어가므로 비용 부담이 너무 컸다. 그러나 호지는 2013년에만 상여금으로 4천 500만 달러를 받았으니 그 정도는 감당할 수준이 됐다. 2018년에 호지는 다섯째 아이도 이런 식으로 입학시키려 했으나 일이 성사되기 직전에 부정 입학 시도가 발각됐다. 호지는 자신은 '잘 속는 사람'이라면서 자신이 준 돈은 '자금이 부족한 체육 관련 활동 계획'에 쓰이는 줄로만 알았다고 변명했다. 그러나 싱어가 호지 자녀들의 운동 경력을 위조하고 있다는 사실을 알고 있었다.

그러는 와중에 대외적으로는 "기업으로서 또 개인으로서 우리는 신뢰할만한 가치를 구현해야 한다. 고의로 규칙을 위반하는 일은 그 누구도 용납할 수 없다."라고 말하며 시장에서 대중의 신뢰를 회복하는 일의 중요성을 열심히 설파했다. 또 어떤 곳에서는 "다른 부문도 그렇지만 특히 금융 서비스 부문에서 오판에 따른 실수가 계속 이어지는 현실"을 개탄했고 '흉악한 조직 문화'가 감당 못할 '괴물'로 변신해 비윤리적인 더 나아가 불법적인 행위를 수용 가능한 행위로 뒤바꿀 수 있으므로 그런 '나쁜 문화'를 경계해야 한다고도 떠들었다. 이렇게 대외적으로는 도덕군자처럼 말하면서 뒤로는 릭 싱어에게 부정한 일에 쓸 돈을 송금하고 있었다. 싱어의 표현을 빌리자면 이렇게 입학에 관한 "진실을 왜곡하는" 일을 꾸미는 데 총 85만 달러가 들어갔다. 싱어는 호지에게 이렇게 말했다. "이게 다 자식들을 위해 한 일이지 않소."

호지가 제이 제이콥스와 함께 조직의 수장 역할을 수행하는 동안 핌코는 최고 경영진이 담당해야 할 업무 중 나머지 절반에 해당하는 부분을 해결하기로 했다. 엘 에리언을 그로스 뒤를 이을 후계자로 여겼으나 일이 틀어진 만큼 실행 가능한 '승계 계획'을 다시 수립할 필요가 있었다. 이렇게 해서 유망한 관리자들로 구성된 '부副 최고투자책임자DCIO' 구조가 탄생했다. 이들은 한동안 그로스를 보좌하다가 언젠가 그 뒤를 이을 예정이었다. 유럽 포트폴리오 관리 책임자이자 전 〈파이낸셜타임스〉 저널리스트 앤드루 볼스Andrew Balls, 엘 에리언의 후배이자 하버드매니지먼트컴퍼니 소속 동료였던 마크 사이드너Marc Seidner, 댄 이바신 등이었다. CIO 앞에 붙은 '부'라는 꼬리표를 못마땅해 하는 사람도 있었지만, 뭐 크게 상관없었다.

그런데 예상치 못하게 사이드너도 그만뒀다. 사이드너는 일인자로 가는 길 대신 그랜섬메이요반오테를로Grantham Mayo Van Otterloo: GMO를 택했다. 경쟁사이기는 하나 채권 관리 부문에서는 잘 알려지지 않은 이 곳에서 고정 수익 증권 부문을 관리·감독하는 일을 맡기로 했다.*

뭐, 상관없다. 볼스와 이바신을 승진시키면 될 일이다.

그래서 1월 21일에 이 사실을 발표했다. 엘 에리언은 회사를 떠나면서 핌코로 보낸 내부 서한을 통해 "핌코를 떠나기로 한 결정이 쉽지는 않았다."라고 썼다. 그래도 알리안츠에서 컨설턴트 역할은 계속하기로 했다.* 엘 에리언의 미래는 무한한 가능성으로 열려 있었다.

엘 에리언은 가족, 더 정확하게 말하면 딸과 더 많은 시간을 보내고 싶었다. 훗날 언론 인터뷰에서 딸이 '아버지와 함께하지 못했던 스물두 가지 중요한 행사'를 목록으로 만들어 보여줬다고 했다. 이 때문에 일을 그만뒀다고 말했다. 책을 쓰고 싶었다고도 했다. 너무 괴롭고 힘들어서 일을 그만둔 것만은 아니었다. 딸이 그 목록을 들이댄이후로, 또 2013년 5월 이후로 이제 그만둘 때가 됐다는 사실을 알았다고 말한다. 생각은 했고 언제 실천하느냐만 남은 것이었다.

하버드매니지먼트컴퍼니를 떠날 때도 그러했다. 그때도 다른 이유는 없고 그저 가족을 생각해서 떠난다고 이메일에 써서 직원들에게 보냈다. 그 이후로 몇 년이 지난 지금 또다시 자신이 그만두는 이유는 가족, 특히 당시 열 살 난 딸 때문이라고 못 박았다.

그런데 다음 날 〈파이낸셜타임스〉는 엘 에리언이 핌코를 떠난 이

---

* 엘 에리언 측 변호사는 이렇게 말했다. "알리안츠가 수석 경제 고문으로 계속 남아달라고 부탁했습니다. 엘 에리언 박사의 생각이 아니며, 이쪽에서 제안하거나 요청한 적은 없습니다. 어쨌거나 핌코를 떠나고 나서 7년이 지난 지금까지 그 자리를 지키고 있습니다."

유와 관련해 완전히 다른 이야기를 내놓았다. 익명을 요구한 소식통에 따르면 오랫동안 이어진 그로스와의 불화 때문이며 두 사람이 자주 언쟁을 벌였다는 얘기였다. 역시 익명의 업계 컨설턴트는 어딜 가든 드러났던 엘 에리언의 확실한 존재감이 또 다른 갈등 요소였다고 말했다. 위 기사는 또 "고위 간부 몇몇은" 댄 이바신의 투자 역량을 극찬하고 앤드루 볼스가 제 몫을 다하는 인물이라고 말하기 "수개월 전에" 이미 엘 에리언이 핌코를 떠나리라는 사실을 알고 있었다고 전했다.

핌코 고객 계정 담당 임원과 고객 대면 부서는 이런 의혹을 잠재우고자 애를 썼다. 엘 에리언이 사임한다는 발표가 난 이후 며칠 동안 3천 500명이 넘는 고객에게 전화를 했다. 상대편이 받을 때까지 전화를 걸고 또 걸었다.

그로스와 엘 에리언도 공개적으로는 서로 칭찬하기 바빴다. 엘 에리언은 그로스에 대해 "재능이 정말 뛰어나고 조직에 대한 헌신 또한 말로 다 할 수 없을 정도"라고 했고 그로스는 엘 에리언이 "훌륭한 지도자이고 역량 있는 사업가이며 사색적인 지도자"라고 말했다.

그로스는 〈월스트리트저널〉과의 인터뷰에서 엘 에리언의 사임은 불화와는 아무런 관계가 없다고 강변했지만, 자신이 매우 까다롭고 괴팍한 사람이며 대하기 쉽지 않다는 점은 인정했다. "사람들이 '그로스는 너무 도전적'이라고 말할 때가 있다. 어쩌면 그 말이 맞을지도 모른다. 그러나 '지금의' 내가 너무 도전적이라고 생각한다면 20년 전의 나를 봤어야 한다고 말하고 싶다."

그로스는 블룸버그와의 인터뷰에서 앞으로 몇 주 안에 DCIO를 몇 명 더 임명할 것이라고 밝혔다. "내 뒤를 이을 후계자 후보가 많았으면 한다."

홍보가 잘 되어서 그런지 아니면 펀드 수익이 늘기 시작해서인지는 몰라도 아무튼 고객은 크게 동요하지 않는 듯했다. 토털리턴은 1월 수익률이 기준 지수 수준을 거의 따라잡았다. 토털리턴은 수익률이 1.35%였는데 바클레이즈종합채권지수는 1.48%를 기록했다. 출발이 좋았다. 무제약 채권 역시 그로스가 포트폴리오를 완전히 갈아엎은 후 실적이 점점 나아졌다. 그로스는 자사 무제약 채권 포트폴리오가 표준치를 두 배 이상 앞지를 만큼 금리에 대한 민감도가 매우 높다는 점을 강조했다. 실제로 1월에는 금리 하락을 염두에 두고 포트폴리오를 구성했다. 그런데 정말로 2013년 말에 3%였던 10년 만기 재무부 채권 수익률이 2014년 1월 말에는 2.64%로 하락했다. 덕분에 핌코 무제약 펀드는 1월에 0.58%의 수익을 올렸다. 연간 수익률로 환산하면 7.1%로서 상당히 높은 수치였다. 역시 그로스는 감을 잃지 않았던 셈이다.

그러나 경영진 교체라는 큰 사건은 여기저기서 불협화음을 내고 있었다. 〈파이낸셜타임스〉 기사는 표면적으로는 핌코 측의 심기를 불편하게 할 만한 내용은 별로 담지 않았지만, 이 기사를 쓴 기자가 5일 후 또 다른 기사를 썼다. 엘 에리언의 하루 일정에 관한 세부 정보를 얻었던 모양이다. 엘 에리언이 맞춰 놓은 자명종은 새벽 2시 45분에 울렸다. 그리고 보통 새벽 4시 15분이면 사무실에 도착한다. 그렇게 일과를 시작한 후 오후 7시에 집에 돌아와 9시 전에 잠자리에 들었다. 이렇게 빡빡한 일정은 엘 에리언이 회사 일에 얼마나 헌신적으로 매달렸는지, 업무가 얼마나 과중했는지, 왜 휴식이 필요했는지를 단적으로 보여줬다. 그런데 이 내용이 너무 구체적이었다. 사내에 불안감이 조성됐다. 누가 저렇게 구체적인 정보를 기자에게 흘렸을까? 그로스는 기사를 다시 읽었다. 화가 치밀어 올랐다. 특히 볼스가 "어느 정도 자리를 잡았다."라고 한 마지막 줄이 마음에 걸렸다. 그리고 이 대목에서 약간의 의심이 생겼다.

한편 닐 카시카리의 후임자 비르지니 메종뇌브 Virginie Maisonneuve가 그로스의 사무실에 들이닥쳐 요구 사항을 하나 걸었다. 핌코가 정말로 주식 투자 부문을 키울 생각이 있다면 자신도 DCIO여야 한다는 요구였다. 일리가 있었다.

엘 에리언의 사임 발표 일주일 후 핌코는 DCIO 네 명을 추가로 발표했다. 메종뇌브, 회사채 담당 마크 키셀Mark Kiesel, 시카고 출신 이론 물리학 박사이자 '실질 수익' 팀인플레이션 위험 방지팀을 이끄는 미히르 우라 Mihir Worah, 1998년에 이바신과 함께 시작했고 현재 글로벌 포트폴리오 관리 부문을 담당하는 골드만삭스 출신 스콧 매더Scott Mather였다.

경영진 교체가 진행되는 와중에 그로스는 이제 물러나야 할 때가 됐다고 생각했다. 엘 에리언이 맡았던 업무 중 일부가 그로스에게 이관됐다. 하기는 싫었지만, 심기일전하면 감당할 수 있는 일이었다. 엘 에리언을 고용한 배경에는 그로스 본인이 빠져나갈 구멍을 마련한다는 이유도 있었다. 그러나 이제는 유일한 CIO로서 다시 핌코의 '간판'으로 나서게 되었고, 투자한 돈이 안전하다며 고객을 안심시켜야만 했다.

그로스는 핌코 트위터에 다음과 같은 글을 올렸다. "핌코는 만반의 준비가 되어 있다. 배터리 110% 충전 완료! 앞으로 40년은 거뜬함."

홍보팀은 최선을 다해 앞으로 나아가는 길 외에 없다고 판단했다. 그로스와 신임 DCIO들을 회사를 대표하는 '간판'으로서 전진 배치하고 핌코가 안정된 상태라는 점을 대외에 계속해서 알릴 생각이었다. 지금까지는 계획한 대로 되고 있었다.

그로스는 CNBC에 출연했다. 진행자는 엘 에리언의 결정에 적잖이 놀랐다는 말로 대화를 시작했다. 그로스는 "우리도 놀랐다."면서 "엘 에리언이 다른 곳으로 옮기지는 않으리라 본다. 본인도 다시 일을 하더라도 금융 부문은 아니라고 말했다. 그래서 월가나 런던 금융가도 안심하고 있으리라 생각한다."

그로스는 이렇게 덧붙였다. "엘 에리언이 더는 핌코와 함께하지 않는다는 점이 아쉽고 또 내 뒤를 이어 최고투자책임자 역할을 계속 맡아주지 않아서 실망스러웠다. 그러나 어쩔 수 없는 일이다." 반응이 다소 비상식적이고 좀 쩨쩨하다 싶기는 했으나 이 정도는 그런 대로 괜찮았다.

그로스는 2월 〈투자 전망〉을 통해 대중을 다시 안심시키려 했다. "내 말을 믿으시라. 우리 팀은 과거 그 어느 때보다 괜찮다. 나를 포함한 핌코 전 직원은 신뢰를 바탕으로 모든 자산관리자가 당면한 미래 과제를 받아들이고 있다." 그러나 어떤 글이든 독자가 말에 숨은 의미와 작은 흠결을 보지 못한다면 전체적인 맥락을 놓칠 수 있다.

내부적으로는 그 누구도 안심하지 못했다. 그로스가 CEO를 맡은 적이 없고 이를 마다했던 데는 다 이유가 있었다. 그로스는 앞뒤가 꽉 막힌 관료주의자는 아니었다. 고위 경영층부터 거래 보조에 이르기까지 핌코 직원이면 누구나 아는 사실이 하나 있었다. 그로스는 관리자가 아니라 트레이더였다. 그것도 뛰어난 능력을 지닌 전설적인 트레이더다. 그로스가 호지와 제이콥스를 뽑았던 이유는 바람에 흔들리는 갈대처럼 그로스의 뜻이라면 무엇이든 따를 수 있는 사람들이었기 때문이다. 이래서 구조적으로는 핌코에 수장이 없는 듯 느껴지곤 했다.

엘 에리언은 3월까지 있겠다고 했지만, 결국은 유명무실한 말이 되고 말았다. 엘 에리언이 공식적으로 회사를 떠나기도 전에 본사 시설 관리 팀이 책상을 빼버린 것이다. 엘 에리언의 변호사에 따르면 아직 고객 계정 관리 업무를 수행하고 있는데도 그로스의 지시로 하룻밤 새 느닷없이 이뤄진 일이라고 했다. 처음에는 엘 에리언에게 사무실에서 계속 업무를 보라고 했는데 갑자기 다른 건물로 옮겼으면 좋겠다고 하더니 급기야 집에서 일하라고 했다고 한다.

변호사는 이런 일련의 행위가 공개적으로 이뤄지면서 전문 직업인으로서의 엘 에리언의 위상에 흠집을 냈다며 참으로 졸렬한 행동이었다고 말했다.

핌코는 〈파이낸셜타임스〉 기사의 여파를 최소화하려 애썼지만, 엘 에리언이 평화롭게 회사를 떠났다는 인상을 계속 가져가는 데는 실패했다. 일반적 관행과는 달리 경영진 교체 사실이 몇 개월 동안 공개되지 않았다는 점에서 뭔가 수상쩍은 냄새가 났다. 〈월스트리트저널〉의 민완 기자 그레그 주커만Greg Zuckerman이 뭔가 정상적이지 않다는 낌새를 알아챘다. 주커만은 지난 10여 년 동안 뉴포트비치에 있는 핌코 본사를 문턱이 닳도록 드나들며 그로스와 수도 없이 대화를 나눴다. 그는 전화기를 집어 들고 번호를 누르기 시작했다.

제13장

엘 에리언
사임의 내막

드러난 속사정은 참으로 씁쓸했다.

'세계 최대 채권 펀드사 핌코 경영진 교체의 막전막후'라는 제목의 기사가 2월 25일 화요일 〈월스트리트저널〉이하 '저널' 1면을 장식했다. 기사의 골자는 엘 에리언이 그로스와의 불화 때문에 회사를 떠났다는 것이었다. 기사는 내내 '빌 그로스는 천하의 멍청이!'라는 뉘앙스였다. 그로스의 조급증과 불합리한 요구에 지쳐 엘 에리언과 잦은 마찰을 빚었으며 두 사람 간에 깊어진 불화가 결국 엘 에리언을 사임이라는 막다른 골목으로 몰아갔다고 진단했다.

핌코 입장에서는 유감스럽게도, 이 기사를 작성한 사람들은 얼치기가 아닌 믿을 만한 기자였다. 육아 휴직 중이었던 커스턴 그라인드 Kirsten Grind가 열심히 취재했고 그레그 주커만과 함께 기사를 작성해 마무리 지었다.

기자는 상대방에게 반감을 일으키는 그로스의 냉혹함과 직원과의 어색한 상호작용, 난폭한 기질, 시선을 마주치지 않으려 하고 거래장에선 침묵을 지켜야 한다고 고집하는 강압적 태도 등을 문제의 원인으로 지적했다. 그리고 투자에 관한 이야기를 나누는 데도 거래장에서 시끄럽게 했다고 질책했고, 발표 자료에 쪽수 표시를 잘못했다는 사소한 이유로 징계를 한 데다가 연말 상여금 평가 시 벌점을 줬다는 이야기까지 상세히 기술했다.

또 그로스가 "핌코가 유엔이라면 내가 '사무총장'인데 달리 누굴…"이라고 한 발언, "당신이 저지른 일 뒤치다꺼리하느라 너무 지쳤다."라고 한 엘 에리언의 발언 등 위험 수위를 넘긴 극한 대립 장면도 상세히 전했다. 아무리 봐도 무의미한 일임에도 그로스가 고집스럽게 거래 동결을 지시한 2013년의 일도 지적했다. 또 투자에 관해 어떤 결정을 내렸을 때 여기에 딴죽을 거는 행위를 그로스는 몹시 싫어했다. 이런 경직성은 최고 성과를 내는 데 걸림돌만 됐다. 기사는 그로스가 운용하는 펀드 포트폴리오에 너무 비싼 채권이 들어 있다고 수석 투자 관리자가 지적했던 일을 예로 들었다.

그때 그로스는 이렇게 답했다고 한다. "그래? 그럼 그 채권을 더 사." 부모 말에 어깃장만 놓는 사춘기 소년도 아니고 이게 뭐 하는 짓인지!

2000년대 초에 있었던 괴이한 이야기가 또 하나 있다. 존 브린욜프슨브린요이 거래장에 앉아 있었는데 마침 방문한 고객에게 인사를 하지 않았다. 그로스는 이런 행동을 용납하지 않았다. 그래서 브린요에게 응분의 대가를 치를 테니 두고 보라고 엄포를 놨다. 브린요는 그로스가 자신을 시험하는 것임을 잘 알고 있었다. 항변할 수도 있었으나 굳이 그렇게 할 필요가 없었다. 뭘 해야 하는지 답은 이미 나와 있었다. 그로스가 1만 달러 수표를 써서 핌코 재단에 기부하라고 제안했고 브린요는 그렇게 했다. 이로부터 1년이 지나지 않아 브린요는 핌코 파트너가 됐다. 브린요는 〈저널〉과의 인터뷰에서 이렇게 말했다.

"내게 감당할 능력이 없었으면 그런 시험도 하지 않으리란 사실을 잘 알고 있었다. 그로스는 유망한 인재에게 동기를 부여하는 능력이 탁월하다."(이 사건 이후 한 동료가 다가와 브린요의 등을 토닥이며 골드만삭스에 있을 때도 이와 비슷한 일이 있었다고 말했다. 욕지거리를 하는 사람이 있으면 벌금으로 20달러를 부서장 책상 위에 놓인 항아리 속에 넣게 했고, 항아리가 꽉 차면 돈을 꺼내서 점심 식사 비용으로 썼다고 한다. 브린요는 골드만삭스 때 벌금 액수가 고작 20달러밖에 안 됐다는 점에 기분이 한결 좋아졌다고 한다. 핌코가 골드만삭스보다는 큰 무대라는 느낌이 들어서였다고 한다.)

〈저널〉은 4년 전에 핌코를 떠난 빌 파워즈의 발언을 인용했다. 파워즈는 이렇게 말했다. "그로스는 아무리 친한 사람이라도 점점 싫증을 내고 그 사람이 중요한 책임과 권한을 맡았다거나 큰 보수를 받는다 싶으면 바로 경계합니다. 4~5년 정도의 밀월 기간이 끝나고 어느 시점에 이르면 선택받은 자의 '후광'은 '가시 면류관'으로 변하고 빌과는 적대적 관계가 되어 서로 불편해지죠."

파워즈가 한 발언은 본인과 엘 에리언은 물론이고 그로스의 총애를 받다가 어느 날 갑자기 사이가 틀어지면서 마음에 깊은 상처를 받은 채 나락으로 떨어지는 신세가 된 여러 인사들의 처지를 떠올리게 했다.

이 기사는 채권시장 밖에 있는 사람들에게 큰 충격을 안겼다. 고위층 간의 내부 갈등이라고? 거래장에 그런 괴상한 규칙이 있다고? 가시 면류관은 또 뭐야? 놀랄 일이 한두 가지가 아니었다. 핌코 관할 은행은 여기서 벌어진 일들이 얼마나 심각한지 익히 알고 있었다. 이런 끔찍한 이야기를 전해 듣거나 핌코에서 면접을 봤다가 기겁하고 도망친 기억이 있는 경쟁사 직원도 마찬가지였다. 그러나 외부인은 상황을 전혀 몰랐다. 금융계 종사자도 대부분은 TV에 출연해 보여준 소탈한 모습과 좀 파격적인 구석이 있다 싶은 〈투자 전망〉을 통해 그로스를 알고 있을 뿐이었다. 뱃살에 지나치게 신경을 쓴다거나 화장실 내 카메라를 두려워한다거나 식당 여종업원에게 팁을 아주 조금만 준다는 이야기는 어디선가 읽었을지도 모르겠다. 그러나 직원들을 괴롭힌다거나 정서 불안 정도가 심각하다는 이야기는 들어본 적이 없었다.

"나는 지난 41년 동안 월등한 투자 성과를 올렸다. 그런데 당신은 무엇을 내세울 수 있는가?"라는 발언처럼 그로스가 했다는 발언 몇 가지가 펀드 관리자, '금융 부문 트위터'에 글을 올리는 사람들의 모임, 딜브레이커Dealbreaker 같은 투자자가 많은 사이트에서 활동하는 블로거, CNBC와 블룸버그 프로그램 진행자 등 관련 사회에 급속도로 퍼져나갔다.

로이터 칼럼니스트 펠릭스 새먼은 그로스가 은퇴해야 할 때라고 썼다. "그로스는 이 기사가 몰고 온 부정적 여파에서 벗어날 길이 없다. 자신도 그걸 잘 안다." 엘 에리언의 업무는 본래 "핌코의 위험을 관리하는 일이었다. 그런데 가장 큰 위험 요소를 도저히 관리할 자신이 없다고 느꼈을 뿐"이라고 지적했다. 그리고 이렇게 덧붙였다. "이제 빌 그로스가 자신이 세운 회사에서 떠나 핌코가 조금 더 정상적이고 전문적인 경영진 밑에서 번창하는 모습을 지켜볼 때다."

물론 그로스는 은퇴를 전혀 고려하고 있지 않았다. 설사 은퇴를 고려했더라도 지금 당장은 아니었다. 〈저널〉 기사를 본 그로스는 너무도 당혹스러웠다. 기사를 천천히 꼼꼼하게 읽었다. 엘 에리언의 사임과 배신으로 이미 큰 상처를 입었는데 기사는 그 상처에 소금을 뿌리는 것만 같았다. 그로스는 충격을 받았고 깊은 상처를 입었다. 훗날 그로스는 그 기사가 자신을 인정사정없이 갈아버리는 '분쇄기'

같았다고 했다.

여기 묘사된 이 고약한 사람이 정말 나란 말인가? 그동안 자기 자신을 핌코라는 독특한 조직의 일원으로서 함께 조직을 이끌어나가는 사람이라고 생각해왔다. 강압적으로 약자를 괴롭히는 사람이라고는 생각해 본 적 없었다. 그래서 이 부분이 가장 충격적이었고 너무 심란했다. 과연 그 사람들 생각이 옳은 걸까?

거래장에서 조용히 하라는 규칙이나 눈맞춤을 싫어하는 성격이 그렇게 지탄받아야 할 일이던가? 그렇게 큰 반발이 있을 줄은 정말 몰랐다. 왜 다들 내가 잘못이라고 할까? 내향적인 성격이라서 미안하다고 사과라도 해야 하나? 거래에 집중해야 하니 거래장에서 조용히 하라고 한 것이 대체 뭐가 문제인가? "너무 열심히 일하려고 해서 미안합니다."라고 해야 하나? 마주치는 사람마다 살갑게 껴안으면서 "안녕 샐리, 안녕 조, 요즘 어떻게 지내?" 이렇게 인사하지 않아서 미안하다고 해야 하나? 원래 그런 사교적인 사람이 아닌 것을 어떡하란 말인가?

다들 공격해대는 와중에 그로스 편을 들어주는 사람도 있었다. 벤처 캐피탈리스트VC 마크 앤드리센Marc Andreessen도 그중 한 명이었다. 앤드리센은 그로스와는 생판 모르는 사이였지만, 대중이 보기엔 다 억만장자이니 서로 알겠거니 하는 그런 관계였다. 어쨌거나 앤드리센은 다음과 같은 내용으로 트위터에 글을 여러 번 올렸다. "내가 보기에 기사에서 묘사한 그로스의 행동은 체계가 잘 잡혀서 아주 잘나가는 조직의 전형적인 모습이었다. 잘 돌아가는 조직이라고 해서 디즈니랜드 같은 꿈의 공간을 상상하면 안 된다. 어떤 조직에도 스트레스와 갈등, 논쟁, 의견 차이는 늘 존재한다. 감상적인 조직은 드라마에서나 찾아라." 기사에서 묘사한 핌코라는 조직 문화는 앤드리센에게는 애플이나 오라클, 인텔, 시스코, 구글, 아마존, 마이크로소프트 등 당대 최고 기업과 동급으로 비쳤을 뿐이다.

그로스는 짤막하게 해명 글을 쓴 다음 늘 그렇듯 140글자를 넘지 않았는지 글자 수를 확인한 후 트위터에 올렸다. "고객이 최우선이다. 우리의 임무는 성과를 내고 고객에게 최상의 서비스를 제공하는 일이다. 항상 그래왔고 앞으로도 그렇게 할 것이다."

담담하게 대응하는 듯했지만, 아무래도 부담스럽기는 했던 모양이다. 어떻게든 실추된 이미지를 회복하려는 듯 나름대로 꽤 애를 썼다. 지난 40년 동안 대중적으로 좋은 이미지를 구축하는 데 큰 도움이 됐던 바로 그 수단을 활용하기로 한 것이다. 즉 자신이 좋아하는 앵커 브라이언 설리번이 진행하는 CNBC 프로그램 〈스트리트 사인Street Signs〉과 전화 인터뷰를 했다.

"빌, 참여해주셔서 정말 감사합니다." 설리번이 유쾌한 목소리로 말했다. "그레그 주커먼이 쓴 기사에 대해 할 말이 있는 것 같은데요? 아니면 우리한테 소리라도 지르려고요?"

"내가 독재자처럼 굴었다든가 모하메드와 내가 충돌했다든가 하는 말은 너무 부풀려진 이야깁니다." 그로스는 불안감과 분노가 공존하는 듯한 목소리로 말했다.

설리번이 기사 내용 중 사실과 다른 부분이 있느냐고 물었다.

기사를 작성한 기자가 두 명이었는데 나머지 한 명은 잊은 듯 이렇게 말했다. "그레그 주커만에 대해 혹은 그 기사에 대해 왈가왈부하고 싶은 생각은 없어요."

거래장에서 정말 아무 말도 못하게 하고 특히 아침에 직원들과 눈맞춤을 하지 않았다는 말은 사실일까?

그렇다고 대답했다. 그로스는 아침형 인간이 아니다. 그래서 아침

마다 잠에서 깨려면 커피를 다섯 잔쯤 마셔야 한다. 거래장에서는 절대 침묵을 요구하지만, 아침 8시에는 '콩가 라인' 시간이 있다. 이때는 얼마든지 소리를 지르며 놀아도 상관없다. 심지어 부르고 싶은 노래를 직원이 직접 고르기도 한다. 핌코는 재미와 유희를 아는 곳이고 다 가족처럼 지낸다. 폭압이라니 말도 안 된다. 그로스는 엘 에리언이 퇴사한 이유는 본인 입으로 말했듯이 가족에게 더는 소홀하고 싶지 않아서라고 했다.

설리번은 엘 에리언과 친구 사이가 맞느냐고 물었다.

그로스는 이렇게 말했다. "언제나 좋은 친구였지요. 지금도 그렇고요." 그리고 두 사람의 아내가 함께 자선 활동에 참여한다는 말도 했다.

그런데 그로스 목소리가 가끔 잘 들리지 않았다. 그래서 설리번이 무슨 일이 있느냐고 물었다.

그러자 그로스가 대답했다. "아, 지금 아내 전화기를 쓰고 있어요. 지금 병원에 있거든요."

사실 아내 수의 건강이 좋지 않았다. 아내가 아프다는 말은 공개적으로 하지 않았지만 병원에서 수술을 받고 회복 중이었다. 그래서 계속 병원으로 '출퇴근'하는 상황이었다. 이와는 별개로 아들 닉은 사업이 잘 안 돼서 걱정이었다. 2013년에 그로스가 자금을 댄 음악 사업이 갈수록 형편이 나빠졌다. 그로스는 이런 스트레스에 익숙하지 않았다.

며칠 후 그로스는 독특한 핌코 조직 문화에 관한 기사를 작성한 두 기자 주커만과 그라인드에게 직접 해명했다. 거래장은 점잖고 아름답기만 한 꿈의 공간이 아니라고 말했다. 그러면서 "가족과 비교하면 이해가 빠르겠다. 포용하는 자세로 듣기 좋은 말만 해준다고 해서

홀륭한 가족 구성원이 되지는 않는다. 자애로움이 필요할 때가 있고 엄격함이 필요할 때가 있는 법이다. 나는 이 두 가지를 다 인정한다."

그로스 말에 따르면 자신도 가끔 농담을 하는데 이를 듣는 사람이 자신을 모욕하는 것으로 오해할 때가 있다고 한다. 아니면 '신포도' 우화처럼 사람들은 자신이 가지지 않은 것에 본능적으로 반감을 갖기 마련이다. 최종 결정자인 자신에게 무조건 적개심부터 들 수 있다. 인간의 본성이 그러하니 어쩌겠는가!

기자들에게 "다른 사람의 눈으로 자신을 들여다보기는 매우 어렵다."라고 말했다. 경영진 교체를 포함해 최근에 이뤄진 변화에 관해 설명하면서, 가능한 한 권한을 공유하고 투자위원회에서의 자신의 역할을 축소하며 되도록 나서지 않으려 노력하는 중이라고 말했다. "실로 엄청난 변화라고 생각한다."라고도 했다.

그로스는 이번 기회에 엘 에리언이 아니면 자신과 맞설 수 있는 사람이 없다는 외부 인식에 변화가 있기를 바란다고 했다. 누구든 그로스에 맞서도 된다고 말이다. 아니, 오히려 그렇게 하기를 바란다고 했다.

이런 논란에 대해 모기업인 알리안츠가 별다른 반응을 보이지 않는다는 점이 그나마 위안이었다. 마이클 디크만_{Michael Diekmann} 알리안츠 CEO는 〈저널〉 측에 알리안츠는 핌코의 새로운 경영 구조에 '내만족'한다고 밝혔다. 디크만은 이번에 이뤄진 대변화는 "핌코가 빌 그로스 1인이 움직이는 조직이 아닌가 하는 오랜 물음에 대한 최종 답변"이라고 생각한다고 말했다. 알리안츠는 핌코의 모기업이기는 하나 지금까지와 마찬가지로 직접 관리·감독하는 체계는 도입하지 않을 생각이라고 말했다.

더그 호지는 〈저널〉 측에 이번 기사 때문에 동요하거나 불안해하는 고객은 없어 보인다며 몇몇 고객이 문의 전화를 했을 뿐이라고 했다. "놀라울 정도로 잠잠했다. 고객이 핌코를 선택한 이유는 탁월한 성과 때문이지 미담이나 듣자는 것은 아니었다."

그러나 〈저널〉 기사는 며칠 동안 호사가의 좋은 먹잇감이 됐다. 금융계 관련자치고 이 이야기를 하지 않는 사람이 없었다. 이들은 언론을 통해 알려진 그로스의 모습과 거래장에서의 모습이 너무 다르다는 데 큰 충격을 받은 듯했다. 그동안은 소탈하고 가식적이지 않은 그로스의 모습에 '채권시장의 워런 버핏'으로 인식하고 있었기 때문이다.

호지의 낙관적인 발언과는 달리 실제로는 고객이 불안해했으며, 투자 조언 한 마디에 수십억 달러가 왔다 갔다 할 정도로 영향력이 대단한 연금 컨설턴트들이 핌코를 감시 대상 목록에 올렸다는 소문이 언론을 통해 흘러나오기 시작했다. 핌코를 추천했다고 해서 목이 달아날 위험에 빠질 일은 거의 없었는데 이제는 꼭 그렇지만도 않은 상황이 됐다.

이 기사에는 사람들의 화를 돋울 만한 선정적인 요소가 또 하나 있었다. 최근에 그로스가 받은 돈이 무려 2억 달러가 넘었다는 내용이었다. 실제로는 이보다 더 많았다. 그로스는 2013년에 3억 달러 넘게 받았지만 항상 금액을 낮춰 발표하는 편이었다. 실제보다 적게 보도된 이 금액에도 사람들은 깜짝 놀랐디.

그전에는 핌코가 제공하는 거액의 보수에 관한 정보가 별로 없었다. 2012년 〈뉴욕타임스〉는 2011년에 엘 에리언은 1억 달러, 그로스는 2억 달러를 받았다고 보도했다. 2011년은 투자 성과가 저조했던 해라서 더욱 이 수치가 문제가 됐다. 따라서 〈뉴욕타임스〉의 보도가 나오자마자 온갖 매체가 다 달려들었다. 당시 핌코 대변인은 수치가 정확한지 아닌지 확인해주지 않았다. 이제 이 문제가 다시 도마 위에 올랐다. 〈저널〉 기자뿐 아니라 다른 매체 기자까지 같은 액수를 거론했기 때문에 무조건 부인만 할 수는 없었다.

금융업계에서 2억 달러의 보수는 호황기에도 엄청난 액수였다. 골드만삭스 CEO 연봉의 약 10배였고, 그로스와 경쟁 관계에 있는 래리 핑크 블랙록 CEO의 연봉보다도 10배나 많은 수준이었다. 그로스를 옹호하는 편에서는 그로스가 2억 달러를 받았던 2012년은 토털리턴 역사상 최악의 성과를 기록했던 이전 연도와 이후 연도 사이에 낀 해로서 훌륭한 성과를 냈던 해라는 점을 지적했다. 40년 경력 중 그로스가 이 두 해에 최악의 성적을 낸 이유 또한 뮤추얼 펀드 자산을 거의 다 관리했기 때문이다. 시기가 좋지 않았을 뿐이다. 어쨌거나 그로스의 회사였고 회사는 잘 해냈다.

과도한 보수에 관한 이야기가 흘러나온 직후 핌코 이사회에서 빌 포프조이Bill Popejoy가 이 이야기를 꺼냈다. 포프조이는 핌코 펀드 투자자의 이익을 대변하는 독립 감시인 다섯 명 중 한 명이며 이사회 산하 지배구조위원회를 이끌고 있었다. 포프조이는 다른 사람들과 마찬가지로 이사회도 그로스와 엘 에리언에 관한 이야기를 신문에서 읽고 알았다고 말했다. 당시 75세로 23년 동안 수탁자 임무를 맡았던 포프조이는 이사회를 향해 2억 달러는 터무니없이 높은 액수이므로 어떤 형태로든 조치가 필요하다고 말했다. 그리고 이렇게 덧붙였다. "핌코가 그렇게 터무니없이 많은 금액을 지급했다면 그동안 우리 신탁 관리단이 핌코에 너무 많은 보수와 수수료를 할당했다고밖에 볼 수 없다."

포프조이는 3월에 이 문제를 공론화했고, 〈로스앤젤레스타임스〉에 이렇게 밝혔다. "자칭 '사무총장'께서 1년에 2억 달러를 벌었는지

어땠는지는 잘 모른다. 그런데 그 돈이면 학교 선생님 2천 명을 고용할 수 있다. 게다가 그로스가 올린 성과는 평범한 수준이었고 듣자하니 아랫사람을 괴롭히는 등 관리 방식에도 불안한 구석이 있다고했다. 신문 기사로 접한 내용이 사실이라면 말이다." 그리고 이렇게 덧붙였다. "사람을 이런 식으로 대하면서 회사가 잘되기를 바랄 수는 없는 노릇이다."

또 모기업인 알리안츠를 향해서 이제라도 그로스의 행동을 주시하면서 과도한 보수와 행동을 통제할 필요가 있다고 말했다. 포프조이는 "그로스를 다른 사람으로 교체해야 한다."는 의미는 아니지만보수에 관해서는 "재검토해야 한다."면서 2천만 달러 정도면 적당하지 않겠느냐고 했다.

5월에 포프조이는 갑자기 이사회에서 물러났다. 핌코 측에서 핌코 펀드 신탁 관리인에 대해 연령 제한 규정을 둔 직후에 벌어진 일이었다. 포프조이와 또 한 사람이 이 규정에 걸렸다. 나중에 포프조이는 일종의 보복 조치가 아니었겠느냐고 했다. 자신이 그로스에 관한 이야기를 공론화한 점도 있고 또 백인 남성 위주 이사회에 다양성이 너무 부족하다는 문제를 두고 이사회 의장이자 핌코 파트너인브렌트 해리스와 설전을 벌인 일에 대한 보복으로 본다고 했다. 당시 해리스는 이사회에 공석이 생기자 재무부 근무 시절의 지인을 그 자리에 앉히고 싶어 했지만, 포프조이는 여성이나 유색인종을 임명해야 한다고 주장했다. 결과적으로 이런 주장이 조금은 도움이 됐다. 핌코는 공석 두 자리를 해리스가 추천한 지인을 포함해서 백인 남성으로 채우기는 했지만, 한 자리는 백인 '여성'에게 돌아갔으니 말이다.

2014년 2월 중순이었다. 변동성 매매 전문 트레이더 조시 티몬스

Josh Thimons를 비롯해 평소 엘 에리언을 따르던 사람들이 회사를 떠나는 상관을 위해 조촐한 송별회 자리를 마련하려 했다. 날짜를 3월 10일로 잡고 초대장을 보내는 등 행사 준비에 들어갔다.

그런데 이 조촐한 송별회마저 정치적인 행위로 비친 모양이다. 불참을 통보하는 회신이 속속 도착했다. 보복이 두려워 송별회 참석을 꺼리는 사람이 많았다. 회사를 떠나는 CEO와 친분을 과시해봤자 득될 일이 없다는 생각이 강했으리라. 엘 에리언에 대한 충성을 이쯤에서 접는 쪽이 훨씬 유리한 행보였다. 그간의 의리와 친분을 생각해 송별회에 참석했다가는 따가운 눈총을 받을 것이 뻔했다.

그 금요일, 그로스는 평소처럼 몇 시간 동안 고속도로를 달리는 중이었다. 아내 수가 수술 후 회복 중이었기 때문에 LA에 있는 병원과 집 사이를 계속 왔다 갔다 하는 상황이었다. 운전을 하는 중에 점점 화가 치밀어 올랐다. 기사를 읽은 사람은 전부 엘 에리언이 아주 훌륭하고 멋진 사람이라고 생각했다. 자신이 보기에 전혀 그렇지 않은데 말이다. 사람들은 엘 에리언이 술수에 얼마나 능한지 잘 모른다. 이번에도 사람들을 조종한 것이 틀림없다! 사람들도 진실을 알아야 한다. 실제로 무슨 일이 벌어졌는지 제대로 알아야 한다. 그로스는 엘 에리언이 어떤 나쁜 의도를 품고 있었는지 밝히려고 했다.

그로스는 도로 한쪽에 차를 세우고 전화기를 꺼냈다. 딱히 아는 기자도 없었고 누구에게 전화를 걸어야 할지도 몰랐다. 생각나는 기자라고는 주커만과 그라인드 정도였지만, 자신을 공격한 기자한테 연락할 수는 없는 노릇이었다. 언론인과 친하게 지내는 일? 그건 엘 에리언이 잘하는 일이었다. 그로스와 언론 간의 관계는 지극히 실리적이고 일시적이었다. 채권 전문 기자와 만나면 될까? 로이터 통신의 제니퍼 아블란Jennifer Ablan은 어떨까? 엘 에리언과 친해보였지만, 내가 무슨 말을 하든 항상 잘 들어주는 사람이었다. 아블란과 이야기를 나누면 엘 에리언에게 무슨 꿍꿍이가 있는지 좀 알 수 있지 않을까?

'그래, 지금 내가 할 수 있는 일은 이것뿐이야!'라고 생각하면서 전화번호를 눌렀다.

아블란이 전화를 받자마자 그는 속사포처럼 말을 쏟아냈다. 그로스는 열심히 설명했다. 모하메드가 언론을 이용해 나를 궁지로 몰고 있다. 나한테 증거도 있다. 〈저널〉에 실린 그 기사도 실은 엘 에리언 본인이 "쓴 것이나 진배없다."고 말했다. 그로스는 엘 에리언이 자신을 몹쓸 사람으로 만드는 동시에 본인에게 유리한 상황으로 몰아가려고 불화에 관한 내용을 자세하게 알린 것이라고 주장했다. "나를 음해하려는 모하메드에게 신물이 난다."라고도 말했다.

잠자코 듣던 아블란이 말을 끊고 증거가 있으면 달라고 했다. 엘 에리언을 오랫동안 알아왔던 터라 그런 뒷공작을 했다는 말이 믿기지 않았다.

이런 반응에 그로스가 대뜸 이렇게 말했다. "당신도 그 사람 편이군! 엘 에리언 정말 대단한 사람이야, 당신 같은 사람까지 제 편으로 만들고 말이야."

이로써 분명해진 사실이 있다(물론 그로스의 생각!). 아블란은 엘 에리언과 연락을 주고받았다. 아마도 엘 에리언은 모든 언론 매체와 소통했을 것이다. 그러니 이제 그로스가 하는 말은 아무도 들어주려 하지 않는다. 다들 엘 에리언을 좋아했다. 그 점에서 그로스는 경쟁이 안 된다. 기운이 쭉 빠지는 기분이었다. 감정을 주체할 수도 없었다.

"엘 에리언이 당신과 〈저널〉 측과도 소통하고 있다는 사실을 알고 있다."고 말했다. 엘 에리언이 누구와 통화하는지 '감시'하고 있었기 때문에 잘 안다고 했다.

아블란은 그로스가 하는 말을 성실하게 받아 적었고 그 내용을 기사로 실었다.

기사가 나오자 다들 믿을 수 없다는 반응이었다. 천하의 빌 그로스가 이런 이야기를 기자한테 하면서 '비공개를 전제로 한 대화'라고 생각했다고? 이런 내용이 정말 보도가 안 되리라고 생각했단 말인가? 정신이 완전히 나가지 않고서야 어떻게 이런 일이!

핌코도 처음에는 모든 사실을 부인했다. 대변인은 이렇게 말했다. "로이터 측의 주장과는 달리 그로스는 그런 말을 한 적이 없다. 그리고 그로스 본인이 엘 에리언의 통화 내용을 엿들었다거나 〈저널〉 기사를 엘 에리언이 썼다고 말한 내용 모두를 강력하게 부인했다. 핌코는 당국의 규제를 받는 기업으로서 사내 정책 준수 여부를 확인하고자 직원의 통신 기록을 보존하고 있다."

그로스는 전화는 끊자마자 로이터 기자에게 전화를 건 것은 큰 실수였다는 사실을 깨달았다. 그래서 자신이 그때 스트레스가 너무 심해서 그랬다고 핌코 사람들에게 해명했다. 아내가 수술을 받은 후 회복 중인 상황이라 연일 병원으로 출퇴근하다시피 하는 고단한 생활이 너무 힘들어서 제정신이 아니었다고 말이다.

핌코 측의 공식 발표에 따르면 그로스는 집행위원회에서 다시는 엘 에리언에 관해 언론에 언급하지 않겠다는 약속을 했다. 엘 에리언의 통화 내용이라는 기록물도 제출했다. 리갈패드legal pad(노란색 괘선 메모장으로 법조인이 즐겨 써서 이런 명칭이 붙음-역주)에 휘갈겨 쓴 일종의 녹취록이었다. 핌코는 그로스가 운전하다가 갑자기 차를 갓길에 세우고 차 안에서 받아 적었으며 자동차 트렁크에서 이 메모장을 발견했다고 사측에 말했다고 했다.

호지와 제이콥스는 격분했다. 로이터 기사를 통해 본 그로스는 엘 에리언에 대한 병적인 집착과 결별에 따른 일종의 분리 불안 때문인지 심리적으로 매우 불안정한 상태로 보였다. 인재를 선별하는 이성적인 관리자가 아니라 결별에 대해 비이성적으로 분개하는 편집증 환자로만 여겨졌다.

기사가 나가자 엘 에리언은 티몬스에게 상황이 좋지 않으니 송별회를 연기했으면 좋겠다고 했다. 특히 핌코에서 계속 근무해야 하는 사람들을 더는 난처하게 하고 싶지 않았다.

모닝스타는 '경영진 간의 불협화음', 엘 에리언과 사이드너 사임 후 고조된 불확실성, 가끔 발생하는 그로스의 충동적인 행동 등을 언급하며 핌코 조직에 대한 '관리 등급'을 B등급에서 C등급으로 강등했다. 모닝스타 분석가는 3월 10일에 핌코를 방문해 이번 사태가 펀드 성과에 부정적인 영향을 미칠 가능성이 있는지를 물었다. 만약 그렇다면 그 내용을 투자자에게 알려야 하기 때문이다.

그로스는 자신의 목을 조르는 '적'의 목소리가 더 커지고 있으며 핌코 경영진 내 불화는 핌코가 가장 중요시하는 고객에게까지 여파가 미칠 가능성이 농후하다고 확신했다. 그래서 이런 부정적인 언론 공작을 비롯해 모든 측면에서 고삐를 단단히 죄어야 할 필요가 있다고 생각했다. 무엇보다 그로스 자신이 지금도 그렇고 앞으로도 핌코의 수장이라는 사실을 재확인시키고 두려워할 일이 전혀 없다고 사람들을 안심시켜야 했다. 핌코 조직원의 대열을 정비해 자신을 중심으로 똘똘 뭉치게 할 필요가 있었다.

그로스는 분기별로 시장 전망을 논하는 정기 회의를 앞두고 전체 회의를 소집했다. 이 자리에서 20여 분 동안 엘 에리언의 사임에 관한 이야기를 했다. 그동안 집행위원회와 투자위원회에서 소외되어 단편적 정보밖에 얻지 못했던 트레이더와 분석가를 포함한 전 직원에게 이 자리를 빌려 자신의 비전을 들려주려는 의도였다.

조용히 앉아 귀 기울이고 있는 청중에게 그로스는 여기서 하는 말은 여기서만 듣고 끝내야 한다고 말했다. 그 자리에서 한 말이 밖으로 새는 것을 원치 않았다.

그로스는 엘 에리언이 회사를 나가게 된 상황을 이해할 수 없다고 말문을 열었다. 엘 에리언은 결국 우리가 생각했던 그런 사람이 아니었다는 취지였다. 본인 스스로 조직을 이끌어나갈 적임자가 아니라고 말했고 사실상 그 말이 옳았다고 했다. 그로스는 "결국 엘 에리언 스스로 우리를 버리지 않았느냐"라면서 엘 에리언은 "양의 탈을 쓴 늑대"였을 뿐이라고 말했다.

그 자리에 참석했던 사람들은 이 발언을 듣고 그로스가 마치 아들이나 아내를 잃은 사람처럼 큰 상실감에 빠졌다는 느낌이 들었다. 물론 분노도 함께 말이다. 어쨌거나 그로스가 보이는 이런 과한 감정적인 반응이 정상은 아니었다.

그로스는 과거에 그랬듯이 앞으로도 조직에 대한 주도권을 확고히 잡아나가겠다고 밝혔다. 우리는 그 어느 때보다 강하다. 누가 뭐라해도 우리는 '핌코'가 아닌가!

장내는 묘한 긴장감에 휩싸였다. 참석자가 도무지 수긍하기 어려운 발언이었다. 특히 엘 에리언에 대해 '양의 탈을 쓴 늑대'라는 표현까지 써야 할 일인가 싶고, 그로스가 정신 감정을 받아야 할 수준이 아닌지 의심될 정도였다. 아무리 생각해도 너무 과했다.

그런데도 연설이 끝나자 다들 일어나 박수갈채를 보냈다. 맨 앞에 자리했던 호지와 이바신도 어색하게 박수를 쳤다. 이들은 실제로 무슨 일이 벌어졌는지도 알고, 아직도 '전투' 중인 것도 알고 있었지만, 어쨌거나 지금은 통일 전선을 형성해 조직을 이끌어나가야 했다.

다들 기립박수를 치는 와중에도 조시 티몬스는 일어서지 않았다. 그 자리에 있던 누구나 알고 있듯이 그로스가 뱉은 말은 다 헛소리였다. 티몬스는 그로스의 지도력에 항상 의문을 제기해왔다. 그로스가 회사를 망가뜨리고 있음을 계속 지적하면서 저 인간은 노망이 난 것이 분명하다며 심히 우려했다. 티몬스는 핌코를 사랑했다. 그로스가 미쳤든 노망이 났든 혹은 그 외 무엇이든 간에 그로스의 비정상적 행태가 조직을 파괴하고 있다고 생각했다. 결과적으로 무산되고 말았지만, 엘 에리언의 송별회를 계획한 시점에서 티몬스는 이미 그로스의 적이었다. 그래서 티몬스는 자리에 그냥 앉아 있었다. 이런 회의에서의 좌석 배치와 기립 박수로 얼마나 막강한 권한을 보유했는지를 가늠할 수 있기에 더더욱 기립박수 대열에 참여하고 싶지 않았다. 이는 공개적으로 그로스에 대항하는 행위와 다름없었다.

포럼에서는 투자 전망과 관련해 또 다른 분열 구도가 형성됐다. 미국 경제의 미래에 관해 DCIO와 의견이 갈렸다. 그로스는 비관적 상황이 계속되리라 판단했다. 그러나 DCIO 생각은 달랐다. 비르지니 메종뇌브, 마크 키셀, 댄 이바신, 앤드루 볼스 등 DCIO 네 명은 위기 이후 '뉴 노멀'이라는 낡고 모호한 세계관에 갇혀 미국에서 실제로 벌어지는 긍정적인 현실을 놓치고 있다는 점을 지적했다.

기업신용 부문 권위자 마크 키셀은 자신이 주장하는 바를 강조하려는 듯 주홍색 머리카락이 흔들릴 정도로 탁자를 탕 치면서 미국 에너지 시장이 급속도로 성장하면서 고용과 경제 성장을 촉진하고 있다고 역설했다. 민간 부문도 회복세를 보이고 있었다. 고용도 증가하는 중이었다. 항공 부문도 마찬가지였다. "중산층을 겨냥한 행보가 더 필요하다니까요!"

메종뇌브는 주식시장이 그로스가 예상했던 5%를 훌쩍 넘는 성장세를 보이리라 예측했다. 이바신은 앞으로 2년 동안 주택 가격이 3~5% 상승한다고 말했다. 이들이 강력히 주장한 덕분에 결국 핌코가 예측했던 미국 경제 생산량 수치를 조금씩 상향 조정하는 데 성공했다. 표면상으로는 작은 승리에 불과했지만, 실질적으로는 중요한 의미가 있는 아주 큰 승리로 느껴졌다.

그로스는 늘 하던 대로 언론을 활용했다. 나중에 그로스는 블룸버그 뉴스 측에 "현재 채권 전문가가 투자위원회를 장악하고 있다."면서 세상이 반쯤 비어 있다고 보는 경향이 있는 자들이라고 말했다. 그리고 이 새로운 구도 아래서 "투자위원회는 낙관론과 비관론이 좀 더 균형을 이루게 됐다."라고 덧붙였다.

그로스는 말하자면 '사냥'을 하는 중이었다. 엘 에리언에 우호적인 기사가 언론에 등장하는 모습을 조용히 지켜봤다. 내부에서 일어난 일이 〈저널〉과 블룸버그 뉴스를 비롯해 온갖 언론에, 좀 과장해서 토씨 하나 틀리지 않고 공개됐다. 대체 누가? 어떻게?

핌코 안에 있는 누군가가 내부에서 그로스가 하는 일은 물론 궁극적으로는 핌코가 하는 일을 방해하고 있었다. 누군가가 언론과 접촉하면서 조직에 해가 되는 내부 정보를 흘리고, 또 공개적으로 핌코에 흠집을 내면서 서서히 이 조직을 파괴하고 있었다. 핌코에는 분명히 비밀을 누설하는 자가 있었다. 그것도 여러 명이. 핌코 내 어느 장소도 안전하지 않았다. 누군가가 매우 적극적으로 회사에 해를 입힐 궁리를 하고 있었다. 누구일까? 이런 생각을 하니 너무 역겹고 소름이 끼쳤다.

의심이 커지면서 급기야 너무 신경이 쓰여 아무 일도 못하는 지경에까지 이르렀다. 누구든 가능했다. 가장 믿었던 부하 직원일 수도 있고 오랜 동료일 수도 있었다. 누가 배신자인지 그로스로서는 도무지 알 수가 없었다. 그러는 동안 이 배신자가 회사 이익금을 축내고 있었다. 그러니 반드시 진상을 규명해야 했다.

전혀 엉뚱한 망상은 아니었다. 언론에 정보를 흘리는 사람이 분명히 있었다. 적어도 그 수가 수십 명은 됐다.

당시 핌코 내부인 한 명이 이렇게 말했다. "사내에 빌을 '사냥'하려는 무리가 있었습니다. 빌이 관리하는 자금 규모가 무려 7천억 달러에 달했기 때문에 그가 은퇴할 날만 손꼽아 기다리는 사람이 한 트럭은 됐거든요. 빌이 떠나면 다른 그 누군가가 그 자금을 관리해야 하지 않겠습니까?"

위험 수위가 특히 높았다. SEC는 채권 가치를 평가하는 방법, 가치를 표시하는 방법 그리고 제3자 가격 책정 체계 등에 관해 꼬치꼬치 캐물으며 몇 개월 동안 핌코를 그야말로 탈탈 털었다. 지금까지 핌코는 실제 사법 혹은 행정적 집행이 임박했음을 경고하는 무시무시한 통지서 '웰스 노티스'를 받은 적이 없다는 점에 자부심을 느꼈다. 그러나 이제 운이 다했을지 모른다며 다들 불안해했다.

핌코 총괄 법률 고문 데이비드 플래텀David Flattum은 내부 정보 유출자를 색출하려고 이메일과 통화 기록을 철저히 조사했다. 그로스는 일부 이메일 내용을 출력해 바인더에 철해 정리했고 여기에 직접 쓴 메모도 추가해 넣었다. 그리고 관찰한 내용도 끼워 넣고 리갈패드나 인쇄물에 '정보 유출자'로 의심되는 사람을 적었다. 어디를 가든 이 바인더를 끼고 다녔다.

그로스와 플래텀은 정보 유출자로 의심되는 사람, 즉 첩자일 가능성이 가장 높은 사람들 명단을 수집한 다음 한 명씩 불러 조사에 들어갔다. 이 작업에 DCIO 미히르 우라도 참여했다. 사람들은 갑자기 불려 나왔다. 표면적으로는 무작위로 부르는 듯 보였다. 그로스는 투자위원회 위원과 고위 임원 등 고위직에서부터 자산관리자와 분석가, 트레이더에 이르기까지 거의 전 직원을 대상으로 심문을 벌였다. 그리고 심문이 이뤄지는 내내 바인더를 책상 위에 펼쳐 놓았다.

조사단은 하급 직원이 모이는 블룸버그 대화방을 발견했는데 여기서는 대화를 할 때 모든 사람 이름을 '암호'로 부른다는 사실을 알고 그 암호명을 해독하려고 무진 애를 썼다. 일례로 이들은 그로스를 '파파'라고 불렀다. 엘 에리언의 암호명은 '파라오'였다. 조시 티몬스는 'JT' 혹은 '저스틴 팀버레이크'로 불렀다. 또 수디 마리아파_{Sudi Mariappa}는 슈트앤드타이_{Suit&tie}라고 불렀다. 그리고 'MSFT'(마이크로소프트 종목 기호인데 애칭으로 '미스터 소프티'로 부름)는 마크 사이드너를 부르는 호칭이었다. 대화방 사람들은 "상황이 아주 험악해졌다."라며 사내 분위기를 전했다.

심문 과정에서 이 대화방 참여자 중 한 사람이 사이드너가 '이 정보 누출로 가장 큰 이득을 본 사람이 배신자 아니겠느냐'고 말했던 기억이 난다고 했다. 아마도 티몬스를 염두에 두고 한 말이지 싶었다. 정황 증거일 뿐이었지만, 그로스가 보기에 어쨌든 증거는 증거였다.

그로스는 호지와 제이콥스가 자신을 보호해줄 사람이 아니라고 확신했다. 어느 날 거래장 옆에 있는 회의실에서 두 사람과 마주쳤고, 그로스는 날선 어조로 비난을 쏟아냈다. 호지는 두 손으로 머리를 감싸 쥐고는 잔소리가 끝나기만을 기다렸다. 그로스는 호지가 언론과 접촉하고 있음이 틀림없다고 생각했다. 이런 일이 벌어진 직후 한 기자가 전화를 걸어서는 그 상황에 관해 물었다. 이러니 어떻게 의심하지 않을 수 있겠는가!

그로스에게는 이것이 곧 증거였다. 호지와 제이콥스가 정보 유출자가 아닐 리가 없었다. 그 회의실에는 세 사람만 있었다. 그러니 호지와 제이콥스가 유출자가 아니라면 핌코 이메일이 해킹당했다는 말이다. 그로스는 전 직원을 대상으로 한 대대적인 이메일 조사를 요구했다. (그로스 본인은 그런 적이 없다고 말했다.)

당혹감에 빠져 있던 그로스는 집행위원회에서 이 문제를 거론하며 분통을 터뜨렸다. 나머지 위원이 세 사람이 만났다는 거래장 옆에 있는 그 장소는 벽면이 유리로 된 공간이라는 점을 그로스에게 점잖게 상기시켰다. 그곳을 지켜볼 수 있는 사람이 60명이 넘는다고 말이다. 그러나 그로스는 이 말을 인정할 수 없었다. 그때 만남은 세 사람만 아는 일이었다. 또 그곳은 확실하게 공개된 장소도 아니었다.

사람들은 계속 우겨대는 그로스를 달래보다가 결국은 이렇게 말했다. 우리 전부가 유리방 안에 있는 당신을 봤다. 다른 사람에게 보여주려고 처음부터 당신이 의도한 일이라고 생각한다. 이 말에 그로스도 순간 입을 다물었다. 그러고는 펼쳐놓았던 두툼한 바인더를 닫더니 의도한 바가 있어서 계획한 일이었다고 말했다. 사람들이 다 보는 앞에서 호지와 제이콥스를 책망해서 압박할 생각이었다. 두 사람을 본보기로 '누구든 정보 누출은 절대 금지!'라는 메시지를 전하고 싶었다.

그로스의 의심은 여기에서 끝나지 않고 모든 사람에게 감시의 눈길을 계속 보냈다. 그러나 시간이 갈수록 의심의 눈길은 두 사람에게 집중됐다. 언론인 출신인 앤드루 볼스와 존 티몬스였다.

티몬스는 그로스가 자신을 주시하고 있다는 사실을 이미 알고 있었다. 그는 조용히 기다리거나 침묵할 생각이 전혀 없었다. 티몬스는 그로스가 성차별적이고 연령차별적이며 인종차별적인 발언을 했다는 내용으로 내부 고발을 했다. 그로스가 여성 고위 임원을 '블론디(머리 나쁜 금발머리)'라고 불렀고 또 다른 직원을 '늙은 이집트인'이라고 했다고 주장했다. 그리고 운용하는 포트폴리오 관리 팀에 좋은 거래 건을 몰아줬다고도 주장했다.

이 내부 고발에 대해 핌코는 성실하게 내사에 임했다. 내사 결과 그로스에게 면죄부를 줬지만 말이다. 그러나 티몬스도 얻은 것이 있었다. 이 일로 든든한 보호막을 두르게 됐다. 만약 핌코가 그 시점에 티몬스를 제재하는 등의 조치를 취한다면 내부 고발자에게 보복이나 하는 파렴치한 회사라는 오명을 쓰게 된다. 그러니 티몬스는 이 일로 해고될 일은 없었다.

그로스가 주목한 또 한 명에 대해서는 '배신자' 혐의를 주장하기가 좀 수월했다. 나름대로 의심을 품을 만한 근거가 있었기 때문이다. 2006년에 볼스를 고용할 때 엘 에리언이 도움을 줬다. 블룸버그는 엘 에리언이 운용하는 가장 큰 펀드 두 개가 상위 10% 이내에 해당하는 실적을 올리자 이 옥스퍼드 출신 관리자(엘 에리언)를 한껏 찬양하는 글을 올렸다. 볼스는 엘 에리언을 칭찬하면서 그 팀의 투자 기량을 자랑했다. 다른 때 같았으면 그로스가 이 일을 눈여겨보지 않았겠지만, 신경이 한껏 예민해진 지금은 상황이 달랐다. 배신자를 찾겠다고 혈안인 그로스 눈에 안 띄는 것이 더 이상했다.

게다가 엘 에리언이 회사를 떠난 직후에 〈파이낸셜타임스〉 기사가 나왔다. 엘 에리언에게 아주 우호적이다 못해 알랑거리는 내용이 담겼다. 볼스는 〈파이낸셜타임스〉에서 근무한 적이 있었다. 당연히 직통으로 연결 고리가 있지 않겠는가! 그곳에 있는 친구와 아직 연락을 하고 있을 터였다.

데이비드 플래텀이 통화 기록을 확인한 결과, 볼스는 〈파이낸셜타임스〉에 있는 누군가와 소통을 했다. 회사 방침 위반 행위임에 틀림

없었다. 드디어 꼬리를 잡았다!

볼스는 그 부분을 인정해야 했다. 호지와 제이콥스는 볼스에게 기자와 이야기를 나눴다는 내용으로 진술서를 작성한 다음 날짜를 쓰고 서명을 하라고 했다. 이 진술서에서 볼스는 엘 에리언이 아직 핌코 CEO였던 1월 22일에 엘 에리언과 이 문제를 가장 먼저 상의했다고 설명했다. 핌코 측 언론 대응 방침상 CEO가 지시했다면 아무 문제가 없었다. 따라서 크게 문제될 일이 아니었다. 볼스가 인정한 바에 따르면 그 기자가 자신이 핌코를 떠난 이유가 "알리안츠 혹은 핌코 투자 성과에 불만을 품을 고객 때문"이라는 내용으로 기사를 내보낼 것 같다고 하면서 FT가 너무 민감한 문제를 다루고 있어서 걱정스럽다고 엘 에리언이 말했다고 한다.

볼스는 진술서에 "기자 몇 명한테서 이메일을 받았는데 이들에게 답 메일은 하지 않았고 FT에 근무하는 친구에게 전화를 걸어 내가 들었던 내용 중 사실과 다른 부분을 지적해줬다고 보고했다."라고 썼다. "아는 기자에게 전화했더니 조만간 기사가 나간다고 알려주면서 또 다른 FT 소속 기자를 소개해줬다. 그래서 소개받은 기자에게 엘 에리언의 사임 배경을 설명해줬다. 당시 핌코 CEO가 엘 에리언이었으므로 이후 엘 에리언에게 통화 내용을 상세히 보고한 것이다."

2월 중순에 〈저널〉 기자에게도 연락했다고 썼다. 그러나 그때도 역시 핌코 CEO 엘 에리언의 요청에 따른 행동이었다고 해명했다.

볼스는 이 모든 사실에 대해 사과하면서 사퇴 의사를 밝혔다. 핌코 경영진은 볼스가 회사 방침을 위반했으며 분명히 바람직한 행위는 아니라고 봤으나 엘 에리언 사임으로 아직도 회사가 충격에서 벗어나지 못한 상황임을 감안해야 했다. 사내 분위기는 뒤숭숭했고 좋지 않은 기사도 너무 많이 쏟아졌다. 그리고 볼스를 DCIO로 임명한

지 얼마 되지 않았고 그가 운용하는 펀드도 꽤 잘나가고 있었다. 따라서 안정적인 기조를 유지할 필요가 있었다. 그리고 볼스를 해고했다가 회사를 상대로 소송이라도 제기하면 곤란하지 않겠는가? 다 떠나서 사내에서 벌어지는 일을 그가 작정하고 언론에 풀어버리면 또 어떻게 하겠는가! 여러모로 지금 당장은 딱히 할 수 있는 일이 없었다. 결국 연말까지 조치를 미루기로 했다.

볼스 본인에게 이런 결정 사항을 알렸다. 그도 수긍했다. 표면적일지라도 현재 상태를 유지한다는 데 동의했고 더불어 공정한 보수 심사가 이뤄지기를 기대했다.

그렇다면 그로스가 애초에 겨냥했던 정보 누출 혐의자 엘 에리언은 어떻게 되는가? 엘 에리언은 아직도 핌코의 돈을 축내고 있었다. 조직 파괴 '공작'을 그렇게 적극적으로 한 사람이면 이제 회사 돈을 한 푼도 못 받게 해야 하지 않나? 게다가 최근에는 트위터까지 시작했다. 그러니 엘 에리언이 트위터에 어떤 비방 글을 올릴지 안 봐도 뻔했다.*

그로스는 엘 에리언을 소급해서 해고하거나 아니면 2014년 1사분기 상여금 5천만 달러 중 일부를 지급하지 말라고 집행위원회에 요구했다. 동료 중 일부는 그로스가 언론을 통해 익명으로 엘 에리언을 비방하거나 핌코 측에 소송을 제기하도록 미끼를 던지고 싶어 했다고 설명한다. 그렇게 해서 새 직장을 구할 기회를 아예 막을 수 있

---

* 엘 에리언 측 변호사는 의뢰인이 소셜미디어 혹은 기타 매체를 이용해 그로스를 우회적으로 비판한 적이 한 번도 없다고 말한다.

다는 생각을 했을지 모른다고 했다. 이들은 엘 에리언이 오히려 기자에게 그로스에 관해 잘 써달라고 부탁했던 기억이 있다고도 했다. 그러나 그로스는 그냥 손 놓고 있을 사람이 아니었다. 반격을 하고 싶어 했다.

집행위원회는 이 요구를 거부했다. 통상적인 제재 수준을 훨씬 넘어서는 졸렬한 처사라는 느낌이 들었다. 고객이 이런 이야기를 들으면 또 뭐라고 말하겠는가? 핌코로서는 이 시점에서 실질적인 승계 계획을 추진하는 일이 시급했다. 생각보다 더 짧은 기간 내에 승계를 마쳐야 한다. 1년 혹은 그보다 더 단기간에 완수해야 한다. 혼란 상황이 개선되지 않을 때를 대비한 조치였다.

호지는 그로스를 향해 때가 되면 자신의 행동에 대해 책임을 질 테니 불필요한 압박을 가하지 말라고 경고했다. 그로스 기억에 따르면 호지가 자신을 한쪽으로 끌고 가더니 "내가 당신을 해고할 수도 있어, 이 양반아!"라는 말을 했다고 한다.

제14장

회사 훔치기

빌 그로스에게는 해결책이 있었다. 언론을 적극 활용하는 방법이었다.

자신의 기존 이미지가 다 망가졌는데도 진정으로 언론에 나설 생각을 했다면, 아마도 자신이 예전 그 이미지가 더 이상 아니라는 사실을 몰랐기 때문일 것이다. 그래도 40년 동안이나 최고 자리를 지켜왔다. 카지노 도박꾼의 말처럼 어떻게든 판돈을 지켜 게임판에 계속 머물러 있으면 결국에는 이긴다. 그로스는 결국 끝까지 버텨내서 세상 사람들에게 건재함을 보여줄 생각이었는지도 모른다.

핌코는 2014년 3월 말에 〈블룸버그비스니스위크〉 실라 콜하트카르Sheelah Kolhatkar 기자에게 뉴포트비치 본사 방문 취재 및 인터뷰를 허용했다. 콜하트카르는 엘 에리언이 퇴사한 후 그로스를 중심으로 한 새로운 경영 구조에 관한 커버스토리를 작성할 예정이었다. 이를 통해 긍정적이며 새로운 핌코의 모습을 세상에 보여줄 생각이었다.

콜하트카르는 햇살이 따스하게 비치는 사무실 안에 자리 잡았고 그로스는 회전의자에 앉아 기자에게 자신의 하루 일과를 들려줬다.

그로스는 보통 4시 30분에 일어나 하루를 시작한다고 했다. 아침 사실은 새벽이지만에 일어나면 커피를 내리고 고양이 간식을 챙겨준다. 그리고 서재에 있는 블룸버그 단말기를 흘깃 보고, 아내가 깨지 않도록 조심스레 입을 맞추고는 집을 나선다. 매일 아침에 달걀 두 개로 만든 스크램블드에그를 먹은 다음에 운전하는 동안 먹으려고 블루베리가 들어간 켈로그 스페셜 K 한 봉지를 집어 들고 검은색 메르세데스 벤츠에 오른다. 뉴포트비치에 도착하면 스타벅스에 들러 '블랙 아이'(보통은 에스프레소 투 샷인데 아무튼 무엇이든 무조건 투 샷)를 사서 거래장 안 자신의 책상에 앉으면 5시 30분쯤 된다. 책상 뒤 창틀에는 그로스가 관리하는 모든 포트폴리오에 관한 인쇄물을 빼곡히 철해놓은 커다란 빨간색 바인더가 놓여 있다. 아침 9시면 메리어트 호텔 근처 헬스장에 가서 실내자전거를 열심히 탄다.

콜하트카르는 그로스가 하는 말을 열심히 들으며 메모했다. 거래장도 둘러봤다. 모니터 7개가 놓인 그로스의 커다란 U자형 책상 옆에는 빈 공간이 하나 있었다. 엘 에리언 책상이 있던 자리였다.

그로스가 엘 에리언과의 관계에 관해 이야기하자 그 자리에 같이 있던 다른 임원들도 그로스 말에 맞장구를 쳤다. 빌 톰슨은 그로스가 기가 너무 센 경향이 있기는 하지만, 덕분에 그렇게 훌륭한 트레이더로 성공할 수 있었다고 거들었다. 엘 에리언이 맡은 임무는 핌코를 전통적 '버거 채권' 수준을 넘어 채권업계 최강자로 우뚝 서게 하는 일이었다. 그로스도 약간의 마찰이 있었다는 점은 인정했다. 그로스는 "굳이 말하자면 세상에 온통 스무디만 있을 수는 없는 노릇이다. 재료를 넣다 보면 아이스크림이 들어가 밀크셰이크가 되기도 한다."라고 말했다. "IMF 출신인 모하메드는 크게 벌이는 회의에 적합한 인물이다. 판이 크면 클수록 좋았다. 그러나 나는 늘 작을수록 좋았다. 그래야 다수가 부화뇌동해 엉뚱한 결론을 내는 상황을 막을 수 있기 때문이다. 그 정도의 사소한 차이였다."

콜하트카르는 투자위원회 회의도 참관했다. 이 회의에서는 금리 상승 시점을 언제로 잡아야 하느냐를 놓고 열띤 논쟁이 벌어졌다. 몇 개월 전만 해도 그로스가 금리 상승은 가당치도 않다고 주장했기에 이런 논쟁은 기대할 수 없었다. 나중에 그로스는 칠면조 샌드위치를 먹으면서 이렇게 말했다. "다들 나한테 덤비려고 한다. 그건 괜찮다. 바람직한 일이니까. 개편된 경영 구조 아래서 달성해야 할 과제는 수장 없이도 '위험 대 수익'에 대한 조정이 적절히 이뤄지도록 해야 한다는 점이다. 그러나 최종 책임은 내게 있다."

그로스는 기자에게 앞으로 다가오는 더 큰 문제는 "우리 DCIO 군단의 행복이 곧 고객의 행복이 될 수 있느냐다. DCIO들도 고객을 포함한 우리 모두가 즐겁고 행복하고 또 만족스러운 삶을 살기 바라겠지만, 이들의 기본적인 관심은 본인들의 행복에 있다. 핌코의 모토는 고객의 행복이 최우선이고 우리의 행복은 두 번째다. 나 역시 아내 행복이 먼저다. 아내가 행복해야 나도 행복하다."라고 말했다.

유감스럽게도 핌코 내부인의 행복이 당연히 좋은 결과로 이어진 것은 아니었다. 실제로는 정반대 결과가 나타날 때가 더 많았다. "모두가 만면에 웃음을 띤 채 만족스러운 표정으로 회의장을 나서는 상황이 반드시 생산적이라고 단언하기는 어렵다. 진주조개가 진주를 만들어내려면 반드시 모래 알갱이가 있어야 하듯이 생산적인 과정이 가능하려면 어느 정도 마찰과 갈등이 있어야 한다." 그로스는 바람직한 결과를 산출하려면 과도한 독재와 과도한 관대 사이에서 적절한 균형을 유지해야 했다고 말한다.

그로스는 이렇게 말했다. "배를 모는 선장처럼 말이다. 우리는 구명보트나 신고 다니는 행복한 부대원이 아니라 적군의 함정을 침몰시키는 전투 부대가 필요하다. 여기에 위험성이 있다. 사랑과 달콤한 입맞춤, 치즈케이크만으로 버텨낼 수 있는 곳이 아니다."

콜하트카르는 뉴욕으로 돌아갔다. 기사를 쓰면서 핌코에 전화를 걸어 사실 확인도 했다. 이제 기사가 나오기를 기다리는 일만 남았다. 그러는 동안에도 그로스는 4월 10일에 블룸버그 TV에 출연하는 등 언론을 돌며 이미지 회복을 위한 노력을 계속했다. 자신에게 전혀 우호적이지도 지지를 보내지도 않는다는 느낌을 받았음에도 '언론 투어'를 강행했다. 진행자 트리시 리건Trish Regan은 그로스에게 엘 에리언이 핌코를 떠난 후 떠도는 무성한 소문에 관해 물었다. 그로스는 당황한 듯 안절부절못하며 어색한 웃음을 지었다. 그러자 언론이 그로스 본인을 어떻게 대했다고 생각하느냐고 물었다.

"지난 두 달은 정말 어처구니없는 시간이었어요."라고 말했다. 고개를 홱 돌릴 때마다 머리카락이 흔들릴 정도로 다소 격앙된 반응을 보였다. "뉴스 속보! 그로스는 가끔 화를 낸다.' 뭐 대충 이런 식이었지요."

그로스는 〈저널〉 기사에서 주장한 내용에 빗대 이렇게 말했다. "그로스가 가끔 화를 내기 때문에 모하메드가 회사를 떠났다? 물론, 아니죠. 그러나 내 입장에서도 그렇고 회사 입장에서도 모하메드가 목소리를 높여 소문의 진위를 좀 밝혀서 상황을 진정시켰어야 한다고 봐요. 본인이 핌코의 성장에 일조했다는 사실에 자부심을 느꼈다면, 그래서 회사를 보호하는 데 좀 더 적극적이었다면 좋지 않았을까 생각합니다. 그런데 유감스럽게도 모하메드는 그렇게 하지 않았지요. 우리로서는 이 점이 참 이해가 안 갑니다. 솔직히 말하면 대단히 실망스러웠지요."

리건은 자신의 얼굴을 꼬집으며 이렇게 물었다. "왜 나서서 목소리를 내지 않았는지 그 이유에 대해 전혀 짐작 가는 바가 없나요? 왜 그랬다고 생각하세요? 외부에 공개되면 곤란한, 그러니까 내부적으로 처리할 사안이라서 그랬을까요?"라고 물었다.

"아니, 그렇게 생각하지는 않아요. 그래서 우리도 이상하다고 보는 거고요." 그로스가 이렇게 말하자 리건이 고개를 끄덕였다. "그 이유는 말하지 않은 채 자신은 이 회사를 이끌어갈 적임자가 아니라고 본인 입으로 누차 말했어요." 그로스는 손을 올려 엘 에리언이 끝내 말하지 않은 그 '비밀'이 담긴 상자를 들어 보여주는 시늉을 했다. "이 일에 흥미를 잃었다는 말은 한 적이 없었어요. 모하메드는 여전히 시장에 관심이 있다고 봐요." 실제로 엘 에리언은 알리안츠에서 수석 경제 고문을 맡고 있고 여러 언론 매체에 금융 관련 칼럼을 쓰고 있었다.

그로스는 가상의 상자를 바로 치워버리고는 말하는 속도를 더 높이기 시작했다. "엘 에리언은 자신이 '적임자'가 아니라고 했고 우리에게는 그 부분이 불가사의였죠. 그리고 앞서 말했듯 이런 소란 중에도 나서서 목소리를 내지 않은 점도 불가사의지요." 그로스는 혼란스럽다는 듯 얼굴을 찌푸렸다. "나는 그저 '이봐, 모하메드. 왜 그랬는지 이유나 좀 알자. 제발 이유를 알려 줘'라고 말하고 싶을 뿐입니다. 지난 두 달 동안 회사가 큰 혼란에 빠진 듯 호들갑을 떨었지만, 사실 이건 너무 과장된 얘기고요. 기사에서 떠드는 모습은 실제 핌코와는 큰 차이가 있어요. 과거에도 그런 적이 없고 앞으로도 마찬가지입니다."

"빌, 그때 기분이 어땠나요?" 리건이 압박하듯 물었다. "함께 일했고 정말 믿을 만한 파트너였던 공동 CIO가 회사를 나간다고 하면서 딱히 이유를 밝히지 않았을 때 말이에요."

그로스는 긴장한 듯 침을 꿀꺽 삼켰다. "나는 모하메드를 누구보다 잘 안다고 생각했어요. 솔직히 말해 내 후계자로 모하메드를 고용한 거지요. 그래서 내가 화가 났느냐고요? 그래요. 화가 좀 났습니다. 환멸을 느꼈냐고요? 그건 아닙니다. 말했잖아요, 전보다는 지금이, 아무래도 더 나은 미래를 꿈꿀 수 있는 상황이니까." 이 말을 할 때는 한쪽 눈만 깜빡이더니 새로운 구조 이야기를 할 때는 두 눈을 아주 빠르게 깜빡거렸다. "지금의 핌코는 완전히 다른 회사가 됐다고 할까요? 매우 포용적인 그런 회사 말입니다. 그래요, 그로스가 그 어떤 논쟁도 허용하고 심지어 의견 차이도 얼마든지 수용하는 그런 회사요."

핌코 직원들은 거래장에서 방송을 지켜봤다. 내용이 너무 터무니없어서 입이 떡 벌어졌다. 그로스는 엘 에리언이 회사를 떠난 이유를 알고 있다. 대체 왜 저런 쇼를 하는 걸까? 비밀 유지 계약이 있지 않은가? 엘 에리언이 그 이유를 말할 수 없다는 점을 알고 일부러 미끼를 던졌나? 단순한 다툼이나 애정이 깔린 부부싸움 수준을 넘어섰다. 한쪽이 일방적으로 감정적인 문제를 TV 생방송으로 내보내고 있었다.

방송이 끝나고 조명이 꺼지자 그로스는 마이크를 내려놓았다. 엘 에리언에 관한 이야기는 하지 말았어야 했다. 그런데 굳이 방송에 나가 말을 하고야 말았다. 방송 녹화 자료가 있으니 그런 말을 한 적 없다고 발뺌할 수도 없다.

그로스가 촬영장을 나설 즈음에 제이 제이콥스는 이미 비상임원회의를 소집하는 중이었다. 그로스는 부르지 않았다. 아니, 그로스는 비상회의가 열리는 줄도 몰랐다. 임원회의에서 다같이 그로스가 출연한 블룸버그 방송분을 돌려봤다. 무언가 조치를 취해야 했다. 더는 그가 방송에 나가게 해서는 안 된다. 결국 그로스의 TV 출연을 금지했다. 물론 이는 일시적인 조치였다.

제이콥스가 이 소식을 전하는 역할을 맡았다. 그때 그로스는 은퇴한 지 4년이나 된 맥컬리를 구슬려 다시 핌코로 돌아오게 하려고 무진 애를 쓰고 있었다. 맥컬리가 복귀하면 그로스도 핌코도 예전 같은 자신감과 안정감을 찾는 데 도움이 될 터였다. 영화 〈빅 레보스키 Big Lebowski〉에 나오는 '더 두드'처럼 동부 출신의 부유한 사업가 냄새가 물씬 나는 맥컬리를 다들 좋아했다. 맥컬리 책상 위에 있던 토끼 조각상도 아직 그대로 있었다. 심지어 새 건물로 이사할 때도 이 조각상을 가져갔다. 맥컬리를 핌코로 다시 오게 할 수 있다면 이는 꽤나 신선한 충격이 될 수 있다.

그로스 말에 따르면 평소 천천히 조근조근 말하는 제이콥스가 이날따라 더욱 뜸을 들이더니 결국 그 말을 꺼냈다고 한다. 앞으로 언론 매체 출연을 할 수 없다고 전했다. 집행위원회의 결정이라고도 말했다.

당연히 그로스는 크게 화를 냈다. 내 거취를 정하는 자리에 나를 부르지도 않다니 말이 되는가!

분노로 파르르 떨리는 목소리로 이렇게 말했다. "나도 집행위원회 위원이라고. 게다가 내가 당사자인데, 내가 이 상황을 설명할 현장 목격자 혹은 증인인데 어떻게 이럴 수가 있느냐고. 녹취 자료가 있든 없든 상관 안 해. 그런데 이건 나는 물론이거니와 이 위원회 위원 누구한테든 이렇게 하면 안 되지. 적어도 그 자리에는 참석시켰어야 하는 것 아니냔 말이야."

제이콥스는 침착하게 녹취록이 있다는 점을 상기시켰다. 그리고 제이콥스는 "당신은 스스로 통제를 못하잖아요. 그러니 우리가 통제할 수밖에요."라고 말했다.

"당신, 이제 나와는 끝이야." 그로스가 고함을 쳤다.

너무 흥분해서 순간적으로 회사를 나가느니 어쩌느니 하는 말까지 했는지도 모른다. 그만두면 두는 것이지 안 될 일이 무엇인가! 그러나 핌코 경영진이 아무리 그로스를 압박하더라도 이 혼란 와중에 그로스가 회사를 나가면 큰일이다. 그런 위험까지 감당할 수는 없었다. 회사가 무너질지도 모를 일이다. 그로스가 쥔 비장의 카드가 바로 이것이었다. 핌코는 그로스를 아직 버리지 못한다!

그로스가 왜 계속 TV에 나가는지 이들은 도무지 이해가 가지 않았다. 고객은 여전히 핌코의 다양한 뮤추얼 펀드 상품에서 자금을 빼고 있었다. 이 현상은 채권시장 전반에 걸쳐 나타나는 큰 흐름이 아니었다. 핌코만 그랬다. 다른 곳에서는 오히려 자금 유입이 일어나고 있었다.

〈저널〉은 바로 다음 날 엘 에리언의 사임에 관한 이야기가 담긴 인터뷰 기사를 내보냈다. 엘 에리언은 이렇게 말했다. "우리는 항상 방식이 달랐습니다. 이런 상이점이 상호 보완 효과를 냈고, 덕분에 시장 상황에 상관없이 고객에게 만족스러운 서비스를 제공하고 발전적 방향으로 회사를 이끌어갈 수 있었죠. 꽤 오랫동안, 적어도 작년까지는 이런 체계가 잘 굴러갔습니다."

그로스의 성질을 건드리려고 작정하고 단어를 선택한 듯 하나하나 다 자극적이었다. 화가 잔뜩 치밀었다. '저 인간은 분명히 모두를 속여서 자신을 좋아하게 만들었음에 틀림없다. 언젠가는 다들 그 진실을 알게 되리라!' 이런 생각으로 그로스가 속이 부글부글 끓기를 바라기라도 했다는 듯이 말이다.

점점 막 나가는 상황이 펼쳐지고 있었고 다음번에는 상대방이 어떻게 나올지 몰라 전전긍긍하는 상황이건만, 다른 임원과 분석가 그리고 일반 트레이더는 둘이 싸우든 말든 관심없다는 듯이 묵묵히 자신의 일을 수행했다. 이 혼란스러운 와중에도 한 가지 바람직한 변화가 있었다. 다른 사람도 입을 열게 된 것이다. 투자위원회 회의 때도 마찬가지였다. 직사각형 탁자에 그로스와 엘 에리언이 상석에 앉아 둘이 번갈아 회의를 주도하던 때를 생각하면 장족의 발전이었다. 이제는 다들 직사각형 테이블 대신 원탁에 둘러앉는다. 그로스로서는 결코 환영할 만한 변화가 아니었다. 이제는 투자위원회 회의 일곱 번 중 한 번만 그로스가 주재하고 나머지는 DCIO 여섯 명이 돌아가면서 의장을 맡았다. 이로써 그로스의 실질적인 조직 장악력이 감소했다.

그로스가 블룸버그 TV와 인터뷰 사고를 치고 나서 4일 후 〈블룸버그비즈니스위크〉에 콜하트카르 기자가 쓴 커버스토리가 실렸다. 기사는 꽤 현실적이었고 나름대로 공정하게 쓴 글이었다. 그러나 커버스토리 아니던가! 그로스는 눈썹을 치켜 올리고 손바닥을 위로 향해 쳐든 채로 닥터 수스 Dr. Seuss(독특한 등장인물과 문체, 음률로 유명했던 미국 작가 겸 만화가-역주) 같은 효과를 노린 듯 대문자로 쓴 '내가 정말 그렇게 바보인가? AM I REALLY SUCH A JERK?'라는 기사 제목을 물끄러미 바라봤다.

콜하트카르는 그로스가 '닥터 수스 작품에 나오는 등장인물처럼 억양이 거의 없는 단조로운 어투'에다 스스로를 3인칭으로 지칭해 말했다고 소개했다. 그로스는 기자에게 "'그로스'는 지난 두 달이 정말 괴롭고 불행했다."라고 했다. "그러나 아무리 괴로워도 선장된 자는 암초를 피해 항해를 계속해야만 한다."

나아지고 말고 할 구석이 없었다. 그로스는 기자에게 이렇게 말했다. "심리적 타격이라는 게 본래 그렇다. 거의 죽을 것 같은 고통이다. 신문을 읽을 때마다 나 자신에게 '그래도 최소한 아내는 나를 사랑한다'라고 주문처럼 되뇌곤 한다."

엘 에리언에 관한 부분은 이랬다. "내 위치에 있는 사람이 할 수 있는 범위에서 최대한 간청하고 또 간청했다. 무릎까지는 꿇지 않았지만, 매달리다시피 했다. '나가지 마시오, 대체 왜 이러는 겁니까? 사임은 절대 안 돼.' 그런데 결국은 나가고 말았다. 그러니 어쩌겠는가. 이미 벌어진 일인데."

콜하트카르는 그로스 책상 옆 텅 비어 있는 공간에 대해 이렇게 썼다. "살인 범죄 현장에 가면 피해자가 있던 자리를 분필로 표시해 놓은 곳이 있다. 엘 에리언 자리였던 그곳 주변을 분필로 표시해 놓은 듯 직원들이 그 안으로 들어가기를 꺼리며 피한다는 느낌을 받았다."

인터뷰 기사를 계기로 긍정적인 쪽으로 국면 전환이 일어나기를 바랐지만, 그런 극적인 변화는 없었다. 그래도 기사를 읽고 분노에 치를 떠는 사람은 없었다.

그래서 구멍 난 부분을 메우는 쪽으로 관심을 좀 돌리기로 했다. 자금 유출이 계속됐음에도 당해 연도에 더 나은 성과를 내고 있는 투자 부문에 다시 집중할 필요가 있었다.

4월에 스콧 매더 신임 DCIO는 블룸버그와 진행한 인터뷰에서 이제 핌코가 기존의 '뉴 노멀'이라는 틀에서 벗어나고 있으며 경제가 "새로운 목표 지점으로 되돌아가리라 본다."고 말했다.

그러나 일주일 후에 그로스는 블룸버그와의 인터뷰에서 매더가 '뉴 노멀'이 끝났다는 듯이 발언한 내용을 두고 "선을 넘은 행동"이라고 지적했다. 핌코는 여전히 '뉴 노멀' 궤도를 순항 중이라고 말했다.

그해 봄과 여름을 거치면서 그로스 같은 비관론자와 사내 낙관론자 간의 간극이 날이 갈수록 벌어지기만 했다. 그리고 미국 경제가 성장한다는 데 베팅한 낙관론자 집단이 그로스를 능가하는 성과를 내고 있었다.

이들 DCIO는 새로 얻은 높은 직책에 고무된 데다 그로스보다 나은 성과를 냈다는 사실 때문에 용기백배한 듯했다. 키셀과 볼스는 장기 채권 비중을 높였다. 이는 적절한 판단이었다. 그러나 이바신을 포함한 DCIO는 토털리턴 펀드의 기본 바탕인 '총수익' 개념을 등한 시한 셈이었다.

전에는 상상도 하지 못했던 비장의 카드를 이제 활용할 수 있겠다는 생각 때문에 더 용감해졌는지도 모른다. 그 카드란 다름 아닌 '퇴사'였다. 즉 핌코를 떠날 수도 있었다. 핌코의 '터줏대감'들의 미래는 암담했다. 제이슨 윌리엄스처럼 월가가 기피하는 인물이 되어 아예 사라지거나 완전히 탈진해버리는 일이 다반사였다. 그러나 1월에 핌코를 떠난 사이드너가 새로운 전례를 만들면서 '퇴사' 카드도 사용할 수 있겠다는 생각이 들었다. 사이드너는 핌코를 나가서 더 만족스러운 새 일자리를 찾은 대표적 인물이었다.

핌코 내에서 새로운 권력 구도가 형성되고 있었다. 수년간 새로운 상품과 새로운 인물이 TV에 자주 노출되면서 그로스는 그저 수많은 펀드 관리자 중 한 명이 되기 시작했다. 그리고 자금 유출이 이어지면서 토털리턴은 고만고만한 성과를 내는 평범한 펀드가 됐고 더 나아가 회사 성장에 걸림돌이 되는 신세로 전락했다. 예전에는 핌코 펀드 관리자의 힘이 그로스라는 걸출한 지도자한테서 나왔는데 이제는 반대로 그로스의 힘이 다른 펀드 관리자한테서 나오는 듯했다. 핌코의 수익성은 그로스의 토털리턴이 아니라 이바신이 끌어올리고 있었다. 그야말로 차세대 경영진의 약진이었다.

그 와중에 그로스는 나름대로 상황 극복을 위한 노력을 계속하는 듯했다. 그로스는 5월에 집행위원회 앞으로 이메일을 보냈다. 자신은 엘 에리언을 해고하지 않았고, 회사에 해를 끼치는 행위를 계속하고 있음에도 보수를 지급했으며, 퇴사 후 곧바로 알리안츠에서 고위직으로 근무할 수 있게 하는 등 모하메드 엘 에리언이 핌코를 떠난 이후에 발생한 모든 상황을 재검토하기 바란다는 내용이었다. 또 그로스가 앤드루 볼스를 해고하지 않은 일도 거론했다. 마지막으로 자신에게 언론 노출을 금지한 부분도 따져 물었다. 이런 일이 온당한 처사였는가? 그때는 그렇게 생각했다고 하자. 여전히 올바른 선택이라고 보는가?

이메일을 수신한 위원들은 상의 끝에 모든 사안을 개별적으로 다루는 것은 비생산적이라고 판단했다. 그래서 모든 사안을 취합해 정밀 조사를 거친 다음에 결론을 내기로 했다.

그래서 모든 이메일에 대해 함께 의논해 답을 냈다. 개별 이메일에서 이들은 엘 에리언의 '이적' 행위를 못내 아쉬워했다. 회사를 떠난 상태에서도 여전히 막대한 피해를 입히고 있는 현실을 개탄했다. 회사를 나간 후에도 이렇듯 아까운 시간을 들여 쓸데없는 논의를 해야 하는 상황 자체가 회사로서는 큰 손해가 아니던가! 오랜 논의를 거쳐 선택을 한다 해도 기껏해야 차선책일 뿐이었다. 아니, 애초에 마땅한 선택지가 없는 문제라는 데 대다수가 의견의 일치를 본 듯했다. 울며 겨자 먹기로 엘 에리언에게 계속 보수를 지급하거나 아니면 진흙탕 싸움밖에 안 될 소송전에 돌입할 위험을 감수해야 했다. 알리안츠에서 계속 근무한다는 문제가 있기는 하지만, 그렇다고 막을 수 있는 방법이 있었는지도 의문이었다. 그리고 언론 노출 금지 문제도 그렇다. 일시적이나마 그로스가 냉각기를 가지게 하려면 언론 접촉을 금지할 필요가 있었다. 물론 그로스 본인의 문제를 논의하는 자리인

만큼 회의 현장에 출석은 시켰어야 했다. 그러나 결과적으로는 옳은 결정이었다고 본다. 집행위원회는 회사 방침을 준수하도록 강제할 필요가 있었다. 그렇지 않으면 핌코 경영진은 웃음거리가 되고 만다.

이바신은 신중한 태도를 취하려고 했다. 그로스는 핌코를 세운 사람인 만큼 자신의 운명을 통제할 자격이 있으며 그 운명을 다른 사람_{집행위원회} 손에 맡기는 행위는 불합리할 수 있다고 봤다. 그러나 그로스도 신중할 필요가 있다고 지적했다. 호지와 제이콥스는 적이 아니다. 진짜 적은 외부에, 즉 더블라인과 블랙록 같은 경쟁사에 있다고 꼬집었다. 내부에서 첩자를 찾는다고 소란을 벌이는 통에 직원들 사기가 저하됐다. 사람들이 그로스가 하는 행동에 주목하기 시작했다. 물론 미심쩍어하는 시선으로.

그로스에게는 이런 문제에 대한 해법이 있었다. 이전에도 활용했던 해법, 즉 홍보전이었다. 이번에는 독재자라는 인상에서 탈피하려고 더욱 공격적으로 나갔다.

그로스는 5월에 있었던 '정기 포럼' 이후 핌코에서 경제 자문가로 활약 중인 경제학자 리치 클라리다_{Rich Clarida}가 작성한 평가서를 읽고 있었다. 향후 3~5년 동안의 기본 노선을 설정하는 정기 포럼과 관련해 바람직한 결론을 도출하고 그 내용을 기록할 생각이었다. 그런데 클라리다가 작성한 글을 읽다가 '뉴 뉴트럴_{new neutral: 새로운 중립}'이라는 문구가 눈에 확 들어왔다. '뉴 노멀_{새로운 표준}'을 잇는 후속 문구로서 이보다 완벽할 수는 없었다.

"그래, 이거야." 그로스는 뉴 '뉴트럴'이라는 단어에 동그라미를 치면서 중얼거렸다.

홍보팀은 이 새로운 구호를 열심히 밀었고 금융 및 경제 전문 언론에서도 받아썼다. 정확한 의미야 어찌 됐든 채권업계의 사고형 지도자로 통하는 그로스가 핌코 내에서 연합 전선을 펼치며 뉴 뉴트럴을 주도하고 나섰다.

기존의 '새로운 표준'보다는 이해하기 다소 어려웠지만, 이 '새로운 중립'은 기본적으로 중앙은행이 초점을 맞추는 '중립 금리neutral rate(이론상의 금리 수준으로서 실물 경제가 안정된 상태에서의 균형 금리-역주)' 개념을 연상시키는 측면이 있었다. 중립 금리는 연준이 손대면 안 되는 마법의 금리 수준이기도 하다.

핌코는 그간 중립 금리에 대한 시장 추정치가 너무 높아서 조용하지만 꾸준히 진행됐던 상승 추세를 놓쳤다고 주장했다. 극적인 이득이야 기대할 수 없겠지만 서서히 그리고 순조롭게 앞으로 나아가게 될 것이다. 새로운, 그러나 좀 더 차분하고 조용한 표준!

핌코는 단기 채권에 초점을 맞췄다. 시장이 연준의 금리 인상 속도를 과대평가하고 있다고 판단했기 때문이다. 그래서 막대한 수익이 아니라 안정성과 낮은 변동성을 기대하며 위험 수준이 더 높은 고수익 채권을 매수했다.

그로스는 "여기에 핵심이 있다. 우리는 뉴 뉴트럴이라는 측면에서 우리의 새로운 무기를 계속 사용한다. 나를 믿어라. 우리는 2014년 연말까지 평균점에 근접하는 수준이 아니라 정상 도달을 목표로 나아가고 있다."라고 말했다.

그해 여름은 분명히 경제가 나아지는 추세였다. 그러나 그럭저럭 괜찮은 수준이었을 뿐 극적인 상승세는 아니었다. 따라서 연준도 경기부양책을 거둬들이지 않는 상황이었고 금리 상승 움직임도 보이지 않았다. 그래서 그로스는 평소 즐겨 쓰는 전략 중 하나인 '변동성 매도'에 더 강한 베팅을 걸었다. 시장 변동 수준이 대중이 예상하는 수준을 밑돌리라는 판단에 따른 결정이었다.

핌코는 여름 내내 가능한 한 조용히 주식, 국채, 회사채, 통화 등 거의 전 자산군에 걸쳐 변동성 매도에 들어갔다. 확실하게 구조화가 가능한 모든 부문에서 가격 변동 폭이 크지 않으리라는 데 크게 베팅했다.

그로스는 이런 입장을 강력하게 드러내고자 액면가 기준으로 100억 달러가 넘는 규모로 대규모 주식 거래를 지시했다. 특정 기간 내 주가 변동 폭이 2%를 넘지 않으리라는 판단에 따라 S&P 지수와 연동한 계약 6만 건을 매도했다. 옵션 업계에서 '스트랭글'로 알려진 이 전략을 구사하면서 만기일이 6월 20일인 계약의 가격 범위는 1840~1920으로 잡았다. 이후 가격 범위 1840~1940에서 1만 계약을 더 매도했다. 좁은 변동 폭 내에서 가격이 움직이리라는 판단에 따라 금리 및 주요 신용 파생상품 지수에도 이와 비슷한 베팅을 했다.

시장은 조용했으나 긴장감이 감돌았다. 물가 수준은 높았고 연준은 기존 노선을 바꾸고 싶어 했다. 매도 및 매수가 급격히 감소했다. 단발성 거래만 간간이 이뤄진다는 의미였다. 이런 상황에 그로스는 벼랑 끝 베팅을 한 셈이었다.

핌코가 대규모 거래를 하는 중이라는 소문이 시장에 퍼졌다. 여름 내내 시장이 지루할 정도로 잠잠했기 때문에 핌코의 행보는 눈에 띌 수밖에 없었다. 거의 모든 자산 부문에서 핌코에 대해 떠들 정도였다. 고객은 고객대로 전혀 관련이 없는 모임에서도 딜러에게 재미 삼아 'S&P 스트랭글'에 관해 물어봤다. 은행도 이를 화제로 삼았다. 분석가는 간접적으로 이런 거래를 인용하기도 했다.

핌코는 내부 정보가 노출되지 않기를 바랐기 때문에 은행 한 곳을 통해서만 주식 거래를 했지만, 호사가의 입을 막기에는 역부족이었다. 단순히 시장 침체가 지속되었기 때문은 아니었다. 핌코라서 혹은 핌코가 손댄 주식이라서가 아니라 어마어마한 대규모 거래였고 그 거래가 극소수 '행사 가격'에 집중됐기 때문이었다.

변동성 매도로 추정치 기준 1억 달러 이상 순이익이 발생했지만 S&P 지수가 여기에 따라주지 않았다면, 그리고 예측한 가격 변동 폭을 넘어서 거래가 이뤄졌다면 초과 이익은 급속히 소진되고 말았을 터였다.

핌코에게서 해당 계약을 매수한 딜러는 자체적으로 손실 위험 방지책을 강구해야 했다. 실질적으로 핌코와 동일하거나 보조를 맞춘 거래를 해야 한다는 의미였다. 따라서 이들 딜러는 매일 위험 중립 상태를 유지하고자 매매 포지션을 조금씩 조정했다. 이런 유지·조정 과정을 통해 딜러 스스로 핌코가 기술한 가격 범위에서 거래가 이뤄지도록 시장을 압박하는 일종의 안전장치 역할을 수행하고 있었다. 이렇게 해서 결국 자기 충족적 거래가 완성됐다. 외부에서 재앙적 상황이 벌어지지 않는 한 이런 거래 구조는 순조로운 성과를 내는 데 도움이 됐다.

이런 초대형 거래가 성공적으로 진행되고, 언론이 그로스의 괴팍한 성격이나 스트레스 및 압박감을 주는 조직 문화 대신 핌코 특유의 '사고형 리더십'에 관심을 보이면서 모든 일이 다시 정상화되기 시작했다.

안정화 기류에 쐐기를 박듯 사옥 이전까지 이뤄졌다. 사세가 확장되면서 기존 사옥이 너무 작고 옹색해졌다. 그래서 사옥 이전을 고려했는데 개중에는 세제 혜택을 이유로 네바다주 리노Reno를 추천하는 사람도 있었다. 어바인 근처에 있는 웅장한 대학 캠퍼스도 진지하게 고려했다. 그로스는 익숙해진 일상을 하루아침에 뒤집어엎기는 싫었다. 출근할 때 라구나 절벽을 돌아 패션 아일랜드까지 이르는 길을 보며 운전하는 것을 좋아했기 때문이다. 코로나 델 마르에 있는 스타벅스나 로즈 베이커리 카페에 들러 커피를 사서 아침 해가 뜨기 전에 사무실로 들어가는 그 여정을 즐겼다. 그로스가 어디에 표를 던지느냐가 중요했다. 결국 부동산 개발업체에 의뢰해 구 사옥에서 2킬로미터도 떨어지지 않은 '뉴포트 센터 드라이브 650'에 20층짜리 건물을 신축하기로 했다.

새 사옥 외관은 이탈리아 대리석으로 마무리해 매끄럽고 반짝반짝 광택이 났다. 구 사옥은 창문 사이로 드러난 울퉁불퉁한 흰색 외골격이 좀 거슬렸는데 이제는 아주 세련된 건물로 거듭났다. 반짝이는 창유리는 에너지 효율성을 고려해 일조량을 최적화하도록 설계했다. 거대한 기둥이 건물을 빙 둘러 떠받친 형태이고 출입구는 그 안쪽으로 쑥 들어가 있었다. 밖에는 야자나무가 죽 늘어서서 부드럽게 하늘거리는데도 건물 자체는 상당한 위용을 자랑하며 언뜻 보면 위압적이라는 느낌이 들기까지 한다.

38만 평방피트약 3만 5천 제곱미터나 되는 거대한 건물에는 핌코 위상에 걸맞게 층이 여러 개 있는 대강당이 마련됐고 방송실까지 갖춰져 있었다. 비용은 6천만 달러가 넘게 들었다. 이 건물은 핌코가 통째로 사용 중이다. 〈오렌지카운티비즈니스저널〉은 이 사옥을 두고 30년간 뉴포트비치에서 가장 눈에 띄는 신축 상업용 건물이라고 평가했다.

새 사옥으로 이주하면서 자연스럽게 구조 개편이 이뤄졌다. 거래 부서는 이제 3개 층을 쓰게 됐다. 포트폴리오 담당 직원은 9층을 쓰고 포트폴리오 관리자(상급자)는 12층을 쓰게 했다. 이렇게 직위에 따라 물리적으로 사무 공간을 구별해 놓으니 역할에 따른 격차가 두드러졌고 상하 계층 간 이동이 매우 어려운 경직된 위계 구조가 더욱 확고해진 느낌이 들었다. 트로스키가 있던 1990년대는 이렇지 않았다. 그러나 금융위기를 겪은 후 자금 유입과 신규 직원 채용이 활발해지면서 마치 드레스 코드처럼 계층 구도가 공고해졌다.

새 사옥에서는 승강기가 계단보다 훨씬 편했다. 그로스가 다른 사람 눈에 띄지 않고 혼자 조용히 다니기가 훨씬 더 어려워졌다는 의미다.

언론은 새 사옥으로 이주한 일마저 조롱거리로 삼았다. 더 크고 멋진 곳으로 옮기기로 결정한 바로 그 순간이 핌코의 '최고 절정기' 가 되리라 수군댔다. 이후로 핌코는 슬슬 내리막길을 걷게 된다는 등 '저주'를 곁들여 떠들어댔다.

그러나 이는 어디까지나 외부의 시선이었고 핌코 내부 상황은 사뭇 달랐다. 새 사옥으로 옮긴 핌코 직원은 마치 새 학기를 맞이하는 기분이었다. 핌코 사람을 이렇게 들뜨게 한 데는 또 한 가지 이유가 있었다. 5월 말, 폴 맥컬리가 돌아왔다.

맥컬리의 귀환이라니! 다들 맥컬리를 좋아했다. 명쾌하고 소탈하며 매력이 넘치는 데다 오랜 시간 정확한 판단력을 보여줬던 이력 때문에 맥컬리의 귀환은 핌코라는 조직의 이미지와 가치를 높이는 데도 큰 몫을 했다. 그는 언론과의 관계도 매우 좋았다. 이는 당연히 핌코에 큰 도움이 된다. 여유로운 억양과 토끼를 유난히 좋아하는 특이한 취향을 지닌 맥컬리는 그로스의 독주를 견제하는 균형추이자 냉철하고 차분한 판단력을 지닌 지도자로서 환영받는 존재였다. 맥컬리가 합류함으로써 핌코는 경제 흐름을 주도했던 예전의 명성을 회복할 수 있으리라 기대했다.

맥컬리는 언론에서 자신과 그로스, 핌코는 완벽하게 들어맞는 조합이라고 했다. "뉴 뉴트럴이라는 신질서 아래서 나와 핌코 간에는 바늘구멍만 한 틈도 없다. 사실 너무 일치해서 탈이다. 같은 교회에 가서 같은 전용석에 앉아 같은 찬송가를 부르는 사이이니 말이다."

그로스를 찬양하며 띄워준 것은 다분히 의도적인 행동이었다. 호지는 맥컬리의 복귀를 알리는 자리에서 그로스를 확실하게 치켜세웠다. "빌 그로스는 유능하며 가장 성공한 이 시대 최고의 투자자 가운데 한 명"이라고 말하며 맥컬리를 다시 영입한 지도자로서의 능력을 높이 평가했다.

6월 초에 호지는 직원 수백 명이 참석하는 전체 회의를 열었다. 이 자리에서 투자에 대한 그로스의 끊임없는 사랑과 열정에 경의를 표했다. 그로스는 호지가 발언하는 동안 옆에 서서 그 모습을 흐뭇하게 지켜봤다.

호지는 이렇게 말했다. "그로스는 43년 전 남다른 비전과 열정으로 핌코를 세웠고 오늘날 우리가 그 비전과 함께하고 있다. 그런 면에서 우리 모두 빌에게 큰 빚을 지고 있다."

기립 박수가 터지면서 박수갈채가 이어졌다. 호지와 그로스는 악수를 하며 손을 세차게 흔들었다. 트레이더와 시장 조사 분석가들은 거의 끌어안을 듯 적극적으로 다가선 두 사람을 좀 의아하다는 시선으로 바라봤다.

호지가 이렇게 아첨하는 말로 그로스를 기분 좋게 한 것은 정치적으로 꽤 현명한 처신이었다. 그로스가 강요해서가 아니라 본인 판단에 따른 행동이었다면 말이다. 사실 그로스는 호지가 영업 부문에서 하는 역할과 저조한 성과에 불만이 쌓이는 중이었다. 다들 자기 임무를 제대로 하고 있지 않다는 느낌이었다. 자금 유출도 계속되고 있었다. 성과는 그럭저럭 괜찮았다. 그로스는 자기 몫을 하고 있었다. 그러면 영업 부서는 대체 무엇을 하고 있는가?

6월 초에 비공개로 열린 핌코 파트너 회의에서 그로스는 이런 불만을 토로했다. 호지가 향후 계획을 발표했고 그로스는 비난의 목소리를 높였다. 앞으로 어떻게 할 셈인가? 당신은 대체 뭘 하고 있었나?

호지가 이렇게 답했다. "담당 위원회가 있다." 판매 부진을 해소하고 불안해하는 고객을 계속 붙잡아둘 방법을 고민하는 전문가 집단이 있었다. 그리고 실제로 이들이 그 작업을 하고 있었다.

위원회라고? 그로스에 관해서는 언제나 완전히 틀린 판단만 했던 그 위원회? 그로스는 분개했다. 그렇게 만능인 위원회가 있으면 호지를 CEO로 둘 이유가 대체 무엇이란 말인가? 그런 계획은 CEO인 호지가 당연히 알고 있어야 한다. 위원회가 구체적으로 무엇을 하는지도 알고 있어야 한다.

아무것도 모르는 문외한을 앉혀놓고 마치 대단한 사람인 양 우러러보는 태도를 보이고 평직원마저 이들에게 일말의 희망을 품게 하는 상황이라면 분명 속으로는 썩어 들어가고 있음이 분명했다. 그래서 속사정을 숨기려 기를 쓰는 것이라는 의심이 들었다.

그 와중에도 그로스는 정보 유출자 색출 작업을 멈추지 않았다. 조사와 심문, 비난의 강도는 더욱 세졌고, 그로스는 그 상황을 진정시키려는 의지가 없었다. 진작 '미스터 X'라 부르며 첩자로 지목했던 앤드루 볼스 외에 또 다른 혐의자 '미스터 Y'를 찾아 나섰다. 그러면서 내부 정보를 유출하고 조직에 해를 입히는 '이적 행위자'를 거론하기 시작했다. 그로스는 '미스터 Y'는 조시 티몬스가 분명하다고 생각했다. DCIO 스콧 매더를 비롯해 다른 사람 이름은 잠깐 거론되다 말았지만, 그로스는 볼스와 티몬스만은 첩자가 분명하다고 확신했다. 그러나 이와 관련해 딱히 할 수 있는 일이 없었다.

때로는 한동안 잠잠할 때도 있었다. 앤드루 볼스 문제는 그로스가 결정할 사안이 아니라는 취지로 이바신이 보낸 이메일에 그로스가 답신을 보냈다. 볼스는 핌코에서 보낸 시간이 그리 길지 않기 때문에 그런 일을 할 만큼 내부 사정에 밝지 못하다는 이메일이었다. 그러니 볼스가 저지른 실수를 용서하고 잊을지는 DCIO가 모여 결정할 일이라고 결론을 내린 듯했다.

이 문제와는 별개로, 2014년 6월 '모닝스타 투자 총회Morningstar Investment Conference'에 그로스가 기조연설자로 참석하는 일을 금지했어야 한다. 그동안 언론 매체 출연이 금지되지 않았었나! 수많은 자산 관리사와 언론인이 참석하고 방송 카메라가 돌아가는 상황에서 진행되는 대중 연설에 대해서도 마찬가지로 철저한 점검이 이뤄졌어야 한다. 그러나 결국은 참석했다.

6월 19일 총회가 열리는 시카고 대회의장은 발 디딜 틈 없이 꽉 찼다. 창설자들 사이에서는 현재 고객과 잠재 고객으로 바글바글한 이곳에서 전개될 일이 초미의 관심사였다. 최근에 핌코에서 일어난 혼란 상황 때문에라도 모두가 무대에 집중하고 있었다.

무대로 나설 때 그로스는 조명이 너무 눈부시다며 무테 선글라스를 썼다. 스피커에서는 산타나와 롭 토마스의 '스무드Smooth'가 연주곡으로 흘러나왔다. 다른 사람은 몰라도 그로스가 등장하는 장면만은 누구나 다 기억할 터였다.

무대에 올라서자 선글라스로 가려지지 않은 귀퉁이 시야로 거대한 화면에 비친 자신의 모습이 들어왔다. 그로스가 이렇게 말문을 열었다. "나처럼 나이가 70쯤 되면 뭔가 기댈 물건이 필요해집니다. 지팡이 같은 것도 필요하지요. 남자라도 화장품도 좀 찍어 바르고 그래야 합디다. 오늘 옷을 입을 때 이놈도 준비했어요." 그러면서 자신이 착용한 선글라스를 가리켰다. "그리고 나한테 그랬지요. '음, 아주 멋진 도시 남자군!'" 그로스 본인도 웃고 청중도 웃었다.

그로스는 말을 이었다. 사람들이 어떻게 들을지 신경이 좀 쓰인다면서 자신이 '채권왕'으로 불리게 된 사연을 들려줬다. 최근에 떠도는 불미스러운 소문에 관해서는 "부상당한 병사를 윽박지르고 질책한 조지 패튼George Patton 장군처럼 매몰차다느니 월가의 저스틴 비버Justin Bieber라느니 킴 카다시안Kim Kardashian을 흉내 내는 사람이라느니 하면서 마음대로 수군대는 일을 말하느냐"라고 했다. 이 말을 하면서 두 주먹을 위로 들어 올렸다.

"나에 대해 정말 알고 싶으면 모닝스타 분석가 에릭 제이콥슨Eric Jacobson한테 물어보세요. 요 앞 탁자에 앉아 있네요. 지난 몇 개월 동안 내가 얼마나 멋진 사람인지에 관해 에릭한테 골백번도 더 얘기했으니 내 얘기를 아주 잘해주지 않을까요?"

이 말을 하면서 그로스는 〈맨츄리안 캔디데이트The Manchurian Candidate〉라는 영화가 떠오른다고 했다. 걸프전에 참전했던 병사에게 자신들을 혹독하게 대했던 폭군 같은 장군이 "세상에서 가장 친절하고 가장 온화하며 가장 멋진 사람"이었다고 사람들에게 알리도록 세뇌하는 내용이다.

청중이 웃음을 터뜨리자 이에 한껏 고무된 그로스는 이 '세뇌'에 관한 이야기를 계속 이어갔다. 병사를 세뇌할 때 '하트 여왕Queen of Hearts' 카드 패를 일종의 반응촉발제로 사용했다고 설명했다. 그리고 자신에 대해 좋게 이야기하도록 기자에게 최면을 걸고 싶다고도 말했다. 자신도 빨간색 여왕 카드를 볼 때마다 "기자는 이 세상에서 가장 친절하고 가장 용감하며 또 가장 멋진 사람"이라는 주문을 외우려고 노력했다고 했다.

"그런 측면에서 카드놀이는 꽤 효과적인 치유법이 될 수 있지 않나 싶어요. 아, 여왕 카드를 볼 때 기자 칭찬하는 얘기와 함께 '지금 직장 생활이 더할 나위 없이 행복하다'고 느끼게 하는 주문도 넣어야 겠군요. 나는 지금 회사 생활이 그 어느 때보다 행복합니다." 그러고 는 새로운 DCIO 구조에 관한 이야기로 들어갔다. 그리고 호지와 제 이콥스가 '기대 이상으로' 잘해주고 있다고 말했다.

"이 세상에서 핌코보다 더 행복한 곳이 딱 한 군데 있어요. 어디 냐 하면 산타 모니카 고속도로를 타고 북쪽으로 24킬로미터 정도 가 면 나오는 디즈니랜드죠. 그런데 디즈니랜드는 꿈의 공간이고 나는 지금 실재하는 생활공간을 말하는 거니까요. 우리는 뉴포트비치에 있는 핌코라는 곳에서 행복을 만끽하고 있지요." 이렇게 말하고는 잠 깐 멈춰 청중석을 내려다봤다.

"기념으로 이 여왕 카드를 갖고 싶은 사람이 있나요? 내 주머니 에 몇 개 있으니까 필요한 사람은 연설 끝나고 나오세요. 선물로 드 리겠습니다."

그러고는 본론으로 들어가 '구조적 알파'에 관해 설명했다. 핌코를 행복한 왕국으로 만들었고 토털리턴이라는 불세출의 상품을 만들었 으며 그 누구보다 뛰어난 성과를 내는 데 결정적인 역할을 했노라며 열변을 토했다. 그리고 '변동성 매도'를 설명하면서 보험 상품은 가격 책정을 잘못할 때가 많기 때문에 거리낌 없이 매도했다는 말도 했다.

그런데 그의 이야기를 아무도 듣고 있지 않았다.

당시 핌코는 봄부터 초여름까지 트레이더를 사로잡았던 대규모 포지션을 거의 다 청산한 상태였다. 규모가 너무 커서 시장 스스로 핌코가 바라는 방향으로 갈 수밖에 없었던 그 대단한 거래는 결국 성공하기는 했다. 그러나 너무나 아슬아슬했다. 그야말로 간발의 차이 로 지옥에 떨어지는 일을 면했다. 가을에 발생한 변동성 폭발이 조금 빨리 나타났더라면 핌코는 아마 큰 타격을 입고 무너졌을지도 모른다.

구조적 알파니 변동성 매도니 하며 열심히 설명했지만, 시카고 대회의장에 있던 사람들은 영화 〈맨츄리안 캔디데이트〉에 나오는 세뇌된 병사 이야기, 채권업계 저스틴 비버, 뜬금없이 소환된 카다시안 등만 기억할 뿐이었다. 그 정도로 내용이 두서없고 엉망진창이었다. 핌코 홍보팀은 하얗게 질린 얼굴로 그 상황을 지켜봤다.

인터넷은 놀라움과 공포, 경악을 나타내는 반응으로 난리가 났다. 대체 저 선글라스는 뭐야! 빌 그로스가 저스틴 비버는 또 어떻게 알았지? 대체 왜 저래?

그로스는 연설이 끝난 후 새로 만든 명함을 돌렸다. 뒷면에 '하트 여왕'이 그려진 명함이었다. 여왕 카드를 나눠주겠다는 약속을 지킨 셈이었다. 다른 경영진이 보기에 그로스가 처음부터 계획했음이 분명했다. 미리 새 명함까지 준비했으니 말이다. 절대로 사고가 아니었고 충동적인 행동도 아니었다. 애초에 본인 입으로 하겠다던 일을 작정하고 일부러 하지 않았음이 틀림없다. 핌코 경영층은 이제 더는 그로스의 행동을 예측할 수가 없었다. 멋대로 구는 독불장군일 뿐이었다.

그로스는 다음날 핌코 뉴욕 지점을 방문했다. 여행을 좋아하지 않기 때문에 좀처럼 가지 않던 곳이었다. 방문 자체는 크게 주목받을 행사였지만, 전날 이미 스스로에게 어두운 그림자를 드리운 참이었다. 그로스도 연설 후 보도 내용과 머리기사, 트위터 반응 등을 훑어봤고 상황이 애초 기대했던 방향으로 전개되지 않았음을 알았다.

직원 수백 명이 회의실에 모였다. 이번 대참사에 대해 그로스가 무슨 말이든 해야 할 것만 같았다. 옆에는 호지가 벌겋게 상기된 얼굴로 서 있었다. 어색하고 긴장된 분위기가 감돌았다.

"다시 나가면 좋을 텐데 말입니다. 그러면 선글라스는 안 쓰고 나갈 겁니다." 그로스가 하는 말이 곧바로 〈저널〉에 실리리라는 점은 다 알고 있었다. 그러더니 이렇게 말했다. "그래요, 나도 완벽한 사람은 아니니까."

호지가 눈살을 찌푸리는 모습이 보였다.

연설을 마친 후 고객과의 대화가 예정되어 있었다. 호지가 "제발 어제 같은 말은 하지 마세요!"라고 했던 게 기억난다. 물론 그런 말을 하지 않았다. 그런데 정말 안 했던가?

그로스는 극심한 스트레스에 시달렸다. 핌코에서 받는 스트레스만이 아니었다. 집안일 때문에도 걱정이 많았다. 아내 수는 건강이 회복됐지만 결혼 생활이 예전 같지 않았다. 아들 닉이 하는 사업도 최악의 상황으로 치닫는 중이었다. 재무 관리 부실 때문에 소송까지 가야 하는 상황에 몰렸다.* 정말 많은 일이 있었다. 그로스로서는 자신의 행동을 해명하는 구실로 삼을 만한 일이었다.

그로스가 모닝스타 투자 총회에서 했던 연설이 화창했던 핌코에 먹구름을 드리웠다. 평사원들도 그로스가 정신이 나간 것이 아닐까 걱정하기 시작했다. 노망이 든 것이 아니고서는 저럴 수가 없다는 반응이었다. 이런 의구심과 걱정이 사내에 퍼졌다. 투자위원회 회의에서 발표 자료를 제대로 준비하지 못했다는 이유로 지겹게 시달린 기억이 있는 사람들은 원래 저런 사람이 맞는데 뭘 그러느냐는 반응이었다. 그로스는 늘 이상했고 예측 불가능했으며 남의 신경을 박박

---

* 결국은 소송을 제기했다. 상대방도 그로스와 아들 닉을 고소했다. 그러나 이 소송은 2015년 12월에 원만하게 해결됐다.

읽는 데 일가견이 있는 사람이었다.

〈투자 전망〉도 이런 분위기에서는 전혀 도움이 되지 않았다. 예전에도 엉뚱한 주제를 다룬 적이 있기는 했다. 그러나 최근에 다룬 내용은 정도가 더 심했다. 2014년 4월에는 죽은 고양이 이야기를 썼다. '밥'이라는 암컷 고양이가 TV에 나온 그로스를 유심히 봤고 샤워하러 들어갔다 나오는 모습도 지켜봤다는 내용이었다. "그때 밥은 왜 나를 그렇게 온종일 지켜봤을까? 실물로 보는 것도 모자라 이제는 CNBC에 나온 나까지 뚫어지게 바라본다."라고 썼다. 그리고 5월에는 재채기에 관해 썼다. "솔직히 말해 재채기는 성적인 쾌락과 유사한 측면도 있고 '에취!' 하면서 시원하게 뱉어내기 직전과 직후에는 짓눌렸던 뭔가에서 풀려나는 듯한 극한의 해방감까지 느낀다. 재채기를 하는 순간, 인디 500 Indy 500(인디애나폴리스 500마일 자동차 경주-역주)에서 달리는 경주용 자동차보다 더 빠르게 세균 10만 마리가 섞인 공기가 코에서 뿜어져 나온다." 6월에는 휴대폰 없이 어떻게 지냈는지에 관해 썼다. "당분간은 앵그리버드 모바일 게임 말고 참새 트위터랑 지내며 버티고 있다. 내게는 가상현실이 너무 '비현실적'이라 와닿지 않는다." 도무지 종잡을 수 없는 내용이었다.

그로스와 가깝게 일했던 사람들이 가장 많이 걱정했다. 그의 결정과 행동을 점점 더 예측할 수 없게 됐다. 모든 일을 그로스와 함께 진행하려 했던 퍼코 경영진은 앞으로 그로스를 믿을 수 있을지 의구심이 생겼다. 믿을 수 없으면 같이 일할 수 없다.

그래도 직원들은 맡은 일을 충직하게 하려고 했다. 투자도, 고객과의 대화도 계속했다. 계정 관리자는 궁금해하는 사람들에게 선글라스, 하트 여왕, 저스틴 비버 등등에 관해 해명하려 애를 썼다. 늘 엉뚱한 짓을 하던 사람이잖아요! 하하. 그냥 유별난 사람이라 그래요.

지난 몇 개월 동안 그로스는 혼자 동떨어져 있었다. 아무도 보호하거나 감싸주지 않았다. 호지와 제이콥스 등은 어떻게든 그로스와 잘 지내는 모습을 연출해야 했다. 홍보팀은 직원을 언론 매체에 보내 위대한 채권계의 전설 빌 그로스에게 배우고 싶어서 핌코에 들어왔다는 이야기를 흘리는 식으로 밑밥을 깔아놓는 작업을 했다.

호지는 그해 여름 핌코 웹사이트에 아첨기가 뚝뚝 떨어지는 논조로 그로스의 투자 성과를 찬양하는 내용의 글을 올렸다. "채권 투자 업계 역사상 그로스보다 더 많은 고객에게 더 많은 수익을 안겨준 사람을 본 적이 없다. 많은 자산관리자 중에 그렇게 많은 자금을 운용하면서 오랜 기간 꾸준히 좋은 실적을 낸 사람은 그로스 말고는 없다."

그로스가 방문하고 나서 두어 달 후 뉴욕 지점에 대혼란이 일어났다. 난데없이 빈대가 들끓은 것이다. 임원이고 평직원이고 온몸이 물린 자국투성이였다. 집으로까지 옮길까 봐 걱정이 이만저만이 아니었다. 그래서 수천 달러를 들여 온 집안을 소독하고, 쓰던 옷장은 다 버리고, 옷과 책을 오븐에 넣어 굽는 등 난리였다.

이런 상황인지라 핌코는 직원 수백 명을 미드타운 사옥에서 외곽 지역으로 대피시켰다. 대변인은 케이블 뉴스 채널인 폭스비즈니스 Fox Business 의 찰리 가스파리노에게 이 사실을 인정하며 이렇게 말했다. "뉴욕 시에서는 그리 드문 일도 아니다." 창피스러운 이 일을 떠벌리는 바람에 이 이야기가 〈포브스〉와 〈뉴욕매거진〉에까지 실렸다. 멍청한 사람 같으니라고!

〈뉴욕매거진〉의 케빈 루스 Kevin Roose 는 "갑자기 빈대라니, 혹시 부당해고를 당한 사람이 앙심을 품고 벌인 보복 행동이 아닌지 의심이 든다. '보하메드 벨 페리언' 같은 사람이라든가…"라면서 '모하메드 엘 에리언'을 염두에 둔 듯한 뉘앙스를 풍기며 말했다.

8월 19일에 핌코 집행위원회가 전략 회의를 소집했다. 다뤄야 할 사안이 많은 관계로 다들 마음을 단단히 먹었다. 수익 창출과 이익 성장에 관한 실질적인 문제가 있었기 때문이다.

회의 초반에 상품 관리 담당자 웬디 컵스_{Wendy Cupps}가 자신이 이끄는 상품 관리팀이 고객에게 작업 중인 상품에 관해 이야기하기 시작했다. 그런데 몇 분 지나지 않아 그로스가 말을 가로막고 나섰다. 자금을 투자하는 포트폴리오 관리 팀의 승인도 없이 컵스가 상품 개발에 너무 깊숙이 관여하고 있다는 것이었다. 그로스는 이렇게 말했다. "당신은 지금 회사를 훔치고 있어요. '상품' 부문이 이 회사를 훔치고 있단 말이요." 그로스는 주식 투자에 주력하는 전략과 관련해 운영상의 문제를 들어 컵스를 비난했다.

그는 내심 주식에 주력하는 투자 전략을 더는 진행하고 싶지 않았다. 주식시장은 이미 천장을 찍었기 때문에 지금은 가격이 너무 비싸다. 그러니 지금 매수에 들어가는 것은 바보짓이다. 필요한 자산을 충분히 끌어 모으지도 못한 상태라 이 전략을 고수할 정당성도 없다.

컵스는 고위직까지 올라간 몇 안 되는 여성 간부 중 한 명으로서 주식 투자 전략의 추진을 돕고, 포트폴리오 관리자를 지원하며, 신상품을 개발하는 등 자신이 맡은 업무 범위에서 할 수 있는 일은 다 하고 있었다. 컵스가 보고하는 내용은 핌코 내에서 비주류인 그녀의 위치와 비슷해보였다. 컵스는 2004년에 파트너—당시 여성 이사 세 명 중 한 명—지위를 얻고 선출직인 집행위원회 위원 자리를 꿰차며 여기까지 올라왔다.

회의 참석자 모두가 알다시피 컵스는 회사를 훔치고 있지 않았다. 핌코에는 거의 모든 포트폴리오 관리자로 구성된 '포트폴리오 관리 위원회'의 승인을 포함해 신상품에 관한 공식 승인 절차가 있다. 그리고 2009년 회의 때 그로스 본인이 주식 투자 전략을 강력하게 추진했던 일 또한 다들 기억하고 있었다. 속도를 좀 내! 안 그러면 내가 그 일을 할 다른 사람을 찾아 나설 테니. 이렇게 말하며 사람들을 채근하지 않았던가! 5년 전 일이라고는 하나 분명히 그로스가 자초한 일이었다. 그러니 여기에 어느 정도 책임감을 느껴야 한다. 그런데 합리적 근거도 없이 공개적으로 컵스를 공격한다고?

컵스는 그로스가 자신이 맡은 분야의 일을 잘 모른다고 반박했다. 그로스는 그 말을 인정하면서도 풍향을 읽는 데 기상 통보관이 반드시 있어야 하느냐고 쏘아붙였다. 컵스는 관련 위원회의 승인 절차, 그리고 페페로니 피자는 다들 좋아한다며 주식 투자에 주력하라고 강권했던 2009년 회의 때를 상기시켰다. 다른 사람도 비슷한 논리로 이의를 제기했다. 그러다 결국 이 문제는 일단 접어두고 다른 사안으로 넘어가기로 했다. 그때 누군가 부동산 문제를 들고 나왔다.

그러자 그로스가 다시 나섰다. 우리가 언제부터 실물 부동산까지 매입했는가? 왜 이러고 있는지 모르겠다. 지금은 가격 수준이 과도하게 높아서 팔지도 못한다. 현재로서는 이 애물단지를 계속 끌고 가야 한다. 그다음에는 어떻게 하겠다는 말인가? 임대 관리나 해야 하는가? 잘나가던 예전으로 돌아가려면 긴축이 필요하고 우리가 잘하는 일을 해야 한다고 주장했다.

그로스는 결국 다시 호지에게 관심을 돌렸다. 계속되는 고객 자금 유출을 막아내지 못했다며 영업 부문에서의 무능을 탓했다. 대체 핌코의 임무 진술서를 알고는 있는지 모르겠다고 말했다.

회의장 분위기가 심상치 않았다. 그로스의 공격이 도를 넘어서자 다들 충격에 빠진 듯했다. 아무런 소득 없이 회의는 끝났다.

그로스는 사람들이 조용히 무리 지어 나가는 모습을 지켜봤다. 불안정하고 축 처진 분위기였다. 그로스와 함께 나가려는 사람은 아무도 없었다. 사회성이 극명하게 드러나는 순간이었다. 실망스러웠다. 이 회의는 결국 경영진이 추진하는 전략을 문제 삼는 그로스에게 실컷 떠들 기회나 주는 일종의 요식 절차에 지나지 않는 듯했다. 그로스가 보기에 호지는 게으르고 무능하며 CEO로 지원한 자체가 실수였음이 분명했다. 그러나 어쩌면 그로스 자신이 뭔가 잘못 생각했을지도 모른다. 권력이란 완력으로 행사할 수 있는 힘이 아니다. 좀 더 섬세하고 유한하며 언제든 수명이 다할 수 있는 것이다. 지금은 상황이 많이 달랐다. 그가 누군가를 질책하고 잔소리를 퍼부어도 사람들이 별로 신경 쓰지 않는다. 예전 같은 존경심이나 경외감 따위 잊은 지 오래인 듯하다. 이제 고까우면 바로 반발하고 나선다.

그로스는 휴가를 앞두고 있었다. 약 2주 동안은 출근하지 않는다. 반란 세력이 마음대로 판을 벌일 수 있는 자리를 마련해 주는 셈이었다. 그 사람들에게 그렇게 할 의지가 있다면 말이다.

어쨌거나 그로스는 집으로 갔다.

다음 날인 8월 20일에 웬디 컵스는 집행위원회 앞으로 이메일을 보냈다. 핌코 내에서 '모든 상품'을 포트폴리오 관리 위원회가 '승인'했으며 각 신상품에 대해 포트폴리오 관리자의 '보증'이 필요하다는 점을 명확히 확인해 달라고 재차 요구하는 내용이었다. 그리고 자신의 팀은 수준 이하 상품까지 다 쓸어 넣지는 않는다고 말했다. 포트폴리오 관리 팀에서 올린 제안 상품이라도 기준 미달이면 목록에서 제외했으며 필요하다면 제외한 상품 목록을 제출하겠다고 했다.

집행위원회는 전략 회의를 재소집했다. 컵스는 출장이 예정되어 있어서 참석하지 않았다. 이 회의는 깜짝 놀랄 만큼 생산적이었다. 그리고 동료들이 기억하기로 그로스는 회사로 돌아와 새로운 출구 전략을 내놓았다. 핌코 내에 무슨 일이 벌어졌는지를 처음으로 이해했다는 점을 그로스는 분명히 밝히면서 자신이 선을 넘었다면서 이제 CIO에서 물러날 생각도 있다고 말했다. 이번에야말로! 가장 적절한 시점일지 모른다는 생각이 들었다(그로스는 이때는 물러날 수 있다고 했을 뿐 물러나겠다고 확실하게 말한 것이 아니라고 했다). 컵스를 너무 몰아붙인 점 또한 미안하게 생각한다고 말했다.

일부 집행 위원은 그로스가 화해를 청하면서 진심으로 도움을 주고 싶어 한다는 느낌을 받았다. 적어도 경영진이 하려는 일을 앞서서 미리 하겠다는 마음 정도는 보였다고 한다.

그러나 그로스는 한 가지 조건을 덧붙였다. 본인이 각각 미스터 X와 미스터 Y로 지목한 앤드루 볼스와 조시 티몬스를 해고하는 조건이었다. 본인은 얼마든지 나갈 수 있다. 그러나 자신이 나가면 이 두 사람도 반드시 나가야 한다고 주장했다.

이런 조건부 제안을 한 후 집행위원회 측에 이메일을 보냈다. 아내 수와 함께 유람선 여행을 떠날 계획이며 그동안은 일체 연락을 하지도 받지도 않겠다는 내용이었다. 그로스가 자리를 비운 동안 제안했던 사항을 공식적으로 다룰까? 과연 무슨 카드를 준비할까? 푹 쉬고 흥분한 마음도 좀 가라앉힌 후 돌아오면 핌코 경영진이 어떤 선택을 했는지 알 수 있으리라.

호지가 메일로 답했다. "휴가 잘 보내세요."

제15장

의사록

그로스가 2주 동안 자리를 비운 사이 사무실이 한결 평온해진 느낌이었다. DCIO와 다른 임원들도 일말의 희망을 느꼈다. 마치 상황이 좋아질 여지가 있다는 듯이 말이다. 본인이 도를 넘은 행동을 했음을 깨달았으니 이제부터라도 협조적으로 나오지 않을까 하는 희망!

호지와 제이콥스, 나머지 집행위원회 구성원은 9월 5일자로 작성한 파워포인트 문서의 슬라이드 하나하나에 앞으로 핌코를 어떻게 꾸려갈지에 관한 생산적 고민을 포함한 미래 비전을 담았다. 그리고 그로스가 내건 요구 사항을 본인이 한 말 그대로 분명하고도 꼼꼼하게 열거했다. 부디 그로스가 자신들을 무시하지 않고 함께 협력하는 동료로 대우해주기를 바라면서 말이다.

그로스가 요구한 사항을 나열한 문서 제목은 그의 풀네임인 '윌리엄 헌트 그로스William Hunt Gross'라고 붙였다. 나중에 그로스가 자신이 요구했다는 사실을 잊었을 때 혹은 잊은 것 같거나 잊은 척할 때를 대비해서였다.

요구 사항 중에는 고객 대면 책임을 줄여달라는 것도 있었다. 관리 계정을 줄여 달라고도 했다. 항상 싫어했던 경영 업무는 줄여주고 평소 장난감처럼 즐겨 다루던 채권과 파생상품 중심의 순수 투자 업무를 더 늘려달라는 요구도 했다. 다이얼리나스한테서 빼앗아오다시피 한 무제약 채권 펀드도 포함해서 말이다. 정통적 상품군인 '버거 채권'에 집중하자고도 했다. 연말까지 이 모든 절차를 마무리하라는 당부도 있었다.

그런데 한 가지가 영 골치 아팠다. CIO에서 물러나는 조건으로 그로스 본인이 '첩자'로 지목한 앤드루 볼스와 조시 티몬스를 해고하라는 요구였다. 호지는 물론이고 다른 사람들이 보기에도 이는 터무니없는 요구였다. 볼스와는 함께 추진할 계획이 있었고 법적 합의도 봤다. 무엇보다 그로스도 양해한 부분 아니었던가. 두 사람의 거취 문제는 DCIO가 모여 결정할 문제라는 이바신의 이메일에 그로스가 수긍했다는 것을 다들 알고 있었다. 티몬스 역시 보복 조치로 비칠 수 있는 기간에는 법적으로 해고가 불가능했다. 껄끄럽더라도 알아야 할 사실은 그로스도 알아야 한다.

이 요구 사항에 대해서는 조용히 입 다물고 있으면 그냥 넘어갈 수 있을지도 모른다. 그로스는 워낙 '잘 잊어버리는' 사람이니까. 이 파워포인트를 읽고 건설적인 방향으로 잘 정리됐다며 흐뭇해하면 요구 사항 하나쯤 빠뜨려도 눈치 못 채지 않을까?

그러나 이는 이들의 꿈에 불과했다.

유람선 여행을 마치고 돌아온 그로스는 복잡했던 머리를 비우고 새로운 기분으로 업무에 복귀했다. 그런데 예전으로 다시 돌아간 듯한 모습이었다. '핌코는 자신의 것이고 핌코가 곧 자신'이라는 옛날 태도로 회귀한 것이다. 자신이 왜 그 사람들 말에 휘둘렸는지 모르겠다는 태도였다. 어이없는 전략 회의 때 회사가 나아갈 방향에 대해 따끔한 발언을 좀 했다고 난리를 치던 집행위원회 그 사람들 때문이었던가? 핌코 새 지도자라는 사람들은 내가 이곳을 세웠고 또 그들의 재산도 내가 불려줬다는 사실을 다 잊었단 말인가? '안방'에서 활개치는 이 같잖은 녀석들은 자신이 똑똑하고 능력이 있어서 백만장자가 된 줄 아나? 아니, 나 덕분에 백만장자가 되어놓고 진짜 자신들이 똑똑한 줄로 착각했나? 여기가 아니고 내가 아니면 그들이 어디 가서 그 큰 재산을 모을 수 있겠는가? 바로 나 그로스가 그들을 이 자리에 있게 만들었고 또 부자로 만들어줬다.

그런데 내가 왜 저들한테 굽혀야 하지?

그로스는 출근도 하기 전에, 신진 경영진이 정성들여 작성한 보고서를 들춰보기도 전에 이전에 했던 말을 다 뒤집었다. 그리고 이메일을 보냈다. 내 책임과 권한, 역할을 줄이지 않겠다. 처음부터 전혀 그렇게 하고 싶지 않았다. 내가 그런 요구를 했을 리가 없다.

그로스의 복귀 후 모습은 호지와 집행위원회 위원들이 걱정한 수준을 넘어섰다. 사운을 건 전략적 계획에 동의해 놓고 한순간에 뒤집어버리는 지도자라니! 처음부터 그로스가 거짓말을 했거나 아니면 제정신이 아니거나 둘 중 하나가 아닌가 싶었다. 애초에 진심이기는 했을까? 그냥 휴가로 자리를 비운 동안 경영진에게 과제를 던져 계속 바쁘게 해놓고 격했던 마음을 좀 누그러뜨릴 시간을 주려던 것은 아니었을까? 핌코는 결국 그로스가 무엇을 할지 도무지 예측할 수 없던 예전으로 돌아갔다.

그로스는 9월 8일 월요일 아침에 평소처럼 사무실 안으로 들어섰다. 한결 활기차 보였다. 그러고는 휴가 전에 마무리 못한(아니, 다 끝난 줄로 알았던) 일을 다시 하려는 듯했다.

이날 오후 집행위원회에 새 이메일을 보내 험악했던 8월 회의 때 했던 이야기를 다시 꺼냈다.

발송: 2014년 9월 8일 월요일 오후 2시 36분
제목: 8월 19/20일 회의 개요 및 의사록
지난 8월에 소집한 회의의 의사록을 검토해보니 장기 사업 계획을 논하는 회의가 아니라 단기 전략 회의에 더 가까웠다는 생각이 든다.

지극히 차분하고 정상적이며 전문가다운 논조였다. 주로 의사록에 적힌 사실을 반박하는 내용으로, 딱 여덟 가지만 지적하려 한다고 했다. 이 가운데는 다음과 같은 내용도 있었다. "의사록에 우리가 업무 진술서에 관해 논의했다고 적혀 있는데 나는 그런 논의를 한 기억이 없다."

의사록에는 포트폴리오 관리자는 관리 자산을 불리는 일이 아니라 시장에 초점을 맞춰야 한다고 적혀 있었다. 이 내용에 대해 그로스는 '상품 관리 팀'(콕 집어 이름을 말하지는 않았으나 웬디 컵스를 지적한 것)이 포트폴리오 관리 팀의 승인도 받지 않고 월권 소지가 있는 행동을 했다고 지적한 자신을 대놓고 비난한 것으로 받아들였다.

그리고 의사록에 따르면 호지는 핌코가 "지출 점유율wallet share(소비자 지출 중 특정 기업이나 제품이 차지하는 비중을 극대화─역주)"하고 "수수료에 대한 불만에 굴하지 말아야" 한다는 말도 했다. 그로스 생각에 이는 완전히 잘못된 판단이었다. 이 상황에서 고객 부담을 더 늘리겠다고? 제정신인가? 또 호지는 핌코가 적극적인 채권 운용사라고 했는데 의사록에는 이 부분이 기록되지 않았다. 호지가 한 말은 사실이고 핌코는 적극적 채권 투자 운용사가 맞다. 그런데 핌코는 사모펀드와 부동산 같은 자산을 사들이면서 점점 소극적 운용사로 변해가고 있다고도 말했다. 레버리지에 의존한 수익만을 바라며 시장 상황이 어떻든 그저 소극적으로만 행동한다.

그로스는 공세의 고삐를 더 당겼다.

그런데 그로스가 하는 말이 영 당혹스러웠다. '소극적'이라는 표현이 가당키나 한지 모르겠다. '소극적'이라고 하면 시장 평균 수준의 성과를 노리고 거의 모든 주식을 사들이는 인덱스 펀드에나 어울리는 용어가 아닌가! 이바신이 주로 하는 사모 투자 사업은 이와는 정반대로 신중하고 까다롭게 선정한 소수 기업에 집중해 대규모로 베팅하거나 악성 부동산 대출 채권을 매수하는 등 '극단적으로 적극적인' 전략을 취한다. 그로스는 지금 우리가 돈을 빌려 건물을 사고는 마냥 기다리는 전략을 취한다고 말하는 것인가?

이바신은 개인적으로 그로스에게 답신을 보냈다. 답신에서 "소극적이라고 할 부분은 전혀 없다."라고 썼다. 그리고 사모펀드 구조도 레버리지 비중이 그리 높지 않으며 실제로 그로스가 운용하는 펀드 내 레버리지 비중보다도 낮다고 밝혔다. 게다가 현재 사모펀드가 좋은 성과를 내면서 핌코의 상표^{브랜드} 가치를 드높이는 중이라고 했다.

그로스는 이바신에게 답장을 보내면서 집행위원회 위원 전부가 읽도록 나머지 위원을 '참조'로 추가했다. 메일에서 그로스는 핌코가 사모펀드 같은 '소극적' 투자 상품을 팔 수 있으면 그때는 더 많은 일을 고려해야 한다며 이바신의 전략은 진정한 적극적 투자가 아니라고 거듭 강조했다.

이바신도 다시 답장을 보내 사모펀드는 고도로 '적극적'인 투자 종목임이 분명하다고 말했다. 채권을 사서 보유하면서 해당 채권 발행사가 잘나가기만을 바라는 전략보다 훨씬 더 적극적인 투자라고 말이다. 그리고 "최근에 고객에게 초과 수익을 내주지 못하거나 아예 마이너스 수익을 기록하면서 수수료는 엄청나게 부과하는" 몇몇 전통적 펀드와는 달리 고객에게 고수익을 창출해주고 높은 수수료 수입을 챙길 수 있는 상품은 사모펀드뿐이라고도 썼다.

"당신은 마케팅 관리자로서 가장 주안점을 둬야 할 부분은 투자 수익이라고 늘 말하지 않았는가! 나는 이 점이 장기적으로 핌코가 성공하는 데 핵심 요소라고 생각했다."

그러자 그로스가 바로 답장을 했다. "잘 되기를 바람. 그러나 내가 이메일을 통해 말했던 '장기적 측면에서 매우 중요한 결정을 해야 하는 상황에 기꺼이 맞닥뜨리려는' 사람이 아무도 없다."라고 썼다. 그리고 이렇게 덧붙였다. "다른 경영진도 명심해야 한다. 당신은 미리 다 확정된 안건을 내놓고 시간에 맞춰 대강 훑고 지나가 버리는 식이 아니라 진짜 논의다운 논의를 해야 한다. 중요한 사안은 그렇게 결정하는 것이다."

직원 중 일부는 그로스가 저렇게 분개하는 이유는 단순히 사업 전략에 대한 불만 때문만은 아니라고 생각했다. 엘 에리언이 핌코를 떠난 일과 관련해 아직 해소되지 않은 감정의 찌꺼기, 불화에 따른 심리적 동요와 배신감, 굴욕감, 그로스 본인이 관리하는 펀드도 예외가 아닌 자금 유출, 자신이 쥐락펴락했던 채권시장 시대의 퇴조 그리고 규모와 복잡성, 전략, 직원 수 등 이제 자신이 감당하기 버거운 수준으로 성장해버린 회사, 언젠가는 그 자리를 떠날 수밖에 없다는 체념 섞인 현실 인식, 억만장자라도 결국 불멸의 존재는 아니라는 점 등이 반영된 복합적인 정서에서 비롯된 측면이 더 크다고 봤다. 여러 요인에서 나온 깊은 회한과 두려움이 결합된 그런 감정? 그전까지는 혹시 그렇지 않을까 의심만 했었는데 이제는 거의 확신하는 단계에 이른 듯했다.

집행위원회 측도 이런 사실을 다 알고 있었지만, 그래도 그로스의 입장을 이해하려고 애는 썼다. 부질없는 일이기는 했지만.

어떤 관계든 결별의 순간이 오게 마련이다. 관계를 유지하려 애를 쓰다가 결국 그 끈을 딱 놓는 순간이 온다. 그때는 관계 유지를 위해 단 1초도, 단 한 푼도 더는 들이지 않는다. 그로스가 회사로 복귀하고 나서 며칠 후에 바로 그 순간이 찾아왔다.

그들은 해법을 찾아보려고 했다. 9월 10일에 미히르 우라가 제이콥스, 호지, 플래텀과 만났다. 우라는 중재자이자 해결사 역할을 하면서 그로스와 다른 경영진 사이에 벌어진 틈을 메우려고 애를 썼다. 이날 우라는 그로스와 이야기를 나눴다고 했다. 이번에야말로 그로스가 격앙된 마음을 곧 가라앉히고 자신의 역할과 책임을 줄이는 데 동의하리라 생각한다고 말했다.

같은 날 최고위 경영진은 우라의 요청에 따라 다시 모였다. 이번에는 그로스도 참석했다. 이 자리에서 그로스는 새로운 퇴진 계획, 즉 앞으로 어떤 식으로 책임을 내려놓을지에 관한 구체적인 계획안을 내놓았다. 불과 며칠 전만 해도 절대로 물러나지 않겠다고 말했으면서 그 말을 번복한 셈이다. 말 바꾸기가 더는 용인되지 않는다는 사실을 깨달은 듯했다.

그로스는 자신이 관리하던 펀드를 다른 사람에게 인계하는 방법과 후임자를 찾는 방법을 제시했다. 호지와 제이콥스, 컵스, 우라 등이 묵묵히 듣고 있는 가운데 다른 CIO와 역할을 공유하겠다는 뜻을 밝혔고 곧바로 적임자를 찾으라는 말도 했다. 혹은 자신은 고정수익증권 부문만 관리하고 나머지는 전부 우리가 맡는 방법도 있다고 했다.

그로스가 제안한 공동 CIO 시나리오는, 공동 책임 아래 토털리턴 관리를 1년 더 계속하다가 2015년 12월 31일에 조용히 물러난다는 계획이었다. 단계적인 퇴진이 진행되도록 하겠으며 자신은 무제약 펀드와 선별 포트폴리오 몇 개만 운용하겠다고 했다.

그 자리에 참석한 핌코 경영진은 잠자코 앉아 그로스가 하는 말을 듣고 있었다. 다른 때 같았으면 이보다 합리적인 제안이 없다 싶을 정도로 좋은 의견이었다. 한 달 전에 이런 태도를 보였다면 얼마나 좋았을까! 그때 그로스 입에서 이런 제안이 나오기를 다들 얼마나 바랐던가! 하지만 너무 늦었다. 그동안 경영진 속을 너무 뒤집어 놓았던 터라 지금 회의 장면은 참석자 모두가 등장하는 익살극처럼 느껴졌을 뿐이다.

그로스가 보냈던 이전 이메일은 거론하지 않았다. 그로스를 향해 질문을 몇 가지 던지기는 했지만, 지금 내놓은 이 대안이 또 다른 속임수가 아니라고 어떻게 장담하느냐는 분위기였다. 그로스가 약속한 시한인 2015년 12월 31일이 수백 년 후라도 되는 듯 너무 멀게 느껴졌다. 그로스에게 또 술수를 쓸 여지를 준다는 기분도 들었다. 애초에 변덕을 부리지 않고 정상적으로 행동했다면 핌코는 평화로운 경영 구도 개편 계획을 벌써 세웠을 테고, 이에 따라 그로스를 명예 회장으로 추대해 그야말로 '명예롭게' 퇴진할 길을 열어줬을 터였다. 그러나 아무리 본인이 만들고 성장시킨 회사라 해도 더는 같이 갈 수 없는 사람임을 너무도 확실하게 보여줬다.

그로스는 한 가지 제안 사항이 더 있다고 덧붙였다. 볼스도 사임해야 한다고 재차 강조했다.

호지와 제이콥스는 그로스에게 투표권이 없다고 말했다. 그리고 그로스를 제외하고 투표를 했고 결과는 뻔했다.

그로스는 너무 놀랐다. 나를 빼놓고 투표를 한다고? 지난 7월에 있었던 회의 때와 똑같은 기분이었다. 손가락 사이로 모래가 다 빠져나가는 듯한 허탈하고 황망한 기분 말이다.

좌절감을 느끼며 속으로 이렇게 되뇌었다. 좋아, 그렇단 말이지? 내가 CIO인데 볼스를 해고할 수 없다면, 내가 직접 말하는 수밖에.

호지가 그로스에게 퇴장해 달라고 말했다.

그로스는 들고 온 서류를 주섬주섬 챙긴 다음 회의실 밖으로 나갔다. 볼스를 내보내는 일이 뜻대로 되지 않았는데도 뭔가 낙관적인 기분이었다. 제안 내용은 나무랄 데 없이 좋았다. 탈출구를 제대로 찾은 듯했다.

그로스가 나가자마자 다들 그로스가 없는 집행위원회를 당연시하는 분위기였다. 무엇보다 그가 제시한 기한이 너무 길었다. 자신이 관리하던 나머지 펀드에 대한 구체적인 승계 계획도 없었다. 무제약 펀드 관리 문제는 어떻게 할 셈인가? 끝까지 쥐고 있을 생각인가? 고객에게는 또 뭐라고 설명해야 하는가? 지금 말한 내용이 정말 승계 계획이 맞기는 한가? 더 논의를 해봤자 소용없는 일 같았다. 그로스가 내놓은 안을 고려해본들 무슨 의미가 있겠나. 더는 그로스를 믿을 수 없다는 분위기가 팽배했다.

다들 마음속으로 생각해오던 그 안건을 꺼낼 수밖에 없는 상황으로 흘러갔다. 정말 유감스럽지만 그로스가 순순히 물러나지 않으면 결국 해고해야 할지도 모른다.

핌코 집행위원회는 이미 그 계획을 실행하기 시작했다. 블룸버그 TV 출연과 관련한 불상사와 사퇴하겠다며 으름장을 놓는 그로스의 행태를 지켜본 후 경영진은 심사숙고 끝에 긴급 사태에 대비한 '비상 계획'을 가동하기 시작했다. 호지를 비롯한 최고 경영진은 그로스의 권한 이양 작업을 맡을 '인수 위원회'를 구성했다. 그리고 지난 몇 개월 동안 수천억 달러 규모에 달하는 대형 관리 계정 목록을 작성했다. 그로스가 아직도 관리 중인 이들 계정을 분할해 누구에게 어느 계정을 이관할지를 결정할 생각이었다.

다행히 후임 CIO를 정하는 절차는 그리 어렵지 않았다. 후임자로 이바신만 한 인물이 없다고들 생각했다. 무엇보다 다들 이바신을 좋아했다. 힘 있고 돈 좀 있다고 기고만장할 사람이 아니라는 점을 다들 알고 있었다. 힘은 이미 어느 정도 가졌고 기본적으로 변덕스럽거나 폭력적인 사람이 아니었다. 이바신은 핌코 거래장과 전 세계 자금 관리 팀을 관리·감독하는 위원회 의장이었다. 그리고 동료들은 이바신을 집행위원회에 참여할 자금 관리 담당자 대표로 선출했다. 성과 면에서도 믿을 만하다는 점이 가장 중요했다. 이바신이 담당한 핌코 인컴펀드는 2013년에 동종 펀드 중 상위 97%에 해당하는 성과를 냈고(3~5년 동안 상위 99% 유지) 자신이 운용하는 사모펀드로 수억 달러를 벌어들였다.

그 아래 직급을 정리하는 과정에서는 경쟁이 여간 치열하지 않았다. 예를 들어, 토털리턴 펀드를 누구에게 어떤 순서로 맡길지를 결정하는 작업이 간단치가 않았다. 금융계가 늘 그렇듯이 누구 이름이 가장 마지막에 남느냐가 중요했다. 그로스가 임명한 후임자가 1순위이기는 했지만, 정보 유출자를 찾는다며 직원을 심문할 때 옆에서 함께 작업했던 미히르 우라처럼 몇 사람은 그로스에게 너무 충성했었다. 시끄럽던 내부 투쟁이 마무리된 마당에 그로스에 대한 지나친 충성심은 오히려 감점 요소였다.

분기별로 열리는 핌코 정기 포럼이 월요일 정오에 열렸다. 단기적 경제 상황을 진단하고 거래 전략을 수립하고자 최고위 투자 담당자가 세계 각지에서 뉴포트비치 본사로 모여들었다. 포럼 때면 늘 보는 광경이었다.

앤드루 볼스도 런던에서 이곳으로 온다는 의미였다.

그로스는 부하 직원에게 거래장에 있는 볼스에게 가서 자신의 사무실로 오라는 말을 전하라고 했다. 잠시 후 부하 직원이 볼스와 함께 사무실로 들어왔다. 그가 기억하기로 그로스가 볼스에게 이렇게 말했다고 한다. 당신하고 나 둘 중 하나는 회사를 그만두게 될 거요.

"둘 중 누구일 것 같소?"

"저예요?" 볼스가 물었다.

"아니, 나요." 그로스가 대답했다. "집행위원회에서 당신에게 표를 던졌으니 말이요. 그래도 나는 당신이 핌코를 나가줬으면 좋겠어." 볼스가 나가는 쪽이 핌코에 더 좋은 일이라며 물러나 달라고 말했다.

그러면서 지금 당장 나가라는 뜻은 아니라고 덧붙였다. 호지, 제이 콥스와 의논해보라. 가족과도 상의해보고 플래텀도 만나보라. 며칠 시간을 갖고 진지하게 생각한 뒤 당신이 당연히 해야 할 일을 했으면 좋겠다. 내일 집행위원회 회의 때 보자.

볼스의 마음은 복잡했다. 이 만남은 한 시간가량 계속됐다. 어찌해야 할지 난감하고 혼란스러울 뿐이었다. 한편 그로스는 일이 잘 풀린다고 생각했다.

다음 날 그로스는 집행위원회에서 증언하는 데 필요한 자료를 챙겼다. 요즘은 노트를 항상 가지고 다녔다. 나이가 70이 되다 보니 기억력이 예전 같지 않고 자꾸 잊어버렸다. 이따금 노트에 적어두곤 했는데 이 기록이 매우 결정적인 역할을 했다.

볼스는 회의실에 나타나지 않았다. 상관없었다. 그로스는 언론에 내부 정보를 유출한 첩자이자 배신자이고 핌코에 해를 끼친 이적 행위자임이 분명한 앤드루 볼스는 반드시 해고해야 한다는 주장을 관철할 생각이었다. 설명을 듣고 나면 호지도 그렇고 나머지 임원들도 자신의 말을 이해하고 동조해주리라 생각했다.

그로스는 그 자리에 당사자가 있기라도 한 듯 손을 벌려 강조해가며 확신에 차서 주장을 펼쳤다. 내 말은 전부 사실이다. 내가 아무렇게나 지어낸 게 아니다. 이제 여러분도 다 알아야 한다.

장내에는 침묵이 흘렀다. 호지가 침묵을 깨고 그로스에게는 핌코 이사 사임을 요청할 권한이 없다고 말했다.

그러자 그로스는 바로 반박했다. 좀 전에 핌코 변호사에게 물어봤는데 이런 요청은 사규에 전혀 어긋나지 않는다고 들었다는 것이다.

호지가 발끈했다. 지금 볼스를 해고하라고 강요하는 겁니까?

그로스는 즉각 아니라고 했다. 강요한 적이 없다. 요청과 강요는 다르다. 고려해 달라는 것은 요청이라기보다 부탁에 가깝다.

이렇게 부인했지만, 이 말은 허공을 맴돌 뿐이었다.

이바신과 호지 그리고 나머지 최고위 경영진은 어이가 없어 아연실색하는 반응이었다. 이들은 그로스가 얼마나 노골적으로 볼스를 해고하려고 압박했는지 전부 다 지켜봤고, 최근에 어떤 요구를 했는지도 잘 알고 있었다. 요청이나 강요나 무슨 차이가 있는지 모르겠다. 그로스는 지난 일을 잊지도 않았고 헷갈리지도 않았다. 거짓말을 하고 있음에 틀림없었다.

이바신은 진저리를 쳤다. 말도 안 되는 요설임은 물론이고 위험하기까지 했다. 지난 몇 달간 이바신은 동료에게 불만을 토로하며 불쾌감을 드러냈다. 그로스가 하는 행동이 워낙 예측 불가능하기도 했지만, 엘 에리언이 떠난 후 그 정도가 더 심해졌다.

이바신은 그로스가 엘 에리언, 사이드너와 갈등을 빚는 과정을 전부 봤다. 또 다이얼리나스를 내치고 무제약 펀드를 가져가는 상황도 지켜봤다. 정보 유출 의심자에 관한 자료를 철한 바인더가 나날이 두꺼워지는 것도 봤다. 그래서 그로스와 마주치면 골치만 아프니까 눈에 띄지 않게 다니며 그냥 내 할 일만 했으면 정말 좋겠다는 말도 한 적이 있다. 그러나 바라는 대로 되지 않았다. 상황이 나아질 기미가 전혀 보이지 않자 더는 조용히 있을 수만은 없게 됐다. 그래서 이바신은 행동에 나섰다.

9월 11일 목요일, 변호사와 만나 상의를 했고 주말에는 몇몇 동료를 만나 핌코의 미래에 관해 의견을 나눴다. 이 혼란의 구렁텅이에서 빠져나올 방법을 찾아야 했고 앞날이 어떻게 전개될지도 가늠해야 했다.

이바신은 다른 임원들에게 꼭 벼랑 끝에 몰린 심정이라고 말했다. 그로스의 괴팍하고 진저리 쳐지는 행동에는 이미 익숙해졌지만, 최근에는 회사 운명까지 위태롭게 하는 지경이니 더는 두고 볼 수 없었다. 개인적인 성향이나 감정 하나 다스리지 못해 조직 전체를 위험에 빠뜨리다니 이 얼마나 무책임한 행동인가! 이대로 내버려 뒀다가는 이바신도 결국 핌코를 떠나야 할지 모른다.

위기를 느낀 사람이 이바신만은 아니었다. 파트너들 역시 하나둘 똑같은 우려를 표하기 시작했다. 여차하면 언제든 떠날 기세였다. 제이 제이콥스가 그랬고, 웬디 컴스도 마찬가지라고 말했다. 더는 그로스와 함께 일할 수 없다고 했다.

이바신이 드디어 행동에 나섰다는 소문이 사내에 파다했다. 연초인 1월에 핌코를 떠난 사이드너가 "정상적인 사람은 빌 그로스 밑에서 절대로 같이 일 못한다."라고 말한 것을 다들 알고 있었다. 수많은 핌코 직원이 막연히 느꼈던 기분을 적절한 단어로 콕 집어 표현해준 셈이었다. 직원들 또한 빌 그로스 없이 핌코를 꾸려나가야 한다는 생각을 하기 시작했다.

그로스 본인도 그 사람들을 무조건 적대시해서는 안 된다는 사실을 알고 있었다. 그래서 포트폴리오 관리자 회의에 대비해 한 가지 궁리를 했다. 좌석 배치도였다. 이전의 투자위원회와 기타 회의에서 자신에게 우호적인 사람을 주변에 앉히곤 했다. 그러나 이번에는 그럴 필요도 없었다. 회의장이 꽉 차지도 않았다. 대형 탁자에 그로스와 함께 앉은 사람은 미히르 우라와 비르지니 메종뇌브뿐이었다. 이바신, 볼스, 매더는 탁자 쪽에 앉지 않았다. 이바신은 맨 앞줄 의자에 앉았고 볼스와 매더는 네 번째 줄, 다른 사람들은 더 멀리 떨어져 있었다.

이런 좌석 배치는 노골적으로 상대방을 냉대하는 졸렬하고 유치하기 짝이 없는 일이었다. 대놓고 모욕을 주려는 의도가 다분해보였다. 이런 유치한 행동이 결국 누구에게 해가 될까?

9월 11일 목요일, 그로스는 이사 세 명이 사퇴 카드로 압박하고 있다는 소식을 들었다. 이바신과 컵스, 제이콥스였다. 그리고 몇 시간 후 두 명이 합세했다고 한다. 누군지는 듣지 못했으나 상관없었다. 점점 판세가 정리된다는 느낌이 들었다.

그들이 이기든 자신이 이기든 둘 중 하나였다.

그로스는 사람들을 따로 불러내 해임안 표결을 신중하게 하라고 했고, 그럼에도 '쿠데타'라도 일으킨다면 누가 가담했는지 다 알 수 있다고 겁을 줬다. 그러나 날이 갈수록 확신도 자신감도 약해지는 느낌이었다. 그리고 상대도 이 사실을 잘 알고 있으리라 생각했다.

이유 없이 불편했던 사내 분위기가 묘하게 익숙했다. 그로스를 평생 따라다니던 그런 불편함이었다. 다른 사람은 다 알아챌 수 있는 상황에 직면하게 되리라는 점을 본인도 알고 있었다. 문제는 그런 상황에 직면할 때 느껴지는 불편함의 정체를 당최 이해할 수 없었다는 데 있었다. 얼마 전 고등학교 동창회가 있었는데 혼자 들어가기가 영 어색해서 자동차에 다시 들어가 앉아 기다리던 상황과 비슷했다. 그러다가 어린 시절 절친했던 제리가 와 있는 모습을 보고 그제야 슬그머니 모임 장소로 들어갔다. 제리가 그로스를 알아보고 바로 다가왔다. 제리는 그로스가 이런 상황을 몹시 불편해한다는 사실을 잘 알고 있었다.

제리는 이렇게 말했다. "그 친구는 채권시장에 들어가 몇 억 달러씩 턱턱 베팅하죠. 만약 제가 그런 큰돈을 베팅했다가는 심장마비가 왔을 거예요. 그에 반해 동창회 모임 장소에 들어가는 일쯤은 아무렇지 않아요. 참석한 사람을 다 알지 못해도, 또 그 안에서 무슨 일이 벌어질지 몰라도 아무 상관이 없는 거죠. 하지만 이 쉬운 걸 그로스는 굉장히 불편해해요."

사회성이 필요한 자리에서는 대충 눈치껏 행동해야 하는데 그로스는 이런 일을 못한다. 기분 좋은 경험을 같이 한 기억이 있어서 반갑게 가서 아는 척을 해야 할 사람이 차고 넘치는데도 이런 쪽으로는 영 젬병인 모양이었다. 예전에는 그로스를 몰랐더라도 지금은 다들 안다. 그래서 그를 알아본 사람들이 다가와 말을 건다. 이 사람들은 그로스에게 항상 채권시장에 관한 조언을 구한다. 그러면 어떻게 대답해야 할지도 모르겠고, 얼마나 진지하게 답해야 하는지 또 정말 알고 싶어서 묻는지를 알 수 없어 난감해한다. 그래서 그는 이런 대화를 피하려고 처음부터 사람들 눈에 안 띄려고 애쓴다. 그래서 제리 옆에 앉아 "저 사람은 누구야?"라고 묻는다. 제리는 모른다고 대답한다. 그로스에게는 이렇게 옆에 같이 앉아 줄 '방패막이'가 필요했다.

지금은 그때 상황과는 비교가 안 된다. 사교 현장과 기업 경영 현장이 어떻게 같겠는가! 사적인 대화가 오가는 동창회가 아니라 법적인 문제로 비화할지 모를 상황이었다.

9월 13일 토요일 아침에 그로스는 우라와 이야기를 나누려고 집으로 찾아갔다. 우라는 마지막 남은 우군이었고 그를 향한 충성심이 여전했다. 그로스는 전후 사정을 설명하고 자신이 제안한 내용을 상세히 들려줬다. 그러면서 사람들이 왜 그토록 자신에게 반감을 갖느냐고 물었다. 도무지 이해할 수가 없었기 때문이다.

우라는 차분하게 설명했다. 다 볼스 때문이다. 영업부에서 두고 보지 않을 기세라면서 그곳 분위기도 전했다.

그로스는 우라에게 의결권이 있는 집행위원회 위원으로서 자신의 거취 문제를 표결에 부치면 어떻게 할 생각이냐고 물었다.

우라는 찬성표를 던지지 않을 것이라고 답했다. 우라와 그로스가 반대표를 던진다면 집행위원회는 가결에 필요한 표를 확보하지 못한다.

그로스는 자신에게 시간이 있다고 생각했다. 그러나 월요일이 되자 마음이 바뀌었다. 그렇게 간단히 처리할 일이 아니라는 생각이 들었다. 우라에게 해임안 표결 때 반대표를 던져달라고 부탁하는 일이 어떤 의미인지 잘 알고 있었다. '쿠데타' 계획이 진행 중인 마당에 우라가 반대표를 던지면 조직인으로서의 우라는 그날로 '죽은 목숨'이나 다름없다. "하긴 내 측근으로 있는 한 우라는 이미 죽은 목숨인지도 모르지." 그로스는 곰곰이 생각했다. 암 같은 중증 질환이나 가족에 관한 일처럼 독단으로 결정해서는 안 되는 일이 있는 법이다. 사내에서 공개적으로 진행 중인 쿠데타에 반기를 드는 행동 역시 마찬가지다. 그래서 어쩔 수 없이 우리는 그로스 해임안에 찬성표를 던져야 했다.

상황을 너무도 잘 아는 두 사람은 서로 끌어안으며 눈물을 훔쳤다. 그러나 어쩔 수 없는 일임을 두 사람은 너무도 잘 알고 있었다. 그로스를 향해 칼이 떨어지고 있었고 우리는 막을 수가 없었다.

호지와 다른 경영진은 매일 회의를 소집해 수행해야 할 일과 그 방법을 논의했다.

핌코 집행위원회는 9월 27일 토요일에 특별 회의를 열기로 했다. 이런 일은 계획하고 준비하는 작업이 만만치 않아서 남은 일정이 아주 빠듯하게 느껴졌다. 그러나 사태가 너무 심각했고 사퇴 위협으로 인한 압박감이 너무 컸기 때문에 일부에서는 회의 일정을 앞당기자는 목소리까지 나왔다.

그러나 이는 별로 바람직한 제안이 아니었다. 주식회사 성격도 있었던 핌코는 정보 공시 문제가 걸려 있어서 시장이 열려 있는 동안 경영진을 긴급 교체하는 일이 쉽지 않았다. 그리고 통상 영향력이 큰 주요 의사결정자는 시장이 열리면 언제든 그 시장에 있어야 한다. 그러나 상황이 급박했기 때문에 집행위원회는 결국 회의 일정을 토요일에서 금요일로 앞당겼다.

그로스는 9월 16일 화요일에 회의 소집 통보를 받았다. 26일 금요일 오후 2시에 집행위원회 회의가 열린다는 내용이었다.

그로스에게는 9월 26일이 마감 시한인 셈이었다. 마음이 급해졌다. 한시라도 빨리 '반란' 세력을 누르고 예전으로 돌아갈 방법을 찾아야 했다.

궁리 끝에 채권시장 경쟁업체인 더블라인캐피털에 전화했다. 안

내실 직원이 전화를 받았다. 그래서 제프리 건들라크Jeffrey Gundlach와 통화하고 싶다고 말했다.

일반적인 관점에서 보면 건들라크는 그로스가 스스럼없이 전화를 걸 상대가 아니었다. 두 사람은 같은 분야에서 치열하게 경쟁하는 상황이라 친구보다는 적에 가까웠다. 둘 다 모기지시장을 매우 선호했고 최근 몇 년 사이에 건들라크의 실적이 그로스의 턱밑까지 추격해오고 있었다.

그러나 그로스는 경쟁 요소보다는 비슷한 측면에 초점을 맞춰서 호소하고픈 심정이었다. 건들라크는 트러스트컴퍼니오브더웨스트Trust Company of the West: TCW에서 나온 후 더블라인을 창업했다. 24년간 TCW에서 근무하면서 토털리턴본드펀드Total Return Bond Fund를 운용하는 등 본인은 물론이고 회사와 고객에게 막대한 수익을 안겨줬다. 건들라크 역시 모기지시장 붕괴를 예측하고 흐름에 맞게 투자했다. 그러나 대우가 너무 실망스러웠다. 회사에 그렇게 많은 돈을 벌어다 안겼는데도 TCW 경영진은 이에 걸맞은 보상을 해주지 않았고 그를 탁월한 지도자로 인정해 주지도 않았다. 양측 간 긴장이 점점 고조되다가 결국 극심한 불화로 이어졌다. 그러던 어느 날 건들라크는 분에 못 이겨 씩씩거리면서 사무실을 박차고 나갔다. 변호사가 급히 뒤쫓아왔지만, 건들라크는 구두 소리를 크게 울리며 성큼성큼 계단을 내려가 건물 밖으로 나가버렸다.

그러더니 같이 일하던 TCW 직원 60명 중 45명을 데리고 나와 회사를 만들었다. 평화롭지 못했던 결별은 결국 소송으로 이어졌고, 재판 과정에서 내밀한 이야기들이 공개되면서 큰 타격을 입었다. 한 직원이 '기밀 정보'를 썸 드라이브thumb drive: 휴대용 저장 장치에 담아 브래지어 속에 숨겨 가지고 나왔다는 이야기도 있었다. TCW는 건들라크가 새로 차린 사무실을 급습해 은밀한 사생활과 관련된 각종 도구와 대마초를 찾아냈다. 여기에는 딜도 2개를 포함한 성인용품 12개, 노골적인 도색 잡지 34개, 역시 노골적인 성행위 장면을 그대로 담은 DVD와 비디오 36개 등이 포함되어 있었다. 건들라크는 투자자를 향해 "사측이 지극히 개인적인 사생활에 속하는 영역까지 침범하는 파렴치한 짓까지 할 줄은 몰랐다."라면서도 이때 나온 물건 전부가 다 자신의 것은 아니라고 항변했다.

어쨌든 이 일로 해서 건들라크의 자칭 '천재' 혹은 '교황' 심지어 '대부'라는 칭호가 적잖이 퇴색했다. 배심원은 건들라크가 TCW에 대한 '선량한 관리자의 주의 의무'를 위반한 책임이 있다고 평결했다. 그러나 이를 이유로 사측에 배상할 필요는 없으며 오히려 TCW 측이 건들라크 외 공동 피고인 3인에 대해 체불 임금 6천 670만 달러를 지급하라고 평결했다. 건들라크의 완승이었다. 더블라인은 크게 번창했으며 초고속으로 성장한 뮤추얼 펀드 운용사의 반열에 올랐다.

이런 세부적인 내용은 그로스에게 그리 중요하지 않았다. 건들라크가 살아온 이력은 그로스와 판박이처럼 닮았다. 둘 다 투자 부문에서 발군의 실력을 보였고, 새로운 사업을 구축해 성장시키는 데에서도 뛰어난 능력을 발휘했다. 그리고 자신들이 올리는 수익을 날름날름 받아먹기만 하면서 아무짝에도 쓸모없는 관료주의에 물들어 감 놔라 대추 놔라 사사건건 트집인 경영진과 마찰을 빚었다는 공통점도 있었다.

그로스의 전화를 받은 더블라인의 안내 직원 멜리사는 지금은 건들라크와 통화할 수 없다고 말했다. 그래서 메시지를 남겼다. 멜리사는 '빌 그로스한테서 전화가 왔었다'는 말을 전했다.

건들라크는 처음에는 장난 전화이겠거니 생각했다. 이런 전화가 수도 없이 걸려오기 때문이다. 열성적인 추종자는 물론이고 악성 댓글로 선동하고 비방하는 무리도 엄청나게 달라붙었다. 그러다 보니 이런 장난 전화쯤은 애교였다. 그래도 미심쩍었던 건들라크는 안내 직원에게 전화번호를 확인해보라고 했다.

지역 번호 949번으로 시작하는 번호였다.

건들라크는 핌코에서 상품 관리자로 근무했던 이그나시오 소사 Ignacio Sosa의 방으로 갔다. 소사는 몇 개월 전에 '미친 상사'와 더는 같이 못 있겠다 싶어서 LA까지 매일 2시간 거리를 출퇴근해야 하는 수고를 마다하지 않고 더블라인으로 이직했다. 소사에게 그로스 전화번호를 아느냐고 물었다. 당연히 모른다고 대답했다. 그래서 두 사람은 컴퓨터 화면 앞에 쭈그리고 앉아 검색을 해봤다. 검색창에 '지역 번호 949'를 쳤다. '오렌지카운티'라고 떴다.

건들라크는 안내 직원에게 그 사람한테 전화를 걸어서 정말 빌 그로스가 맞는지 확인하라고 했다. 멜리사는 목소리를 듣고 그때 그 사람이 맞다고 했다.

두 시간쯤 후에 건들라크가 그로스에게 전화를 걸었다.

계속 심란한 상태였던 그로스는 전화를 받자마자 반가움을 표시했다. 그리고 이렇게 말했다. "핌코에서 이제 내가 필요 없다고 합디다. 내 목을 자르기 직전이라오."

건들라크는 깜짝 놀랐지만, 한편으로 그로스 심정이 너무 공감이 됐다. "정말로 경영진이 당신을 내보내고 싶어 한다고요? 믿을 수가 없군요."라고 했다. "전에 나도 그런 일을 겪었어요. 그렇게 어리석은 인간들은 처음 봤다니까요."

그로스는 아직은 은퇴하고 싶지 않다고 말했다. 더구나 해고라니! 자산 관리 업무를 계속하고 싶다고 했다. 보수가 줄어도 상관없다고 했다. 나갈 준비가 아직 안 되어 있다면서.

"너무 성급하게 생각하지 마세요. 한번 만날까요?" 건들라크가 자신의 집에서 만나자고 했다. 그곳이면 두 사람이 사적인 대화를 마음껏 나눌 수 있다. 이번 일을 계기로 채권업계를 호령하는 두 거물이 뭉쳐 이른바 '드림팀'을 만들 수 있지 않을까 하는 기대감도 있었다.

다음 날 오후 4시쯤 그로스가 건들라크 집으로 갔다. 멀리 태평양이 보이는 곳에 토스카나풍으로 지은 건들라크의 집 안마당에서 두 사람은 3시간 동안 이야기를 나눴다. 그로스는 그동안 있었던 일을 상세하게 이야기했다. 엘 에리언이 회사를 나간 일, 언론에 아무 말도 못하게 자신의 입에 재갈을 물린 일, TV 출연을 금지당한 일, 내부 정보를 유출한 첩자를 찾으려 했던 일, 미스터 X로 의심되는 인물에 대한 일, 핌코를 멋대로 운영하는 경영진에 관한 일 등 지난 12개월 동안 핌코에서 벌어졌던 일을 아주 자세하고 빠르게 털어놓았다. 그로스는 자신을 쫓아내려는 경영진의 의도를 한발 앞서 꺾어놓겠다고 강하게 결심했다가 또 차라리 자신을 해고하게 하는 편이 낫겠다는 생각 사이에서 갈팡질팡하는 듯했다. 어차피 정해진 일인데 더 버텨봐야 추해지기만 할 뿐 아닌가. 그러면서 'PE 가이'라는 표현을 계속 썼는데 이는 아마도 이바신을 가리키는 말인 듯했다.

건들라크는 강한 어조로 빠르게 말하는 그로스를 보면서 화가 많이 났구나 하고 생각했다. 사실 본인에게도 익숙한 감정이라 충분히 이해가 갔다.

한마디로 그로스는 너무 슬퍼 보였다. 상심이 큰 듯 우울해보이기도 했다. 그로스는 손을 들고 줄지어 선 민간인을 향해 총을 겨눈 병사 사진을 본 적이 있다고 했다. 그 사진을 볼 때마다 사람들이 왜 도망가지 않았는지가 항상 궁금했는데 이제 이해가 간다고 말했다. 그로스는 사진 속 피해자 모습에서 자신을 봤다. 자신도 도망가지 않을 생각이었다. 자신을 내치려는 경영진에게 만족감까지 선사할 생각은 추호도 없었다. "나를 해고하려면 정확히 내 머리를 쏴야 할 거요."

건들라크는 그로스의 마음을 달래주려고 했다. 토털리턴이 수십 년 동안 뛰어난 성과를 내준 사실이 오히려 그로스의 발목을 잡은 셈이라고 말해줬다. 관리하기 버거운 수준으로 토털리턴 펀드가 너무 커졌기 때문이라고 말이다. 너무 큰 성공 뒤에는 실패가 따르게 마련이다.

건들라크는 그로스에게 이렇게 말했다고 했다. "자산 규모가 너무 커서 탈이란 말입니다."

그로스는 "그렇기는 하지."라고 답했다. 자산 규모가 작을수록 관리하기가 편하다. 그런데 그로스가 핌코 측에 제안했던 관리 자산 규모가 상당히 컸다. 400억이나 500억 정도를 관리하겠다고 말했었다. 그 정도는 충분히 감당할 수 있으며 과한 요구는 아니라고 생각했다. 너무 초라한 수준도 아니고 그 정도면 자신이 운용하기에 적당한 규모라고 생각했다. 토털리턴 펀드 운용을 굳이 고집하지도 않았다.

이 대목에서 그로스는 다시 침울해졌다. "그런데 그 사람들은 안된다고 하더이다. 그러더니 나더러 되도록 빨리 나가줬으면 한다고 말하더군요."

두 사람의 만남에 긴장감이 전혀 없었다고는 말할 수 없다. 오랜 세월 경쟁자 관계였고 경제 및 금융 관련 언론에서 서로 상대방을 에둘러 모욕하기도 한 사이였다. 최근에는 언론에 나가 '채권왕' 호칭을 슬쩍 사용하기도 했다. 물론 건들라크 본인은 그 호칭을 써달라고 한 적이 없다고 발뺌했지만 말이다. 어쨌거나 두 사람은 자신들이 세상을 떠나고 난 후에 어떻게 기억될지에 대한 이야기를 나눴다. 그로스는 농구 선수로 비교하면 본인은 코비 브라이언트Kobe Bryant 같은 사람이고, 건들라크는 르브론 제임스LeBron James 같다고 했다. 아직 '전설'로 불리기는 이르지만 벼락출세를 한 젊은 영웅이라는 의미였다. "나는 우승 반지가 다섯 개고 당신은 두 개지. 머지않아 당신도 다섯 개가 되지 않겠소?"(그로스는 이런 말을 한 적이 없다고 했다.)

두 사람은 자존심 세우기를 멈추고 서로에게 득이 되는 방향으로 생각을 해보기로 했다. 그로스가 더블라인에서 일할 가능성이 있을까? 예전 같으면 말도 안 되는 일이겠지만, 그런 가능성을 아예 배제하지는 않기로 했다. 그로스는 1달러만 받고도 일할 용의가 있다고 말했다. 이에 대해 건들라크는 더블라인 합류에 관해 논의할 여지가 있다는 의미로 받아들였다.

그로스가 만약 더블라인에서 일하게 될 경우 한 가지 짚고 넘어가야 하는 부분이 있었다. 건들라크는 말이 새어 나갈 일은 없으니 걱정하지 않아도 된다고 안심시켰다. 그제야 그로스는 SEC가 수개월째 핌코를 조사하는 중이라고 말했다. 지금쯤은 "핌코가 채권 가격을 책정하는 방법을 당국이 알았을 테고, 구체적으로 토털리턴 ETF와 관련된 제3자 가격 책정 체계와 규정 준수 부서도 샅샅이 들여다봤을 것"이라고 했다. 그로스 자신도 면담이라는 형식으로 오랜 시간 조사를 받았다고 했다.

건들라크 입장에서도 만일 그로스가 더블라인으로 온다고 하면 한 가지 분명히 할 사항이 있었다. 더블라인 수장의 지위와 권한을 그로스와 공유할 생각은 전혀 없었다. 건들라크는 더블라인을 세웠고 맨손으로 이만큼 키웠다. 더블라인은 자신의 것이고 앞으로도 그럴 것이다. 그로스가 합류한다면 자산관리자로 와서 오로지 그 업무만 담당해야 하며 제프리 건들라크와 공동으로 무언가를 책임질 일은 없다. 지분도 기대하지 말아야 한다.

두 사람은 계속 연락을 취하기로 했다. 아직 확정된 일도 결정된 사항도 없었다.

그로스는 집으로 돌아오면서 아내 수에게 전화를 걸었다. 그리고 아직은 잘 모르겠다고 했다. 어쨌든 의욕이 샘솟는 느낌은 아니었다.

건들라크 또한 마냥 들뜬 기분은 아니었다. 냉정하게 생각해야 했다. 애초에 '드림팀'은 좋은 생각이 아니었는지도 모른다. 아니, 가능한 일이 아니었을 수도 있다. 두 사람은 너무 비슷했다. 그럼에도 만일에 대비해 더블라인은 빌 그로스 합류에 관한 보도자료를 작성했다. 일이 성사되면 바로 발표할 수 있도록 만반의 준비는 해뒀다.

이때쯤 와서야 알리안츠는 사태의 심각성을 깨달았다. 2000년에 알리안츠가 과반 지분을 인수한 이후로 모기업이기는 하나 핌코와는 독립적인 관계를 유지하며 의도적으로 모든 면에서 간섭을 자제하는 방침을 고수했다. 핌코 인사 중에서는 소유권을 그쪽에 매각한 것 자체가 알리안츠에 은혜를 베푼 처사라는 듯 거만한 태도를 보이는 사람도 있었다. 핌코도 이 정도 수준의 독립성을 요구했고 이런 체계가 무리 없이 잘 굴러갔다. 지금까지는.

알리안츠는 독일 뮌헨 본사에서 핌코 상황을 보고받고 있었다. 그러나 사태가 심각해지자 멀리서 불구경하듯 하던 태도를 더는 유지할 수 없었다. 결국 마이클 디크만 CEO가 개입하기로 하고 미국행 비행기 표를 예약했다.

디크만이 캘리포니아에 도착하기 전에 그로스는 요아힘 파버 Joachim Faber 전 알리안츠글로벌인베스터즈Allianz Global Investors CEO, 핌코에서 은퇴한 빌 톰슨 전 CEO와 자리를 함께했다. 파버는 그로스가 좋아하는 사람으로서 2000년 핌코 지분 인수 건을 담당하며 인연을 맺었고, 톰슨 역시 그로스가 여전히 신뢰하는 사람이고 온화하고 점잖은 성품이라 그로스의 마음을 잘 달래줄 수 있는 인물이었다. (핌코 경영진이 톰슨에게 도움을 청했고, 도움을 주고 싶었던 톰슨은 이 만남에 응했다.)

이들은 전화와 이메일로 연락을 주고받으며 계획을 세웠다. 그리고 수십 년 동안 '핌코가 곧 그로스였고 그로스가 핌코'였을 정도로 밀접했던 관계에서 이를 분리하는 방법을 정리한 그로스의 제안서를 검토하면서 논의를 이어갔다고 한다. 그 결과를 살펴보면 이렇다. 그로스는 당장 CIO와 투자위원회 의장, 집행위원회 및 파트너보상위원회 위원직을 내놓는다. 실질적인 권한을 전부 내려놓는다는 의미였다. 상여금도 절반으로 삭감한다. 이 부분은 괜찮았다. 토털리턴 관리권한은 완전히 포기하고 200억 달러 정도 되는 소규모 포트폴리오를 관리하는 등 역할을 줄인다. 그리고 핌코 본사 사옥에는 다시 나올 수 없다. 그 괴팍한 성격과 존재 자체로 사람들 화를 돋우는 일이 없도록 다른 곳에서 포트폴리오를 관리한다.

이 계획안은 불과 일주일 전에 그로스가 했던 제안보다 권한과 책임이 훨씬 더 축소된 형태였고 너무 가혹했다. 그러나 이 시점에서는 그것이 최선이었고, 본인도 이 점을 잘 알고 있었다.

17일에 디크만이 도착했다. 그로스가 핌코를 떠나는 일은 엄청난 비용이 들어가는 재앙적 사건이겠지만, 지금으로서는 피할 수 없는 일이었다. 디크만은 이번 사태에서 발생하는 피해를 줄이고자 했고 이를 위해 할 수 있는 일을 다 할 생각이었다.

9월 18일 아침에 디크만은 그로스와 아침 식사를 함께했다. 두 사람은 서로 알기는 해도 자주 연락하는 사이는 아니었다. 그래서 대화 분위기는 다분히 사무적이고 딱딱했다.

그로스 말에 따르면 파버가 그로스, 톰슨과 함께 작업했던 계획안을 디크만이 이때 내놓았다고 한다. 일종의 '사이드카' 형태로서 독자적으로 운용할 자금과 권한을 그로스에게 떼어준다는 내용이 었다. 그로스는 디크만이 '사이드카'라는 단어를 쓰면서 200억에서 300억 달러 정도는 알아서 관리하라는 말을 했다고 기억한다. 디크 만은 벼랑 끝으로 치닫고 있는 양측 간 대결이 이 정도에서 해결되기를 바랐다. 창업자가 회사를 완전히 떠나지는 않고 적어도 표면적으로는 남아 있으면서 회사와의 관계성은 유지하되, 회사를 대표하는 수장 자리에서 물러나 독립적으로 가장 충성스러운 고객 대상으로 서비스를 계속 제공한다면 핌코와 알리안츠 둘 다에 이득이다. 무엇보다 창업자가 쫓겨났다는 사실에 대한 대중의 당혹감이나 불필요한 후폭풍 혹은 시장 충격을 피할 수 있다. 그로스가 기억하기로 디크만은 "양측이 같은 방향으로 나아갈 수 있다."라고 말했다.

디크만은 호지와 제이콥스를 만나러 갔다. 두어 시간 후 그로스도 이들과 만나기로 되어 있었다. 그로스는 디크만이 "계획안 그대로 실행될 겁니다. 아마 당신이 기대하는 말이 나오겠죠!"라고 말한 사실을 똑똑히 기억했다. 조금은 희망이 생겼다. 살짝 미소가 떠올랐다. '사이드카' 계획이 정말 가능할지도 모른다. 그러면 이 지긋지긋한 전쟁도 끝이 난다. 이런 생각을 하며 일말의 기대감을 품고 약속 장소로 갔다.

그러나 곧바로 뒤통수를 맞았다. 호지가 완전히 다른 경영권 이양 계획서를 내놓았기 때문이다. 핌코는 그로스가 그간 이룬 놀라운 성과와 업적을 찬양하는 말과 함께 연말에 사퇴한다는 사실을 발표하겠다고 했다. 이 자체가 표면적으로는 평화롭게 경영권 이양이 진행된 것처럼 보도자료를 꾸미겠다는 술수로 느껴졌다.

그로스가 기대했던 그림이 전혀 아니었다. 그래서 '사이드카' 계획은 어떻게 되느냐고 물었다. 그동안 관리했던 규모에 비하면 쥐꼬리만큼밖에 안 되는 자금만 관리하겠다고 했는데? 마주치는 것조차 불편하다면 내 사무실을 건너편 건물로 옮긴다고까지 하지 않았는가? 이렇게 양보하는데도 안 된다는 말인가?

제이콥스가 이의를 제기했다. 계획 실행 차원에서도 어불성설이고 보기에도 안 좋다고 했다. 고객에게는 대체 어떻게 설명할 셈인가? 그 당시 제이콥스는 그로스와 관련된 모든 사안에 적극적으로 관여한 것은 아니기 때문에 그로스가 도리를 생각하며 이성적으로 행동할지 여부가 확실치 않았다. 이들은 그로스에게 그 계획안을 고려해볼 수는 있지만, 관리 자금 규모가 10억이나 20억 달러 정도면 몰라도 수백억 달러는 곤란하다고 말했다.

경영진이 내놓은 계획안대로라면 그로스는 핌코에서 바로 퇴출되는 셈이었다. 이런 속사정은 숨기고 마치 경영권 이양이 평화롭게 이뤄진 듯 보이려고 야비한 꼼수를 쓴다고 생각했다. 실제로는 지금 당장 해고와 다름없음에도 몇 개월 후로 발표를 미뤄 외견상 그로스가 핌코에 남아 있는 듯 술수를 쓴다는 의미였다. 이 '유예' 기간에 채권왕, 업계 대부, 선구자, 전설, 억만장자, 유명인사 등 명예로운 호칭이 아니라, 그저 칭찬 몇 가지만 던져주면 되는 노회한 창업자 이미지를 덧씌우는 등 갖은 모욕적인 언론 선동으로 그로스를 쓸모없는 늙은이로 만들고 핌코 경영진이 한 행동을 포장할 셈이 아닌가. 디는 견디기 어려웠다. 이처럼 도를 넘어도 한참 넘어서는 상황은 도저히 참아낼 수 없었다. 당사자가 동의하지도 않은 내용을 멋대로 결정해 발표하겠다니!

핌코 경영진은 그로스가 12월까지 나가준다면 그가 맡았던 책임과 권한을 순조롭게 이양하는 데 도움이 되겠다고 말했다. 그로스에게는 이것이 연말까지 "있어도 되지만" 만약 이 새로운 계획안을 받아들이지 않으면 즉각 해고하겠다는 말로 들렸다.

경영진은 그로스가 더는 핌코 직원이 될 수 없다고 설명했다. 핌코는 그로스와 갈라서야 했다. 그러나 방법이 문제였다. 되도록 갈등과 마찰 없이 순조롭게 진행되는 모습을 보여야 했다. 제이콥스는 그로스가 새 회사를 차리거나 새로운 자금을 관리하게 도와주겠다고 했다.

그로스는 제안을 듣고 이렇게 말했다. "개도 안 물어갈 뼈를 던져주고 뭐 하자는 건가!" 그러고는 아무런 합의 없이 자리를 떠났다.

한편 아빠와 함께하지 못한 중요한 일 스물두 가지를 적은 목록 때문에 딸과 더 많은 시간을 보내겠다며 부와 영향력을 내려놓고 핌코 CEO에서 물러났다는 모하메드 엘 에리언에 관한 새로운 이야기가 온라인을 뜨겁게 달궜다. 엘 에리언이 6월에 〈워스Worth〉에 글을 하나 썼는데 특별한 이유도 없이 갑자기 이 글에 대한 관심이 높아지더니 어느새 〈텔레그래프Telegraph〉, 〈데일리메일Daily Mail〉, 〈인디펜던트Independent〉, 〈허핑턴포스트Huffington Post〉, 〈이! 온라인E! Online〉 등 온갖 언론에서 다루게 됐다. '충성심' 가득한 핌코 직원들은 엘 에리언이 확실한 증거도 없이 미디어 블리츠media blitz(언론을 동원한 집중적 선전 공작-역주)로 그로스를 궁지로 몰아넣었다고 수군거렸다.* 엘 에리언과 알리안츠 간에 '복귀 가능성'에 관한 논의가 오갔다는 소문까지 파다하

---

* 엘 에리언은 변호사를 통해 그로스를 퇴출로 몰아가는 작업에 관여했다는 사실을 부인했다. 변호사 말에 따르면 알리안츠 주선으로 로이터에서 이뤄진 '편집 회의'가 이 사태의 발단이라고 한다. 여기서 기자가 엘 에리언에게 2013년 5월에 나눴던 대화에 관해 물었다. 로이터가 쓴 논평 기사를 다른 매체가 받아 적었는데 '일과 사생활 간의 균형'에 관심이 많았던 대중이 기사를 찾아보면서 널리 퍼졌을 뿐이라고 했다.

게 돌았다.

비슷한 시기인 9월 23일에 〈월스트리트저널〉이 SEC 조사에 관해 보도했다. 기사는 금융시장 규제기관인 SEC가 핌코 측이 채권 ETF 가격을 인위적으로 부풀리지 않았는지 조사 중이라고 전했다. 이 ETF가 올린 '엄청난 초기 수익'이 투자자를 끌어 모으는 데 도움을 줬고, 최근 몇 주간 조사가 강화됐으며, 그로스도 조사관을 만났다고 했다.

기사는 세부적인 내용에는 주목하지 않았지만, SEC는 핌코가 활용한 단주端株 가격 책정 기제에 초점을 맞췄다. 이 방법은 소송을 제기했던 제이슨 윌리엄스의 주장대로 토털리턴 ETF가 자사 뮤추얼 펀드를 제압하고 유리한 출발을 하는 데 결정적인 역할을 했다.

핌코는 꽤 오랫동안 SEC 조사 사실을 비밀에 부쳤다. 그런데 최악의 순간인 지금 그 사실이 밝혀졌다. 핌코 경영진도 이 사실이 결국은 밝혀지리라는 점을 알았다. 정상적인 상황에서라면 이 같은 정보 유출을 재앙으로 여겼겠지만, 이 시점에는 이 문제가 가장 큰 쟁점이 아니었다.

금요일 오후 2시까지는 아직 시간이 남았다. 그로스에게는 조직 수장으로서의 위엄이 남아 있었고, 회의에는 나가지 않을 생각이었다. 그 사람들 앞에서 해고되지는 않으리라. 그 전에 반드시 해법을 찾아서 경영진이 짠 조악한 계획을 무용지물로 만들고 말겠다.

그로스는 딕 웨일에게 전화를 걸었다.

그로스는 엘 에리언과의 문제로 혼란스럽던 와중에도 웨일에게 연락을 취한 적이 있었다. 웨일은 해고될 위험에 처한 그로스에게 야누스에 합류해 함께 일할 수 있으면 좋겠다며 언제나 환영이라고 말했다. 그러나 그로스는 조금 더 버틸 수 있다고 생각했으므로 핌코에 남을 생각이라고 말했다. 그때는.

그런데 이제 상황이 달라졌다.

웨일은 바보가 아니었다. 오래전부터 야누스를 뉴스의 중심에 세우고 싶었다. 노력 덕분에 그럭저럭 효과가 있기는 했으나 큰 성공을 거두지는 못했다. 이번이 기회라고 생각했다. 웨일은 그로스에게 사무실도 미리 준비해두겠다고 했다.

그로스는 건들라크에게 전화를 걸어 음성 메시지를 남겼다. "핌코를 떠나지만, 더블라인에는 가지 않기로 했다. 그래도 고마웠다."

해가 졌고 목요일 밤이 깊어졌다. 한나절만 있으면 집행위원회가 열린다. 그로스는 밤에 조용히 핌코로 가서 텅 빈 거래장 안을 거닐었다. 그리고 거래표와 인쇄용지에 짤막한 인사말을 남겼다. 우군이라 할 만한 사람, 여전히 그로스를 존경하는 사람의 수가 많지 않기 때문에 따로 용지를 준비하지 않아도 충분했다.

벤 에몬스Ben Emons에게는 "계속 잘해 주시오."라는 메모를 남겼다. 치 왕Qi Wang에게 남긴 메모에는 "건강 잘 챙기고 잘 지내시오."라고 썼다.

쪽지를 봉투에 넣고 봉한 다음 겉면에 수신인 이름을 적었다. 그리고 이제 곧 '전' 동료가 될 15~16명의 책상 위에 올려놓았다.

그리고 메모 한 장을 더 썼다.

수신인: 핌코 CEO
내용: 2014년 9월 26일 오전 6시 29분 태평양 표준시에 사임했음을 확인함.
윌리엄 W. 그로스 올림

제16장

그 시절이여,
이제 안녕!

그로스의 예상 시간보다 더 빨리 그로스 사임 확정을 알린 쪽이 있었다.

9월 26일 오전 5시 28분태평양 표준시에 야누스캐피털Janus Capital이 다음과 같은 내용을 발표했다. 전설적인 채권 투자자 윌리엄 그로스가 야누스에 합류한다.

핌코와 알리안츠 모두 충격에 휩싸였다. 독일 뮌헨에서 알리안츠 주가가 즉각 폭락했다. 정신이 반쯤 나간 알리안츠 경영진은 핌코에 전화를 걸어 그로스가 그만둔 것이 사실인지 확인했다. 핌코 취재를 전담했던 기자도 충격을 받았다. 월가 트레이더는 물론이고 모든 금융업계 관계자도 경악을 금치 못했다. 누구보다 먼저 최신 정보를 입수하는 데 익숙한 금융계 인사도 핌코에 그 그로스 말고 또 있느냐며 어리둥절해했다.

이들과 나머지 세상 사람 전부가 이 사실을 알게 됐을 때쯤에 그로스는 제트기를 타고 콜로라도주 덴버에 도착한 다음 체리크리크Cherry Creek에 있는 야누스 사무실로 들어갔다. 이로써 그로스는 독자적 운용 자금, 경영책임으로부터의 자유, 어느 정도의 자존심 등 자신이 원했던 것을 거의 확보했다. 퇴직금은 없었고 황금 낙하산golden parachute(거액의 특별 퇴직 수당-역주)도 없었지만 말이다.

그로스는 총자산 규모가 1천 300만 달러인 '야누스 글로벌 무제약 채권 펀드Janus Global Unconstrained Bond Fund'를 관리하게 됐다. 그리고 핌코 본사에서 600여 미터 떨어진, 그러니까 엎어지면 코 닿을 정도로 가까운 곳에 야누스 뉴포트비치 사무소를 개설했다. 건물은 핌코 사옥을 그대로 본뜬 모습이지만, 층이 하나 더 있었다. 이와 관련해 개발업자가 핌코 사옥과 똑같은 건물에 층수 하나만 더 올렸다는 소문이 나돌았다.

아침에 이 소식이 발표되자 시장이 출렁였다. 지난 몇 주간 서로 무관해 보이는 몇 가지 이유 때문에 살얼음판을 걷는 듯한 분위기였는데 그로스가 핌코를 떠났다는 사실에 트레이더들은 큰 충격에 빠졌고, 거의 전 자산군에 걸쳐 충격의 여파가 미치면서 채권시장이 출렁였다. 결국 '그로스가 곧 핌코'였던 셈이다. 이렇게 되면 그로스가 선호하던 거래의 인기가 시들해질까? 인기와 관심이 얼마나 빠르게 식을까? 이 때문에 그로스 혼자 지탱하는 듯했던 신흥국이나 채권시장에서 대량 매도로 인한 급락이 나타날까?

이 같은 사태가 어떤 결과로 이어질지는 뻔했다. 핌코 고객 사이에서 채권 조기 상환 요구가 줄을 이었다. 조기 상환에 응해야 한다면 핌코는 보유 증권을 시장에 대량 내놓아 헐값에 처분해야 한다. 핌코가 보유한 증권들은 급속도로 포지션 청산이 이뤄졌다.

핌코 및 그로스가 선호한 상품 시장이 급락했다. 브라질과 멕시코 국채 가격도 하락했다. 회사채 역시 가격이 폭락했다. 그로스가 특히 주목했던 파생상품, 스와프, TIPS 등도 마찬가지였다. 트레이더들은 토털리턴이 보유한 자산 목록을 추려서 향후 대책을 마련하느라 분주했다.

혼란 속에 허둥댔던 쪽은 트레이더만이 아니었다. 정부 당국도 예외는 아니었다. 금융위기 이후로 정부는 늘 '금융 체계상'의 문제가 발생할까 두려워했다. 이번 일로 그동안의 우려가 현실이 될까 봐 '그로스 사태'에 촉각을 곤두세웠다. 이 소식이 흘러나온 순간부터 여기저기 전화하느라 바빴다. SEC, 금융산업규제국Financial Industry Regulatory Authority: FINRA, 기타 감독기관은 핌코에 전화를 걸어 그로스 사퇴가 미치는 영향을 가늠하려 했다. 핌코 경쟁사, 헤지펀드, 증권사, 증권거래소의 고위 임원들에게도 전화를 했다. 이 일로 상황이 얼마나 나빠질 수 있는지 알아야 했다. 대형 펀드 회사 여러 곳에 계속 전화를 걸어 고객 자금 회수 및 이로 인한 채권시장 붕괴 가능성을 알아봤다. 비정상적인 거래량 때문에 금융 체계가 무너지는 징후가 나타나지는 않을까 다들 시장을 주시했다.

이 와중에 긍정적인 효과를 본 증권이 딱 하나 있었다. 야누스 주식이었다. 야누스 주가는 43% 상승했다. 야누스 사상 최고의 날이었다.

금융 및 경제 관련 매체는 이 소식을 다각도로 분석하려 했다. 신문 및 잡지 기자는 최신 정보를 입수하려 야단이었고 TV 제작진은 대체 핌코에서 무슨 일이 벌어졌는지를 설명해줄 초대 손님을 섭외하려고 난리였다.

핌코는 서둘러 성명서를 작성하여 태평양 표준시 오전 6시 37분에 발표했다. 그로스가 사임했고 이미 회사를 떠났지만 큰 문제는 없다는 내용이었다.

호지는 성명서에서 이렇게 말했다. "금년 들어 핌코의 미래 성장 방향에 관한 경영진과 그로스의 생각에 근본적인 차이가 있다는 사실이 점점 더 명확해졌다. 고객과 직원, 모기업 알리안츠에 대한 책임이라는 차원에서 핌코는 경영권 이양이 순조롭게 이뤄지도록 승계 계획을 마련하고 있었다."

'핌코가 승계 계획을 완벽하게 준비했지만, 사임 발표 시점을 기막히게 선정한 덕분에 그로스가 최종 승자가 된 모양새였다. 그러나 이 때문에 핌코가 곤란해지지는 않았다.' 호지는 이렇게 말하는 듯했다.

후임자는 거의 결정이 난 상황이었지만, 그래도 핌코 경영진은 표결을 통한 후임 CIO 선출 일정을 마련했다. 다들 이바신으로 짐작했지만, 공식적으로 핌코 이사진의 표결 과정을 거쳐야 했다.

핌코는 스콧 매너, 마크 키셀, 미히르 우라 등이 토털리턴에 대한 관리 책임을 맡는다고 발표했다. 미히르 우라는 그로스의 우군이라는 인식이 남아 있었기 때문에 가까스로 여기에 포함된 듯했다. 이들은 이미 이 업무를 수행하고 있었다. 탐욕스러운 헤지펀드 트레이더를 상대로 맞받아치기를 하면서 투매 처분을 주도하려고 했다.

피할 수 없는 일이었다. 빌 그로스가 핌코를 떠난 후 그해 10월부터 이듬해 3월까지 고객이 토털리턴에서 회수한 자금이 1천억 달러가 넘었다. 핌코는 어떻게든 이런 상환 요구에 응해야 했다.

투매는 사내에서도 활발히 이뤄졌다. 핌코에서 즐겨 활용했던 17a-7 조항을 적용해 핌코 내 또 다른 포트폴리오에 증권 180억 달러어치를 매도했다. 물론 고객이 회수한 1천억 달러를 상쇄하기에는 한참 못 미치는 액수였지만, 도움은 됐다.

역시 이 조항을 활용해 토털리턴에서 그로스가 선호했던 물가연동형 재무부 채권TIPS을 빼서 이바신이 관리하는 인컴펀드에 넣었다. 3월 말에는 TIPS가 인컴펀드에서 가장 큰 비중을 차지하게 됐다. 인컴펀드는 고객이 고정 수입 혹은 추가 현금 흐름을 노리고 일부러 선택하는 상품이었고 TIPS와는 방향성이 정반대였으므로 오랫동안 이쪽에는 거의 투자를 하지 않았다.

핌코 트레이더는 채권지수 펀드와 거래가 가장 활발한 상품을 재빨리 매도해 현금을 조달했다. 이들은 시장에서 맥을 못 추고 폭락 중인 증권을 꼭 쥐고 있었다. 그러면 적어도 투어魚처럼 악착같은 헤지펀드 손아귀에서 놀아날 걱정은 덜 수 있다.

빌 파워즈는 이렇게 말했다. "핌코는 전시 비상경계 태세에 돌입한 상태다. 빌 그로스가 떠난 후의 사태를 수습하는 데 다들 총력을 기울여야 한다. 이보다 먼저 엘 에리언이 회사를 떠났을 때 이뤄진 개편 이후 최고위급 경영진 사퇴로 인한 경영 구조 개편은 이번이 두 번째다. 굳이 당부하지 않아도 이보다 더 잘할 수 없을 정도로 다들 너무 잘해주고 있다. 새벽 4시 30분에 출근해서 저녁 6시까지 일하고 심지어 주말에도 나와 일한다." 그러나 파워즈는 또 "이들에게 지금 하는 이 개편 과정과 구조가 제자리를 잡고 잘 작동해서 빌 그로스 때보다 훨씬 나은 성과를 분명히 내줄 것이라는 확신을 줘야 할 때다."

합리적인 숙고와 판단보다는 반사적 반응에 따라 행동하는 컨설턴트와 고객을 설득해 내 편으로 만들기가 쉽지 않다는 점을 핌코도 잘 알고 있었다. 예의 그 금요일 아침이 되자 고객 서비스팀은 여기저기 전화를 거느라 분주했다. 대형 연기금부터 개인투자자에 이르기까지 연락할 수 있는 곳에는 전부 연락했다. 그러고는 일단 와서 보라고 말했다. 새로 개편된 구조가 분명히 마음에 들 것이다. 다들 알다시피 어떤 면에서는 '모난 돌'을 제거한 셈이다. 어차피 그로스는 언젠가 떠나야 할 사람인데 막상 그 후에 우리가 무엇을 어떻게 해야 하는지 분명치 않았다. 그런데 이제 분명해지지 않았는가! 우리는 강하고 앞으로 나갈 준비가 되어 있다.

어려운 싸움임에는 틀림이 없었다. '돌발 사퇴'라는, 예측하지 못했던 그로스의 행동에 관한 보도가 줄을 이었다. 트레이더와 언론인은 지난 2월에 〈저널〉에 실렸던 기사 내용을 재탕해 내보냈고 관련된 토막 소식을 줄줄이 쏟아냈다. 그로스가 다른 사람을 다 제치고 건들라크에게 전화를 걸었고 실제로 둘이 만났다는 사실에도 관심이 집중됐다. 이 소식이 전해진 날 건들라크는 로이터 통신 제니퍼 아블란에게 둘이 만났던 이야기를 들려줬다.

그로스의 성향과 관련해 '변덕스러운'이라는 단어가 계속 등장했다. 미국 공영 라디오 NPR에서도 이 단어가 나왔고 〈뉴욕타임스〉에도 나왔다. 솔직히 '변덕'이라는 단어에는 저의가 있었다. 즉 그로스가 졸렬하고 역겨운 인간만은 아니라는 점에 방점을 두고 싶었는지도 모른다. 또 그로스가 사람들을 어떻게 대우했는지만이 아니라 다른 측면에서 그에 관한 진실을 토로하려는 의도가 담겼을 수도 있다. 변덕스럽다는 말에는 그로스가 심리적으로 문제가 있는 정말 불안정한 사람이고, 그래서 회사 차원에서 큰 문제를 일으킬 여지가 있다는 의미도 있었다. 펀드 관리자 및 펀드 운용 이사회는 수탁자로서 '선량한 관리자의 주의 의무'를 준수해야 한다. 그리고 여기에는 '신중하게 행동할 의무', 즉 '조심성, 기술, 경계심'을 바탕으로 올바로 행동해야 하는 의무도 포함된다.

이 대목에서 선뜻 이해가 가지 않는 부분이 있었다. 핌코 경영진은 그동안 그로스가 얼마나 변덕스럽게 행동했는지를 밝히면 해고가 정당했음을 쉽게 확인시킬 수 있다는 사실을 잘 알았다. 그런데 그들은 해고하지 않았고, 결국 그로스가 스스로 그만뒀다. 왜 그랬을까? 그로스가 했다는 변덕스러운 행동이 외부에 드러나지 않게 하려고 핌코 경영진이 무척 애를 썼다는 사실을 사람들이 알았다면 어떻게 됐을까? 아마도 핌코는 그로스와의 '전투'에서는 승리할지 몰라도 '전쟁'에서는 패배했을 것이다. 그러면 고객은 어째서 더 빨리 조치를 취하지 않았느냐고 아우성을 칠 것이 뻔했다. 신뢰를 바탕으로 하는 사업 영역에서 한 조직을 이끄는 '핵심 인물'의 거취가 장장 18개월 동안 불안정한 상태로 있었다는 사실에 이미 다들 경악하지 않았는가! 이 회사에는 제대로 된 인물이 하나도 없었다는 말인가? '변덕스러운' 창업자를 통제하지도 못했고 이런 사태를 해결할 위원회도 없고 내규도 없고? 이런 조직을 어떻게 '기업'이라 할 수 있겠는가? '이런 부정적인 비난을 다 받아내며 핌코가 과연 건재할 수 있을까?'라는 부분이 훨씬 중요했기 때문이리라.

핌코로서는 그의 '변덕스러움'이 그동안 별 문제를 일으키지 않다가 아주 최근에야 해결 불가능한 심각한 문제가 됐다고 주장하는 것이 최선이었다. 그래서 조직에 해가 된다고 판단한 순간에 사퇴 카드로 문제를 적절히 해결했다는 식으로 밀고 나갔다.

그로스 사퇴 후 호지는 토요일에 〈저널〉 기자 커스텐 그라인드와 진행한 첫 인터뷰에서 "금요일 오후에 이바신을 후임으로 임명하자 핌코 내부는 대체로 안도했다."고 전했다. 이 자리에 함께한 핌코 전 직원은 기립 박수로 후임자 임명을 축하했다고 한다. 호지는 "낙관론과 열정이 기득한 자리였다."라고 말했다.

9월 30일 화요일에 이바신과 호지가 함께 CNBC에 출연했다. 이들은 새로운 논조와 방향성으로 고객이 느끼는 불안감을 해소하고 폭풍을 잠재울 준비가 되어 있다고 자신했다. 그러나 결과는 참담했다. 우선 두 사람은 화면 양 끝에 잡힐 정도로 멀리 떨어져 앉았다. 마치 '물과 기름'을 보여주듯이 말이다. 질문에 답할 때도 영 부자연스러웠다. 미리 연습한 대로 대답하는 티가 확연히 났고 뭔가 불편해하는 모습이 역력했다. 호지는 쑥스러워하는 듯했고 질문에 대답할 때도 우물쭈물했다. 질문 맥락에 맞지 않는 답을 기계적으로 줄줄이 외워 말하는 실수를 저질렀다. 호지가 답변하는 동안 이바신은 팔을 폈다 접었다 하고 얼굴과 눈 주변을 긁적이며 안절부절못했다. 그리고 죄지은 사람처럼 혹은 지금 있는 곳이 불편하다는 듯 이리저리 움직였다. 이바신 역시 외운 내용을 줄줄이 읽는 듯하기는 마찬가지였다.

호지는 진행자 브라이언 설리번이 던지는 질문에 사내 분위기가 매우 활기차고 낙관적이며 핌코는 "앞으로 나아갈 준비가 되어있다." 라는 상투적인 말을 되풀이했다. "그로스는 결국 핌코를 떠날 예정이었다. 그 시점이 금요일이냐 아니면 내년 혹은 내후년이냐를 몰랐을 뿐 다들 그로스가 회사를 나가리라는 사실을 알고 있었다."

계속 이런 식이었다. 두 사람은 '앞으로 나아간다' 혹은 '전진한다' 라는 말을 반복했다.

핌코 직원은 거래장에 모여 입을 떡 벌린 채 방송을 지켜봤다. 아, 망했다. 혹 떼려다 혹 붙이는 거 아냐? 대체로 이런 반응이었다.

홍보팀은 댄 이바신의 약력 등을 포함해 간략한 인물 소개서를 언론에 배포했다. 내용은 대충 이랬다. 이바신은 나스카NASCAR: 개조 자동차 경주 대회와 컨트리 가수 조지 스트레이트George Strait를 좋아한다. 바닷가에서 달리기할 때는 레게 음악을 즐겨 듣는다. 핌코에서는 꽤 매력적인 사람으로 통하는데 실은 매우 평범하게 하고 다닌다. 전 상사 스콧 사이먼은 이렇게 말했다. "토요일에 만난 이바신은 과연 저 사람이 핌코 CIO가 맞는지 의심하게끔 합니다. 그냥 뉴포트 해변을 거니는 사람으로 보이죠. CIP라는 생각이 전혀 들지 않을 정도로 평범합니다. 그러나 분명한 건 이바신은 훌륭한 투자자입니다. 특히 위험 및 보상과 관련해서는 특출한 감각을 타고났죠."

〈파이낸셜타임스〉는 이바신이 사무실 근처에서 살며 바닷가에서 달리기를 하거나 배구를 한다고 했다. 무엇보다 〈투자 전망〉에 '밥'이라는 고양이 이야기를 올렸던 그로스와는 달리 이바신은 애견인愛犬人이었다. 즉, 두 사람은 정반대 성향이었다.

이 같은 차이점은 핌코 거래장에서 확연히 드러났다. 협력하는 분위기가 주류를 이루면서 분석가와 트레이더가 책상 주위에 옹기종기 모여 각기 의견을 내놓고 토론하는 모습이 자주 눈에 띄었다. 쥐 죽은 듯 고요했던 이전에 비해 상대적으로 다르다는 의미일 뿐 핌코 직원이라는 정체성은 그대로였다. 그래도 예전에 비해 개선된 부분이 분명히 있었다.

그러는 동안 그로스의 행태에 진저리를 치며 핌코를 떠났던 직원이 하나둘 돌아오기 시작했다. 몇 주 만에 핌코는 자산관리자 마크 사이드너, 여름에 한바탕 난리를 치렀던 기사와 함께 핌코를 떠났던 캐리 트레이더(금리 차이를 이용하는 전문 트레이더-역주)를 다시 고용한다고 발표했다. 그해 2월까지 핌코 컨설턴트였던 존경받는 경제학자이자 노벨상 수상자 마이클 스펜스Michael Spence도 다시 고용했다. 그리고 그로스가 폐기하려 했던 주식 및 대안 상품 팀을 확대 개편했다.

핌코는 아무도 회사를 떠나지 않는다는 점을 분명히 했다. 이 단호한 결의가 도움이 됐다. 그리고 발생 가능성이 있는 문제를 돈으로 해결할 여력이 생겼다. 거액의 이익 배분금이 파트너에게 할당됐다. 핌코는 알리안츠에서 연간 이익의 30%를 받아 보유했고 파트너는 매년 각기 정한 몫을 나눠 챙긴다. 이때 그로스는 고정적으로 20%를 받았다. 그로스와 엘 에리언 몫으로 할당된 금액을 합하면 총 5억 2천만 달러인데 두 사람이 회사를 나간 상태이므로 이 돈이 다시 파트너 몫으로 돌아왔다.

잘된 일이었다. 그렇지 않았다면 회사 상황이 정말 참담했을 테니 말이다. 성장을 촉진하겠다는 의도로 마련한 도구가 무시무시한 무기로 변해 돌아올 것이 뻔했기 때문이다. 'M 주식' 혹은 'M 유닛' 가격이 폭락하고 있었다. 그로스가 그만두기 전에도 M 주식 가치를 띄울 수 있을 정도로 핌코가 수익성을 높이기는 쉽지 않았다. 그러나 현재 상태는 더욱 암담했다. 고객 자금 유출이 계속되는 상황이었다. 이러다가는 M 주식은 아무 가치가 없는 증권이 될 공산이 크다. 다행인 건 M 주식이 만든 구멍은 새로 풀린 5억 2천만 달러로 메울 수 있다.

이는 파트너 같은 고위직에 해당되는 얘기고 실무자를 비롯한 하급 직원에게는 해당 사항이 없었다. 그래서 핌코 고위 간부가 알리안츠로 가서 유능한 인재를 핌코에 계속 붙잡아두는 데 도움이 되는 특별 보상 계획을 요청했다. 알리안츠도 이를 인정해 일반 직원용으로 2억 7천 900만 달러를 내줬고, 이듬해까지 상여금을 두 배로 올려 지급하기로 했다.

알리안츠로서는 새로운 경영 구조가 안정적으로 자리 잡을 수 있게 도와야 했다. 그래서 핌코 파트너에게는 두둑한 이익금을 챙겨주고 나머지 평직원에게도 전보다 많은 보상이 돌아가도록 했다.

10월 2일에 마이클 디크만은 알리안츠 이사회 임원 정년인 60세가 되는 다음 해에, 지난 11년 동안 유지했던 알리안츠 수장에서 물러난다고 발표했다.

핌코는 조직 안정화를 위해 사력을 다하고 있었다. 같은 맥락에서 토털리턴 펀드를 정상화하는 데도 자원을 쏟아부었다. 그 효과가 나타났다. 펀드 성과가 예전 수준을 회복했다. 그로스가 취했던 중기 국채 대신 단기 회사채에 베팅했다. 10월 한 달에만 자금 회수 규모가 480억 달러에 달할 정도로 자금 유출은 여전했지만, 몇 개월이 지나자 동종 경쟁 펀드보다 나은 성과를 보이더니 12월에 정상 자리를 탈환했다.

블랙 아이, 투 샷! 빌 그로스는 패션 아일랜드 몰에 있는 스타벅스에서 늘 하던 대로 주문을 했다. 역시 늘 비슷한 시간인 새벽 5시 30분이었다. 밖은 아직도 어두웠다. 스타벅스에서 커피 주문하는 일은 근 50년 동안 한결같이 지켜온 출근길 일과 중 거의 맨 마지막에 해당한다. 핌코가 경영 구조 개편을 통해 거듭나기를 하는 동안 그로스는 다른 곳에서 평소의 아침 일과 대부분을 다시 시작했다. 이 일상을 지켜내려고 그렇게 노력했건만, 여기에 병적으로 집착하는 그로스가 정해진 경로에서 이탈해야 할 상황이 발생했다. 지금은 스타벅스에서 나와서 왼쪽이 아니라 오른쪽으로 방향을 잡고 뉴포트 센터 드라이브에 있는 새 사무실로 간다. 새 사무실이 있는 건물은 핌코 사옥과 거의 똑같은 모양으로 설계됐으며 아직 완공되지 않은 상태였다. 이렇게 해서 첫 번째 일과 변경이 일어났다. 그런데 핌코를 떠나고 나서 몇 개월 후에 스타벅스가 자리를 옮겼다. 이는 어찌할 수 없는 부분이었다.

그로스는 상쾌한 아침 공기를 맡으며 건물 안으로 들어간 다음 경비원을 향해 고개를 끄덕이며 인사를 했다. 그리고 승강기를 타고 8층으로 올라갔다. 야누스 뉴포트비치 사무소는 그로스와 새 조수 이렇게 단 두 명으로 시작했다. 그로스는 아직 건설 중인 새 건물의 첫 번째 입주자였다. 그래서 사무실은 무덤처럼 조용했다.

그로스와 조수는 8층에서 햇볕이 잘 드는 모퉁이 자리를 택했다.

비록 한쪽 모퉁이에 사무실을 마련했으나 나중에 회의실도 만들고 다른 트레이더와 조수가 사용할 책상과 사물함도 비치할 예정이었다. 그리고 필요에 따라 얼마든지 더 확장할 공간이 있었다.

책상은 핌코 사옥이 마주 보이는 쪽에 배치했다. 블룸버그 단말기 앞에 앉으면 화면 뒤쪽으로 난 커다란 창문 한가운데로 핌코 건물이 눈에 들어온다. 그에게는 그 건물을 보는 게 자극이 됐고, 가장 강력한 동기부여 요소였다. 커다란 검은색 유리창으로 빛이 반사되는 바람에 너무 눈이 부셔서 짜증이 날 때도 있었지만 말이다.

전에는 매일 아침 기술 담당자가 사무실에 먼저 들어가 단말기를 켜고 로그인을 해 놓았다. 그런데 지금은 직접 해야 했다. 나이 70세에 말이다. 단말기 기능도 손수 사용해야 했다. 언제나 다른 사람이 해줬던 증권 거래도 직접 해야 했다. 이제 이 모두가 그로스의 몫이었다.

사무실이 조용하다는 점은 몹시 마음에 들었다. 본인에게 핌코는 늘 너무 시끄러웠다. 거래장에서 조용히 하라고 그렇게 지시했는데도 소용없었다. 자판 두드리는 소리, 기침 소리, 아무리 못하게 해도 어디선가 또 들려오는 말소리 등 거래에만 집중할 수 있는 천국처럼 고요한 장소이기를 바랐는데 이곳이 정말 그랬다. 실적이 저조했던 몇 년간을 뒤로하고 높은 성과를 올리며 연승 가도를 달리던 그때로 돌아가고 싶었다.

정치성을 요하는 조직 분위기와 가식적인 태도, 터무니없는 중상과 모략, 회사에 해를 끼치는 행위, 내부 정보를 언론에 흘리는 직원, 면전에서 회사 방침을 무시하고 조롱하는 행위 등 수십 년 동안 핌코에 누적된 문제를 뒤로한 채 번듯한 새 사무실에서 다시 출발할 수 있다. 그로스 자신이 세우고 키운 자신의 회사인데 정작 그런 자신이 아무도 처벌할 힘이 없다는 사실에 큰 충격을 받았고 아직도 그 충격이 가시지 않았다. 이익 분배율을 스스로 삭감하고, 경영에는 되도록 참여하지 않으면서 일반 실무자처럼 거래 업무에 집중하려 하고, 소유권과 지배권을 분배하는 관대함까지 보였다고 자부한다. 그런데 아이러니하게도 사익이 아니라 회사 이익을 좇았던 행위가 그로스의 '힘'을 빼앗았다. 존재하지 않았던 시장을 자신이 만들어내고 있을 때 기저귀 차고 아장거리던 사람들, 게다가 그로스 덕분에 큰돈을 벌었던 그 사람들한테 뒤통수를 맞은 셈이었다.

이제 새로 마련한 자신의 사무실에서 예전 회사를 바라보고 있다. 그리고 '돈, 권력, 명성'에 관한 생각을 했다. 자신을 몰아낸 5적五賊, 즉 공모자 다섯 명은 돈과 권력을 탐해 그런 짓을 저질렀으리라.

그러나 아직 끝나지 않았다. 그로스는 앞으로 이들은 물론 모든 사람에게 자신이 여전히 '채권왕'이라는 사실을 증명할 생각이다. 수십 년 동안 관리 서비스를 제공하면서 큰 만족을 줬던 고객이 그로스를 내친 핌코를 포기하고 함께 야누스로 갈아타기라도 하면 핌코에서는 앞으로도 자금 유출이 계속될 것이다. 그로스는 매일 오로지 한 가지만 생각하면서 여느 때처럼 해가 뜨기 전에 일어날 생각이다. 그 사람들에게 보여주자! 핌코가 정말 중요하고도 큰 것을 놓치고 있다는 사실을 증명하자. 핌코를 떠났던 모든 고객에게 그리고 자신의 진가를 알아보지 못하는 모두에게 늘 했던 생각이다.

10월 9일, 그로스는 핌코를 떠난 일을 설명하는 편지와 함께 야누스로 옮긴 후 첫 번째 〈투자 전망〉을 발표했다. 항상 그랬듯 이번에도 시작하는 글이 예사롭지 않았다. "지난 한 달여간을 돌이켜 보건대 '함께 춤추자'는 말이 내 삶의 중요한 부분이 된 듯하다."라고 썼다. 그리고 핌코에 관해서는 이렇게 썼다. "그곳에서 계속 일할 합리적인 방안이 있었다면 아마도 나는 죽을 때까지 핌코에 남았을 것이다. 그러나 나는 머뭇거리면서도 이제 떠날 때가 됐다는 사실을 서서히 인정하게 됐다. 창업자라는 사람한테는 가끔 일어나는 일이다. 그러나 그 사람들 말대로 이제 다 지나간 일이다. 더는 여기에 연연할 생각이 없다. 이제 함께 미래를 이야기하자!"

외부에서 지켜보는 사람들이 '그런데 왜 하필 야누스인지' 궁금해 한다는 점을 그로스도 잘 알고 있었다.

"나는 시장과 투자 성과, 고객 서비스 등에 집중하는 단순한 역할로 돌아가고 싶다. 웨일에게 이렇게 단순한 업무에 집중할 기회를 줄 수 있느냐고 묻자 흔쾌히 '당연히 그렇다'고 대답했다. 이제 함께 춤 추자면서. 내가 신뢰하는 사람들과 정말로 협력적인 환경에서 일할 수 있다는 생각에 절로 흥분이 됐다."

그로스는 〈투자 전망〉 글에 '두 번 춤춘다'라는 제목을 붙였다. 그리고 거의 모든 결혼에는 뭔가 '빠진 부분'이 있다면서 자신의 경우 그 빠진 부분은 '한 번도 함께 춤을 춰본 적이 없다는 점'이라고 했다. "수와 함께했던 30년 결혼 생활이 그랬다. 개구리인 나와 공주인 아내가 항상 따로 놀았을 뿐 '개구리 왕자와 공주'처럼 함께였던 적이 없었다. 그래서 지금까지 궁극적인 완성이랄까 성취를 경험하지 못했다. 오랜 시간 행복했지만, 작은 퍼즐 조각 하나가 빠진 듯 항상 허전했다. 아마도 내게는 그 빠진 조각이 '함께 춤을 추지 않았다는 사실'이 아닐까 생각했다."

그러다 수가 9월 2일에 드디어 '춤을 추자'는 말을 했다고 한다. 심란했던 회사 복귀 직전 유람선 여행 중의 일이다. "마지막 퍼즐 조각은 어쩌면 아내 자리에 놓인 보드카 마티니였을 수도 있고 그날

밤 수가 말한 대로 '솜털 같은 머리카락'이었을 수도 있으며 아니면 그간 내 결혼 생활에 들어 있지 않았지만 내게는 유난히 멋졌던 '둘이 함께 춤을 추는 장면'이었을 수도 있다. 이 가운데 무엇이든 간에 어쨌든 우리는 함께 춤을 췄다." 이렇게 함께 춤을 추는 장면이 추가되면서 그로스의 결혼 생활이 정말 '동화' 속 이야기가 됐다. 퍼즐 조각을 다 맞춰 완성한 그림처럼 말이다.

어떤 면에서 이는 수를 기분 좋게 해주려는 의지의 표현이었다. 오랫동안 아내가 기분 좋아할 글로 〈투자 전망〉을 시작했었다. 다른 사람을 비꼬는 말, 바닥에 떨어진 동전을 번개처럼 빠르게 줍는 민첩함, 피카소 그림을 기가 막히게 모사하는 재주 등을 애정을 담아 묘사한, 아내에게 바치는 일종의 헌사였다.

자신에 대해 확인되지 않은 온갖 비방과 거짓말이 퍼지고 급기야 핌코에서 나온 일로 아내는 충격을 받았다. 그러나 그 혹독한 기간에도 이런 식으로 감사한 마음을 표할 수 있었고, 그로스 본인이 생각하기에 〈투자 전망〉에 올린 '헌사'는 공개적으로 아내에게 선물할 수 있는 유일한 통로였다.

이번 〈투자 전망〉은 웹캐스트와 함께 발행됐다. 황갈색 정장을 입은 딕 웨일이 그로스를 인터뷰하는 형식이었다. 두 사람은 가죽 의자에 앉아서 금융시장과 향후 투자 전망에 관해 의견을 교환했다. 그로스는 여진히 시장에 초점을 맞췄다. 영원할 것만 같았던 채권시장 강세장이 끝났으며 사상 최저 수준으로 하락하기만 하던 저금리 시대도 끝나가고 있다. 이와 함께 두 자릿수 수익률 시대가 도래했다. "시대가 변했다. 이런 변화는 빌 그로스는 물론 야누스와 전체 투자자에게도 불행한 일이다." 역시 모두가 높이 평가했던 부분은 그로스의 뛰어난 실적보다는 솔직함과 공평함이었다.

그로스는 TV 출연을 계속했다. 적어도 채권시장에서는 다들 그로스가 어떻게 생각하는지에 여전히 촉각을 곤두세웠다. 곤혹스럽더라도 버텨내야 했다. 그러면 그로스의 매력이 다시 대중을 사로잡을 때가 분명히 온다.

그러나 정말 중요한 것은 성과였다. 엄청난 출발이 주는 이점이 얼마나 크고 강력한지를 가장 정확히 이해한 사람이 바로 그로스였다. 상품 출시 후 몇 주 혹은 몇 달 안에 엄청난 성과를 내놓지 못한다면 더 높이 치고 올라가 고실적 상품으로 자리매김하기는 사실상 불가능하다. 처음 출발부터 기록적인 성과를 내야만 중간에 악재에 흔들리거나 큰 손실이 발생할 가능성이 줄어든다.

그로스는 혼란에 빠져 우왕좌왕하는 핌코를 보고 겁먹은 고객이 줄줄이 자신을 따라오리라 생각했다. 분석가들은 최소한 250억 달러가 그로스 쪽으로 가리라 추산했다. 모닝스타는 수천억 달러까지는 아니더라도 최소한 수백억 달러가 핌코에서 유출되고, 대부분이 그로스를 따라가리라 예측했다.

처음부터 성공을 확실히 하고자 그로스는 7억 달러가 넘는 본인 자금을 새로 출시하는 펀드에 넣었다. 이는 펀드를 운용하고 관리할 자금을 충분히 확보하는 데 도움이 됐다. 펀드가 끌어 모은 자금은 수많은 기관투자자가 임계값으로 보는 10억 달러를 넘어섰다.

펀드에 자기 돈을 넣었기 때문에 이 부분에 대한 관리 수수료를 야누스에게 지급해야 했다. 해고가 임박한 시점에 서둘러 핌코를 떠났기 때문에 연봉 협상에는 거의 신경을 쓰지 않았다. 노벨상을 수상한 경제학자인 전 핌코 이사회 임원 마이런 숄즈Myron Scholes도 1월에 최고 투자 전략가로 야누스에 들어왔다. 그래서 그로스는 숄즈에게 주는 만큼만 주면 된다고 웨일에게 말했다. 그런데 숄즈가 받는 금액이 그렇게 많지 않았다. 결과적으로 야누스에서 그로스보다 연봉이 높은 직원이 200여 명이나 됐다. 그로스가 넣은 돈 약 7억 달러에 대한 관리 수수료를 고려한다면 사실상 그로스는 야누스에서 돈을 받기보다는 일을 하는 은혜를 베풀어준 대가로 오히려 야누스에 돈을 내는 셈이었다.

그러나 그로스는 크게 개의치 않았다. 그렇게 할 만한 가치가 충분히 있다고 생각했기 때문이다.

11월에 야누스는 조지 소로스가 가족 투자 기금 5억 달러를 그로스 펀드에 투자하기로 했다고 발표했다. 신종 투자 상품일 경우 과감히 첫 테이프를 끊어줄 투자자가 필요할 때가 있다. 대형 연기금은 위험을 무릅쓰고 새 펀드에 첫 번째 투자자로 나서는 일이 거의 없었다.

그로스는 야누스 트위터 계정에 글을 올렸다. "선택받는 영광, 그만큼 수익을 내는 영광." 소로스를 비롯해 자신을 믿고 따라와 준 다른 고객을 위해서라도 그로스는 반드시 성공해야 했다. 그리고 핌코 측에 최종 패자가 누구인지, 즉 마지막에 우는 자가 누구인지를 증명하기 위해서라도 꼭 그래야 한다. 유일한 방법은 시장에 있었다.

우선 여전히 '구조적 알파' 거래를 계속 추구할 수 있다. 물론 그로스 본인은 효과가 있으리라 생각했다. 현금 대신 단기 회사채에 투자하고 변동성 매도에 전념하는 거래 방식 말이다. 그러나 이런 거래의 성공 여부는 '시간'에 달렸다. 카지노 시장에서는 '순승률true odds(게임 결과에 대한 수학적 참확률-역주)'이라고 하는데 '승률 51%'를 얻으려면 충분히 긴 시간과 상당한 자료군이 필요하다. 단기적으로는 무작위 표본을 취하는 위험을 감수했다. 무작위 표본을 취하면 아무런 이유 없이 몰려들어오거나 또 갑자기 빠져나가는 변칙적 시장 흐름을 전부 포괄해야 하고 투자 간 관계성도 잘 드러나지 않는다. '순승률이면 그로스가 이긴다. 그러나 승률 51%가 확보되지 않으면 그로스가 진다.' 이 전략이 여전히 효과적으로 작동한다면 승률 51%를 얻는 유일한 방법은 바로 '시간'이었다.

그러나 그에게는 시간이 없었고 본인도 그 사실을 알고 있었다. 그러므로 더 강하게 압박하는 수밖에 없었다. 그로스는 예전부터 표면적으로는 '뮤추얼 펀드' 관리자였으나 실질적으로는 '헤지펀드' 관리자였다. 은퇴자를 겨냥한 안정적인 펀드보다 큰 위험을 감수하고 집중적인 베팅을 해온 것이다. 그는 더 이상 뮤추얼 펀드 뒤에 숨지 않고, 헤지펀드 관리 방식을 노골적으로 드러냈다. 롤러코스터 같은 극심한 시장 변동성에 기대어 예전과 같은 성과를 내기 위해 위험 감수 수위를 상당히 높였다. 열심히 일하고, 강하게 압박하고, 시장 이익을 조금이라도 더 짜낸다면 그 목적을 달성할 수 있다.

몇 개월 동안 핌코 토털리턴에서 자금이 유출되기는 했지만, 이 돈이 그로스에게 가지는 않았다. 그로스가 관리를 맡은 첫 해에 야누스 무제약 펀드 총액은 14억 달러에 그쳤다. 시장 변화에 신속하게 대처하는 민첩성에 초점을 맞췄다는 등 애써 위안 삼는 말을 떠벌이기는 했지만 실망스러운 성과임에는 틀림이 없었다. 고객을 최우선시하며 그야말로 수십 년 동안 고객만을 바라보며 전심전력했다. 그렇게 굳건했던 고객 충성심은 다 어디로 갔을까?

그러나 적어도 딕 웨일은 그로스를 영입한 보상을 어느 정도 받았다. 5년 만에 처음으로 신규 고객 자금이 20억 달러나 들어오면서 2014년 4사분기 야누스 수익이 18% 상승했다. 웨일은 블룸버그 뉴스와의 인터뷰에서 이렇게 말했다. "우리에게 빌 그로스는 페이튼 매닝Peyton Manning: 미식축구선수 같은 존재다. 업계 판도를 바꿔놓을 만한 뛰어난 능력자다. 그로스 덕분에 사람들이 우리를 주시하고 있다."

그로스 뒤를 끈질기게 추적하는 〈저널〉 기자 커스텐 그라인드와 그렉 주커만이 1월에 또 그로스가 '뒷목 잡을' 만한 소식을 전했다. 그로스가 관리하는 새 펀드 자산 중 절반이 그로스가 넣은 돈이라고 보도한 것이다.

두 기자에게 넌더리가 났다. 이 기사가 나오기 전에 그로스는 트위터에 "앞으로 나올 이 기사를 써준 월스트리트저널 커스텐 그라인드 기자에게 감사를 표함. 그렇다. 야누스 '글로벌 무제약 채권 펀드'를 믿기 때문에 나도 여기에 투자했다!"라는 글을 올렸다.

그런데 이 펀드는 그로스가 맡은 이후로 1.1% 손실을 냈다. 2월에 투자자는 여기서 1천 850만 달러를 회수했고 상황은 점점 더 안 좋은 쪽으로 진행됐다. 그리고 2015년은 실적 상승을 기대하기 어려운 상황이었다. 모닝스타 자료에 따르면 그로스 펀드는 수익률이 0.8% 하락하면서 동종 펀드 중 하위 4%에 해당하는 성적을 냈다고 한다. 펀드 관리를 '시작한 이후' 실적도 그렇고 '올해' 실적도 기대치를 충족시키지 못했다.

핌코는 주식 투자 사업에서 고전을 면치 못하고 있었다. 그 결과, 그로스가 주식 사업의 불필요성을 대놓고 주장하고 불과 몇 개월 지난 2015년 5월에 결국 이 사업을 종료하기로 결정했다. 핌코는 주식 뮤추얼 펀드 세 개를 폐쇄했다. 비르지니 메종뇌브는 6월에 회사를 떠났고 핌코는 후임자를 두지 않았다.

그로스가 주식에 대해 했던 지적은 결과적으로 옳았다. 그로스는 핌코가 주식 투자 사업을 추진하는 것이 말도 안 된다고 했다. 그러나 핌코 내부에서 그로스 판단이 옳았다고 말하는 사람은 아무도 없었는데, 그로스가 진심으로 그렇게 판단했다고 생각하지 않았기 때문이었다. 어차피 나중에 말을 바꿀 것이고, 심지어 애초에 주식 투자 전략을 몰아붙였던 사람이 바로 그로스였다.

가뜩이나 성별 및 인종 다양성 측면에서 압박감을 받았던 핌코로서는 메종뇌브가 핌코를 떠나면서 상황이 더 나빠졌다. 메종뇌브는 63명 중의 이사 중 8명밖에 안 되는 여성 이사였기 때문이다.

또 2015년 8월 핌코는 창사 이래 처음 겪는 일을 맞았다. 수년에 걸쳐 핌코를 조사하던 SEC가 결국 '웰스 노티스'를 보낸 것이다. 이는 특정 규제 조치를 실행하기 전에 그 사실을 알려주는 사전 통지서였다.

사실 통지서 자체로 회사가 큰 손해를 입지는 않는다. 그러나 핌코는 상황이 좀 달랐다. 처음으로 웰스 노티스를 받은 핌코 사람들은 지금은 몬태나에 있는 전 직원 제이슨 윌리엄스를 떠올렸다. 혹시 윌리엄스 짓인가? SEC는 윌리엄스가 주장했던 내용과 비슷한 사실, 즉 핌코가 가격 결정 체계를 조작했다고 주장하고 있었다.

전 핌코 직원들은 또 다른 '내부 고발자' 역시 SEC에 비슷한 사실을 고발했다고 말한다. 이들은 규제 당국에 면담을 제의했다. 이들 전 직원에 따르면 당국이 열심히 찾아볼 의향이 있다면 알아낼 사실이 꽤 많다고 했다. 이들은 그로스가 가격 체계에 대한 의미와 정의, 규칙을 핌코의 목적과 의도를 훨씬 뛰어넘는 수준으로 확장시켰다고 말했다. 그러나 그로스 한 사람만이 아니라 전 조직에 그런 분위기가 팽배했다고 덧붙였다. 포트폴리오 관리자는 규정 준수에 불만을 토로했고, 더 느슨한 관리·감독을 요구했으며, 부당 행위를 정당화할 틈새를 마련하고자 가능한 한 자신들에게 유리하게 용어의 의미를 확장하려 했다. 이런 부당 행위에는 조작적인 자산 할당 방침, 17a-7 조항 악용, 이해 충돌, 아는 사람끼리만 통하는 '은밀한 신호'를 주고

받는 식의 일종의 비밀 정보를 이용한 거래 등이 있다. (SEC는 이런 주장과 관련해서는 조치를 취하지 않았다.)

핌코 입장에서는 웰스 노티스가 오히려 호재일 수도 있다. 유리하게 활용할 여지가 있었다는 뜻이다. 관련한 모든 책임을 그로스에게 미룰 수 있다면 핌코, 구체적으로는 새 경영진이 목소리를 높일 기회가 생길지도 모른다. 모든 부당한 일은 그로스가 수장으로 있을 때 벌어졌으므로 자신들은 결백하다고 주장할 수 있지 않겠는가! 그 모든 일을 저지른 악당그로스은 이제 핌코 사람이 아니니 말이다.

핌코는 수십 년 동안 눈가림해왔던, 선을 넘어서는 행위와 법적 혹은 규제상 허점을 이용하는 행위를 이제 핌코를 떠난 옛 창업자에게 모두 뒤집어씌우는 방법으로 상황을 모면하려 했다. 지금도, 앞으로도 계속 활동해야 하는 바로 그 시장을 형성하는 데 큰 몫을 한 창업자를 천하의 '못된' 인간으로 만든 것이다. 그로스는 금융 산업을 키우는 데 중요한 역할을 했다. 전체 경제의 한 분야였던 금융업이 이제 전체 경제 규모에 비해 불균형적으로 몸집이 커졌다. 급료와 상여금도 경제 규모와 비교해 불균형적인 수준이었다. 게다가 일반 대중은 여간해서 알아내지 못하도록 전문 용어를 통해 그리고 파생상품을 위시한 복잡한 상품 구조를 통해 겹겹이 보호막을 쌓아놓았다.

그로스가 없어진 핌코는 창업 기업에서 벗어나 기성 기업 반열에 오를 차례였다. 우수성과 위대함을 강조히고 오랜 기간 뛰어난 실적을 내는 멋지고 안정적인 기업 말이다. 거의 매달 대외적인 발표가 있을 때마다 부적절한 감정 노출로 난처한 상황을 만들고, 자본 가치를 높게 평가하는 한편 노동은 비하하는 발언이나 태도로 경제 윤리 측면에서 논쟁을 불러일으키는 등 그로스와 관련해 발생했던 온갖 구설과 악재가 그가 핌코를 떠나면서 다 사라졌다. 한편 그로스가 핌코에서 만들어낸 성과물과 업적은 지켜낼 생각이었다. 금융 부문에서의 시장 게임을 더욱 거칠고 치열하게 하는 데 일조했던 허점 활용법(게임이 거칠어져 위기 상황을 유발하고 이에 정부가 개입하는 상황에 이르기 전까지), 댄 이바신을 보스턴으로 보내 주택을 가짜로 매입하게 한 영감, 그의 세계적인 영향력과 권위, 통찰력 등 그로스가 남긴 장점은 핌코의 소중한 자산으로 계속 남겨야 한다.

핌코는 규정이나 법률을 위반했는지에 관해서는 인정도 부인도 하지 않은 채 약 2천만 달러로 단주端株 수수료 문제를 해결하려고 했다.

그로스가 야누스에서 일한 지 약 1년이 되자 새로 쌓은 실적이 수치로 나오기 시작했다. 2015년 10월까지 1% 이상 손실이 나면서 동종 펀드 중 하위 30%에 해당하는 성적을 냈다.

11월에 조지 소로스가 투자했던 4억 9천만 달러를 회수했다는 보도가 나왔다. 소로스는 그로스를 따라간 유일한 거물 투자자였는데 이 한 명마저 빠져나갔다.

그로스는 다른 방책을 모색하기 시작했다. 그는 감을 잃었다는 둥 자신에 대한 온갖 억측과 비방에 대해 별로 신경 쓰지 않았고, 오히려 자신이 쫓겨났다는 말을 일부러 더 크게 하고 다녔다. 수수료를 낮춰야 한다고 주장하는 등 오랫동안 일반 투자자 편에서 싸웠기 때문이라고 말이다. 1990년대에 출간한 책에서, 심지어 〈투자 전망〉을 통해서도 그렇게 주장했다. 그리고 2014년에는 핌코 집행위원회에서 예상 수익률이 낮아지면 고객이 내는 수수료도 낮춰야 한다고 주장했다는 점을 부각했다.

이런 생각을 하자 자신이 무엇 때문에 이렇게 됐는지가 보이는 듯했다. 바로 이 때문이라는 생각이 들었다. 이상적 대중주의를 지향하는 그로스 자신에 대한 반발! 그로스가 고위 경영층의 밥그릇을 건드렸기 때문이라고 말이다. 줄곧 고객 이익을 대변해 싸우는 그로스 때문에 그들은 두둑한 지갑, 침실이 수십 개씩 되는 대저택, 수집해 놓은 고액 스포츠카를 더는 유지하지 못할 수 있다는 생각에 불안했을지 모른다. 게다가 이들은 그로스 몫인 이익 지분을 탐했다. 그래서 자신을 쫓아내지 않았을까.

그러자 모든 기록을 바로잡아야겠다는 생각에 조바심이 났다. 핌코에서 떠밀려 나오고 나서 몇 주 만에 소책자 형식으로 31쪽 분량의 회고록을 썼다. 핌코에서 정확히 어떤 일이 있었는지를 기록으로 남기겠다는 생각이었다. 사람들은 그로스에게 좋은 작가가 될 자질이 있다고 말했다. 그래서 아직 기억이 생생할 때 모든 사건을 기록하리라 마음먹었다. 막판에 엘 에리언이 공동 CEO를 요구했다는 사실을 비롯해 그로스를 언론에 팔아넘긴 볼스의 배신 행위에 관해, 자신이 피해를 보면서도 상대적 약자인 일반 투자자를 도우려고 얼마나 노력했는지, 그리고 얼마나 분노가 치밀었는지도 기록할 생각이었다.

그로스는 글 제목을 '핌코 특급열차 살인 사건'이라고 붙였다. 이 기록이 나중에 재판 과정에서 상당히 도움이 됐다. 그로스는 LA 지역 변호사 패트리샤 글레이저Patricia Glaser를 고용했고 10월에 핌코를 상대로 소송을 제기했다.

그로스는 핌코에서 해고당했다고 주장했다. 인간으로서의 기본 예의까지 팽개치고 자신들의 평판과 재정 상태를 개선하려는 욕구, 권력에 대한 욕망, 끝없는 욕심에 이끌린 탐욕스러운 '무리'가 자신을 쫓아냈다고 말이다. 소장에서 이들이 그로스에게 돌아갈 이익 지분을 탐했으며 수수료 인하를 계속 추진할까 봐 불안해했다고 주장하면서 자산 축적과 이익 공유를 교묘하게 방해했다는 이유로 핌코에 문제를 제기했다. 이 소장 내용은 '핌코 특급열차 살인 사건'에서 특유의 어투와 등장인물, 구절, 어법 등을 통해 알려졌다.

그로스는 핌코 측이 '실질적인 부당 해고'와 '계약 위반'을 했다고 강력하게 주장했다. 그리고 3사분기에서 4일이 부족한 시점에 회사를 나왔으므로 3사분기 상여금을 받아야 한다고 했다. 이는 꼭 돈을 받아야 한다는 취지가 아니라 사실관계를 명확히 하자는 의미였다. 그로스는 승소해서 돈을 받으면 자신이 운영하는 재단을 통해 기부할 생각이었다.

핌코 측 반응은 의외로 시적詩的이었다.

존 브린욜프슨은 블룸버그 TV에서 이렇게 말했다. "자산운용업계에는 참으로 슬픈 날이다. 핌코에게도 슬픈 날이고 빌에게도 슬픈 날이다." 닥터 수스 작품에 등장하는 인물 같은 이 말투는 그로스 본인이 했던 말을 연상시켰다. "모두에게 너무 안 좋았다."

브린욜프슨은 그로스가 "지난 60여 년 동안 자아도취에 빠진 자아를 긍정적인 방향으로 이끌어갈 수도 있었다."라고 지적했다. "지난 3, 4년은 슬픔으로 얼룩진 장이다. 그리고 유감스럽게도 평생을 몸담았던 분야에서 유종의 미를 거둬야 할 시점에 그 사람이 나아갈 방향은 절대 아니었다는 말을 하지 않을 수 없다."

그로스가 자신을 '내쫓은' 조직에 대한 복수를 멈추지 않으리라는 점이 핌코로서는 여간 불편한 일이 아니었다. 고객은 사태가 빨리 진정되기를 바랄 뿐이었다. 핌코와 관련한 이런저런 구설이 하루빨리 잠잠해지기를 고대했다.

핌코는 침착함을 유지해야 했다. 그래서 심드렁한 모습으로 일관했다. 핌코는 이 소송은 "법적 근거도 없고, 훌륭했던 경력에 오점을 남기는 안타까운 결말일 뿐"이라고 말했다. "그로스가 사임한 이후로 핌코는 앞만 보며 나아갔다. 이제 그도 이렇게 행동해야 할 때다."

이 법정 투쟁은 1년 이상 계속됐다.

시장에서는 물론이고 법정에서도 핌코를 이기겠다는 단호한 의지로 그로스는 시간과 열정을 허비하고 있었다. 남부럽지 않을 만큼 부를 축적했음에도, 또 젊지 않은 나이임에도, 아니 노령임에도 어찌 보면 사사로운 감정을 다스리지 못해 매일 복잡한 도로를 오가며 피곤한 일정을 마다하지 않았다. 자아도취에 물들지 않은 건전한 자아 부분이 '골프 리조트에서 온종일 골프나 치고 싶다'고 외친다 해도 그럴 수가 없었다. 이제 그가 자리에서 벌떡 일어나게 할 만큼 관심을 끄는 일은 오로지 자신을 내쫓은 사람들을 굴복시키고 그 사람들 앞에서 자신이 승자라는 사실을 '증명'하는 일뿐이었다.

그로스는 캘리포니아 시간으로 매일 오후 3시가 되면 펀드 성과를 살펴보고, 그 결과를 핌코 토털리턴 및 무제약 펀드와 비교해 누가 이겼는지 확인했다. "내 펀드 성과가 더 좋으면 기분 좋게 잠을 잘 자고 그쪽이 더 나으면 잠을 못 잔다."라고도 했다.

그로스는 이렇게 말했다. "정말 아둔하게도 자신이 뭔가를 잃고 있고, 실수를 저지르고 있으며, 예전만큼 집중하지 못한다는 사실을 알게 되는 시점이 오게 마련이다. 자기 자신에게 정말 솔직할 수 있다면 말이다. 물론 쉬운 일은 아니다. 내게는 아직 그 시점이 오시 않았지만, 대체로 80대쯤이면 그렇게 된다는 사실은 알고 있다. 아직까지 나는 괜찮다."

2016년 12월, 수 그로스가 이혼 소송을 제기했다. 수가 고용한 로라 와서Laura Wasser는 안젤리나 졸리와 브리트니 스피어스 등 유명 연예인의 소송을 담당했던 이혼 전문 변호사였다.

완전히 뒤통수를 맞은 기분이었다. 뭔가 상황이 좋지 않다는 사실은 알고 있었다. 그동안 친구와 이웃이 수는 어디 갔느냐고 할 때마다 여동생과 쇼핑을 갔다거나 하이킹을 갔다는 식으로 둘러대곤 했다. 그런데 몇 개월 동안 상황이 더 나빠졌다. 그해 여름, 수는 남편과 떨어져 지내고 싶다면서 LA에 있는 집으로 아예 떠나버렸다. 10월에 두 사람은 저녁 식사를 하러 인근 식당에서 만났다. 그로스는 이때 아내에게 집으로 돌아올 생각인지 여부를 물었다. 별 반응이 없자 무안하기도 하고 화도 났다. 식당 밖으로 나가는 수를 뒤따라 주차장까지 쫓아갔으나 수가 자동차 문을 닫아버리자 화가 치밀어 소리를 질렀다. "당신은 항상 이래! 항상 이렇게 도망만 간다고!" 수가 탄 자동차는 쌩하니 주차장을 빠져나갔다.

이렇게 헤어진 후로 다시 만난 것은 소송 때였다.

그로스에게 이혼은 여전히 먼 나라 이야기처럼 느껴졌다. 그러나 상황에 점점 적응하면서 어떻게 된 일인지가 분명해졌다. 수는 '전쟁'을 원했다. 그렇다면 그로스도 이에 응해줄 수밖에 없었다. 12월에 다음과 같은 문자를 보냈다. "할 수 있을 때 마음껏 평화로운 시간을 즐기기를. '장미의 전쟁' 임박, 물론 승자는 내가 될 거야!"

12월 어느 날은 야누스 계정으로 수에게 이메일을 보냈다. "당신은 참 대단한 사람이야, 왜 이혼을 원하는지 그 이유도 말하지 못하는 겁쟁이. 나는 철저히 배신당한 기분이라고. 이제 다른 사람이 알아도 상관없어. 당신은 정말 역겹군. 다 알릴 거야, 이제 숨기지 않겠다고."

수가 자신의 돈을 노린다는 것은 알았다. 위자료로 거액을 뜯어내는 이혼 전문 변호사를 고용했으니 말이다. 와서는 같은 해에 블룸버그 뉴스에서 분명히 이런 말을 했었다. "남편이 직장에 나가 죽을 둥 살 둥 일하는 동안 아내인 당신은 소파에 앉아 봉봉(사탕 과자)을 먹으며 편히 있을 수 있다. 그리고 그렇게만 해도 당신은 남편 재산 절반은 가져올 수 있다." 그러나 이번에도 그럴 수 있을까?

수가 이혼 소송을 제기한 후 몇 주간 그로스는 계속해서 이메일을 보내 수가 바람을 폈다고 주장하면서 혹시라도 '평화적인 이별'이 가능하리라 생각했다면 꿈 깨라고 말했다. 이메일을 수에게 보내는 것만으로는 부족했던지 나중에는 수의 여동생과 그 남편에게까지 보냈다.

이혼 문제는 이전에 겪었던 사건과 너무도 비슷해서 몹시 고통스러웠다. 핌코와 헤어진 후 시차도 별로 두지 않고 두 번째 '헤어짐'을 경험하는 셈이었다.

그로스는 유난히 비난과 독설이 가득한 이메일에서 이렇게 밝혔다. "핌코와 치르는 소송전을 보면서 느낀 점이 없었나? 당시 나는 해고를 당한 후에도 회사를 생각해서 소극적으로 행동했어. 그러다 악의적인 사실을 언론에 공개하는 데 화가 치밀어 올랐고 이때부터 나도 공격적으로 나가기 시작했다고. 이번에도 마찬가지야. 나를 건드려 화가 나게 하지만 않았으면 조용히 헤어졌을 거란 얘기야. 이제 가장 확실한 방법을 쓸 수밖에. 나는 이제 아무도 못 믿어, 특히 당신은 더더욱 못 믿지."

수는 만만치 않은 상대였다. 그로스는 법정에서 수가 인디언 웰스 집의 전기와 수도 등 공공 설비를 다 끊었고, 연못 물이 온통 초록색으로 변했다고 주장했다.* 그리고 어바인 코브에 있는 집에 예고도 없이 나타나 귀중품을 가지고 나갔다고도 했다. 수는 그로스를 집에서 끌어낼 수 있으면 무슨 짓이든 다 하겠다는 말도 했다고 주장했다.*

수는 자신의 주장을 끝까지 관철해 결국 그 집을 차지했다. 이 집은 그로스와 공동 소유로 된 세 채 중 하나였다.

그러나 그로스는 그 집을 곱게 내놓을 생각이 없었다. 그래서 집을 넘겨주기 전에 마음껏 화풀이를 했다. 약국에서 방귀와 토사물 냄새가 난다는 분무제를 사서 1천 300제곱미터나 되는 본채를 돌아다니며 다 뿌렸다. 수가 쓰레기통에서 빈 분무통을 발견했다.

수는 그로스가 남긴 이별 선물은 이 외에도 많았다고 말한다. 죽은 물고기가 둥둥 떠 있고 통풍구 속에는 먼지가 가득 차 있었다. 러닝머신 전선은 끊어졌고 화병에 꽂힌 꽃은 하나같이 목이 꺾여 있었다. 전자제품 리모컨은 모조리 없어졌고 커튼도 온데간데없었다. 수가 그린 고양이 세 마리 초상화는 눈과 입 부분을 죄다 긁어 놓았다.

그로스는 아들 닉의 공연장에서 수를 만났는데 그때 수가 칼을 지니고 있어서 두려웠다고 말했다. 그래서 수와 친척이 있는 장소에 대해 최신 정보를 계속해서 받으려고 엠파이어 인텔리전스Empire Intelligence라는 보안업체를 고용했다. 공연장에 칼을 들고 나타났다고 그로스가 법원에 칼 소지 금지 명령을 요청했을 때와 똑같이 이번에는 수가 개인 정보 수집 금지 명령을 요청했다.**

빌 그로스는 결국 30년 동안 살던 집을 떠나게 됐다. 이 동네를 떠나고 싶지 않았던 그로스는 매물이 나오면 살 생각을 하고 있었다.

---

* 수 그로스 측은 그 집은 25년 동안 같은 사람이 관리했고, 수가 전기를 끊은 적이 없으며, 변호사 허락 없이 집에 들어간 적도 없으며, 그로스가 주장한 그 말을 하지도 않았다고 말했다.
** 수 그로스 측은 주방 밖으로는 칼을 내간 적이 없으며 아들 공연장에 갈 때도 칼을 소지하지 않았다고 말한다.

어바인 코브는 외부인 출입을 금지하는 동네라서 엠파이어 인텔리전스가 관련 정보를 입수하려면 적어도 이 동네에 주거해야 했다.

그래서 수는 동네에 매물이 몇 채 나왔을 때 빌이 사지 못하게 하려고 3천 780만 달러를 들여서 매물을 선점했다. 그런데 몇 주 후 수의 여동생 부부가 사는 집 길 건너편 집이 하나 매물로 나왔다. 빌과 수 둘 다 사겠다고 나섰고, 수가 더 높은 가격을 제시했지만 빌이 현금으로 지불하겠다고 해서 3천 600만 달러에 빌이 그 집을 샀다.

이외에 그로스가 예측할 수도 없고 값을 매길 수도 없었던 이혼 비용이 또 있었다. 아들이 이탈리아에서 결혼했는데 그 소식을 치위생사한테 전해 들었다. 자식의 결혼 소식을 남을 통해 들어야 하는 현실이라니!

적어도 핌코를 상대로 낸 소송은 그럭저럭 만족스러운 결과를 얻었다. 지루한 공방전 끝에 2017년 3월 양측이 합의를 이뤘다. 핌코는 합의금조로 '윌리엄과 수 그로스 가족 재단'에 8천 100만 달러를 냈다. 이 재단은 얼마 후 나머지 가족, 즉 수가 낳지 않은 다른 자식 이름을 넣어 '윌리엄, 제프, 제니퍼 그로스 가족 재단'으로 명칭이 바뀌었다. 그로스는 여기에 자신의 돈을 더해 1억 달러를 채웠다. 덕분에 그해 최고 기부자 명단에 이름이 오르기도 했다.

합의 과정에서 핌코는 이 공동 창업자에게 본사 사무 공간 하나를 내주기로 했는데, 어디를 내줄지에 대해서는 구체적으로 지정하지 않았다. 그래서 사옥 지하에 있는 화장실을 내줄지도 모른다는 우스갯소리도 나왔다.

그로스는 핌코와 작성한 공동 성명서에서 이렇게 말했다. "내게 핌코는 언제나 가족이었다. 여느 가족과 마찬가지로 가족 간에 의견 차이가 있을 때도 있다. 합의를 통해 함께 일할 기회가 생겨 무척 기쁘게 생각한다."

토털리턴을 제치고 인컴펀드를 핌코에서 가장 규모가 큰 펀드로 키워낸 이바신은 이렇게 덧붙였다. "빌 그로스는 업계 전설이었다. 언제나 그랬다. 빌은 핌코와 핌코를 거쳐 간 수많은 사람의 경력에 지대한 영향을 미쳤다."

그가 만든 채권시장은 파리 날개를 하나씩 떼면서 노는 사내아이로 가득한 잔혹하고 비열한 제국이지만, 어쨌든 그로스의 세상이었다. 그러다 종국에는 그 잔혹함이 그로스 자신에게로 향했다. 막강했던 권력은 사라졌고 이제는 자신이 키워낸 사람, 자신이 일궈낸 회사, 자신이 조성한 시장에 대한 복수도 추진할 수가 없었다.

거의 모든 측정 지표에서 그로스는 승자였다. 순위가 매겨지는 모든 일에 늘 게임하듯 임했다. 직원을 채용할 때 즐겨 하는 질문은 "권력, 돈, 명성 가운데 무엇을 가장 원하는가?"였다. 사실 그로스는 이 세 가지를 전부 얻었다.

'돈'을 가장 먼저 얻었다. '명성'은 개인적으로 그로스가 가장 좋아하는 답변이었다. 내로라하는 TV 방송과 신문에 심심찮게 오르내릴 정도로 남부럽지 않은 명성도 얻었다. '권력'은 어떨까? 핌코 수장에서 물러난 후에는 몰라도 예전에는 엄청난 영향력을 발휘하지 않았던가? 그로스는 왕이었고 왕국의 주인이었다. 채권 투자라는 세상에 발을 들였고 금고에 보관만 하던 증서 쪼가리를 활발한 거래 대상으로 만들어 베팅하듯 투자하는 시장을 형성하는 데 큰 도움을 줬다. '제자에게 자신이 하던 방식대로 게임하듯 투자하는 방법을 가르쳤다. 모기지, 파생상품, 복잡한 구조화 상품을 과감하게 수용해 핌코의 성장을 견인했고 이런 위험하고 복잡한 금융 상품이 미국 경제 전체를 위태롭게 할 때 그로스는 정부 보증이라는 버팀목을 활용해

혼들리는 시장을 안정시키는 데 큰 역할을 했다. 그로스는 '투자는 도박일 뿐'이라고 당당하게 말할 수 있는 몇 안 되는 사람 중 하나였다.

부정적인 측면이 있었더라도 그로스는 분명히 영향력이 있었다.

그로스는 불행에 매몰될 사람이 아니었다. 분명히 행복한 사람이었고 죽지 않고 살아 있었으며 무엇보다 억만장자였다. 그러나 자신이 썼던 월계관이 마음속에서 희미해지자 결국에는 다른 사람과 똑같은 색깔의 칩으로 게임을 끝내는 듯한 느낌, 다른 사람과 다를 바 없는 게임을 하고 있다는 느낌이 점점 강해졌다. 그럴수록 모호하기만 한 본능과 건전한 이성이 치열한 싸움을 벌였다.

2020년 9월에 그로스는 보도자료 형식으로 〈투자 전망〉을 발표했다. 여기에 '문신'이라는 제목으로 쓴 글에서 막내아들이자 수와의 사이에서 난 유일한 자식이 자신을 실망시킨다고 했다. 온몸에 검은색 문신이 있다고 상상해보라며. 그러더니 화제를 세계 경제로 돌렸다. 전 세계 경제에 코로나 바이러스라는 '문신'이 잔뜩 새겨져 있고 말이다.

집과 관련한 분쟁에도 휘말렸다. 당시 인생의 동반자로 생각했던 에이미 슈워츠Amy Schwartz에게 사준 아름다운 집이 문제였다. 에이미는 2017년 빌 파워즈를 통해 만났으며 당시 40대 후반의 전 프로 테니스 선수였다. 두 사람은 함께 골프를 즐겼다.

그로스는 유명한 유리 조각가 데일 치훌리의 100만 달러짜리 작품을 선물했고, 이를 해변 저택 안마당에 설치했다. 그런데 뾰족하게 솟은 대롱과 통통한 구슬로 된 약 7미터짜리 암청색 유리 조형물이 뭔가아마도 야자나무 잎에 손상됐다. 그래서 그물망을 쳐서 조각품을 보호했다.

옆집에서 전망을 가린다며 그물망을 치워달라고 요청했지만, 두 사람은 그물망을 걷어낼 생각이 없었다. 그러자 옆집에서 시에 민원을 제기했고, 시에서는 조각품과 그물망 설치는 허가를 받아야 하는 사항이라는 내용의 서한을 보냈다.

이후로 빌과 에이미는 두 집 경계선 가까이에 스피커를 대고 시도 때도 없이 시끄러운 음악을 틀어놓았다. 7월부터 10월까지 그랬다. 록밴드 레드 제플린의 노래와 힙합 가수 50센트의 노래, TV 시트콤 〈그린 에이커스Green Acres〉 주제가 등을 틀었고, 가장 자주 튼 음악은 〈길리건 섬Gilligan's Island〉 주제가였다.

7월 31일에 옆집에서 자정이 가까운 시간에 문자를 보내 음악 좀 꺼달라고 요청했다. 그러자 그로스는 이렇게 답장을 보냈다. "온 세상에 평화를! 이보시오, 우리는 밤마다 음악회를 열 겁니다."

10월에 빌과 에이미는 사생활을 침해했다며 옆집을 고소했다. 수영장에서 옷을 벗는 장면 하나하나를 전부 촬영한 사실을 포함해 항상 두 사람을 지켜보고 몰래 사진이나 동영상을 촬영했다고 주장했다. 바로 다음 날 옆집도 그동안 자신들이 고통을 당했다며 맞고소했다.

대다수 사람이 팬데믹 때문에 집 안에 갇혀 지내던 그해 겨울에 빌과 에이미는 산타아나Santa Ana(캘리포니아주 남서부 도시-역주) 법정에 출석했다. 두 사람은 특히 〈길리건 섬〉 주제곡을 자주 들었다면서 그저 음악을 즐겼을 뿐이라고 했다. 그로스는 이렇게 증언했다. "노래 가사를 익히고 춤추듯 즐겼다. 가벼운 놀이 같은 것이다. 우리가 이렇게 하는 이유는 그 순간이 정말 행복하기 때문이다. 음악을 듣다가 같이 춤을 추고 나면 둘 다 너무 흡족해서 서로를 쳐다보곤 했다."

결정적 증거라는 영상 자료를 보면, 사각팬티 차림의 그로스가 양측 사유지를 가르는 벽 뒤에 몸을 웅크리고 있다. 힙합 음악이 흘러나오면 춤을 추면서 손짓을 하고 몸을 흔드는데 이 모습을 옆집 사람이 찍고 있다. 잠시 후 그로스가 몸을 웅크렸다. 안 보이게 숨은 모양이었다. 소리가 점점 작아지더니 들리지 않는다. 이내 음악이 바뀐다. 그로스가 벽 너머로 옆집 사람이 든 카메라 쪽을 본다.

그로스는 야자나무 잎 사이로 상대편을 바라보면서 "이보시오, 소환장이 갈 테니 그건 지우는 게 좋을 거요." 그러더니 이렇게 소리쳤다. "그런 걸 괴롭힘이라고 한다고, 괴~~~로~~오~~웁~~히~임!" 상대편 쪽으로 마구 달려들면서 '괴롭힘'이라는 단어를 쏟아내고는 슬금슬금 집 쪽으로 돌아간다.

12월이 되자 그로스는 방법을 바꿔야겠다고 생각했다. 옆집에 보낸 공개편지에서 일이 너무 커져서 이제 자신이 통제하기 버거운 상황이 됐다고 했다. 서로 불쾌감을 줬던 부분에만 초점을 맞추다 보니 다른 부분은 아예 보지를 못했다고도 했다. "나와 그간의 이야기를 아는 사람이라면 내가 한번 시작한 싸움에서 자진해서 물러나는 법이 없다는 점도 알고 있을 것"이라고 썼다. "그러나 코로나로 매일 수천 명씩 사상자가 발생하고 일자리를 잃어 집세도 못 내고 생계유지에 안간힘을 쓰는 사람이 차고 넘치는 마당에, 따지고 보면 아주 사소한 이 일이 너무 커졌다." 그러니 싸움을 끝내야 한다고 말했다. 변호사 수임료와 기타 소송비로 지출한 액수 그리고 앞으로 지출할 액수가 얼마인지 계산해서 총액을 오렌지카운티 푸드 뱅크와 기타 자선단체에 기부하자고 제안했다.

그러나 옆집은 "억만장자인 빌 그로스가 자신이 저지른 끔찍한 행동에 대한 책임을 모면해보려고 얕은 술수를 부린다."면서 이 제의를 거부했다.

어쨌거나 그로스는 먼저 나서서 50만 달러를 기부했고 자비로 발행한 또 다른 보도자료를 통해 옆집이 동참하도록 제의 내용을 조정했다.

2020년 12월, 판사는 빌과 에이미가 옆집을 괴롭힌 사실이 인정된다고 판결하며 옆집의 손을 들어줬다. 그리고 옆집에 약 4미터 이내로 접근하지 못하게 했고 60데시벨 이상의 음악을 틀지 못하게 했다.

그로스는 진술서에서 재판 결과가 실망스럽기는 하나 결정 사항을 준수할 생각이라고 말했다. 같은 달에 빌 그로스가 기부 서약서에 서명했다는 내용을 담은 보도자료가 발표됐다.

그로스는 새로 시작할 기회를 한 번 더 누리고 있었다. 4년간의 연애 끝에 2021년 4월 빌과 에이미는 결혼식을 올렸다. 골프 코스가 내려다보이는 인디언 웰스에서 쨍쨍한 햇볕이 내리쬐는 가운데 진행한 작은 결혼식이었다. 가족과 친구 그리고 흰 장미가 가득한 거대한 꽃병이 두 사람을 에워싸고 있었다. 식을 마친 후 두 사람은 '지금 막 결혼했어요!'라는 표지판이 달린 골프 카트를 타고 동네를 돌아다녔다. 지역 언론에서 앞으로 두 사람은 반경 약 160킬로미터 내에 있는 인디언 웰스 뉴포트비치 집과 뉴포트비치 차이나코브비치 구역, 라구나비치에 있는 집을 오가며 지낼 계획이라고 전했다.

그로스는 〈오렌지카운티비즈니스저널〉 편집장의 의뢰로 자선 활동에 대한 글을 썼다. 행복한 삶은 기부 행위에서 나온다고 했다. 그리고 1960년대에 나온 '해피니스 런Happiness Runs'의 가사를 소개하면서 "한 인간으로서 자신에게 만족하는 상태가 바로 행복이라는 식의 자기충족적이며 내면에 충실한 자기만족"에 관해 그리고 "인생의 덧없음과 찰나의 중요함을 강조한 불교 철학"에 관해 말했다.

"과연 나는 이런 대중가요가 노래하는 소탈한 행복의 경지에 도달했는가? 사랑하는 에이미 슈워츠와 결혼했으니 그 행복에 더 가까워졌다고 본다. 한편 행복의 척도는 얼마나 많이 베푸느냐 그리고 그 베풂을 통한 자기만족감이 얼마나 큰가로 가늠할 수 있다는 사실도 안다."

전에는 자산 증가, 거래 수익, 성공한 스트랭글 전략이 곧 성공이었다. 그러나 이제는 성공의 기준이 달라졌다. 자신이 한 행동에서 만족감을 느끼는 것, 그것이 바로 성공이다.

그로스는 이제 다 잊고 새로 시작하는 능력을 회복한 듯 보였다. 덕분에 후회 같은 아무짝에도 쓸데없는 감정에 휘둘리지 않고 어느 때보다 맑은 정신으로 게임에 임할 수 있는 상태가 됐다. 이것이야말로 도박사가 취해야 할 자세다. 실패했을 때라도 체계는 작동한다. 단지 그때 그 체계가 내게 유리한 쪽으로 작동하지 않았을 뿐이다. 포기하지 않고 끝까지 게임판을 떠나지 않는다면 승산이 있다.

그로스는 뉴포트 센터 드라이브 건너편 핌코 사옥 바로 옆에 있는 패션 아일랜드 내 '알플러스디 키친R+D Kitchen' 바에 가 앉았다. 이곳은 오렌지카운티에 사는 수많은 가정주부가 즐겨 찾는 '명소'였다. 화려한 뉴포트비치에서도 눈에 띌 정도로 매끄럽게 반짝이는 여인들의 얼굴은 1킬로미터 떨어진 곳에서도 금방 찾을 수 있다.

그로스는 최근에 벌어진 여러 일 덕분에 흡족했다. 유명하기는 하나 돈을 내야 하는 컨퍼런스에 핌코 포트폴리오 관리자가 전문가 자격으로 토론에 참석하고 있었다. 관료주의에 찌들어 거드름만 피우는 자들과 함께하기 싫다는 이유로 그로스가 참석을 거절했던 컨퍼런스였다. 여러 사건 중 압권은 더그 호지가 대형 뇌물 수수 사건에 연루되어 금융 사기 혐의로 기소된 일이었다. 호지는 9개월 동안 징역을 살게 됐다.

그러나 이제 채권시장에서, 우표 시장에서 그리고 파경에 이른 부부간의 '전쟁'에서도 은퇴한 그로스는 평온한 삶을 누리려 노력하는 중이었다.

그로스는 자신이 핌코를 떠난다는 사실을 전날 밤까지 아무에게도 알리지 않았다. 2월에 자신이 사임한다는 소식을 전할 때 핌코가 그로스를 찬양하는 내용으로 〈월스트리트저널〉 B5면에 낸 큼지막한 광고를 보고 내심 기분이 좋았다.

48년. 2천 500명이 넘는 직원. 관리 고객 수백만 명. 투자업계의 전설. 핌코는 전설로 통하는 그로스의 탁월한 경력과 50여 년 전에 설립한 핌코를 성공의 길로 이끈 공로를 찬양한다. 우리 중 그로스가 채용해 키워낸 사람이 많고 그에게 긍정적 영향을 받은 사람은 이보다 훨씬 더 많다. 40여 년 동안 핌코를 이끌며 세운 원칙과 절차는 지금도 '여전히' 고객 우선주의를 내세우는 핌코가 고유의 '탁월성'을 추구하는 데 도움을 준다.

그런데 처음의 긍정적인 분위기가 가시자 메시지 자체가 눈에 들어왔다. 결국은 그로스가 아니라 핌코를 선전하는 광고였다. 광고의 주인공은 핌코였다. 언제나 그랬듯 참으로 옹졸하다. '여전히' 탁월성을 추구한다? "고객이여, 아무 걱정하지 마시라." 이런 의미 아니던가?

핌코에서 연례 모임에 초대했지만 그로스는 이런저런 이유로 거절했다.

"상황이 달라질 수 있었을까?" 이 점이 궁금했다. 그렇다면 어떤 일이 벌어질 수 있었는지 스스로에게 솔직하게 물어봤다. 73세 나이에 이 일을 하면서 여전히 '채권왕'으로서 이 자리를 지킬 수 있었을까? 80세까지 계속할 수 있었을까?

그러나 그로스는 알고 있었다. 아마도 그런 파국적 대결은 피할 수 없었을 테고 이와 같은 유감스러운 결과 외에 다른 가능성은 없었다.

그로스는 이렇게 말했다. "단계를 밟아 서서히 내려오다가 결국 사라지는 과정이 반드시 필요했습니다. 돌이켜보면 저는 그쪽을 선택하지 않았을 것이고 핌코 역시 마찬가지였으리라 생각합니다. 그러나 삶에서뿐만 아니라 직업적인 면에서도 점차 사라지는 것이야말로 자연적 진화 과정의 당연한 수순입니다. 열심히 노력해 정상에 오르고, 그다음에는 정점에서 서서히 내려오다 사라지는 것 자체가 자연의 법칙 아니겠습니까? '채권왕'이라는 명예로운 칭호를 얻고 채권왕으로서 또 좋은 성과를 내고 있을 때—부분적으로는 저 덕분에 회사 자산이 2조 달러에 이르렀을 때—어느 누가 이런 권위에 도전할수 있겠습니까? 저뿐만 아니라 제가 세운 이 회사가 거둔 굉장한 성공담 때문에 그렇습니다. 완전한 '동화' 그 자체니까요. 신데렐라처럼 시계를 자정에 맞출 필요도 없습니다. 12시가 지나도 마차가 다시 호박으로 변하지 않을 테니 말입니다."

그리고 이렇게 덧붙였다. "성과가 저조할 수도 있죠. 어렵게 쌓아놓은 명성도 언젠가는 사라집니다. 그것이 자연법칙입니다. 그러나 그간 쌓은 명성이 다 사라지기까지는 시간이 오래 걸립니다."

그러나 명성을 오래도록 지켜갈 좋은 방법은 마땅히 없다.

모든 헤지펀드 또한 이렇게 하려고 했다. 노회한 창업자 뒤에 안타깝게도 약한 후임자를 세우면서 말이다. 헤지펀드만이 아니었다. 통제 불능 수준의 독불장군마저도 그렇다. 사모펀드 역시 마찬가지였다. 자신이 만든 '기계'가 영원히 굴러가도록 보존하려 애쓰는 사람은 모두 이 기계를 일종의 유산으로 바꿔놓으려 한다. 회사에서, 건축 자재와 병원에서, 직원한테서 이익을 짜내는 데는 이만한 '기계'가 없다는 듯이 말이다. 그런데 이런 회사에서 세운 후임자라는 사람들은 이 기계가 계속 작동하기를 바란다. 오로지 자신들을 위해서. 이들은 유산 따위에는 관심이 없었다. 그 기계를 계속 굴려 이익을 짜내는 데만 신경을 썼다. 그로스 같은 창업자는 '기계'를 영구히 보존하는 일을 신성한 임무로 여긴다. 그러나 이 사람들은 그렇지 않았다. 그로스와 동료들이 더 나은 성과를 내겠다는 의지와 능력으로 아무것도 없는 상태에서 이 아름다운 '기계'를 창조했고, 오로지 강인한 의지로 부정적 국면을 전환했으며, 이익을 내는 회사와 그렇게 하지 못하는 회사를 구별하는 방법을 배웠다. 그런데 후임자라는 젊은 친구들은 이런 사실을 인정하려 들지 않는다. 아니, 그런 사실을 잘 모른다. 이는 단순한 게임을 넘어서는 과업이었다. 유감스럽게도 창업자가 애써 구축한 유산이 후임자의 손 안에서는 값어치가 없어 보였다.

고객에게 큰 수익을 안기는 데 결정적인 역할을 한 요소는 상호 협력이었는지도 모른다. 그곳 사람들은 여전히 그렇게 믿고 있을 것이다.

채권 트레이더는 자신의 자본 비용을 어떻게 줄이고 있는지를 가감 없이 말하곤 했다. 연준은 드러내놓고 핌코나 블랙록과 함께 시장에서 회사채를 싹쓸이하다시피 사들였다. 이러한 모습들에서 현 금융 체계에 내재한 근원적 불합리성을 분명하게 확인할 수 있다. 그로스와 핌코는 정부가 시장이 제 기능을 다하고, 주식시장이 상승하고, 기업이 파산하지 않기를 바란다는 사실을 알았다. 덕분에 금융계 사람들은 '시장은 절대로 손댈 수 없을 정도로 망가지지는 않는다'고 믿고 이익 쟁탈전에 전념할 수 있었다. 따라서 전문 자산관리자 입장에서 설사 시장이 폭락하는 사태가 발생하더라도 신경 쓸 문제는 많지 않았다.

이런 상황에 대해 감사해야 할 사람이 아주 많다. 그중에서도 단연 최고는 역시 그로스다.

그로스는 업계 전체를 살펴봤다. 업계 동료, 특히 자신과 같은 창업자가 스스로 세운 기업에서 물러나면서 그동안 축적한 유산을 보존하고 조직의 영속성을 어느 정도 유지하고자 젊은 후임자에게 관리를 맡기는 장면을 보면서 자신이 겪은 상황과 근본적인 차이점이 있음을 발견했다. 나이가 들어 물러난 다른 창업자는 경영 권력을 계속 유지했다는 점이었다.

그로스는 이렇게 말했다. "그 부분은 제 실수였습니다. 집행위원회가 다른 꿍꿍이를 가지고 저를 속이지 않았는지를, 집행위원회에 제 우호 세력이 있는지를 확인했어야 했습니다."

숱하게 당한 배신 중에서도 그로스에게 가장 큰 상처를 안긴 사람은 다이얼리나스였다. 40년 지기이자 거래장 후배이고 자주 저녁 식사를 함께한 친구였기에 배신당한 충격이 너무 컸다.

핌코를 떠나기 전 마지막 일주일 동안 이들은 그로스를 해고하고 신임 CIO를 선임할 준비를 하는 과정에서 포트폴리오 관리자 두 명과 계정 관리자 두 명 등으로 구성된 후임자 선정 위원회를 소집했다. 이 위원회에 들어간 포트폴리오 관리자 두 명 중 한 명이 바로 크리스 다이얼리나스였다.

핌코 경영진이 전화를 걸었을 당시 다이얼리나스는 애로헤드 호수Lake Arrowhead에서 휴가를 보내는 중이었다. 이들은 전화로 이렇게 말했다. "특별 회의를 해야 하니 회사로 돌아와 주시오." 다이얼리나스는 못 간다고 대답했지만, 꼭 와야 한다는 식으로 압박하는 바람에 어쩔 수 없이 그 말에 응했다. 진짜 그랬는지는 알 수 없으나 그로스에게 다이얼리나스는 그렇게 말했다고 한다.

그 주 토요일에 급히 돌아와 투표를 했다. 다이얼리나스는 집행위원회 위원은 아니었기 때문에 그로스의 해고를 묻는 투표에는 참여하지 않았다. 그러나 그로스 교체 여부를 묻는 투표에서 찬성표를 던졌다. 그로스 입장에서는 해고 투표나 교체에 찬성하는 투표나 마찬가지였다. 다이얼리나스는 경영진의 요구를 거절하고 계속 휴가를 보낼 용기가 없었다.

그로스를 향한 다이이얼리나스의 메시지는 분명했다. "우리 우정은 여기까지."

그로스는 새로운 삶으로 전환하는 과정에 있었지만, 그렇다고 유명인으로서의 삶까지 포기하지는 않았다. 블룸버그 TV에 나가 아스퍼거 증후군 진단을 받았다고 털어놓았는데 사람들은 이런 그로스를 안쓰러워하는 듯한 반응을 보였다. 그로스는 마이클 루이스Michael Lewis가 쓴 《빅숏The Big Short》을 읽다가 등장인물이 보이는 증상이 자신과 비슷하다고 느꼈다. 그래서 증상 일치도가 얼마나 되는지 점검해 보기로 했다.

"기쁨, 관심 혹은 성취 등을 다른 사람과 공유하려는 의지 부족." 해당함.

"사람들 눈을 보고 사회적 및 감정적 메시지를 잘 읽지 못함." 해당함.

"감정 통제가 잘 안 되거나 분노 정서를 표현하는 기제에 문제가 있음." 해당함.

그로스는 등장인물의 증상을 하나하나 살펴보면서 자신의 증상과 비교해봤다. '신체 협응력 부족'이라는 항목을 제외하고는 거의 일치했다. 그로스는 읽던 책을 수에게 건넸는데 수가 잠시 훑어보고는 "응, 이미 알고 있어."라고 말했다. 그래서 2016년에 그로스는 정신과를 찾았고, 의사 또한 아스퍼거가 의심된다고 했다. "증상만 보면 아스퍼거가 확실한 듯하다. 긍정적인 부분도 있고 부정적인 부분도 있다. 나는 부정적인 부분이 없기를 바라지만, 이런 부분도 성공적으로 활용할 기회를 제공하니까 반드시 나쁘다고만은 할 수 없지 않을까."

그로스는 〈투자 전망〉을 통해 아스퍼거 증후군 진단에 관한 이야기를 슬쩍 흘렸다. 그러나 그때는 아무도 알아채지 못했다. 그래서 사람들은 그로스의 상황 인식이 왜 그렇게 이상했는지, 또 개방적이며 품격 있는 말과 감정 표현을 중시하는 요즘 시류를 왜 그렇게 이해하지 못하는지를 몰랐다. 그로스는 단순히 '재수 없는 멍청이'가 아니었다.

자신이 세운 왕국에서 떠난 지금에 와 생각해보면 그 강력했던 추진력의 본질은 다름 아닌 인정받음에 대한 갈증이라는 생각이 들었다. 요컨대 그런 추진력의 본질은 인정받고 싶은 욕구가 아니었을까. 외부의 인정과 확인이 필요해서였을 수도 있고 어쩌면 자식에게 냉담했던 부모 때문이었을 수도 있다. 그로스는 스포크 박사 Dr. Spock(기존 육아 이론과 정반대로 한없는 사랑과 관대함으로 아이를 훈육해야 한다고 주장함-역주)가 주장하는 양육 방식이 세상에 나왔던 시기에 성장했는데도 아버지는 아들과 야구 한 번 하지 않았다. 아버지와 같이 있을 수는 있지만 그럴 때면 아주 얌전히 있어야 했다. 어느 일요일 아침에 아버지와 신문에 실린 만화를 같이 봤던 기억이 난다. 아버지 곁에 가까이 갔던 유일한 기억이기도 하다.

"아니, 아이를 안아주면 안 된다는 생각을 어떻게 할 수 있을까요?" 그로스는 탄식했다. "그러나 그때는 그걸 당연하게 여겼습니다. 말도 안 되는 일이지 않습니까? 만지고 싶고 안고 싶은 게 인간의 본성인데. 유명해지려고 그렇게 애썼던 이유도 바로 여기에 있습니다. 물론 이제는 안기고 싶어서가 아니라 사회적 연결 고리를 원하지만 말입니다. 사회적으로 인정받으려면 유명해져야 한다는 생각이 있었던 듯합니다. 그리고 항상 지성보다는 감성이 앞섰습니다. 머리로는 '말도 안 되는 소리'임을 잘 알고 있었지만, 감정적으로는 사람들이 주는 관심과 이를 통해 쌓은 명성 자체가 사람들이 나를 좋아한다는 징표로 느껴졌죠. 지성의 지배를 받을 때는 '말도 안 되는 소리라는 걸 나도 잘 알아!'라고 말하곤 하지만, 막상 지성적 사고가 필요할 때는 이런 생각은 까맣게 잊습니다."

그로스는 유명해질 기회를 주는 영역이라면 어디서든 열심히 달렸다. 그로스에게는 그 영역이 바로 금융시장이었다. 수십 년 동안 그로스는 금융시장에서 한계점에 이를 때까지 자신을 몰아붙였다. 끊임없이 창조하고 고안하고 혁신하면서 좌고우면하지 않고 앞으로 내달렸다. 그러는 동안 숱한 경쟁자를 끊임없이 제쳤다. 경쟁자는 그로스를 따라 하면서 성공 비법을 조금이라도 알아내려고 애썼고 열심히 따라잡으려 했다.

그로스는 다른 것은 외면한 채 앞만 보고 달리는 동안 자신에게 어떤 피해가 발생했는지, 그런 방식이 어떤 결과를 낳았는지 잘 안다. 그리고 이제는 예전 그 모습도 다 사라졌다.

그로스는 변하려고 노력하는 중이라고 말했다. 사실 변해야 했다. 그리고 변할 수 있다. 며칠 전에는 저스틴 팀버레이크 노래에 맞춰 춤을 추기도 했다. 헬리콥터를 타고 하와이 카우아이 섬까지 가서 짚라인zip-lining도 즐긴다. 그곳에서 짚라인을 타는 사람은 거의 젊은 사람이었고 최고 연장자도 50대로 보였다. '나 여기서 뭐하는 거지?' 그로스는 속으로 이런 생각을 하면서 웃었다.

요즘은 골프 친구들과 어울려 다닌다. 심지어 새 친구도 사귀었고 라운드 도중 간간이 클럽하우스에 가서 생판 모르는 사람과도 대화를 나눴다. 심지어 모르는 여성과도. 장족의 발전을 한 그로스에게 아낌없는 칭찬을! 그러나 의미 없이 시시덕거리는 것이 아니라 마음을 열고 세상에 자신을 내놓는 실험을 하는 중이다. 수와 헤어지고 난 후 몇 개월 동안 데이트를 해보려고 노력했다. 그렇게 만난 데이트 상대 중 한 명이 거의 10년 동안 수면제를 복용한 그로스에게 그렇게 오래 수면제를 복용하면 좋지 않다고 하기에 약을 끊었다. 그로스는 한동안 자신이 그동안 했던 것을 바꿀 수 없었으나 이제는 자신을 변화시키려 노력하고 있다. 그나마 좀 남은 모발과 꽤 많은 돈 그리고 약간의 명성 덕분이다.

"새로운 삶은 이전 삶과 다릅니다. 이는 나 자신이 새로운 삶을 만들어나가야 한다는 사실을 알고 있기 때문이기도 하죠. 나라는 사람을 좋게 변화시킬 수 있습니다. 나는 그렇게 할 수 있습니다."

에이미와 함께하는 삶도 좋았다. 그러나 적지 않은 시간과 노력이 필요했다. 가끔 거울에 비친 자신을 보면서 이런 생각을 한다. 대체 저 여자는 내게 왜 관심을 보였던 걸까? "양치질을 할 때 혹은 왠지 모르게 그런 징후가 느껴질 때 오랫동안 쓰고 있던 가면이 벗겨지고 본래 모습으로 돌아가면서 진정한 자아가 드러나기도 합니다." 그로스는 핌코에서 자신을 어떻게 대하는지를 보면서 자신이 그동안 정말 끔찍한 가면을 쓰고 있었다는 사실을 깨달았다. 그런데 어떤 이유인지는 모르겠으나 에이미는 그런 그로스의 곁을 떠나지 않고 계속 머물러줬다.

그로스는 의자에 앉아 음식 없이 물만 주문했다. 그때 밀짚모자와 버튼다운 셔츠 차림을 한, 그로스 연배로 보이는 키 작은 남자가 다가와 악수를 청했다. 그로스 덕분에 수년간 큰돈을 벌었다면서 고

마워했다. 그러고는 이렇게 말했다. "다른 사람이 뭐라고 하든 나는 개의치 않아요. 나를 기준으로 하면 당신이 분명히 옳거든요."

그로스는 웃으면서 상대가 내민 손을 잡고 그렇게 말해줘서 고맙다고 했다.

"항상 있는 일이지요."라고 말했다. 그렇더라도 누구든 굳이 다가와서 "당신 최악이야!" 뭐 이런 말을 하고 갈 사람은 없지 않겠느냐는 말을 덧붙였다.

본드 킹

초판 1쇄 발행 2024년 3월 8일

지은이 메리 차일즈
옮긴이 이은주

펴낸곳 ㈜이레미디어
전화 031-908-8516(편집부), 031-919-8511(주문 및 관리)
팩스 0303-0515-8907
주소 경기도 파주시 문예로 21, 2층
홈페이지 www.iremedia.co.kr **이메일** mango@mangou.co.kr
등록 제396-2004-35호

편집 김은혜, 이병철 **디자인** 이선영 **마케팅** 김하경
재무총괄 이종미 **경영지원** 김지선

ISBN 979-11-93394-23-6 (03320)

∗ 가격은 뒤표지에 있습니다.
∗ 잘못된 책은 구입하신 서점에서 교환해드립니다.
∗ 이 책은 투자 참고용이며, 투자 손실에 대해서는 법적 책임을 지지 않습니다.

당신의 소중한 원고를 기다립니다.
mango@mangou.co.kr